Praxishandbuch Produktentwicklung

Arno Langbehn ist Geschäftsführer der B. Behr's GmbH & Co. KG, dem führenden Informationsanbieter in der Lebensmittelindustrie. Er beschäftigt sich seit über 15 Jahren intensiv mit nutzwertorientierter Produktentwicklung und hat mit tuwun® eine Vorgehensweise entwickelt, durch die der Erfolg von Unternehmen deutlich gesteigert wird.

Arno Langbehn

Praxishandbuch Produktentwicklung

Grundlagen, Instrumente und Beispiele

Campus Verlag
Frankfurt/New York

Für meine Frau Ulrike,
ohne die dieses Buch nie entstanden wäre

Bibliografische Information der Deutschen Nationalbibliothek:
Die Deutsche Nationalbibliothek verzeichnet diese Publikation in der
Deutschen Nationalbibliografie. Detaillierte bibliografische Daten
sind im Internet unter http://dnb.d-nb.de abrufbar.
ISBN 978-3-593-39201-1

Copyright © 2010 Campus Verlag GmbH, Frankfurt am Main.
Umschlaggestaltung: Init GmbH, Bielefeld
Satz: Fotosatz L. Huhn, Linsengericht
Druck und Bindung: Druckhaus »Thomas Müntzer«, Bad Langensalza
Gedruckt auf Papier aus zertifizierten Rohstoffen (FSC/PEFC).
Printed in Germany

Besuchen Sie uns im Internet: www.campus.de

Inhalt

Inhalt der CD-Rom

Anhang

Vorwort

Es gibt keine stagnierenden Märkte für Ihr Unternehmen, nur eine stagnierende Produktentwicklung. In Krisenzeiten überleben die Unternehmen, die sich auf die Kundenbedürfnisse einstellen und ein umfangreiches Wissen über ihre Kunden haben. Sie spüren vor allen anderen, wenn sich die Bedürfnisse ändern und können als erstes mit neuen Produkten reagieren. Die Kunden entscheiden so über die Ausrichtung Ihres Unternehmens, und nicht Ihre Mitarbeiter. Ideen für die neuen Produkte erhalten Sie nicht aus der Zeitung, auch nicht auf teuren Trend-Seminaren. Die wirksamste Quelle hierfür sind Ihre Kunden. Reden Sie mit ihnen. Der Kunde hat seine Vorstellungen und Anforderungen: Die Hersteller müssen diese ausführen.

Bis zum Ende des letzten Jahrtausends war das Verhalten der Kunden relativ stabil und vorhersehbar. Jetzt haben wir den genauen Gegensatz. Der Kunde von heute und in der Zukunft ist spontan, unberechenbar bis chaotisch. Morgens Aldi, mittags McDonald's, dazwischen eine Tasche von Louis Vuitton. Und abends muss es ein Essen beim Edel-Italiener sein. So weit ist es für die Anbieter noch ansatzweise kalkulierbar. Doch der nächste Tag sieht ganz anders aus: morgens ein bisschen Lachs beim Feinkosthändler, mittags Diät, damit das neue Shirt von Zara oder C&A passt. Abends wird zum romantischen Abschluss der Pizza-Service nach Hause gerufen. Das ist Chaos pur.

Viele Unternehmen reagieren mit Preissenkung, statt sich im Angebot und dem Nutzen für den Kunden zu übertrumpfen. Und das bei einem Überangebot dieser austauschbaren Produkte! Diesen Preiskampf bei unattraktivem Angebot quittieren die Kunden nicht mit Konsumlust, sondern mit Konsumfrust. In Deutschland tobt seit einigen Jahren der Preiskrieg. Jeder versucht noch billiger als alle anderen zu sein. Hier kommt der Kinoeffekt: Ich sehe nicht sehr viel, da mein Vordermann die Kinoleinwand fast verdeckt. Ich setze mich aufrecht hin. Mein Hintermann muss sich schon auf die Rückenlehne des Kinosessels setzen. Und der Hinter-Hintermann braucht schon eine Leiter …

Panikmache? Nein! Nur eine reale Beschreibung. Die meisten Unternehmen werden sicherlich bestehen bleiben, bis Sie dieses Buch bis zum Ende gelesen haben (wenn Sie sich beeilen!). Jedoch müssen sich die Unternehmen in den nächsten Jahren radikal verändern, um zu bestehen – auch in der Produktentwicklung. Ergreifen Sie die Initiative, bevor Ihre Mitbewerber es tun und Sie nur noch reagieren können. Seien Sie schnell. Überstürzen Sie jedoch nichts, sondern gehen Sie Schritt für Schritt voran und Sie werden erfolgreich sein.

Wir konkurrieren nicht mehr mit der Qualität unserer Produkte, sondern immer mehr mit der Qualität unserer Mitarbeiter. Doch wenn jeder heute »gute« Produkte hat und es »ohne Qualität« gar nicht geht, dann muss die Produktentwicklung neu überdacht werden. Auch sind die Mitarbeiter auf den vorhandenen oder neuen Markt einzustimmen. Aus diesem Grund wird auch die Kommunikation mit den Kunden immer wichtiger. Das hat Arno Langbehn in diesem Buch sehr gut dargestellt und ihm ist in diesem *Praxishandbuch Produktentwicklung* eine hervorragende Umsetzung mit zahlreichen neuen Anregungen gelungen.

Ich wünsche diesem Buch viele Leser, denn es lohnt sich.

Rolf H. Ruhleder

Zu Aufbau und Verwendung dieses Buches

Erfolg ersetzt alle Argumente. Wenn Sie mit Ihrer bisherigen Form der Produktentwicklung einen Treffer nach dem andern landen und sich vor Gewinn kaum retten können, dann ändern Sie bitte nichts und bleiben bei Ihrer Methode. Auch dann, wenn in diesem Buch eine andere Vorgehensweise beschrieben wird. Schenken Sie dieses Buch in diesem Fall einem Bekannten. Wenn Sie jedoch meinen, dass es besser laufen könnte oder gar muss, dann finden Sie in diesem Buch viele Anregungen und eine Vorgehensweise zur erfolgreichen Produktentwicklung.

Für das Lesen dieses Buches benötigen Sie circa 40 Stunden sowie 30 Stunden für die Texte auf der CD. Diese Zeit sollte Ihnen eine erfolgreiche Produktentwicklung wert sein. Sie werden in diesem Buch einiges lesen, dem Sie zustimmen. Und Sie werden einiges lesen, dem Sie nicht zustimmen: »Das geht in meiner Branche nicht«, »Dazu habe ich keine Zeit«. Doch in genau diesem Fall bitte ich Sie zu überlegen, ob das, was Sie lesen, nicht auch richtig sein kann. Testen Sie es. Fortschritt besteht immer dann, wenn man etwas Neues ausprobiert.

In diesem Buch konzentrieren wir uns darauf, wie Sie sich aus Sicht Ihrer Kunden mit Produkten von anderen Anbietern positiv abheben, wie Sie die Bedürfnisse Ihrer potenziellen Kunden kennen lernen und mit diesen Erkenntnissen Produkte entwickeln, die Ihr Kunde dankbar kauft. Auf der CD sind die Situation der Produktentwicklung und die Ansprüche der Kunden zusammengefasst. Das *Praxishandbuch Produktentwicklung* endet jedoch nicht bei dieser Ist-Situation und beim Ausblick in die Zukunft, sondern zeigt in den Kapiteln des Buches auch einen Lösungsweg auf. Es bietet eine Schritt-für-Schritt-Anleitung, mit der Sie die Produktentwicklung in Ihrem Betrieb optimieren können. Hierfür erhalten Sie ein ausgereiftes Verfahren, das sich voll auf die Bedürfnisse Ihrer Kunden konzentriert: tuwun® (tell us what you need). Wissen ist das eine, doch die Umsetzung des Wissens ist das, was zählt. Die dafür benötigten Vorlagen sind im Buch und zusätzlich als separate Dateien auf der CD enthalten. Ebenso ist daneben außerdem eine

Vielzahl von Zitaten zum Thema Produktentwicklung auf der CD zu finden.

In diesem Buch werden keine fertigen Produktideen geliefert. Das Buch unterstützt Sie stattdessen dabei, tuwun® in Ihrem Unternehmen einzuführen. Sie erhalten das Handwerkszeug, durch das Ihre Mitarbeiter in Gesprächen mit Ihren Kunden die Lösungen für nutzwertige Produkte selbst finden. tuwun® ist eine Strategie und ist in den Köpfen aller Mitarbeiter, die mit Produktentwicklung zu tun haben, zu verankern. tuwun® muss von allen Führungskräften gefordert, gefördert – und noch viel wichtiger – vorgelebt werden! tuwun® ist Chefsache und kann nur in der Durchführung delegiert werden. Die Entscheidung zur Umsetzung ist ganz oben zu treffen.

Verwenden Sie dieses Buch destruktiv und »zerstörerisch«. Schreiben Sie hinein, markieren Sie die für Sie wichtigsten Passagen, machen Sie Ihre Kommentare. Ergänzen Sie mit Ihren persönlichen Anmerkungen, schreiben Sie heraus, was Sie morgen umsetzen wollen, reißen Sie Seiten heraus, um sie sich über den Schreibtisch zu hängen. Dann haben Sie den maximalen Nutzen dieser Seiten.

Um die Lesbarkeit des Buches zu verbessern, wurde darauf verzichtet, neben der männlichen auch jedes Mal die weibliche Form der Ansprache anzuführen, die gedanklich selbstverständlich immer einzubeziehen ist. Außerdem gilt der Begriff »Kunde« für potenzielle Kunden, aktive Kunden und auch ehemalige Kunden, sofern nicht gesondert auf die Unterschiede hingewiesen wird.

Wenn Sie Fragen und Anregungen haben, treten wir gern mit Ihnen in einen Dialog. Gern lese ich auch von Ihren Erfahrungen beim Einsatz von tuwun®. Senden Sie hierfür bitte eine E-Mail an Produktentwicklung@langbehn.com.

Und nun viel Erfolg bei der Umsetzung von tuwun® in Ihrem Unternehmen wünscht Ihnen

Ihr
Arno Langbehn

Kapitel 1

Der Start: Produktentwicklung in herausfordernden Zeiten

Wir befinden uns gerade in einer Wirtschaftskrise. Diese ist eine Umsatzkrise und keine Kostenkrise. Denn die Kosten wurden schon fast überall bis ganz nach unten gedrückt. Was vielen Unternehmen fehlt, ist der Umsatz, um ausreichend Gewinne zu erwirtschaften. Und bei der Umsatzkrise ist es wiederum keine Vertriebskrise, denn Verkaufstechniken sind über Jahre optimiert. Wir haben eine Produktkrise. Was den Unternehmen fehlt, sind gute Produkte, für die die Kunden auch bereit sind, Geld auszugeben. Produkte, die einen Nutzen liefern, dass Kunden Schlange stehen, um dafür bezahlen »zu dürfen«. Von diesen Produkten gibt es viel zu wenig.

Im heutigen Tempo des Wandels ändern sich die Erwartungen und Wünsche der Kunden schneller als je zuvor. Was gestern noch ein Kassenschlager war, kann schon heute zum Ladenhüter werden. Bei führenden Bekleidungsunternehmen erntet man mit den Begriffen »Sommermode« und »Wintermode« nur noch ein müdes Lächeln. Schon längst ändert sich die Mode nicht mehr zweimal oder viermal im Jahr. Heute erwarten insbesondere Jugendliche ein sich monatlich änderndes Bekleidungsangebot. Unternehmen wie Zara und H&M setzen dieses bereits um. Diese Geschwindigkeit der Veränderung stellt Unternehmer vor unlösbare Aufgaben, solange sie nicht direkt mit ihrer Angebotsentwicklung am Kunden sind. Die Auswertung von demografischen Statistiken und anderen Sekundärquellen ist hierfür viel zu langsam. Die Unternehmen müssen heute in den Köpfen des Kunden spazieren gehen, seine Wünsche und Träume kennen. Damit ist nicht gemeint, ihn so zu beeinflussen, dass er zum Kauf bewegt wird. Das ist mit den heutigen mündigen Kunden nicht mehr möglich. Eine erfolgreiche Produktentwicklung ist nur noch gemeinsam mit dem Kunden möglich. Je schneller die Produktlebenszyklen sind, desto enger sind die Märkte und je größer der Preiskampf, desto wichtiger ist es, den Kunden in die Produktentwicklung einzubeziehen.

Nur noch Kaufzurückhaltung und Konsumverzicht? Ja und nein. Durchschnittlich haben wir über alle Branchen hinweg diese Entwicklung. Aber egal in welcher Branche Sie arbeiten und wie gut es Ihrer

Branche im Durchschnitt gerade geht, es gibt immer Unternehmen, die wachsen. Koppeln Sie sich vom Branchentrend ab. Machen Sie Ihr eigenes Wirtschaftswachstum. Erfüllen Sie die Kundenbedürfnisse vor und besser als Ihre Mitbewerber. Dann werden Sie kaum ein Absatzproblem haben.

Bei diesem Überangebot hilft nur noch eine enge Beziehung zum Kunden, die von beiden Seiten auf freiwilliger Basis besteht. Mit den üblichen Wegen der Werbebriefe, Telefonmarketing, Fernsehwerbung et cetera erreichen Sie das nicht. Alle Menschen sind informationsüberlastet. Werbebriefe fliegen ungeöffnet in den Papierkorb, Telefonhörer werden aufgelegt und bei Werbepausen im Fernsehen steigt der Wasserverbrauch auf dem WC. Neukundengewinnung erscheint fast aussichtslos. Aber nur fast. Haben Sie ein Produkt, das sich von allen anderen positiv abhebt, dann erhalten Sie die volle Aufmerksamkeit.

Verkaufen sich Ihre Produkte heute besser als vor einem Jahr? Wenn nicht, dann wird sich das auch nicht von selbst ändern. Richten Sie Ihr Unternehmen nicht darauf aus, auf direktem Wege Ihren eigenen Erfolg zu steigern. Dieser Weg kann – zumindest mittel- und langfristig – nicht zum Erfolg führen. Richten Sie alle Aufmerksamkeit auf den Erfolg, den Ihr Kunde mit Ihren Produkten erzielt. Denn nur was gut für Ihren Kunden ist, ist auch gut für Ihr Unternehmen. Das ist sicherlich kein humanistischer, selbstloser Ansatz. Der Grund dieser Vorgehensweise ist eindeutig der Weg zum eigenen Erfolg. Und bereits jetzt und insbesondere in der Zukunft der einzige.

Finden Sie heraus, welche Wünsche, Probleme und Bedürfnisse Ihre Kunden haben und wie sie leben. Bei der Produktentwicklung geht es immer darum, den Kunden zu helfen, damit sie ein erfolgreicheres Leben führen können – unabhängig von der Branche. Es reicht heute nicht mehr, dass in einem Unternehmen Führungskräfte in der jährlichen Strategiebesprechung oder ein Dutzend erfahrene Mitarbeiter am Montagmorgen in einem Brainstorming mehrere Produktideen sammeln und diese anschließend umgesetzt werden. Diese sogenannte Kreativität ist für die Produktentwicklung ungeeignet. Es gibt einen großen Unterschied zwischen Kreativsein und damit, mit Produkten Geld zu verdienen. Nutzen Sie stattdessen die Kompetenz Ihrer Kunden. Denn diese wissen besser als jeder andere, wo ihre Probleme und Bedürfnisse sind. Setzen Sie Ihre Kunden ans Steuer Ihrer Produktentwicklung. Sammeln Sie so viele Informationen von Ihren Kunden wie möglich. Erfolgreiche Unternehmen sehen sich dann »nur« noch in der Rolle des Katalysators, sie setzen die Informationen von und über ihre Kunden in Produkte um. Wenn Sie die Wünsche, Probleme und Bedürfnisse hinterfragen, stellen Sie meist sehr schnell fest, dass die meisten Produkte gar nicht kundengerecht sind. Kunden wollen keine Produkte, sie erwarten Lösungen, um erfolgreicher zu sein. Nicht mehr, allerdings auch nicht weniger. Zwischen dem, was den Kunden bedrückt, und der Welt, in der er lebt, und dem, was die Anbieter glauben, was ihn drückt, liegen meist Welten.

Der Kunde steht im Mittelpunkt: das war schon bei den Kannibalen so. Doch so einfach kommen wir heute zum Glück nicht mehr an den Kunden heran. Heute reicht es nicht, dass die Kunden im Mittelpunkt stehen. Sie müssen ein Teil von Ihnen werden. Verschmelzen Sie mit ihnen und ihren Bedürfnissen. Allein die Vorstellung, die persönlichen Bedürfnisse der Kunden zu erfassen, löst bei manchen Befremden aus. Bedürfnisse sind doch etwas Privates. Stimmt. Nur diese Informationen werden benötigt, um an etwas noch Privateres zu gelangen: sein Geld. Und zwar auf ehrliche Weise, indem man ihm das gibt, was ihm wirklich weiter hilft. Geldscheine sind die Stimmzettel der Kunden. Wenn das Angebot nicht gut ist, bleibt die Geldbörse zu. Nicht nur das; im Bekanntenkreis wird über schlechte Produkte berichtet und heute zusätzlich im Internet Erfahrungen ausgetauscht. Der Produktnutzen ist der entscheidende Wettbewerbsvorteil, nicht Werbung und Vertrieb. Und das gilt für alle Branchen, ob für Produkte wie Autos, Schrauben, Kühlschränke oder Dienstleistungen. Die Vorgehensweise ist immer gleich. Sie müssen zuerst die Bedürfnisse und Wünsche des Kunden ergründen. Wenn Sie diese Wünsche erfüllen und Bedürfnisse befriedigen, sind Sie mehr als ein Lieferant, sondern werden zum Partner und Freund. So gewinnen Sie sein Vertrauen und so entsteht richtige feste Kundenbindung. Der Kunde bleibt von sich aus bei Ihnen und nicht aufgrund von Kleingedrucktem im aufgeschwatzten Erst- (und somit Letzt-)Auftrag.

Eine Frage an Sie: Wann haben Sie und Ihre Mitarbeiter in der Produktentwicklung das letzte Mal ohne Verkaufsabsichten Kontakt mit Ihren Kunden beziehungsweise potenziellen Kunden gehabt? (Verkaufsgespräche, Terminabsprachen, Messetreffen, Produktpräsentationen und Ähnliches bitte nicht einbeziehen.) Wann hatten Sie im Gespräch ausschließlich das Interesse, Informationen über seinen Alltag, seine Probleme, seine Wünsche, seine Träume und seine Sorgen zu erfahren? Eine weitere Frage: Welche Informationen haben Sie über Ihre Kunden, und zwar über die Anschrift und Kaufhistorie hinaus? Oder testen Sie doch bitte mal die aktuelle Bedeutung der Produktentwicklung in Ihrem Unternehmen anhand der Papiermengen in den internen Postkästen Ihrer Mitarbeiter. Wie groß ist der Anteil des Papiers, der sich mit Sitzungsprotokollen, Lieferantengesprächen, internen Abläufen et cetera beschäftigt? Und wie groß ist der Anteil der Schriftstücke zum Thema direkter Kundenkontakt (ohne Verkaufsabsichten)? Meist äußerst gering. Doch was sorgt für Ihren wirtschaftlichen Erfolg? Es sind die Kunden! Und denen gehört auf allen Ebenen die größte Aufmerksamkeit. Deshalb sollte der Anteil der Schriftstücke zum Thema Kundenbedürfnisse und Korrespondenz mit Kunden deutlich über 50 Prozent liegen.

Das Prinzip mit dem direkten Kundenkontakt ist nicht neu. Früher gab es Märkte, in denen Kunden und Hersteller direkt miteinander kommunizierten. Die Hersteller erfuhren sofort, was die Kunden wünschten und was missfiel. Das ging im Zuge der Massenproduktion und Werbung (Zeitung, Plakate, Fernsehen) verloren. Jetzt muss dieser Urzustand wieder hergestellt werden, damit die Anbieter denken und fühlen können wie ihre Kunden.

Wir beschäftigen uns seit über 15 Jahren mit der Produktentwicklung in unterschiedlichen Branchen. Daraus ist tuwun® (tell us what you need) als ein Verfahren entwickelt worden, um Produkte zu entwickeln, die genau die Kundenbedürfnisse treffen und für die der Kunde bereit ist, Geld auszugeben. Die Umsetzung des gesamten Verfahrens führt zur Ausrichtung Ihrer Produktenwicklung auf die Bedürfnisse Ihrer Kunden.

Kapitel 2

Das ist tuwun®

tuwun® steht für tell us what you need. Es ist das Verfahren, mit dem Sie noch vor den Wettbewerbern die Marktveränderungen und Bedürfnisse der Kunden erkennen können. Aus diesen Informationen und durch das Eintauchen in die Kundenwelt können direkt Entscheidungen für die Produktentwicklung abgeleitet werden. Es geht um die Maximierung nützlicher Produktideen bei gleichzeitiger Minimierung von Risiken. Das Ziel ist es, den Engpass in der Kundengruppe sowie das Problem, die eine optimale Lösung haben zu müssen, zu finden. Der Engpass entsteht dort, wo sich Bedürfnisse und Realität am wenigsten decken.

Je besser Sie sich in die Gedankenwelt Ihrer Kunden hineindenken und diese verstehen, desto mehr wissen Sie, auf welche Lösungen die Kunden positiv reagieren und welche Produkte sie kaufen werden. Und desto leichter ist es, diese Produkte zu entwickeln und erfolgreich zu vermarkten.

Die bei Ihrem Gesprächspartner latent im Unterbewusstsein laufenden Gedanken und Empfindungen können Sie nicht über Beobachtungen erfassen. Unter anderem mittels Fragen werden bei tuwun® daher die Gesprächspartner angeregt, über ihre Erlebnisse und ihre Einstellungen zu berichten. Sie finden so versteckte Bedürfnisse heraus, derer sich die Kunden noch gar nicht bewusst sind. Das Kernelement von tuwun® ist das offene, zielgerichtete, qualitative Interview mit dem Ziel, die Probleme und Erfolgsfaktoren Ihrer Kunden zu ermitteln. Hieraus erfolgt die USP-Definition. Beschränken Sie Ihre Marktforschung nur auf die Erfassung der Tätigkeiten der Kunden, so gelangen Sie lediglich zu Produkten. Kennen Sie jedoch die Probleme und Erfolgsfaktoren, so entwickeln Sie Lösungen für Ihre Kunden. Und nichts anderes wird gekauft. Kunden kaufen keine Produkte, sie kaufen Lösungen!

Die Kunst liegt darin, Ihren Gesprächspartner zum Erzählen zu bringen. Und zwar zu den Themen, die Sie in Ihrer Produktentwicklung weiter bringen. Sie müssen dann nur noch gut zuhören und sich disziplinieren, Ihr Expertenwissen zurückzuhalten. So erfahren Sie viel über seinen Alltag, seine Probleme und was ihn aus seiner Sicht erfolgreich macht. Zusätzlich erfahren Sie Dinge über seine technische Ausstattung und Vorlieben, seine Vorgehensweisen und so weiter. Aus einer Vielzahl von Gesprächen und den daraus gewonnenen Erkenntnissen können Sie erkennen, ob es einen Sinn hat, anschließend eine Produktpalette zu erstellen, die dem Kunden wirklich nützt und seine Wünsche erfüllt. Sie stellen ebenfalls fest, ob diese Kundengruppe überhaupt für Sie infrage kommt. Hat diese Gruppe Wünsche, die mit Produkten erfüllt werden können und sind Sie in der Lage, diese Lösungen anzubieten? Manchmal ist es klüger – und weitaus gewinnbringender – ein Produkt nicht herzustellen. Die Mitarbeiter in der Produktentwicklung werden zwar hauptsächlich für die Produktentwicklung honoriert, sie werden jedoch auch für das Neinsagen bezahlt, wenn dadurch Fehlinvestitionen vermieden werden. So haben Sie die finanziellen Mittel weiterhin frei für eine lohnende Produktentwicklung und gewinnbringende Geschäfte. Zu welchem Entschluss Sie nach den Gesprächen auch kommen, die Gespräche mit den Kunden haben sich auf jeden Fall immer gelohnt.

Im Gegensatz zur quantitativen oder qualitativen Marktforschung mit festem Fragenkatalog gilt es bei tuwun® nicht, vorgefasste Annahmen zu prüfen. Die Basis ist eine Interview-Technik, die sich auf das Erfahren der Umweltfaktoren (Treiber und Rahmenbedingungen), der Tätigkeiten und der Probleme der Kundengruppe richtet. Die Problemzentrierung des Gesprächs führt dazu, dass das Gespräch in der Grundform logisch aus aufeinander aufbauenden Stufen besteht und somit auch eine spätere Auswertung und der Vergleich der Gesprächsinhalte bis zu einer Zusammenfassung mehrerer Gespräche möglich ist. Sie erstellen eine Kundenlandkarte, die seinem wirklichen Umfeld so gut wie möglich entspricht. Dann können Sie auf dieser Karte »spazieren gehen« und sich ganz in den Kunden hineinversetzen. Je komplexer die Umgebung ist, desto detaillierter muss die Karte sein.

Der Mitarbeiter in der Produktentwicklung kann nicht wie ein Kunde denken und fühlen, wenn er nur an seinem Schreibtisch sitzt. Das ist jedoch Grundvoraussetzung für die erfolgreiche Produktentwicklung. Intensivieren Sie den Kontakt zum Kunden so gut wie möglich, reduzieren Sie interne Meetings und führen Sie mehr Gespräche mit Ihren Kunden (vom Mitarbeiter in der Produktentwicklung bis hin zum Topmanagement). Die traditionellen Marktforschungsmethoden wie Fragebögen und die Auswertung von Sekundärliteratur reichen nicht mehr aus.

Es gibt zwei Arten, um an Informationen zu gelangen: Es kann zufällig geschehen. Zum Beispiel kommt der Kunde mit Fragen auf Ihr Unternehmen zu, sagt was ihn stört oder was er will. Oder es kann gezielt geschehen. In diesem Fall gehen Sie und Ihre Mitarbeiter aktiv auf den Kunden zu, um Informationen über seine Lebenswelt einzuholen, die dann in die Produktentwicklung einfließen.

Gute Produktentwickler sind wie ein Schwamm, sie saugen immer und überall Informationen auf. Ob in Gesprächen mit Kunden und Experten, beim Lesen von Fachliteratur, auf Messen, im Flugzeug ein zufälliges Gespräch, im Wartezimmer beim Arzt … Immer! Sammeln Sie alle Informationen, auch die, die auf den ersten Blick nicht zum Produkt gehören, um zu verstehen, wie sich der Kunde aus welchen Gründen verhält. Sie können nie zuviel über Ihre Kunden wissen. Das Wissen über Ihre Kunden ist ein Wettbewerbsvorsprung, den Ihre Konkurrenz nicht mitbekommt. Es ist das größte Kapital in Ihrem Unternehmen. Das Wissen, das Sie einsetzen, um die Bedürfnisse Ihrer Kunden besser zu befriedigen, sieht die Konkurrenz erst als Endergebnis am fertigen Produkt.

Voraussetzung für die erfolgreiche Durchführung von tuwun® ist, am Anfang alle vorherigen Kenntnisse und Vorurteile bezüglich Ihrer Kunden auf Null zu setzen. Wie sicherlich bereits am PC häufig durchgeführt, formatieren Sie Ihre Festplatte und machen Sie einen Neustart. Fangen Sie bei Null an. Wenn Sie ohne vorgefertigte Meinung auf die Kunden zugehen, sehen Sie automatisch mehr Chancen, als wenn Sie eine Produktidee nur überprüfen wollen.

»Management by walking around« gilt als Methode einer Führungskraft, um über den direkten Kontakt zu den Mitarbeitern durch die so erlangten Informationen bessere Entscheidungen zu treffen und auch die Belange der Mitarbeiter zu erfahren. tuwun® ist nichts anderes, als diese Methode auf die Produktentwicklung zu übertragen: »Management by walking – and listening – around« beim Kunden.

Warum tuwun®?

Die offene Gesprächsführung führt häufig dazu, dass Sie auf ganz neue Ideen kommen und somit die althergebrachten Produktkategorien verlassen, um so aus der Vergleichbarkeit mit Ihren Konkurrenten herauszukommen. Alternative Produkte, die das Problem beziehungsweise das Bedürfnis des Kunden viel besser lösen und somit bevorzugt werden, können so entwickelt werden. Denn nur über den direkten Kundenkontakt bekommen Ihre Mitarbeiter das Gefühl, dass die Kunden keine amorphe Masse sind, sondern Einzelindividuen mit Problemen und Bedürfnissen.

Wenn die Mitarbeiter in der Produktentwicklung nie ihren Schreibtisch verlassen und nie direkten Kontakt mit den Kunden haben, dann erfahren sie auch nie, was die Bedürfnisse sind und welchen Frust vorhandene Produkte bei ihnen auslösen. Wenn Sie am Ende eines jeden Tages nicht mehr über die Bedürfnisse und Wünsche Ihrer Kunden wissen als beim Aufstehen, haben Sie etwas versäumt. Sie sind zurückgefallen, da einige Wettbewerber sicherlich ihre Kenntnisse auf diesem Gebiet am heutigen Tage erweitert haben. Dies gilt insbesondere für die Wünsche und Bedürfnisse Ihrer Kunden. Jeden Tag gilt es, die Wünsche und Bedürfnisse Ihrer Kunden noch tiefer zu ergründen.

Bei der Informationsbeschaffung beim Kunden ist eine Anpassung an die jeweilige Situation Voraussetzung, um maximale Erkenntnisse zu erlangen. Somit ist ein Instrumentarium notwendig, das sich in Sekundenschnelle an Ihre Gesprächspartner anpassen kann. Es muss auf jede situative Besonderheit reagieren können. Ebenfalls muss auf die Antworten des Gesprächspartners reagiert werden. Das System muss von einer Sekunde zur nächsten modifizierbar sein. Feste Fragebögen – egal ob schriftlich oder mündlich (telefonisch oder persönlich) abgefragt – sind hierfür ungeeignet. Da Fragebögen eine feste Struktur haben, erfahren Sie nicht, was Ihrem Gesprächspartner wirklich wichtig ist. Sie fragen zwar Inhalte ab, erfahren jedoch nichts über die Bedeutung der Inhalte im Leben der befragten Person. Wollen Sie jedoch erfahren, was den Kunden wirklich wichtig ist, was ihre Bedürfnisse und Träume sind, sind offene, zielgerichtete Marktgespräche notwendig.

Durch die ständige Tuchfühlung mit Ihren Kunden bekommen Sie Veränderungen als Erster mit. Im Unternehmen hat die wahre Kompetenz nicht der Chef, sondern die Summe der Mitarbeiter. Entsprechend sitzt die Kompetenz zur Kundenerwartung nicht bei den Mitarbeitern der Produktentwicklung, sondern direkt beim Kunden. Die Kunden sind Ihre Kompetenzquelle. Denn es gilt:

- Wer hat die intensivste Erfahrung mit dem Produkt? Der Kunde!
- Wer kennt die Kundenprobleme am besten? Der Kunde!
- Wer kennt die Bedürfnisse und Wünsche der Kunden am besten? Der Kunde!
- Wer kennt die technischen Möglichkeiten der Kunden am besten? Der Kunde!

Sie können es sich nicht leisten zu warten, bis Ihre Kunden nach Lösungen fragen. Denn warum sollte der Kunde gerade Sie fragen und nicht Ihren Mitbewerber? Bis Ihr Kunde fragt, hat vielleicht schon ein anderer Anbieter die Lösung parat. Wie wäre es, wenn nicht der Kunde Sie um Lösungen bitten muss, sondern Sie einen so guten Einblick in seine Welt haben, dass Sie ihm die Lösungen anbieten, die er benötigt und auch kauft? Die Kunden wissen häufig noch nicht einmal, dass sie Ihr Produkt benötigen und wie es aussehen soll.

Das ist tuwun® nicht

Es geht nicht darum, jeden Kundenwunsch zu erfüllen. Dann würden Sie nur noch Individualprodukte liefern und dieses für 0 Euro anbieten. Es geht stattdessen darum, die Kundenwünsche zu kennen und aus diesen Informationen Maßnahmen für die Produktentwicklung abzuleiten. Und tuwun® ist auch keine Variante des Verkaufs. Marktgespräche sind Marktgespräche, Verkauf ist Verkauf. Bitte verbinden Sie diese beiden Dinge nie in einem Gespräch miteinander. Wenn Ihr Gesprächspartner den Eindruck bekommt, das Gespräch diene mehr dem Verkauf, können Sie das Gespräch vergessen. Der Gesprächspartner fühlt sich getäuscht und macht zu.

Bei einem Restaurantbesuch fragt der Besitzer den Gast beim Verlassen des Restaurants: »Waren Sie zufrieden?« oder »Hat's geschmeckt?«. Diese Frage bringt nichts, denn die nichtssagende Standardantwort lautet »gut« oder »ja«. Eine bessere Frage wäre: »Was hätten wir heute für Sie besser machen können?«. Doch auch hier werden die Kunden nur nach ihren Bewertungen beziehungsweise nach Lösungsvorschlägen gefragt. tuwun® geht viel tiefer und setzt an der kompletten Lebenswelt der Kunden an.

tuwun® ist keine weitere Form der Marktforschung. Es geht bei tuwun® nicht nur darum, den Menschen mit seinem Verhalten und Besitz zu erfassen. Diese Form der Marktforschung hat meist nur einen Zweck: Markforschung ihrer selbst wegen. tuwun® hat als Ziel die erfolgreiche Produktentwicklung. Die Gespräche mit den Kunden sind nur Mittel zum Zweck, und nicht Selbstzweck. Aus diesem Grund wird nachfolgend der Begriff Marktgespräche und nicht Marktforschung verwendet. Forschung ihrer selbst wegen ist zu wenig. Auch Marktgespräche sind kein Selbstzweck. Die Erkenntnisse aus Ihren Marktgesprächen sind wertlos, wenn diese nicht direkten Einfluss auf Ihre Produktentwicklung haben.

Und zu guter Letzt: Die Einbeziehung der Kunden in die Produktentwicklung ist nicht eine andere Form von Outsourcing zur Kostenersparnis.

Vorteile von tuwun®

Die Kunden in die Produktentwicklung einzubeziehen hat viele Vorteile:

- Sie erhalten tiefere Einblicke in das Umfeld Ihrer Kunden, sei es in den Arbeitsablauf, den Tagesablauf, die technischen Möglichkeiten und insbesondere in deren Bedürfnisstruktur, deren Ängste und Träume;
- Sie sparen Entwicklungskosten, weil Sie schneller und direkter an die Informationen gelangen, die für die Produktentwicklung notwendig sind;
- über die Kenntnisse des Kunden und des Marktes können Sie die Kundenbedürfnisse in den Produkten umsetzen, so die Risiken in der Produktentwicklung verringern und die Erfolgsquote erhöhen;
- durch kürzere Entwicklungszyklen haben Sie schneller als Ihre Konkurrenz neue Produkte auf dem Markt. Sie passen Ihre Produkte den sich laufend ändernden Bedürfnissen an;
- Sie reagieren weniger auf die Konkurrenz, sondern agieren mehr auf der Basis der Kundenbedürfnisse;
- die Veränderungen bei den Rahmenbedingungen und den Bedürfnissen der Kunden werden schneller erkannt;
- tuwun® ist günstiger als der Einsatz von Marktforschungsorganisationen;
- schon das Gespräch steigert die Kundenzufriedenheit und erhöht außerdem die Bindung an das Unternehmen bei den Gesprächspartnern, weil sich die Kunden ernst genommen fühlen und merken, dass sie sich einbringen können. Oder hat Sie jemals ein Mitarbeiter von Ford, Deutsche Telekom oder Siemens nach Ihren Bedürfnissen gefragt, ohne gleich etwas verkaufen zu wollen? Dies ist umso wichtiger, je zahlenmäßig weniger Kunden Sie haben und somit je größer der Anteil Ihrer Gesprächspartner von der gesamten Kundengruppe ist. Die Ergebnisse der Gespräche müssen jedoch Konsequenzen in der Produktentwicklung haben. Haben die Befragten den Eindruck, ihre Anregungen und Ausführungen laufen ins Leere, kehrt sich der Effekt der gesteigerten Kundenzufriedenheit um.

Die zehn Todsünden von tuwun®

Folgendes sollten Sie auf jeden Fall vermeiden:

- die Marktgespräche mit dem aktiven Verkauf kombinieren;
- die Kunden nach fertigen Produktideen fragen, statt aus den Erkennt-

nissen über ihre Aufgaben, Hindernisse und den Perspektiven selbst Produkte zu entwickeln;

- bei der Produktentwicklung die Vorteile des Unternehmens statt den Nutzen für die Kunden in den Vordergrund stellen;
- eine ausschließliche Fixierung auf den Nutzer und dabei die Bedürfnisse der Zahler und Entscheider vernachlässigen;
- eine Fixierung auf das technisch Machbare statt auf die Bedürfnisse der Kunden;
- Vollständigkeit und Komplexität in die Produkte stopfen, statt Reduktion auf das Wesentliche;
- Konzentration auf die Produkteigenschaften in der Produktentwicklung und Werbung, statt auf die Lösungen;
- das Angebot nur zur Lösung eines Teilproblems zu erstellen, statt ein ganzes System anzubieten;
- mit einer festen Meinung in die Gespräche gehen. Die Informationen aus vorherigen Gesprächen in die nachfolgenden mitnehmen und diese Informationen auch auf den neuen Gesprächspartner übertragen;
- wenn die Gesprächsergebnisse den eigenen Überzeugungen widersprechen, diese verwerfen beziehungsweise ignorieren.

Kapitel 3

Grenzen von tuwun®

Die Marktgespräche bei tuwun® sind dazu geeignet, die Risiken in der Produktentwicklung zu senken und die Erfolgswahrscheinlichkeit drastisch zu erhöhen. Nur die Umsetzung der Informationen in Produkte liegt weiterhin in Ihrem Unternehmen.

Marktgespräche liefern noch keine Lösungen

Fragen Sie in den Marktgesprächen nicht nach Produktwünschen (»Was brauchen Sie?«, »Wie muss das Produkt aussehen?«, »Was wollen/wünschen Sie?«, »Welche Eigenschaften muss es haben?«). Denn eine Frage an die Kunden nach ihren Produktwünschen hat Nachteile:

- Die häufigste Antwort lautet »nichts«, weil die Kunden sich keine Lösungen vorstellen können und nicht wissen, welche Produkte sie wollen. Kunden können in der Regel ihre Bedürfnisse nicht in Lösungen umsetzen. Sie können nur die existierenden Missstände artikulieren;
- das Fragen nach Wunschprodukten führt zwar manches Mal zu Produktverbesserungen, jedoch nie zu Innovationen und somit nie in die Position des Marktführers. Und auch nicht zur Differenzierung, weil die Kunden das als Maßstab nehmen, was sie schon woanders gesehen haben. Und für das Bekannte ist der Kunde nicht bereit, viel Geld auszugeben. Den Kunden nach seinen Wunschlösungen zu fragen, ist wie der Blick in den Rückspiegel bei Tempo 200 km/h. Kunden können nicht aus den Erfahrungen der Vergangenheit die Lösungen der Zukunft ableiten. Der Kunde weiß, was ihm fehlt (Bedürfnisse), kann sich jedoch nicht vorstellen, mit welchen neuen Lösungen seine Bedürfnisse in Zukunft befriedigt werden können. Neuartige Problemlösungen werden auf diese Weise nicht entwickelt. Folgen Sie den bewussten Kundenwünschen nach Produkten, treten Sie nur in die Fußstapfen bisheriger Anbieter und laufen Ihrer Kon-

kurrenz hinterher. Erfolgreiche Produkte sind die, die sich die Kunden heute noch gar nicht vorstellen können, deren Existenz sie noch nicht einmal zu erahnen gewagt haben. Nur so gelangen Ihre Produkte aus der Vergleichbarkeitsfalle. Beim reinen Fragen nach Lösungen wäre das Internet (der Wunsch nach schneller Kommunikation, schnellere Waren-/ Briefsendung), eBay (weltweit günstig mit einem einfachen Bezahlsystem einkaufen), das Snowboard (Spaß im Schnee, Geschwindigkeit, Abgrenzung zu den Senioren), das Auto (schnelle individuelle Fortbewegung), der Walkman (überall tragbar Musik hören), musicload/iTunes (Musik selbst zusammenstellen), das Telefon (Realkommunikation unabhängig von der Entfernung) nie entwickelt worden. Hätte man ein Jahr vor der Einführung dieser Produkte die Kunden nach ihren Wünschen gefragt, dann hätten sie diese Produkte nie genannt, weil diese außerhalb ihrer Vorstellungskraft lagen. Am meisten Geld verdienen Sie mit den Geschäftsideen, die der Kunde braucht, aber von denen er noch nicht weiß, dass es sie gibt. Bieten Sie Lösungen an, die außerhalb der Vorstellungskraft Ihrer Kunden liegen. Auf der Basis von Kundeninformationen solche Produkte zu entwickeln, ist die Aufgabe der Produktentwickler;

- der Kunde möchte generell maximale Qualität zum minimalen Preis. Dieses ist wirtschaftlich für den Anbieter nicht möglich;
- der Kunde nennt Wünsche, die er zwar hat, für die er jedoch zum späteren Zeitpunkt nicht bereit ist, Geld zu bezahlen.

Die Marktgespräche dienen dazu, die Lebenswelt der Kunden (Bedürfnisse, Träume, Wünsche et cetera) so tief wie möglich zu erfassen. Und anschließend entwerfen Sie mit diesen Erkenntnissen Produkte, die wirklich die Bedürfnisse und Träume der Kunden berücksichtigen und erfüllen. Diese Umsetzung der Informationen aus den Gesprächen in erfolgreiche Produkte bleibt die Aufgabe der Produktentwicklung. Die Lösungskompetenz haben allein Sie als Hersteller. So werden Produkte entwickelt, die sich die Kunden heute noch nicht vorstellen können. Denn genau für diese Transferleistung zahlt der Kunde gerne.

Die Frage nach dem Preis bringt keine richtigen Antworten

Die Frage »Wie viel wollen Sie ausgeben?« oder »Wie schätzen Sie den Preis ein?« liefert keine brauchbaren Antworten, weil der Kunde den Nutzen nicht kennt und er den Gegenwert nicht abschätzen kann. Grundsätzlich wollen die Kunden am liebsten alle Produkte geschenkt haben, auch wenn sie bereit sind, dafür Geld auszugeben. Die typische Frage auf dem Fragebogen mit den Antworten von »zu teuer« beziehungsweise »zu günstig« ist wertlos. Jeder Kunde wird »zu teuer« ankreuzen. Wenn diese Frage schon verwendet werden soll, prüfen Sie bitte in einem nachfolgenden Frageblock, welche Bedeutung der Preis des Produkts für den Kunden hat. Wenn viele Antworten »zu teuer« heißen, jedoch der Preis bei der Kaufentscheidung keine beziehungsweise nur eine untergeordnete Rolle spielt, wäre es töricht, den Preis zu senken.

Marktgespräche liefern keine Aussagen über das spätere Kaufverhalten

Fragen Sie im Gespräch nicht: »Könnten Sie mit X etwas anfangen?« oder »Würden Sie X kaufen?«. Diese Antworten können Gefälligkeitsantworten sein, die später, wenn es wirklich um das Bezahlen geht, nicht mehr gelten. Es besteht ein Unterschied zwischen dem Kundenwunsch (was der Kunde sagt, was er kaufen würde) und dem Kundenbedürfnis (was der Kunde wirklich braucht und wofür er auch bereit ist, Geld auszugeben).

Die Frage »Würden Sie X kaufen?« verunsichert den Gesprächspartner, weil er hinter dem Marktgespräch ein verstecktes Verkaufsgespräch vermutet und sich somit getäuscht fühlt.

Die Ergebnisse der Gespräche sind nicht bis auf die letzte Nachkommastelle repräsentativ

Alle Marktforschungsergebnisse sind subjektiv und nicht repräsentativ. Jedoch mit einer angemessenen Anzahl und permanenten Gesprächen sind diese hinreichend zuverlässig. Insbesondere bei den persönlichen Gesprächen antworten die Gesprächspartner meist offen und ehrlich. Bei heiklen Fragen erkennt der Interviewer durch ein Zögern oder eine Unsicherheit relativ leicht, ob die Antwort den realen Gegebenheiten entspricht.

Die Kunden lassen sich nicht erziehen

Wenn die Kunden objektiv ein Produkt benötigen und es ihnen wirklich hilft, heißt es noch lange nicht, dass sie es auch wollen. Auch mit den besten Gesprächen und der raffiniertesten Werbung gelingt es nicht, ihnen ein Produkt aufzudrücken. Die Anbieter haben keinen Erziehungsauftrag, sondern sind Traumerfüller. Erfüllen Sie die Träume des Kunden, nicht die eigenen.

Kapitel 4

Dann ist tuwun® einzusetzen

Die Zeitspanne, in der sich grundlegende Dinge verändern, wird immer kürzer. Im letzten Jahrhundert gab es mehr Veränderungen und Innovationen als in den 500 Jahren davor, und in diesen 500 Jahren mehr als in den 1 000 Jahren davor. Die Spanne wird sich in Zukunft weiter reduzieren. Listen Sie bitte auf, was sich in den letzten zehn Jahren für Ihre Kunden geändert hat, seien es rechtliche Anforderungen, neue Technologien, finanzielle Situationen, Werte oder Moden. In diesem Umfang kommen Veränderungen in den nächsten fünf Jahren auf Sie zu. Die Welt ändert sich in Lichtgeschwindigkeit und somit auch die Lebenswelten und die Bedürfnisse der Menschen. Der stetige Wandel ist heute zur Konstanten geworden. Die Akzeptanz von Produkten ist daher im stetigen Wandel. Ihr Wissen über Ihre Kunden hat somit ein sehr geringes Haltbarkeitsdatum und läuft schnell ab. Einzelne Aktionen des Kundenkontakts bringen nur Momentaufnahmen. Das reicht nicht. Sie müssen frühzeitig von den Änderungen in der Bedürfnisstruktur erfahren. Daher sind regelmäßige Marktgespräche Pflicht, damit Ihre Produkte nicht durch die geänderten Bedürfnisse vom Markt verschwinden und damit Sie Chancen für neue Innovationen nutzen. Sofern sich das Umfeld Ihres Marktsegments schnell ändert, sind ältere Gesprächsergebnisse nur noch bedingt heranzuziehen.

Die Bedürfnisse des Kunden zu erfassen und das Wissen zu erweitern, muss zu Ihrem Tagesgeschäft in der Produktentwicklung gehören wie das Kaffeekochen und das Einschalten des Computers am Morgen. Jeder Mitarbeiter in der Produktentwicklung muss sich zum Ziel setzen, am Ende eines jeden Arbeitstages mehr über seine Kunden zu wissen als am Morgen.

Auch bei den bestehenden Produkten ist zu prüfen, ob diese noch den aktuellen Bedürfnissen entsprechen. Die Wettbewerbsvorteile durch Ihre Produkte sind schnell egalisiert. Die Mitbewerber imitieren Ihre Produkte oder erfüllen die Bedürfnisse der Kunden sogar noch besser. Somit müssen Sie Ihr Wissen aufstocken, um weiterhin an der Spitze zu bleiben. Sie dürfen nicht nur große Aktionen planen, sondern müssen laufend alle Möglichkeiten nutzen, um mehr über das Umfeld der Kunden zu erfahren. Verstärkte Aktionen sind selbstverständlich notwendig, wenn die Entwicklung eines Neuprodukts oder eine grundlegende Überarbeitung ansteht.

Durch diesen oft schon chaotischen Wandel ändern sich auch die Segmentierungskriterien laufend. Was gestern noch eine homogene Kundengruppe war, ist morgen schon total heterogen. Eine laufende Prüfung gehört auch hier zur Pflicht.

Je nach Veränderungen in der Branche können Sie mit den gleichen Zielen und der gleichen groben Gesprächsstruktur in zeitlichen Abständen erneut Gespräche führen. Es gibt keine endgültigen Antworten. Stellen Sie die eigenen Annahmen aus den vergangenen Gesprächen immer wieder auf den Prüfstand.

tuwun® als ein Verfahren zur Produktentwicklung ist keine Eintagsfliege, sondern eine Never-ending Story. Denn die Produktentwicklung ist wie das Rudern gegen den Strom: Wer einen Schlag aussetzt, treibt zurück. Je länger ein Betrieb aussetzt, desto weiter treibt er zurück bis zum Point of no Return. Und dann hilft nur noch ein Turnaround.

In welchen Entwicklungsphasen tuwun® einsetzen?

Da immer Informationen über die Kunden benötigt werden, sollten die Marktgespräche in allen Stadien geführt werden:

1. *zum Erschließen neuer Marktsegmente;*
2. *zur Neuproduktentwicklung.* Leiten Sie hier über Gespräche zu den Treibern, den Tätigkeiten, den Aufgaben, den Problemen, den Erfolgsfaktoren und der Komplexität den USP ab. Legen Sie anschließend über nachfolgende Gespräche die sechs Perspektiven eines Produkts fest (Funktionen, Struktur, Ansprache, Produktart, Emotion, Design);
3. *zum Test von Werbemaßnahmen.* Hier können Sie erfassen, welche Erwartungen die Gesprächspartner an ein Produkt anhand der Werbung haben, was das Produkt können muss, und was nicht. Anschließend erfolgt der Abgleich, ob das geplante Produkt diese Erwartungen auch erfüllt: wo ja, wo nicht und wo übererfüllt wurde. Im letztgenannten Bereich prüfen Sie, ob Funktionen reduziert beziehungsweise eliminiert werden können;
4. *zum Test von Prototypen.* Händigen Sie den Gesprächspartnern das Produkt aus und beobachten Sie, wie diese es auspacken, es in Betrieb

nehmen und nutzen. Insbesondere wird hier deutlich, welche Funktionen und welche Struktur nicht der gewohnten Vorgehensweise des Kunden entsprechen und wo sie zu Unverständnis führen. Anschließend sind auch hier Gespräche anzusetzen, in welchem Umfang das Produkt die Erwartungen erfüllt, was fehlt und was entfallen kann. Ein Vergleich zwischen Wunsch und Prototyp ist sinnvoll;

5. *zur laufenden Produktoptimierung.* Hier können Sie Interessenten, Kunden und ehemalige Kunden fragen. Die Kundenabwanderung um nur 5 Prozent zu senken, bewirkt in der Regel eine Gewinnsteigerung von über 20 Prozent. Erfahren Sie durch Ihre ehemaligen Kunden den Grund für den Nichtkauf: Ist das Bedürfnis nicht mehr vorhanden oder hat es sich geändert? Wird es von einem anderen Unternehmen besser befriedigt? Sind seine Erwartungen an Ihr Produkt nicht befriedigt worden? So erkennen Sie frühzeitig die Gefahr des Wechsels auch Ihrer bestehenden Kunden und können reagieren. Außerdem erzeugt das Interesse an den Kunden auch nach seinem Wechsel ein besseres Gefühl bei ihnen. Sie können so eine Negativwerbung für Ihr Produkt durch Ihren ehemaligen Kunden verhindern, da sie bei Ihnen und nicht bei Ihren anderen Kunden ihren eventuellen Frust ablassen können, und Sie erhöhen zusätzlich die Chance auf einen späteren Wiedereinstieg. Wenn die ehemaligen Kunden ein ehrliches Interesse bei Ihnen erkennen, das Produkt zu optimieren und sie nicht »umzudrehen«, so werden sie bereitwillig Ihre Fragen beantworten. Um die Kundenzufriedenheit über Ihr Neuprodukt zu erfahren, sollten Sie den Kontakt zu den Kunden bereits nach einer kurzen Nutzungszeit suchen und anschließend erneut nach einer längeren Nutzungsphase. Sie erfahren, ob, wann und wie die Kunden das Produkt verwenden, und in welchem Umfang das Produkt ihren Erwartungen entspricht und wo nicht, welche Probleme das Produkt gelöst hat und welche nicht. Und Sie erfahren, welche Funktionen genutzt werden und welche nicht. Das ist ein Ansatz, um die überflüssigen Funktionen bei der nächsten Serie wegzulassen. Außerdem erfahren Sie, welches Problem Ihr Kunde damit gelöst hat, welches Problem er nicht lösen konnte und was ihn gestört hat;

6. *zur Neugestaltung eines bestehenden Produkts.* Die Neuproduktentwicklung, die laufende Optimierung sowie die Produktneugestaltung unterscheiden sich nur durch den unterschiedlichen Zeitpunkt. Die Bedürfnisanalyse, die Konzeption und die anschließende Produktentwicklung sind identisch. Starten Sie schon vor dem Zenit Ihres Produkts mit dem Relaunch. Hier reicht es jedoch nicht, wenn sich das Nachfolgeprodukt nur gering von der jetzigen Form unterscheidet.

Ist das der Fall, werden die Ergebnisse (zum Beispiel die Werbung) im gleichen Rahmen bleiben. Damit die Verbesserung auch vom Kunden wahrgenommen wird und zu besseren Verkaufsergebnissen führt, muss das Produkt um mindestens 30 Prozent besser werden. Die Kunden registrieren nur größere Unterschiede und keine Nuancen, dieses gilt auch generell für die Unterscheidung zum Wettbewerb und zwar jeweils für einzelne Produkte, Bestandteile von Produkten oder ganze Produktlinien;

7. *zur Entwicklung von Zusatzprodukten,* um die Produktpalette auszubauen. Nach der Fertigstellung des Hauptprodukts ist die Produktentwicklung noch nicht beendet. Gerade mit ergänzenden Produkten können Sie Ihre bestehenden Kunden mit großem Erfolg beliefern;

8. *zum Zeitpunkt des erwarteten Neukaufs.* Denn jetzt erwartet der Kunde signifikante Verbesserungen. Seit seinem Erstkauf haben sich seine Bedürfnisse und somit Erwartungen an Ihr Produkt meist geändert.

Wenn auch in diesem Buch viele Beispiele aus dem b-to-b-Bereich (Industriegütermarkt) gewählt sind, ist die Anwendung von tuwun® ebenso für den b-to-c-Bereich (Konsumgütermarkt) anzuwenden, denn in beiden Märkten kaufen Menschen mit ihren individuellen Bedürfnissen.

In den nachfolgend beschriebenen Schritten wird sich auf die Neuproduktentwicklung bezogen. Die Vorgehensweise bei der Produktoptimierung und Kundenbindung können Sie daraus ableiten.

Kapitel 5

Methoden der Informationsbeschaffung

Nutzen Sie alle Möglichkeiten, um an die zur Produktentwicklung benötigten Informationen zu gelangen. Nachfolgend sind die wichtigsten dargestellt:

Abbildung 1: Methoden der Informationsbeschaffung

Produktentwicklung

| Patenschaften | Literatur | Experten | Aktive Gespräche | Weiterbildung |

Passive Gespräche

Zeitschriften
E-Mail-Abo
Studien

Ministerien
Organisationen
Verbände
Behörden/
Kontrollinstanzen
Berater

Pers. Einzelgespräch
Telefonat
Gruppendiskussion

Seminare, Kongresse, Messen, ...

Benchmarking Best practice

Lieferanten

Postkorbanalyse

Außendienstbesuch

Verkauf
Service

Praktika

sammeln strukturieren

Verkaufsgespräche

Fragebögen

Vertriebsagenturen

Zwischenhändler

Messebesuche

Stammtische

Ideenblätter

Beobachtungen

Verbände, Vereine

Tätigkeits-übersicht

Leidensdruck

Internet

Foren
Blogs
Suchmaschinen

Produktidee

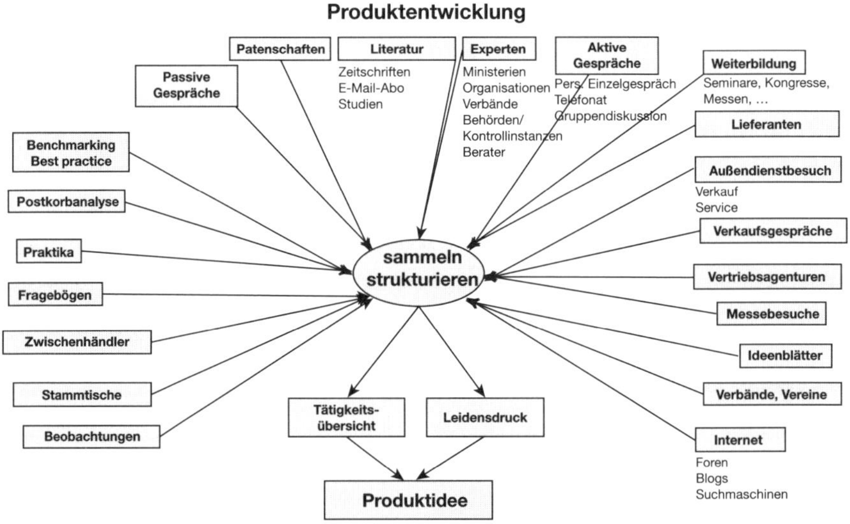

Generell hat jede Methode der Informationsbeschaffung Stärken und Schwächen. Die eine Methode mehr, die andere weniger. Wichtig ist, dass die Schwächen bekannt sind und berücksichtigt werden. Es ist vor Einsatz der jeweiligen Methode zu prüfen, wofür die Ergebnisse zu verwenden sind. Dann wird schnell sichtbar, ob die Methode hierfür auch geeignet ist.

Sekundäre und primäre Marktforschung

Grundsätzlich wird zwischen sekundärer und primärer Marktforschung unterschieden. Bei der sekundären Marktforschung wird auf bereits vorliegende Daten zurückgegriffen. Hier gilt es, aus dem Überangebot die relevanten Informationen zu ziehen. Diese Informationen sind häufig kostenlos oder gegen Entrichtung einer geringen Gebühr erhältlich. Bei der primären Marktforschung werden die Daten speziell für die aktuelle Fragestellung erhoben. Hierzu gehören die unten beschriebenen Verfahren wie Befragungen und Beobachtungen.

Quellen für Daten der sekundären Marktforschung sind:

- Unterlagen im eigenen Unternehmen
  - alte Gesprächsprotokolle;
  - Name, Alter, Beruf, Branche, Kontaktdaten der Kunden;
  - Kaufhistorie (wann, wie oft auf Werbung reagiert), Zahlungsverhalten, Reklamationsverhalten, Rücksendequote, Inanspruchnahme von Zusatzleistungen (Service);
- Eurostat, Statistisches Bundesamt, Statistiken der Länder, Städte und Gemeinden;
- Handelsregisterauszüge;
- Adressverlage
  - www.wer-liefert-was.de
  - www.hoppenstedt.de
  - www.productpilot.de
  - www.herstellerkatalog.de
  - www.schober.de
- Branchenführer;
- frei zugängliche Studien;
- veröffentlichte Berichte von Marktforschungsinstituten;
- Forschungsberichte und Trendstudien (zu erhalten zum Beispiel über Universitäten oder Suchmaschinen);
- Verbände (BDI – Bundesverband der Deutschen Industrie, ZDH – Zentralverband des Deutschen Handwerks, VDMA – Verband der Investitionsgüterindustrie, VDE – Verband der Elektrotechnik Elektronik Informationstechnik) und Vereine;
- Handelskammern;
- Wirtschafts- und Marktforschungsinstitute;
- Zeitungen und Zeitschriften, die von Ihren Kunden gelesen werden. Für praktisch jede Berufssparte, jedes Hobby und jedes Sozialthema

gibt es Spezialzeitschriften. Welche Themen werden behandelt? Was sind die aktuellen Treiber? Wofür werden Tipps gegeben? Hier steht meist das drin, was Ihre Kunden beschäftigt (sonst würden sie die Ausgaben nicht kaufen). Eine große Auswahl auch von Fachzeitschriften ist in Bahnhofsbuchhandlungen erhältlich;

- Informationen der Unternehmen, wo die Kunden tätig sind
  - Eigenbroschüre;
  - Geschäftsberichte;
  - Kataloge, Prospekte;
  - Homepage;
  - Presseberichte.
- Nachrichten-Homepages (zum Beispiel um Treiber zu erkennen)
  - www.pressekatalog.de
  - www.leserservice.de
  - www.media-daten.de
  - www.paperball.de
  - www.paperboy.de
- E-Mail-Newsletter;
- Internet
  - Unter www.google.de/trends kann die Suchhäufigkeit von Begriffen eingesehen werden, ebenso der Vergleich zweier Suchbegriffe, indem diese in der Eingabe durch ein Komma getrennt werden;
  - YouTube Insight bietet die Möglichkeit, genau nachzuvollziehen, wann und aus welcher Region Clips angesehen wurden.
- Stelleninserate (Informationen, welche Aufgaben zu bewältigen sind, welche Herausforderungen anstehen und welche Kenntnisse und Fähigkeiten der Mitarbeiter dafür notwendig sind);
- Patente
  - Deutsches Patent- und Markenamt (www.dpma.de).

Sie erfahren hierüber insbesondere Treiber, Rahmenbedingungen und technische Veränderungen in Ihrem Marktsegment, ebenso aktuelle Themen und über Portraits erste Hinweise auf die Lebenswelt.

Nachfolgend die Vor- und Nachteile sekundärer Marktstudien:

Vorteile

- Der Aufwand der Datenbeschaffung ist gering;
- die Daten sind schnell verfügbar;
- die Daten sind überwiegend kostenlos oder zu geringen Kosten zu beschaffen.

Nachteile

- Sekundäre Markforschung hilft nur dabei, etwas zu belegen, jedoch nie, etwas zu entdecken. Es ist der Blick in den Rückspiegel. Marktstudien können allgemeine Bedürfnisse aufzeigen, als Quelle zur Innovation sind sie jedoch zu oberflächlich;
- die Daten sind häufig auch der Konkurrenz bekannt. Der Besitz dieser Daten ist somit kein Wettbewerbsvorteil, weil viele zu den gleichen Interpretationsergebnissen kommen. Die Ergebnisse sind dann vergleichbare Produkte;
- die Daten sind nicht auf das aktuelle Untersuchungsziel zugeschnitten;
- die Daten sind teilweise veraltet;
- die Informationen sind oft quantitativ, sie liefern keine Zusammenhänge von Fakten;
- mehr gesammelte Daten, keine Bewertung.

Die Sekundärforschung ist geeignet für einen ersten Überblick, für mehr jedoch nicht. Kleine und mittelständische Unternehmen sind gerade deshalb erfolgreich, weil sie den direkten Kundenkontakt nutzen. Dem Kunden zuzuhören ist besser, als ein 100-seitiger Bericht eines Instituts.

Befragungen und Gespräche

Und wenn es noch so simpel klingt: Der einfachste Weg für die Produktentwicklung an Informationen über die Kunden heranzukommen ist, die Personen direkt zu fragen. Ein weiterer Weg ist die Beobachtung. Denn was der Kunde Ihnen sagt, muss noch lange nicht seinem realen Verhalten entsprechen.

Viele Marktforschungsverfahren ähneln einem Polizeiverhör. Der Interviewer fragt, der Gesprächspartner darf genau auf diese Fragen antworten. Nicht mehr und nicht weniger. Wie Versuchstiere werden die Befragten auf einen bestimmten Weg dressiert. tuwun® hingegen bringt die Gesprächspartner in eine entspannte Situation, in der sie frei erzählen dürfen.

Quantitative und qualitative Befragungen

Zur quantitativen Befragung gehören insbesondere Fragebögen in Massen-aussendungen beziehungsweise Beilagen. Auch die typischen Befragungen auf Messen oder per Telefon, bei denen jeweils ein fester Fragebogen abgefragt wird und der Proband meist eine Wertung innerhalb einer fest-gelegten Skala abgibt, zählen hierzu. Zu der qualitativen Variante gehören unter anderem das offene Interview. Die Unterschiede zwischen diesen Verfahren sind in der nachfolgenden Tabelle zusammengefasst:

Tabelle 1: Quantitative und qualitative Befragungen

Quantitativ	Qualitativ
Persönlich, telefonisch oder schriftlich vorgetragener Fragebogen	Persönliches oder telefonisches Gespräch
Hohe Fallzahlen, statistisch abge-sicherte Mengendaten	Geringe Fallzahlen und somit nicht bis in die letzte Nachkommastelle repräsentativ
Abfrage	Gesprächscharakter
Überwiegend geschlossene Fragen	Offene Fragen
Es »darf« nur auf das geantwortet werden, was gefragt wurde. Die Ant-wortstruktur ist vorgegeben	Impuls durch Fragen, dann freie Erzählung des Gesprächspartners. Dieser bestimmt weitgehend den Gesprächinhalt und kann Inhalte nennen, die dem Interviewer nicht bekannt sind
Leitfaden wird »abgearbeitet«	Maximal nur grobe Themenvorgabe
Nur geringe Kenntnisse des Inter-viewers sind notwendig	Neben Fachwissen sind auch methodische Kenntnisse des Interviewers notwendig
Leichte Interpretation, da jeder Befragte die gleichen Fragen beant-wortet	Interpretation ist schwerer
Die Auswertung ist weitgehend objektiv	Subjektivität in der Auswertung
Zur statistischen Auswertung sind über 100 Befragungen notwendig	Eine geringe Anzahl reicht aus
Rückfragen beim Fragebogen sind nicht möglich	Rückfragen des Gesprächspartners und des Interviewers sind möglich
Stures abfragen	Eingehen auf Äußerungen des Gesprächs-partners ist möglich
Das Gespräch bleibt an der Oberfläche	Das Gespräch geht in die Tiefe

»Wie viele?« beziehungsweise »Wie viel?« ist das Untersuchungskriterium	Es geht mehr um das »Warum«. Nicht messen, sondern die Ursache des Kundenverhaltens entdecken und verstehen
Keine Rückschlüsse auf die Emotionen des Befragten	Emotionale Empfindungen und Lebenswelten lassen sich ermitteln
Kenntnisse über die Lebenswelt müssen vorhanden sein, um die »richtigen« Fragen stellen zu können	Keine Kenntnisse über die Lebenswelt des Befragten sind nötig, da diese erst in Erfahrung gebracht werden
Prüft Hypothesen	Generiert Hypothesen
Erfasst die mengenmäßige Verteilung der selbst festgelegten Kriterien	Rekonstruiert das Umfeld der Gesprächspartner

Quantitative Befragungen werden eingesetzt, wenn bereits tiefgreifende Kenntnisse über die Befragten bekannt sind und diese noch zu quantifizieren sind. Häufig erfolgen zuerst qualitative Gespräche und anschließend quantitative Befragungen. Denn erst durch die Ergebnisse der Gespräche wird deutlich, was quantitativ gefragt werden soll.

Schon aus Gründen der Machbarkeit und der Kosten ist bei tuwun® nicht die Quantität, sondern die Qualität der Informationen entscheidend. Außerdem sind die Ressourcen in den Unternehmen begrenzt. Nachfolgend sind die am häufigsten eingesetzten Verfahren der Befragung und Gespräche aufgeführt:

Fragebogen

Fragebögen können im gesamten Ablauf einer Kundenbeziehung eingesetzt werden, wobei die Rücklaufquote bei den bestehenden Kunden am größten ist. Es können unter anderem die Bedeutung aktueller Themen, die technische Ausstattung, die Anforderungen an Produkte und die Nutzung von Produkten erfragt werden.

So sollte ein Fragebogen sein:

- leicht verständlich, ohne zweideutige Begriffe. Er soll von allen Befragten gleich verstanden werden;
- neutral, um die Antwort nicht in eine Richtung zu drängen;
- es sollten nur die Fragen enthalten sein, deren Antworten auch einen Einfluss auf die Produktentwicklung haben;
- doppelte Verneinungen sind zu vermeiden;

- er sollte von den Befragten in kürzester Zeit auszufüllen sein;
- pro Frage sollte nur ein Inhalt erfragt werden;
- kurze Fragen ohne Begründungen.

Aufbau eines Fragebogens

Bei Fragebögen stehen geschlossene Fragen und Skalierungen im Vordergrund. Hier ist zwar die Auswertung einfach, Rückschlüsse auf die Produktentwicklung zu ziehen ist jedoch umso schwerer.

Folgende Fragevarianten sind möglich:

- *Zuordnungsfragen:* »Welche Begriffe verbinden Sie mit X?« unter Angabe von Alternativen;
- folgenden Satz ergänzen lassen: »Es wäre schön, wenn …«;
- die Gewichtung der Entscheidungskriterien, der Vorlieben, der Eigenschaften et cetera kann auf verschiedene Arten erfolgen:
  - ○ *Alternativfragen:* »Bevorzugen Sie X oder Y?« beziehungsweise »Welche der Varianten spricht Sie mehr an?«;
  - ○ *Auswahlfragen:* »Welche der angegebenen Varianten bevorzugen Sie?«;
  - ○ *absolute Gewichtung der Kriterien mit Skalierungsfragen:* Hier wird meist die Wichtigkeit des Kriteriums nach »sehr wichtig«, »wichtig«, »weniger wichtig«, »gar nicht wichtig« bewertet oder von »sehr wahrscheinlich« bis »unwahrscheinlich«. Es ist immer eine gerade Zahl an Varianten anzugeben, denn so muss der Befragte eine Tendenz festlegen und kann sich nicht mit der Mitte »retten«. Bei absoluten Bewertungen neigen die Befragten dazu, die extremen Bewertungen zu vermeiden, weil sie denken: »Mit der Mitte mache ich nichts falsch«;
  - ○ *relative Bewertung durch Ranking:* Der Befragte bringt die Parameter in eine Reihenfolge der Wichtigkeit oder trägt hinter den Begriffen eine Ziffer der Wichtigkeit ein. Dies kann jedoch nur bei einer kurzen Liste von Parametern eingesetzt werden, um die Komplexität noch begreifbar zu machen;
  - ○ *relative Bewertung durch paarweisen Vergleich*[1]: Hier wird jedes Kriterium in seiner Gewichtung mit jedem anderen verglichen, um so die Komplexität auf jeweils zwei Kriterien zu reduzieren: »Was ist Ihnen wichtiger: X oder Y?«. So können beispielsweise die verschiedenen Funktionen eines Produkts miteinander verglichen werden, oder die

---

1 aus *Das Entscheider-Buch* von Kai-Jürgen Lietz. München: Hanser 2007.

Funktionen mit dem Preis et cetera. Es erfolgt keine absolute Bewertung, sondern eine relative. Das Kriterium, das dem Befragten wichtiger ist, erhält einen Punkt. Das bevorzugte Kriterium tragen Sie in das entsprechende Feld in der unten stehenden Tabelle ein. Am Ende werden die Punkte zusammengezählt und ein Ranking aufgestellt. Dieses Verfahren ist allerdings begrenzt auf circa fünf Kriterien, denn hier sind schon zehn Direktvergleiche enthalten. Diese Eins-zu-eins-Entscheidung ist für den Befragten weniger komplex als die relative Bewertung durch Ranking.

Tabelle 2: Relative Bewertung durch paarweisen Vergleich

	Einscheidungskriterien	Vergleich zwischen				Ergebnis (Anzahl)
1		1 und 2	1 und 3	1 und 4	1 und 5	
2			2 und 3	2 und 4	2 und 5	
3				3 und 4	3 und 5	
4					4 und 5	
5						

Zu vermeiden sind im Fragebogen Qualitätsfragen, bei denen der befragte Kunde schon gar nicht mehr negativ antworten kann, zum Beispiel »Wie zufrieden sind Sie mit der Frische unserer Produkte?«. Bei solchen Fragen ist dem Fragenden die Antwort egal, er will nur erreichen, dass der Befragte speichert »Produkte, Frische, zufrieden«.

Zum Abschluss des Bogens sind bei Bedarf noch persönliche Daten zu erfragen:

- Name des Ausfüllenden;
- Funktion;
- Familienstand;
- Name des Unternehmens;
- Branche;

- Anschrift;
- Telefonnummer.

Setzen Sie diese Fragen an das Ende, da sie am Anfang des Bogens ein Filter sind und so die Rücklaufquote senken. Außerdem ist der Befragte am Ende eher bereit, diese persönlichen Fragen zu beantworten. Ganz am Ende des Bogens fragen Sie, ob der Ausfüllende künftig für weitere Fragen kontaktiert werden darf. Hier bietet sich eine gute Möglichkeit für anschließende persönliche Gespräche.

Da im Gegensatz zum persönlichen Gespräch beziehungsweise Telefonat bei einem Fragebogen nicht die Möglichkeit zur Anpassung und Korrektur während des Interviews besteht, sollte dieser Fragebogen vor dem Versand in persönlichen Gesprächen mit Personen aus dem Marktsegment getestet werden. So erfahren Sie, ob Ihre Fragen verständlich sind.

Varianten zur Befragung mit einem Fragebogen:

- *persönlich* (der Interviewer oder der Interviewte füllt den Bogen aus). Diese Variante wird häufig auf Messen und auf der Straße eingesetzt. Der Interviewer kann bei Verständnisfragen zum Bogen unterstützend eingreifen, darf jedoch nur neutrale Hinweise geben;
- *telefonisch;*
- *schriftlich.* Hier besteht die Möglichkeit, wieder alle Gruppen vom Interessenten bis zum Stammkunden mit einem Brief plus Fragebogen anzuschreiben, wobei bei der zuletzt genannten Gruppe der Rücklauf höher ist, bei Stammkunden bis zu 20 Prozent, bei Nichtkunden häufig unter 1 Prozent. Um Kosten zu sparen, werden die Fragebögen häufig den Warenlieferungen oder Rechnungen beigefügt. Sofern der Kunde das Produkt bereits bezahlt hat und eine Rückgabe ausgeschlossen beziehungsweise nur sehr selten ist, sind diese Befragungen in Ordnung. Wenn sich der Kunde das Produkt jedoch nur zur Prüfung mit Rückgaberecht bestellt hat, wird von der Beigabe von Fragebögen zu diesem Zeitpunkt abgeraten. In diesem Fall ist das Hauptziel, dass der Kunde die Ware behält und bezahlt. Da sollte man ihm keine Gelegenheit geben, über Befragungen auf die Idee zu kommen, dass das Produkt doch nicht so gut ist. Teilweise liegen diese Fragebögen auch am Ort des Kaufes (zum Beispiel Supermarkt) oder der Nutzung (Restaurant, Hotelzimmer) aus. Nutzen Sie auch kurze Wartezeiten Ihrer Kunden (am Serviceschalter, bei der Warenauslieferung) und bitten Sie sie, einen kurzen Fragebogen auszufüllen;
- *über das Internet,* zum Beispiel auf der eigenen Homepage, als Link im eigenen E-Mail-Newsletter oder in einer Mail. Es bietet sich auf der

Homepage auch die Voting-Box an, wo die Kunden auf nur eine Frage ihre Meinung durch Auswahl der vorgegebenen Antworten auswahlen. Die Bereitschaft, an Votings teilzunehmen, steigt, wenn dem Probanden nach seinem Klick das Zwischenergebnis der Befragung gezeigt wird. Von einer Kopplung des Fragebogens an den Zutritt in eine geschlossene User-Group im Internet, der Anmeldung zu einem Newsletter oder Erhalt eines E-mail-Postfachs wird abgeraten. Diese Hürde führt dazu, dass sich weniger Kunden anmelden, außerdem wird meist nur wahllos etwas angeklickt, da der Fragebogen nur stört.

Adressaten von Fragebögen können sein:

- Nichtkunden aus der Branche;
- Erstkunden;
- Gelegenheitskunden;
- Stammkunden;
- Rückkehrer;
- Wechselkunden;
- Kunden der Konkurrenz.

Ehemalige Kunden und Kunden, die das Produkt zurückgeschickt haben, eignen sich eher weniger für Fragebögen, da sie mit dem Produkt abgeschlossen haben. Hier ist die Rücklaufquote bei schriftlichen Befragungen noch geringer. Bei dieser Gruppe eignen sich Telefonate am besten.

Die Vor- und Nachteile von Fragebögen sind im Folgenden aufgelistet:

Vorteile

- Eine gleichzeitige Befragung einer praktisch unbegrenzten Anzahl von Personen, insbesondere bei Onlinebefragungen. Eine Befragung des gesamten Marktsegments ist möglich;
- schnell umzusetzen, sofern der Zugang zu den Befragten vorhanden ist;
- der Befragte bestimmt den Zeitpunkt, wann er den Fragebogen ausfüllt. Terminabsprachen sind nicht erforderlich;
- geringe Kosten;
- ortsunabhängig;
- geringer Zeitaufwand für den Befragten;
- einfache Auswertung, da jeweils die gleichen Fragen gestellt werden, insbesondere bei geschlossenen Fragen;
- keine Interviewkenntnisse notwendig;
- kein Einfluss des Interviewers.

Nachteile

○ Der Befragte wird zum Kreuzchenmacher degradiert. Fragebögen gehen von der Annahme aus, dass der Fragende intelligenter ist als der Ausfüllende. Ein Fragebogen ist immer nur so intelligent wie der, der die Fragen stellt. Denn der Befragte darf nur zu den Themen antworten, die der Fragesteller hören will. Es werden meist nur die Probleme des Anbieters abgefragt, und nicht die des Befragten. Der Kunde wird mit den Fragen in eine Richtung gedrängt, die er von sich aus nicht präferiert hätte. Der Anbieter wird so nicht erfahren, was den Kunden wirklich beschäftigt und zur Kaufentscheidung bewegt. Bei geschlossenen Fragen werden zudem auch noch die möglichen Antworten vorgegeben. Es wird nur das erfahren, was auch gefragt wurde. Es wird somit etwas in den Fokus des Kunden gerückt, was ihm vielleicht gar nicht wichtig ist. Zudem kann insbesondere durch geschlossene Fragen die Richtung der Antworten bereits vorgegeben werden;

○ Beobachtungen vor Ort sind, genauso wie der Aufbau einer Vertrauensbasis, nicht möglich;

○ mit der Fragestellung kann die Antwort beeinflusst werden. Befragte tendieren zum »ja«, da sie befürchten, ein »nein«, das mit Ablehnung gleichgesetzt wird, begründen zu müssen;

○ der Fragebogen ist starr und geht nicht auf die vorherigen Antworten des Befragten ein. Ein Nachfassen und Vertiefen ist nicht möglich. Bei Onlinebefragungen ist es möglich, bei geschlossenen Fragen je nach Antwort die nachfolgenden Fragen jeweils anzupassen;

○ geringe Rücklaufquoten;

○ die Gruppe der Rücksendungen stellt gegebenenfalls keinen repräsentativen Teilbereich dar, da zum Beispiel nur die Interessierten oder die Personen mit viel Zeit diesen Bogen ausfüllen. So kann ein verzerrtes Bild entstehen. Aus diesem Grund werden zum Beispiel auf Messen die zu Befragenden von Angestellten aktiv gefragt, ob sie an einer Befragung teilnehmen möchten. Besucher, die aktiv auf die Interviewer zugehen, werden abgewiesen;

○ nur wenige offene Fragen sind möglich;

○ Sie haben keine Kontrolle, wer antwortet beziehungsweise wer in die Beantwortung einbezogen wird. Wenn bei Eltern so ein Bogen im Briefkasten liegt, machen sich oft sofort die Kinder daran. Schließlich gibt es meist etwas zu gewinnen oder ein Geschenk. Welche Antworten eingegeben werden, ist dabei völlig egal;

○ die Befragung und die Antworten bleiben an der Oberfläche. Ein tiefer Einblick in die Bedürfnisse und die Probleme der Befragten ist nicht möglich.

Gefühle, Befindlichkeiten und Emotionen erfahren Sie nie mit einem Fragebogen. Dabei sind das häufig die wahren Gründe für den Produktkauf;

o Rückfragen des Befragten bei fehlendem Verständnis der Fragen sind nicht möglich, sofern der Bogen versendet wurde oder im Internet abrufbar ist. Dann fehlt dem Befragten jegliche Unterstützung. Fragebögen setzen voraus, dass ein und dieselbe Frage von allen Befragten gleich verstanden wird. Nur dann können die Antworten miteinander verglichen werden. Da jeder von uns ein anderes Verständnis hat und Fragen der freien Interpretation des Befragten unterliegen, ist dies unmöglich. Abhängig von den eigenen Erfahrungen und Erlebnissen werden die Fragen anders interpretiert und gedeutet und entsprechend auch aus diesem unterschiedlichen Verständnis heraus beantwortet. So objektiv und für alle Befragten gleich sind somit auch diese standardisierten Fragebögen nicht. Wenn die Erfahrungen und Erlebnisse und somit Interpretationen jedoch berücksichtig werden sollen, muss man den Interviewten die Möglichkeit geben, frei formulieren zu können. Und das geht nur beim persönlichen Gespräch;

o Rückfragen bei unverständlichen Angaben des Befragten sind nicht möglich. Es sei denn, dieser hat seine Kontaktdaten angegeben und es wird zum Beispiel telefonisch nachgefragt;

o bei der Aussendung der Fragebögen per E-Mail muss die Adresse ohne Tippfehler bekannt sein;

o der Kunde kreuzt teilweise das an, von dem er glaubt, dass es richtig ist;

o eher quantitative Auswertung, selten qualitativ möglich;

o der Befragte fühlt sich ausgefragt wie im Verhör, macht zu und gibt keine intimen Details mehr preis.

Bei den Veränderungen, die in der Produktentwicklung anstehen, sind Fragebögen eine Ergänzung, mehr nicht.

Die Interpretation von Fragebögen ist schwer, da zu viel vorgegeben ist und der Befragte sich nur im festgelegten Rahmen bewegen kann. Offene Fragen sind im Fragebogen schwer auswertbar und reduzieren den Rücklauf erheblich.

Als früher noch weniger Bögen verschickt wurden, empfanden die Kunden den Erhalt als Wertschätzung und die Einstellung der Kunden zum Unternehmen wurde verbessert, unabhängig davon, ob die Fragebögen zurückgesendet wurden oder nicht.

Eine Belohung (zum Beispiel Geschenk) für die Rücksendung erhöht zwar den Rücklauf (circa doppelt so viel), ruft jedoch auch die Belohnungssammler auf den Plan, die nach dem Zufallsprinzip ausfüllen. Dieses führt zu Verzerrungen der Ergebnisse. Sie sollten dann lieber weniger Rücklauf in Kauf nehmen, jedoch erhalten Sie so aussagekräftige Ergebnisse. Gibt es kein festgelegtes Präsent, sondern nehmen die Rücksender an einer Verlosung teil beziehungsweise erhalten die ersten 100 Rücksendungen ein Präsent, tendieren manche zu positiven Gefälligkeitsantworten, weil sie glauben, damit ihre Gewinnchancen zu erhöhen. Je größer der ausgelobte Gewinn ist, desto positiver sind die Antworten. Wenn schon eine Belohnung eingesetzt wird, dann nur ein kleines Präsent an alle Rücksender. Dabei nicht die Produkte aus dem eigenen Sortiment versenden, weil diese in den Augen der Kunden so an Wert verlieren. Besser ist immer noch, auf diesen quantitativen (und gerade nicht qualitativen) Verstärker zu verzichten. Die Hoffnung der Befragten auf bessere Produkte und das Gefühl des Gebrauchtwerdens sind Lohn genug. Ein Dankesbrief bei den Rücksendungen ist hierbei angemessen, eventuell mit einigen Inhalten der Auswertung. Ebenfalls ist bei extrem positiver Bewertung und insbesondere bei sehr negativer Kritik bei dem Befragten nachzufragen.

Um die Rücklaufquote zu erhöhen, müssen das Ausfüllen und die Rücksendung so einfach wie möglich sein. Sonst haben Sie eine ungewollte Selektion, da die Bögen nur von Menschen mit viel Zeit ausgefüllt werden. Gestalten Sie den Fragebogen so kurz und so übersichtlich wie möglich. Nehmen Sie nur die Fragen auf, deren Antworten auch Einfluss auf Ihre anschließende Produktentwicklung haben. Nutzen Sie Fax und Brief als Möglichkeiten der Rücksendung. Ein frankierter Rückumschlag oder der Aufdruck »Porto zahlt Empfänger« erhöhen die Rücklaufquote. Beachten Sie, dass beidseitig bedruckte Fragebögen schlecht zu faxen sind. Einfacher sind Online-Fragebögen. Jedoch haben Sie hier das Problem mit den Spam-Filtern sowie die hohe Quote der Maillöschungen. Ein Brief fällt immer noch mehr beim Befragten auf. Wenn der Fragebogen nur an eine kleine Gruppe geschickt wird, kann er vorab telefonisch angekündigt werden, um den Rücklauf zu erhöhen. Es ist jedoch abzuwägen, ob dieser erhöhte Aufwand die höhere Rücklaufquote rechtfertigt.

Die Länge der Fragebögen kann von einer Einpunktabfrage mit nur einer Frage bis zu einem vierseitigen Bogen gehen. Die letztgenannte Variante eignet sich insbesondere für Stammkunden, da diese eine engere Beziehung zum Unternehmen haben und auch einen größeren Aufwand akzeptieren. Die Rücklaufquote sinkt von einem einseitigen Bogen zum vierseitigen um circa 50 Prozent. Umfangreiche Bögen können nur selten eingesetzt werden, weil hier die Rücksendequote bei mehrmaligem Versenden von langen Bögen stark abnimmt. Um die Quote nicht zu tief sinken zu lassen, sollten mehrseitige Fragebögen nur einmal pro Jahr eingesetzt werden. Der Rücklauf wird erhöht, wenn an deutlich exponierter

Stelle der Zeitaufwand erwähnt wird, zum Beispiel »Investieren Sie nur 3 Minuten«. Grundsätzlich ist der Rücklauf umso höher, je größer die Bindung des Gefragten an das Unternehmen und je kürzer der Fragebogen ist.

Auch wenn diese Form der Befragung recht einfach durchzuführen ist, sind persönliche oder telefonische qualitative Gespräche zu bevorzugen. Fragebögen sind maximal eine Ergänzung, mehr nicht. Die benötigten Informationen gehen so in die Tiefe und ins Detail, dass diese mit quantitativen Methoden wie Fragebögen nicht erfasst werden können.

Bei persönlichen Gesprächen können diese Bögen am Gesprächsende kurz vor der Verabschiedung abgehandelt werden. Ein zu früher Einsatz von Fragebögen würde das nachfolgende Gespräch und die Ausführungen des Gesprächspartners zu sehr beeinflussen. Beispielsweise können im Fragebogen die wichtigsten Attribute einer Produktkategorie oder eines Produkts aufgelistet werden und der Gesprächspartner bewertet die Bedeutung auf einer Skala von 1 bis 4.

Persönliche Gespräche

Hier gibt es verschiedene Varianten bezüglich der Freiheitsgrade in der Struktur. Nachfolgend werden offene Gespräche, festgelegte Fragen, offene, zielgerichtete Gespräche, persönliche Einzelgespräche, Gruppendiskussionen und Telefonate näher beschrieben.

Offene Gespräche

Es wird nur eine ganz offene Einstiegsfrage (beispielsweise »Was beschäftigt Sie zur Zeit?«) gestellt und der Gesprächspartner kann ganz frei erzählen. Hier kann es vorkommen, dass ein Gespräch aus dem b-to-b-Bereich ausschließlich über Hobbys und Familie geführt wird.

Festgelegte Fragen

Der Katalog mit den Fragen und der Reihenfolge der Fragestellung stehen fest und werden nicht oder nur minimal im Gespräch angepasst. Dieses kommt dem Einsatz eines festen Fragebogens sehr nahe.

Offene, zielgerichtete Gespräche

Dieses ist der Mittelweg zwischen offenen Gesprächen und einem Fragenkatalog, jedoch viel näher am offenen Gespräch. Es werden nicht Hypothesen geprüft, sondern Hypothesen generiert.

Einerseits soll das Gespräch einer Plauderei zwischen Freunden ähneln, damit Ihr Gesprächspartner auftaut und sich frei äußert. Hier gilt es, möglichst keinen Einfluss auf den Gesprächsverlauf zu nehmen. Andererseits möchten Sie Informationen, die Ihnen in Ihrer Produktentwicklung weiterhelfen. Hierzu müssen Sie manches Mal konkrete Fragen stellen und Ihren Gesprächspartner bei abschweifenden Ausführungen auf das Kernthema zurück bringen. Für diesen Balanceakt wird die goldene Mitte empfohlen: weder zu sehr das Gespräch laufen lassen, noch zu restriktiv eingreifen. Hierzu dienen offene, zielgerichtete Gespräche.

Offen bedeutet, dass die Fragen offen genug sind, sodass der Gesprächspartner seine wahren Interessen und Probleme ansprechen kann. Er wird verleitet, Erlebnisse und Geschichten zu erzählen und bestimmt weitgehend den Verlauf des Gesprächs. Auf die Antworten des Gesprächspartners wird reagiert und nachgefragt. Der Interviewer hat insbesondere die Aufgabe, den Gesprächspartner zum Weitererzählen, zum Vertiefen der Themen zu bewegen und ihn zu veranlassen, seine Gefühle und Befindlichkeiten zu äußern. Der Gesprächspartner wird in den Themen und seinen Ausführungen nicht eingeschränkt. Die Ausführungen des Gesprächspartners beeinflussen maßgeblich den weiteren Gesprächsverlauf. Im Gegensatz zu Fragebögen können beim offenen Gespräch auch komplexe Sachverhalte erfasst werden.

Zielgerichtet bedeutet, dass es das Ziel des Gesprächs ist, Informationen zur Lebenswelt, den Rahmenbedingungen, Tätigkeiten, Aufgaben und Problemen des Gesprächspartners zu erhalten oder um mit den Informationen die Perspektiven ableiten zu können. Das heißt: Sie gehen mit einem genau definierten Ziel in das Gespräch, jedoch ohne im Gespräch einen sturen Fragenkatalog abzuarbeiten. Erst müssen dem Produktentwickler die Elemente bekannt sein, die ein gutes Produkt ausmachen. Dann erst kann der Interviewer versuchen, über Fragen die Eigenschaften dieser herauszubekommen. Der Gesprächspartner soll sich zum Thema des Gesprächsziels äußern. Und dieses wird durch entsprechende Fragen erreicht. Lassen Sie den Assoziationen Ihres Gesprächspartners freien Lauf (Springen in den Themen, der Pyramide, den Perspektiven), solange er beim Hauptthema bleibt. Er darf nie das Gefühl haben, ausgefragt zu werden. Zum Ende sind gegebenenfalls noch offene Themengebiete abzufragen. Es ist jedoch dem Gesprächspartner der Eindruck eines offenen Gesprächs zu vermitteln, denn die Offenheit des Gesprächspartners nimmt in folgender Reihenfolge ab:

- Gespräch unter Freunden;
- offenes Gespräch;
- offenes zielgerichtetes Interview;
- Fragenkatalog mit offenen Fragen;
- Fragenkatalog mit geschlossenen Fragen.

Gegenüber den narrativen Interviews, bei denen der Gesprächspartner aufgefordert wird, frei zu einem Thema zu erzählen, haben Sie bei tuwun® einen höheren Strukturierungsgrad. Sie haben hierbei das Ziel, Informationen zu bestimmten Bereichen (Aufgaben, Problemen und so weiter) zu erfahren. Somit sind mehrere Arten von Fragen je nach Gesprächsablauf sinnvoll.

Gespräche können unterschieden werden in: aktive Gespräche, bei denen der Interviewer auf den Gesprächspartner zugeht und um das Gespräch bittet, und passive Gespräche, bei denen die Kunden oder Interessenten auf Ihr Unternehmen zukommen, zum Beispiel für Beschwerden oder Anfragen. Nachdem das Anliegen der Personen zu dessen Zufriedenheit erfüllt wurde, wird von Ihrer Seite ein kurzes Marktgespräch geführt. Die Kontaktaufnahme erfolgt meist telefonisch oder in Ihren Verkaufsräumen. Es sind Kontakte, die durch Ihr Unternehmen nicht gesteuert werden.

Persönliches Einzelgespräch

Diese Form der Marktgespräche eignet sich insbesondere, um in die Tiefe zu gehen. So unter anderem, um das gesamte Umfeld mit den Treibern, Rahmenbedingungen, Tätigkeiten, Aufgaben, Problemen, Wünschen und Erfolgsfaktoren der Gesprächspartner zu erfassen. Anschließend können Informationen für die Perspektive des geplanten Produkts eingeholt werden. Ein weiteres Ziel ist, individuelle Verhaltensweisen und Motive der Gesprächspartner zu erkennen.

Da Sie von außen keinen Einblick in die Wirklichkeit des Gesprächspartners haben, müssen Sie versuchen, so nah wie möglich an diese heran zu kommen. Das ist nur über Kommunikation möglich. Und diese erreichen Sie am besten über Fragen. Mindestens eine Unsicherheit bleibt jedoch zu berücksichtigen: Ihr Gesprächspartner versucht nach bestem Wissen, seine Wirklichkeit mit seinen Empfindungen in Worte zu fassen. Hier liegt die erste Interpretation der Gefühle durch Worte. Sie als Interviewer interpretieren das Gesagte und konstruieren sich daraus eine Wirklichkeit des Gesprächspartners. Auch wenn Sie noch so objektiv an das Gespräch herangehen, Ihre eigene Wirklichkeit werden Sie zwangsläufig in die Wirklichkeit Ihres Gesprächspartners hineininterpretieren. Da können Sie nichts gegen tun. Sie sollten sich dieser Tatsache bewusst sein. Aus diesem Grund sind mehrere Gespräche von mehreren Interviewern durchzuführen.

Die Vor- und Nachteile von Einzelgesprächen:

Vorteile

○ Kein Einfluss durch andere wie bei Gruppendiskussionen. Die Meinung und Erfahrung der Einzelperson steht im Zentrum;
○ wenig Ablenkungen während des Gesprächs;
○ eine Vertrauensbasis zum Gesprächspartner wird aufgrund des persönlichen Kontakts schnell erzeugt. Somit ist der Gesprächspartner offen und das Gespräch erhält Tiefe. Informationen über persönliche Werte, Emotionen, Sorgen und so weiter können erfahren werden;
○ offene, komplexe Fragen sind möglich;
○ offenere Antworten als bei einer Gruppendiskussion sind möglich, da im Zweiergespräch niemand mithört. Teilweise können sogar Tabu-Themen angesprochen werden;
○ auf die einzelnen Aussagen des Gesprächspartners kann eingegangen werden, somit entsteht eine flexible Gesprächsstruktur. Der Interviewer und der Gesprächspartner konstruieren sozusagen während des Gesprächs zusammen den Fragebogen, der jedoch weitestgehend vom Gesprächspartner beeinflusst wird;
○ Prospekte, Produktentwürfe und Produkte können gezeigt und besprochen werden;
○ Missverständnisse bei der Fragestellung können im Gespräch ausgeräumt und Fragen neu formuliert werden;
○ der Gesprächspartner bestimmt die Inhalte. Er gibt wertfrei seine Sichtweise wieder;
○ der Gesprächpartner nennt Inhalte, an die der Interviewer selbst nicht gedacht hat. Die Ausführungen des Gesprächspartners hängen somit nicht von der Intelligenz des Interviewers beziehungsweise des Erstellers des Fragebogens ab;

- ein Nachfragen des Gesprächspartners und des Interviewers bei Unverständnis ist möglich;
- nonverbale Signale wie Gestik und Mimik (Reaktionen bei bestimmten Fragen oder Erregungen bei Erzählungen) des Gesprächspartners können beobachtet und ausgewertet werden;
- längere Gespräche von bis zu zwei Stunden sind möglich. Nur so ist eine Gesprächstiefe zu erreichen;
- Sie erzielen eine hohe Quote der Zusage und Termineinhaltung. Bei repräsentativer Auswahl der angesprochenen potenziellen Gesprächspartner ist bei über 80 Prozent Zusagequote somit auch die Gruppe der späteren Gesprächszusagen repräsentativ;
- Wertschätzung des Gesprächspartners und so dessen Bereitschaft, auch persönliche Dinge zu berichten.

Nachteile

- Der Gesprächspartner versucht nach bestem Wissen (das ist Voraussetzung) seine Wirklichkeit mit seinen Empfindungen in Worte zu fassen. Hier liegt eine Unsicherheit, ob er seine wirklichen Empfindungen in Worte fassen kann;
- in der Auswertung wird das Gesagte interpretiert und so die Wirklichkeit des Gesprächspartners konstruiert. Das ist eine weitere Fehlerquelle;
- Werte, Erfahrungen und Meinungen des Interviewers fließen in die Gesprächsführung mit ein. Auch wenn der Interviewer noch so objektiv an das Gespräch heran geht, seine eigene Wirklichkeit wird er zwangsläufig in die Wirklichkeit des Gesprächspartners hineininterpretieren. Das kann er nicht verhindern, sollte sich jedoch dieser Sache bewusst sein. Die Aussagekraft der Gespräche kann erhöht werden, indem mehrere Interviewer mit dem gleichen Gesprächsziel und gleicher Methode unabhängig voneinander die Gespräche bei verschiedenen Gesprächspartnern führen;
- die Auswertung ist gegenüber den Fragebogenaktionen zeitintensiver und fordert mehr Erfahrung. Ebenso fließt die Interpretation des Auswerters mit ein. Um diesen Effekt zu reduzieren, sind die Gespräche aufzuzeichnen und von mehreren Personen auszuwerten;
- die Kontaktdaten der Gesprächspartner müssen bekannt sein;
- im Vergleich zu den anderen Verfahren ist das persönliche Gespräch zeitintensiver und wegen der Anreise zum Gesprächspartner teurer;
- der Interviewer muss geschult sein (methodisch und mindestens im Grundwissen des Fachgebiets);
- die Gesprächspartner wollen gefallen und äußern teilweise das, von dem

sie glauben, dass der Interviewer es hören will oder was ihrer Idealvorstellung entspricht, und nicht, was sie tatsächlich meinen. Insbesondere wenn das Unternehmen des Interviewers bekannt ist, wird meist positiv über dieses geredet;

○ es ist keine Gesamterhebung (außer bei kleinen Gruppen) möglich;
○ es ist keine quantitative Auswertung möglich;
○ eine Interpretation der Ergebnisse kann zu Fehldeutungen führen;
○ der Interviewer hat Einfluss auf die Ausführungen des Gesprächspartners;
○ die Anzahl der Gespräche ist begrenzt;
○ die Einzelgespräche sind räumlich begrenzt durch die geografische Erreichbarkeit des Gesprächspartners.

Persönliche Gespräche sind in der Tiefe nicht durch andere Formen zu ersetzen. Sie müssen sich der Fehlerquellen bewusst sein und diese so weit wie möglich einschränken.

Die Gruppendiskussion

Interviews werden häufig als Gespräch zwischen zwei Personen beschrieben. Es besteht jedoch die Möglichkeit, dass ein Interviewer parallel das Gespräch mit mehreren Personen gleichzeitig führt oder bei einer guten Gruppendiskussion die Teilnehmer untereinander diskutieren. Denn die Gruppe ist seit Jahrhunderten ein natürlicher Kommunikationsraum für Menschen.

Bei Gruppendiskussionen gibt es folgende Vor- und Nachteile:

Vorteile

○ Unterschiedliche Meinungen prallen aufeinander. Die Kommunikation erfolgt zwischen den Teilnehmern. Dort werden Synergien genutzt und es kommt eine Dynamik auf, die im Zweiergespräch nicht vorkommt. Aussagen der Teilnehmer regen gegenseitig zu neuen Überlegungen und weiteren Aussagen an. Der Nutzen der Gespräche wird nicht addiert, sondern multipliziert. Dieses Verfahren ist somit geeignet, wenn ein Thema von allen Seiten erfasst werden soll;
○ Diskussion von Meinungen;
○ Einzelarbeiten werden von den Teilnehmern eher akzeptiert als eine Stillarbeit des Gesprächspartners beim Einzelgespräch;
○ weniger Frage-Antwort, sondern Unterhaltung der Teilnehmer unter-

einander; kein Dialog mit dem Interviewer, sondern ein Gespräch unter Gleichen;

- ○ das Nachfragen der Teilnehmer bei Unverständnis der Fragen sowie das Nachfragen des Moderators bei Unverständnis der Teilnehmeraussagen ist möglich;
- ○ kreatives Arbeiten (zum Beispiel mit Metaplantechnik) ist möglich.

Nachteile

- ○ Der Moderator hat Einfluss auf den Diskussionsverlauf;
- ○ die Organisation ist aufwändig;
- ○ der Interviewer muss noch mehr geschult sein als für das Einzelgespräch, da hier die Gruppendynamik hinzukommt;
- ○ das Vertrauen kann nicht so schnell erzeugt werden, da Dritte mithören;
- ○ in der Gruppe setzen sich die Teilnehmer dem Druck der Gruppe aus. Soziale Normen und erwartetes Verhalten beeinflussen hier mehr als im Einzelgespräch. Sozial Erwünschtes wird teilweise genannt, da andere mithören;
- ○ die Gruppe tendiert gerade zum Ende der Gruppendiskussion zur Konformität, zum Konsens statt zur Inspiration und Konfrontation;
- ○ die Meinungen der Teilnehmer beeinflussen sich;
- ○ es ist zwar mehr Tiefe als bei einer schriftlichen Befragung zu erlangen, jedoch weniger als beim persönlichen Zweiergespräch;
- ○ Meinungsführer prägen das Bild, die Meinungen der Schweiger gehen unter, stille Teilnehmer verstecken sich, Unentschlossene hängen das Fähnchen in den Wind;
- ○ die Gruppendiskussionen finden nicht in der gewohnten Umgebung der Teilnehmer statt. Somit erhält der Moderator keine weiteren Informationen wie beim persönlichen Gespräch vor Ort.

Gruppendiskussionen sind für folgende Bereiche interessant:

- • für einen ersten Einstieg in ein Thema und um dieses zu diskutieren;
- • zum Erkennen von Tätigkeiten, Aufgaben, Problemen und Erfolgsfaktoren;
- • zur Meinungsbildung;
- • um Hypothesen zu testen;
- • um Hinweise zu den Perspektiven zu erhalten, zum Beispiel die Herangehensweise an die Problemlösung zu erkennen;
- • Tabu-Themen sind in einer Gruppendiskussion geeignet, wenn die Gruppe eine enthemmende Wirkung hat: »Ich bin ja nicht der Einzige,

der dieses Problem hat« (zum Beispiel körperliche Beeinträchtigung). Ein Vorteil ist, wenn der Moderator das gleiche Problem oder Handicap hat;
- Produktoptimierungen und Produktrelaunch;
- um das Image von Unternehmen und Produkten zu erfahren;
- zur Konfrontation der Gruppe mit Thesen und Meinungen. Antworten sollten gegebenenfalls zu neuen Thesen verdichtet und anschließend hierzu Einzelgespräche geführt werden.

Nicht geeignet ist diese Form mit Teilnehmern, die Produkte des Unternehmens gerade zurückgesendet haben beziehungsweise ein Abonnement storniert haben. Denn vorhandene Unzufriedenheit und Frust können sich schnell in der Gruppe hochschaukeln.

Fazit: Gruppendiskussionen sind weder besser noch schlechter als Einzelgespräche. Sie sind eine weitere Variante, die auf jeden Fall genutzt werden sollte, die jedoch nicht die Einzelgespräche ersetzt. Eine Gruppendiskussion mit sechs Teilnehmern liefert nicht so viele Informationen wie sechs Einzelgespräche.

Telefonate

Sie haben die Möglichkeit, bei einem ersten Telefonat einen Termin für das eigentliche telefonische Marktgespräch zu vereinbaren. Häufig ist es jedoch möglich, dieses Marktgespräch gleich beim Erstkontakt zu führen. Es ist auch im beruflichen Bereich ein erstaunlich großer Prozentsatz bereit, gleich am Telefon Fragen zu beantworten.

Die Erreichbarkeit ist zu berücksichtigen. B-to-b-Gespräche mit Berufstätigen sind eher nicht am Montagmorgen zu führen, sondern am späten Nachmittag. B-to-c-Gespräche bei Hausfrauen sind ebenfalls weniger am Vormittag/Mittag zu führen. Anrufe insbesondere bei älteren Menschen während der Mittagsruhe führen zu Verärgerung.

Einfache Abfragen nach Tätigkeiten, Aufgaben, Problemen und Erfolgsfaktoren sind möglich, ebenso können Meinungen eingeholt werden. Gesprächsinhalte, bei denen seitens des Gesprächspartners eine hohe Abstraktion Voraussetzung ist, sind über das Telefon nicht geeignet.

Ablauf eines Telefonats

Schon aufgrund des erschwerten Vertrauensaufbaus ist die Einleitung mit der Beantwortung der nicht artikulierten Fragen des Gesprächspartners wichtig. Solange nicht alle Fragen beantwortet sind, bekommen Sie kein störungsfreies Gespräch.

Auch bei telefonischen Marktgesprächen ist der Redeanteil des Interviewers so niedrig wie möglich zu halten. Die Grundstruktur und die eingesetzten Frageformen entsprechen einem persönlichen Gespräch, auch wenn dies beim Telefonat in stark reduzierter Form der Fall ist. Da der Interviewer nur die akustischen Signale des Gesprächspartners aufnehmen kann, sind noch kürzere und einfachere Fragen zu stellen als beim persönlichen Gespräch. So wird sichergestellt, dass die Fragen verstanden werden. Auch ein und denselben Inhalt in unterschiedlichen Formulierungen zu erfragen, ist hier sinnvoll. Die Bestätigungsäußerungen sind beim Telefonat ebenfalls noch wichtiger, da diese das einzige Zustimmungssignal gegenüber dem Gesprächspartner sind. Sofern möglich, sollte am Ende des Telefonats nach einem persönlichen Gesprächstermin gefragt werden.

Vor- und Nachteile von telefonischen Marktgesprächen:

Vorteile

○ Kostengünstiger als persönliche Gespräche;
○ die Anreise entfällt (keine Fahrtkosten, keine Fahrzeit);
○ die physische Erreichbarkeit des Gesprächspartners ist nicht notwendig;
○ das Nachfragen des Gesprächspartners bei Unverständnis der Frage ist möglich;
○ eine größere Anzahl von Gesprächen pro Zeiteinheit ist eher möglich als bei persönlichen Gesprächen;
○ auf die einzelnen Aussagen des Gesprächspartners kann im Gespräch eingegangen werden;
○ es gibt eine höhere Antwortquote als bei schriftlicher Befragung, jedoch eine geringere Quote der Termineinhaltung als bei einem persönlichen Gespräch;
○ standardisierbarer als ein persönliches Gespräch. Somit ist eine geringere Qualifikation des Interviewers notwendig als bei einem persönlichen Gespräch.

Nachteile

○ Größere Anonymität, da der Gesprächspartner den Interviewer nicht sieht. Daher ist der Vertrauensaufbau nicht so gut möglich wie beim persönlichen Gespräch. Darunter leidet die Offenheit und Ehrlichkeit des Gesprächspartners. Tabu-Themen können nicht angesprochen werden;

○ der Gesprächsablauf ist auch vom Interviewer abhängig;

○ Antworten sind von der Vorstellungskraft der Gesprächspartner abhängig (sie müssen mehr abstrahieren als beim persönlichen Gespräch);

○ es treten eher Missverständnisse auf, da die Verständigung nur über verbale Signale möglich ist;

○ der visuelle Eindruck fehlt. Es sind keine nonverbalen Signale (Gestik, Mimik) zu erkennen, sondern nur die Sprache als Sinneskanal. Somit können nonverbale Signale nicht ausgewertet werden, ebenso kann nicht auf diese Signale im Gespräch eingegangen werden;

○ der Interviewer hat keine Möglichkeit, das Gespräch durch nonverbale Kommunikation am Laufen zu halten. Somit eher Frage-Antwort als ein offenes Gespräch;

○ Ablenkungen des Gesprächspartners sind wahrscheinlicher als beim persönlichen Gespräch. Womit der Gesprächspartner abgelenkt wird und ob noch andere Personen im Raum sind, ist nicht ersichtlich;

○ kein Zeigen von Bildern, Produkten und Ähnlichem möglich;

○ nach circa sieben Minuten sinkt die Aufmerksamkeit des Gesprächspartners. Die maximale Länge des Telefonats sollte 15 Minuten nicht übersteigen. Somit bleiben die Gespräche im Vergleich zu den persönlichen eher an der Oberfläche. Etwas länger können Sie Ihren Gesprächspartner befragen, wenn das Gespräch strukturiert und für den Gesprächspartner interessant ist. Prüfen Sie vorab mit Ihren Kollegen im Rollenspiel, ob ein siebenminütiges Telefonat ausreicht, um die gewünschten Informationen zu erhalten. Wenn nicht, ist die Gesprächsstruktur zu kürzen und weniger Themen anzusprechen;

○ dem Gesprächspartner fällt es leichter, ein Telefongespräch schnell zu beenden als ein persönliches;

○ das Umfeld des Gesprächspartners ist nicht einsehbar;

○ sofern kein Telefontermin vereinbart wurde, sondern das Gespräch beim Erstkontakt geführt wird, ist der Gesprächspartner meist gerade mit einer anderen Tätigkeit beschäftigt, die er auch abschließen will. Somit versucht er meist, das Telefonat so schnell wie möglich zu beenden;

○ es gibt wegen der Verbreitung von telefonischen Verkaufsaktionen eine grundsätzliche Abwehrhaltung von Personen gegen Anrufe von Unternehmen. Insbesondere im privaten Bereich, wo Telefonmarketing generell verboten ist, versuchen Anbieter über eine vorgeschobene Befragung, die Rechtsvorschriften zu umgehen. Da verbauen Ihnen leider einige schwarze Schafe den Weg zu ehrlichen Marktgesprächen;

○ zu beachten ist gegenüber dem persönlichen Gespräch auch die beim Telefonat weitaus niedrigere Komplexitätsgrenze. Ist das Thema zu komplex, kann es über das Telefon schlecht erläutert werden, zumal Sie nur auf die Stimme des Gesprächspartners reagieren können. Somit ist das Telefonat »nur« geeignet für schlichtes Abfragen, das Einholen von Meinungen und für Bewertungen. Das ist jedoch nicht ausreichend für die Produktentwicklung. Störungen bei dem Gesprächspartner, die bei einem Telefonat häufiger auftreten als bei einem persönlichen Gespräch, senken die Komplexitätsgrenze weiter ab.

Die Ergiebigkeit der Telefonate liegt zwischen der von Fragebögen und persönlichen Gesprächen.

Wie schon bei der quantitativen Betrachtung der Vor- und Nachteile zu vermuten ist, überwiegen die Nachteile der Telefonate gegenüber persönlichen Gesprächen. Oder positiv ausgedrückt: persönliche Gespräche sind zwar aufwändiger, aber viel ergiebiger als Telefonate. Zur Klärung einzelner Fragen und um einen ersten Eindruck zu bekommen, können »schnell« 20 Telefonate durchgeführt werden. So können die Bereiche Treiber/Rahmenbedingungen, Tätigkeiten, Aufgaben, Probleme, Erfolgsfaktoren besprochen werden, weniger die Informationen zu den Perspektiven eines Produkts.

Weitere Möglichkeiten der Informationsbeschaffung

Nachfolgend sind weitere Kontaktmöglichkeiten und Ideenquellen für Ihre Produktentwicklung aufgelistet. Nutzen Sie jeden Kontakt mit Ihren Kunden, um Informationen für Ihre Produktentwicklung zu erhalten. Das persönliche Gespräch erzeugt die benötigte Gesprächstiefe und ist durch keins der anderen Verfahren zu ersetzen. Die im Folgenden beschriebenen Verfahren dienen »nur« der Ergänzung und Abrundung der im persönlichen Gespräch gewonnenen Erkenntnisse. Nutzen Sie daher auch diese Quellen. Entscheidend für den Einsatz der einen oder anderen Methode ist in erster Linie das Untersuchungsziel. Als weitere Kriterien gelten die Zugänglichkeit der Gesprächspartner, die zur Verfügung stehende Zeit sowie Kenntnisse im Unternehmen zu den Methoden.

Beobachtungen

In Gesprächen beschreibt die Person nicht immer die Wirklichkeit. Zum einen, da das reale Verhalten ihr nicht bewusst ist. Zum anderen, da sie glaubt, dass das reale Verhalten nicht mit dem von ihr erwarteten übereinstimmt. Es wird nicht immer die Wahrheit gesagt, schon gar nicht zum Kaufverhalten und zur Preisakzeptanz. Beobachten Sie, wie Ihre Kunden sich real verhalten und wann, wo und wie Ihr Produkt eingesetzt wird. Bevor Sie Ihre Kunden fragen, was diese zum Beispiel einkaufen und vielleicht nur sozial erwünschte Antworten erhalten, beobachten Sie diese lieber bei Ihren Einkäufen. Lassen Sie sich die Kassenbelege geben, schauen Sie in die Kühlschränke. Wenn Sie die Möglichkeit haben, beobachten Sie sie beim Auspacken und Inbetriebnehmen von Produkten.

Beobachtungen sind schwer auszuwerten und werden zur intensiven Auswertung meist mit der Kamera aufgenommen. Bei Beobachtungen werden über operative Meßmethoden teilweise zusätzlich Herzschlag, Augenbewegung und Körperspannung aufgezeichnet.

Sofern Ihr Kunde Ihr Produkt bereits hat, können Sie beobachten, wie und wann er es nutzt, welche Funktionen er nicht benötigt oder nicht beherrscht und so weiter. Wenn doch bloß einmal die Hersteller von Elektrogeräten neben einem Kunden sitzen würden, wenn dieser das neue Gerät auspackt und versucht, es anzuschließen und zu programmieren! Die Gerätebeschreibungen würden garantiert ganz anders aussehen und die Geräte wären einfacher zu bedienen.

Im persönlichen Gespräch ist zwar der Fokus auf die verbalen Äußerungen des Gesprächpartners gerichtet. Jedoch erfolgt auch hier die Beobachtung der Umgebung und des Verhaltens des Gesprächspartners, zum Beispiel wenn das Gespräch durch eine Störung unterbrochen wird.

Offene und verdeckte Beobachtung

Es ist zu unterscheiden zwischen offenen und verdeckten Beobachtungen. Bei einer offenen Beobachtung wird die Person informiert und stimmt der Beobachtung zu, wobei sie das Ziel der Beobachtung nicht zwingend kennen muss. Ein Beispiel für eine offene Beobachtung sind Maggi-Kochkurse. Neben der Weitergabe von Wissen und der Kundenbindung erfolgt gleichzeitig die Beobachtung, wenn auch nicht in optimaler Umgebung. Es wird beobachtet, wie der Kunde an das Produkt herangeht, welche Hindernisse bei der Nutzung auftreten, welche Funktionen genutzt werden und welche nicht. Sie haben bei diesen Schulungen die Gelegenheit, mindestens genau so viel zu lernen wie Ihre Kunden.

Auf der anderen Seite gibt es die verdeckte Beobachtung. Hierbei wird beobachtet, ohne dass die zu beobachtende Person informiert wurde (zum Beispiel das Einkaufverhalten am Point of Sale im Supermarkt). Was sieht sich der Kunde an, wo bleibt er stehen, was nimmt er in die Hand, was probiert er aus, mit welchen Produkten geht er zur Kasse? Aldi hat vor dem Markteintritt in der Türkei die Kaufgewohnheiten analysiert. Im Internet wird die Nutzung von Homepages verfolgt (was wird angeklickt, was nicht?).

In der realen Umgebung wird überwiegend die verdeckte Beobachtung gewählt. Dennoch gibt es Vorteile, wenn die Person über die Beobachtung informiert wird: Die Beobachtungen können auch an Orten durchgeführt werden, zu denen sonst kein Zugang besteht, zum Beispiel am Arbeitsplatz oder in der privaten Umgebung der beobachteten Person. Mitarbeiter der Firma Toyota haben zwei Jahre in Häusern von amerikanischen Familien gelebt. So konnten sie erfahren, wie diese Familien leben und wie deren Alltag aussieht. Und es wurde direkt am potenziellen Kunden in Erfahrung gebracht, wofür diese Familien ein Auto nutzen und welche Bedürfnisse sie bezüglich des Autos haben – und das 24 Stunden am Tag. Nun mag diese Vorgehensweise etwas extrem erscheinen – doch sie ist es nicht. Je mehr Kenntnisse Sie vom Umfeld Ihrer Kunden haben, desto besser ist es. Das ist für die, die es machen, der größte Wettbewerbsvorteil, wichtiger als Kapital und Rohstoffe. Mit diesen Informationen wurde die Marke Lexus erfolgreich in den USA eingeführt.

Die anschließende Auswertung dieser Beobachtungen kann zusammen mit der beobachteten Person erfolgen. Nachfragen zu bestimmten Verhaltensweisen sind ebenfalls möglich.

Ein Nachteil der offenen Beobachtung ist die Tatsache, dass die beobachtete Person sich der Situation bewusst ist und sich nicht wie üblicherweise verhält. Dieser Aspekt kann jedoch schon nach sehr kurzer Zeit vernachlässigt werden, weil das Verstellen eigener Gewohnheiten nur über einen äußerst kurzen Zeitraum durchzuhalten ist. Dann ist die Person wieder im alten Trott und die Beobachtung kann voll ausgewertet werden.

Teilnehmende und nicht teilnehmende Beobachtung

Bei der teilnehmenden Beobachtung greift eine Person vom zu untersuchenden Team in die Handlungen ein und beeinflusst diese. Zum Beispiel wird der Beobachtete etwas gefragt, wenn er vor einem Regal mit Produkten steht, um zu sehen, wie dieser in seiner Entscheidung beeinflusst werden kann. Die beeinflussende Person tritt zum Beispiel als Verkäufer oder Kunde auf.

Diese Beobachtungen können mit einem Experiment verbunden werden. Hier geht es darum, eine Verbindung zwischen einer bestimmten Bedingung und der Probandenreaktion zu messen. Welchen Einfluss hat X auf Y? Diese Ursache-Wirkungs-Beziehung kann im Feldversuch oder im Laborexperiment erfolgen.

Beobachtung in realer Umgebung oder Laborexperiment

Bei Experimenten wird meist in der Umgebung des Probanden eine Variable geändert und die Auswirkungen beobachtet, zum Beispiel Preisänderungen und damit verbundene Kaufraten, Umstrukturierung im Laden und Beobachtung der Laufrichtungsänderung.

Die Feldbeobachtung in realer Umgebung ohne Wissen des Beobachteten hat den Vorteil, dass die Person unbefangen ist und so das natürliche Verhalten erfasst werden kann. Es gibt allerdings auch folgende Nachteile:

- Motive des Verhaltens sind nicht erkennbar, sondern nur das daraus resultierende Handeln als Ergebnis eines Entscheidungsprozesses;
- aufwändig, sehr komplex. Es ist nicht erkennbar, welche der Umfeldfaktoren oder Einstellungen zum Handeln führen;
- der Wirkungsgrad ist beschränkt. Sie können nur an Orten beobachten, zu denen jeder Zugang hat. Auch nachträgliche Gespräche über das Verhalten sind nur schwer möglich, da die Person meist verärgert auf die nicht angekündigte Beobachtung reagiert.

Beim Laborexperiment wird in einer unnatürlichen Umgebung auf das für die Untersuchung Wesentliche reduziert. Das Experiment ist somit eher standardisierbar. Doch auch hier gibt es Nachteile: Es sind nur bedingt Rückschlüsse auf das Realverhalten möglich und der Proband ändert gegebenenfalls sein Verhalten, wenn er weiß, dass er beobachtet wird.

Häufig wird das Laborexperiment mit der Gruppendiskussion kombiniert, indem die Teilnehmer in einem Teil der Gruppendiskussion das Produkt nutzen.

Der »Beobachtete« nimmt seine Umwelt selber auf

Hierfür wird der Proband mit einer Kamera (Film oder Foto) ausgestattet. Die Aufnahmen geben einen bildhaften Einblick in die Lebenswelt. Hierbei sollte jedoch darauf geachtet werden, nicht die Intimsphäre anderer Personen zu verletzen. Entweder nimmt der Proband den ganzen Tag auf oder macht zum Beispiel alle 30 Minuten Fotos von seiner aktuellen Umgebung.

Oder die Probanden erhalten für einige Tage einen PDA und machen alle 30 Minuten ihre Eintragung zu vorgegebenen Themen: Tätigkeiten, Stimmung, Umfeld (mit wem sie gerade zusammen sind), Ort. Es ist wie ein Tagebuch. Diese Variante kann mit Fotos ergänzt werden.

Praktikum in direkter Umgebung des Gesprächspartners

Im Gespräch kann die Arbeitsweise nur über die Erzählungen des Gesprächspartners erfasst werden. Gerade die benötigten Informationen zur Perspektive »Struktur« sind am besten zu beobachten, da im Tagesablauf die gewohnte Herangehensweise an Aufgaben und Probleme beobachtet werden kann.

Im Business-Bereich bieten sich Praktika an, um einen Einblick in die Gewohnheiten der Kunden zu bekommen. Je nach Komplexität der Beobachtungen bieten sich Zeiträume von zwei Tagen bis zu einigen Wochen an. Arbeiten Sie im Betrieb mit. Oder »spielen« Sie bei Ihrem Gesprächspartner einen Tag Assistent und folgen Sie ihm als Schatten. Egal ob beruflich oder privat, so bekommen Sie all seine Tätigkeiten mit: Telefonate, Aufgaben, Gespräche mit Kollegen, Lösen von Problemen, Nutzung Ihrer Produkte, Nutzung von Produkten der Konkurrenz. Sie sehen, wo er nicht weiter kommt, wo er flucht und verzweifelt, was er selber löst und was nicht und so weiter. Bitten Sie Ihren Gesprächspartner, sich ganz natürlich zu verhalten, so als wären Sie nicht da. Bereits nach einer Stunde hat er sich an Sie gewöhnt und verhält sich so, als wenn Sie gar nicht anwesend wären. Sie sagen, das geht nicht? Denken Sie an das oben erwähnte Beispiel von Toyota. Einfacher ist diese Begleitung sicherlich im Berufsumfeld.

Nachteile von Praktika sind der hohe Zeitaufwand und die Tatsache, dass häufig keine Informationen über Motive, Wünsche und Probleme zu erfahren sind. Die Auswertung reduziert sich insbesondere auf Informationen zu Tätigkeiten, Aufgaben und zu Verhaltensweisen. Am Ende des Praktikums sollte somit immer ein Gespräch folgen.

Kundenbeschwerden

Das sind die Kontakte, vor denen sich Mitarbeiter im Unternehmen gerne drücken. Beschwerden sind von der emotionalen Seite her die unangenehmsten Gespräche. Und wenn der Kunde Recht hat – und das ist häufig der Fall – die teuersten, da der Kunde eine Schadensregulierung fordert, sei es kostenlos ein neues Produkt, ein Preisnachlass oder die Rückgabe der Ware. Das ist die eine Seite. Gleichzeitig sind Reklamationen jedoch die Chance, einen Kunden wieder zufriedenzustellen und somit weitere Verkäufe und Empfehlungen vorzubereiten. Die Kundenloyalität ist oftmals höher bei den Kunden, die reklamiert haben und bei denen die Reklamation zur Zufriedenheit gelöst wurde, als bei den Kunden, die nichts zu reklamieren hatten. Perfekte Produkte werden vorausgesetzt, ein guter Reklamationsservice überrascht die Kunden immer noch, da dies selten vorkommt. Nicht jede Reklamation ist zu erfüllen. Es gibt immer Kunden, die ein Entgegenkommen des Lieferanten ausnutzen, doch das ist nur circa 1 Prozent der Kunden.

Die wenigsten Kunden reklamieren. Sie wechseln still zur Konkurrenz und reden im Bekanntenkreis negativ über die Produkte. Oder noch schlimmer: Sie verbreiten ihren Frust im Internet. Davon bekommt der Hersteller nichts oder nur teilweise etwas mit. Der gefrustete Kunde kauft nicht mehr und die Menschen in seinem Bekanntenkreis auch nicht. Nehmen Sie dann lieber Reklamationen in Kauf und erfahren, was den Kunden stört. Sehen Sie diese als kostenlose Verbesserungsvorschläge. Reklamationen sind im Nachhinein geäußerte Kundenwünsche. Seien Sie also dankbar für jede Reklamation. Kunden bilden sich eine Meinung über Ihr Produkt, ob Sie danach fragen oder nicht. Also lieber fragen, um es zu erfahren. Es ist wie in einer Zweierbeziehung: So lange man sich noch anbrüllt und Gegenstände nacheinander wirft, sind noch Gefühle im Spiel und es ist noch etwas zu retten. Bei Reklamationen hofft der Kunde auf Besserungen und glaubt noch an das Unternehmen. Gefährlich sind die Zeiten der Stille. Ein unzufriedener Kunde, der sich nicht meldet, wechselt leise zur Konkurrenz. Und Sie wissen noch nicht einmal, warum. Häufig sind es gerade Ihre Stammkunden, die reklamieren, da diese Ihre Produkte intensiv einsetzen und so Schwachstellen als erstes aufdecken.

Das oberste Ziel bei Reklamationen ist, den Anrufer zufriedenzustellen. Nutzen Sie die Reklamation jedoch ebenfalls, um Dinge zu erfahren, die Sie für eine Angebotsoptimierung sowie Folgeprodukte nutzen können. Reklamationen sind kostenlose Marktgespräche. Ihre Mitarbeiter müssen nicht versuchen, den Gesprächspartner zu erreichen, dieser ruft von sich aus an. Deshalb der Tipp: Legen Sie an jeder Stelle, an der Reklamationen auftreten können, Fragebögen aus, die im Rahmen des Reklamationsgesprächs von Ihren Mitarbeitern auszufüllen sind. Das Marktgespräch ist selbstverständlich nach der Behebung des Reklamationsgrundes nur anzuschließen, wenn es der Gesprächsverlauf mit dem Kunden erlaubt. Nach Zufriedenstellung des Gesprächspartners fragen Sie unter anderem nach folgenden Dingen:

- In welchem Umfeld nutzt Ihr Kunde Ihr Angebot?
- Welche Anregungen zur Optimierung Ihres Angebots hat Ihr Kunde?
- Ist Ihr Kunde damit einverstanden, dass Sie ihn zu einem späteren Zeitpunkt noch einmal wegen eines Marktgesprächs anrufen (so haben Sie zu einem späteren Zeitpunkt einen einfacheren Einstieg)?
- Name, Anschrift, Telefonnummer und E-Mail, sofern diese Daten nicht schon vorliegen.

Machen Sie Ihren Kunden die Reklamation so einfach wie möglich. Vergraulen Sie sie nicht durch eine Computerstimme: »Drücken Sie die 1 für Fragen zum Produkt, die 2 für Bestellungen und die 3 für Reklamationen – Sie haben die 3 gedrückt. Bitte geben Sie zuerst Ihre zehnstellige Kundennummer ein«. Da legen die meisten Kunden auf. Platzieren Sie Ihre Kontaktdaten auf der Auftragsbestätigung, dem Lieferschein, der Rechnung, der Produktbeschreibung oder der Verpackung. Insbesondere wenn das Produkt über den Zwischenhandel verkauft wird, sollten auf der ausgelieferten Ware mehrfach die Kontaktdaten des Herstellers mit der Aufforderung zur Rückmeldung stehen, um es den Kunden so leicht wie möglich zu machen, einen direkten Kontakt mit dem Unternehmen herzustellen. Im b-to-c-Bereich wirken hier für den Anrufer kostenlose 0800-Nummern als Verstärker. Ermuntern Sie Ihre Kunden, mit Ihnen in Kontakt zu treten.

Nutzen Sie bei der nächsten Beschwerde, die bei Ihnen eintrifft, das folgende Formblatt. Füllen Sie es während oder direkt nach dem Gespräch aus:

Formblatt 1: Beschwerden

- Zum Gespräch
  - ○ Gesprächspartner aus dem Unternehmen
  - ○ Datum
  - ○ Ort
  - ○ Uhrzeit
  - ○ Dauer
  - ○ Art des Gesprächs (telefonisch, persönlich)

- Hauptthema des Gesprächs
  - ○ Anlass des Anrufs
  - ○ Was ist vorgefallen?
  - ○ Aus welchen Gründen?
  - ○ In welchem Umfeld ist der Fehler aufgetreten?
  - ○ Vorschlag des Kunden zur Behebung
  - ○ Vereinbarte Lösung

- Fragen zur Produktentwicklung (je nach Gesprächsstimmung)
  - ○ Wo und wann wird das Produkt eingesetzt?
  - ○ Anregungen zur Produktoptimierung
  - ○ Aufgaben des Gesprächspartners
  - ○ Hindernisse/Probleme des Gesprächspartners
  - ○ Aktuelle Themen im Umfeld des Gesprächspartners (Treiber/Rahmenbedingungen)
  - ○ Kann zu einem späteren Zeitpunkt noch einmal wegen eines Marktgesprächs angerufen werden?

- Gesprächspartner/Person
  - ○ Name
  - ○ Position
  - ○ Abteilung

- Unternehmen
  - ○ Name
  - ○ Branche
  - ○ Produkte
  - ○ Anschrift
  - ○ Telefonnummer
  - ○ Faxnummer
  - ○ E-Mail-Adresse
  - ○ Homepage

- Persönlicher Eindruck, den der Gesprächspartner hinterlassen hat

- Sonstige Anmerkungen zum Gespräch

Dabei warten Sie bitte nicht, bis der Kunde sich aktiv beschwert. Die Unzufriedenheit beim Kunden kann auch durch nonverbale Signale und beiläufige Kommentare erkannt werden. Auch wenn der Kunde keine Zeichen der Unzufriedenheit gibt, sollte er jeweils nach seiner Zufriedenheit sowie nach Anregungen zur Verbesserung gefragt werden. Es geht hier wiederum nicht um einen direkten Folgeverkauf. Kunden reagieren positiv darauf, wenn sich der Hersteller nach seiner Zufriedenheit erkundigt und seine Anregungen auch zu seiner Zufriedenheit umsetzt.

Anrufe bei Ihrer Telefon-Hotline

Alle Ihre Mitarbeiter sollten jeden Kundenkontakt nutzen, um etwas über den Kunden zu erfahren, über seine Sorgen, Wünsche und sein Umfeld. In diesem Fall stellen Sie ausnahmsweise neben wenigen offenen Fragen auch geschlossene, da das Gespräch so schneller verläuft. Das Marktgespräch erfolgt hier nur am Rande und ist nicht hauptsächlicher Bestandteil des Gesprächs. Gerade Mitarbeiter im Kundenservice, der Reparatur und im direkten Verkauf haben mehr Kundenkontakt als viele Mitarbeiter in der Produktentwicklung, und immer mehr als Führungskräfte. Die Aussagen des Kunden sind jeweils auf einem Formblatt festzuhalten.

Lassen Sie Ihre Hotline nicht als Beschwerdestelle verkommen. Zwar wollen einige Anrufer Dampf ablassen, haben Fragen zum Produkt oder suchen jemanden, der ihnen zuhört. Viele hingegen wollen auch nur Vorschläge machen oder fragen, ob es ein Produkt gibt, das X und Y kann. Das ist eine Quelle für Produktideen. Diese Telefonate sind gleich für ein kurzes Marktgespräch zu nutzen. Gerade im Kundenservice gehen diese Kundenreaktionen ein. Und häufig gehen die für die Produktentwicklung wichtigen Informationen direkt wieder verloren. Egal, aus welchen Gründen angerufen wird (Bestellungen, Fragen et cetera), nutzen Sie das Gespräch nach Zufriedenstellung des Anrufers für Ihre Produktentwicklung. Sie haben ja schon Ihre potenziellen Kunden am Telefon. Schulen Sie Ihre Callcenter-Mitarbeiter und erstellen Sie gemeinsam einen Fragebogen, der je nach Kundentyp eingesetzt wird. Es ist mittels Protokollbogen zu erfassen, was der Anlass des Anrufs war und wie der Kunde zufriedengestellt wurde. Je nach Anlass können dem Kunden auch noch einige wenige vorbereitete Fragen gestellt werden. Oder man kann bei Fragen zum Produkt nach Anregungen für Verbesserungen fragen und die Antworten schriftlich festhalten. Das geht am besten, wenn der Kundenservice im Haus sitzt und nicht in Billiglohnländern. So sind zum Beispiel bei Kündigungen einer Kundenbeziehung Fragen nach den Gründen sinnvoll. Es gilt nicht zu versuchen, den Kunden umzudrehen.

Auch ist ein sogenannter No-Report sinnvoll. »Diesen Artikel führen wir nicht« ist der Standardsatz, den Interessenten hören, wenn sie bei potenziellen Lieferanten anrufen und diese das gewünschte Produkt nicht haben. Vom Inhalt her eine ganz normale Antwort, denn kein Unternehmen kann alles anbieten. Diese Anfragen sind jedoch auf jeden Fall zu notieren und zu sammeln. Hier hat sich der No-Report bewährt. An allen Telefonen, auf denen Kundenanfragen eingehen, liegen Formblätter, auf denen jeweils eingetragen wird, wenn ein Kunde etwas wünscht, was das eigene Unternehmen nicht anbietet. Diese Blätter werden gesammelt und an die Mitarbeiter in der Produktentwicklung weitergeleitet. Bei der Auswertung kommt man häufig auf Ideen und zu Anregungen, die einem sonst im Traum nicht eingefallen wären. Ideen, deren Bedarf direkt vom Kunden ohne Aufwand direkt ins Haus geflattert kommen.

Formblatt 2: No-Report

- Zum Gespräch
  - Gesprächspartner aus dem Unternehmen
  - Datum
  - Ort
  - Uhrzeit
  - Dauer
  - Art des Gesprächs (telefonisch, persönlich)

- Hauptthema des Gesprächs
  - Welches Produkt wird angefragt?
  - Welches Problem soll damit gelöst werden?
  - In welchem Umfeld soll das Produkt eingesetzt werden?
  - Welche Antwort erhielt der Kunde?
  - Vereinbarte Lösung

- Fragen zur Produktentwicklung (je nach Gesprächsstimmung)
  - Wo und wann wird das Produkt eingesetzt?
  - Anregungen zur Produktoptimierung
  - Aufgaben des Gesprächspartners
  - Hindernisse/Probleme des Gesprächspartners
  - Aktuelle Themen im Umfeld des Gesprächspartners (Treiber/Rahmenbedingungen)

- ○ Kann zu einem späteren Zeitpunkt noch einmal wegen eines Marktgesprächs angerufen werden?

- Gesprächspartner/Person
  - ○ Name
  - ○ Position
  - ○ Abteilung

- Unternehmen
  - ○ Name
  - ○ Branche
  - ○ Produkte
  - ○ Anschrift
  - ○ Telefonnummer
  - ○ Faxnummer
  - ○ E-Mail-Adresse
  - ○ Homepage

- Anregungen für die Produktentwicklung aus der Anfrage

- Die Umsetzung bringt für den Kunden eine Verbesserung in folgenden Bereichen:
  - ○ Zeitersparnis
  - ○ Problemlösung
  - ○ Wunscherfüllung
  - ○ Kostenreduktion
  - ○ Umsatzerhöhung
  - ○ Arbeitserleichterung
  - ○ Umweltfreundlichkeit
  - ○ Sonstiges

- Persönlicher Eindruck, den der Gesprächspartner hinterlassen hat

- Sonstige Anmerkungen zum Gespräch

Zum Schluss lautet die Standardfrage wie immer: »Dürfen wir Sie zu einem späteren Zeitpunkt noch einmal anrufen, sofern wir noch Fragen haben?«. Hier bietet sich an, dass einer Ihrer Produktentwickler noch einmal zu einem telefonischen Marktgespräch anruft oder ein Termin für ein persönliches Treffen vereinbart.

Trennen Sie Ihren Kundenservice nicht in Front- und Backoffice. »Front« als Begriff aus dem Militär bedeutet: Grenze, die es mit allen

Mitteln zu verteidigen gilt, um ein Durchlassen zu vermeiden. Kundenservice soll nicht abschirmen, sondern nach innen durchlässig sein.

Ideenblätter

Diese Blätter werden häufig im internen Vorschlagswesen verwendet. Sie können diese jedoch auch auf Ihren Veranstaltungen oder in Ihren Verkaufsräumen ausliegen haben. Es ist eine verkürzte und auf einen Vorschlag reduzierte Form eines Fragebogens.

Formblatt 3: Ideenblatt

- So sieht die Sache jetzt aus

_____

_____

- Mein Veränderungsvorschlag dazu (Idealzustand)

_____

_____

- Die Umsetzung bringt eine Verbesserung in folgenden Bereichen:
  ☐ Zeitersparnis
  ☐ Problemlösung
  ☐ Wunscherfüllung
  ☐ Finanzieller Vorteil
  ☐ Arbeitserleichterung
  ☐ Höhere Zufriedenheit der eigenen Kunden
  ☐ Umweltfreundlichkeit
  ☐ Sonstiges

Außendienstbesuche (Verkauf und Service)

Setzen Sie Ihre Verkäufer nicht nur für Abschlüsse ein, Ihre Servicetechniker nicht nur zur Reparatur. Da ein Außendienstmitarbeiter meist die Kunden in deren Umfeld antrifft, sollte auch diese Informationsquelle genutzt werden. Auch wenn das Primärinteresse des Außendienstes im Verkauf oder an der Reparatur liegt, sollten Informationen für die Produktentwicklung als »Abfallprodukt« miterfasst werden. Zumal diese Informationen in die Entwicklung besserer Produkte eingesetzt werden, wodurch wiederum der Verkauf einfacher wird. Je besser die Vorbereitung ist, desto genauere Informationen kann der Außendienst liefern. Bitten Sie Ihre Außendienstmitarbeiter bei jedem Gespräch, ein bis drei vorgegebene Fragen zu stellen und die Kunden sowie dessen Umfeld zu beobachten.

Unabhängig vom Verkaufserfolg ist am Ende des Verkaufsgesprächs ein kurzes Protokoll auf einem Formblatt einzutragen: unter anderem die Ausstattung des Kunden, die beobachteten Abläufe, die Erzählungen über den Umgang mit dem Produkt und das Kaufverhalten.

Formblatt 4: Außendienstbesuche

- Zum Gespräch
  - Name des Außendienstmitarbeiters
  - Datum
  - Ort
  - Uhrzeit
  - Dauer

- Anlass des Termins
  - Verkauf
  - Service/Wartung
  - Reklamation/Reparatur
  - Ergebnis (zum Beispiel Verkauf erfolgt ja/nein)

- Fragen zur Produktentwicklung
  - Wann und wo wird das Produkt eingesetzt?
  - Anregungen zur Produktoptimierung
  - Aufgaben des Gesprächspartners
  - Hindernisse/Probleme des Gesprächspartners
  - Aktuelle Themen im Umfeld des Gesprächspartners (Treiber/Rahmenbedingungen)
  - Kann zu einem späteren Zeitpunkt noch einmal wegen eines Marktgesprächs angerufen werden?

- Beobachtungen vor Ort
  - Einsatzort des Produkts
  - Ausstattung des Kunden
  - Konkurrenzprodukte beim Kunden
  - Weitere Produkte beim Kunden

- Gesprächspartner/Person
  - Name
  - Position
  - Abteilung

- Unternehmen
  - Name
  - Branche
  - Produkte
  - Anschrift
  - Telefonnummer
  - Faxnummer
  - E-Mail-Adresse
  - Homepage

- Persönlicher Eindruck, den der Gesprächspartner hinterlassen hat

- Sonstige Anmerkungen zum Gespräch

Verkaufsgespräche in den eigenen Räumen

Die Recherche der Kundenbedürfnisse ist die Grundlage eines guten Verkaufsgesprächs. Diese dient in erster Linie dazu, den Verkaufsabschluss vorzubereiten. Jedoch sind diese Informationen auch für die Produktentwicklung wertvoll und somit nach dem Gespräch zu protokollieren. Die Begeisterung Ihrer Verkäufer wird sich in Grenzen halten, da diese in erster Linie verkaufen wollen und meist auch nur der erfolgreiche Abschluss provisioniert wird. Um das Interesse der Verkäufer an der Produktentwicklung zu erhöhen, sollte ebenfalls eine Prämie für die Informationsbeschaffung und Protokollierung gezahlt werden.

Für diese Marktgespräche benötigen Ihre Mitarbeiter eine kurze Einweisung in die Bedeutung der Gespräche und grundlegende Kenntnisse, wie diese Informationen erfasst und schriftlich festgehalten werden. Was nicht aufgeschrieben wird, wird vergessen und geht somit verloren.

Hilti-Vorstände haben selbst regelmäßigen Kontakt zu Kunden. Jeder von ihnen ist an circa 50 Tagen im Jahr direkt vor Ort in Baumärkten – und zwar bei den Kunden im Verkaufsraum, nicht hinten im Personalbereich. Sie reden mit den Kunden, unterstützen die Verkaufsmitarbeiter bei Kundengesprächen und so weiter. Ein Hersteller von Flüssigteig für die Lebensmittelindustrie (Veripan, www.cakefriends.ch) hat extra ein kleines Restaurant eröffnet, um den direkten Kontakt zu den Kunden der Endprodukte zu erhalten. Jeder Mitarbeiter bei Starbucks hat unter anderem die Aufgabe, die Konsumgewohnheiten von einem der Stammkunden zu kennen. Auch Mitglieder des Design-Teams bei Starbucks müssen zu

Beginn ihrer Tätigkeit einige Zeit selbst hinter dem Tresen stehen. Nur so erfahren sie direkt vor Ort, wie sich die Gestaltung der Stores auf die Bedürfnisse der Kunden auswirkt. Howard Schulz, CEO von Starbucks, besucht selbst mindestens 25 Starbucks-Cafés pro Woche, um direkten Kontakt mit den Mitarbeitern und den Kunden zu haben. Das bringt mehr als zehn McKinsey-Studien für Millionen Euro.

Formblatt 5: Verkaufsgespräche in den eigenen Räumen

- Zum Gespräch
  - Name des Mitarbeiters
  - Datum
  - Ort
  - Uhrzeit
  - Dauer

- Anlass des Kundenbesuchs
  - Kauf
  - Service/Wartung
  - Reklamation/Reparatur
  - Ergebnis (zum Beispiel Verkauf erfolgt ja/nein)

- Fragen zur Produktentwicklung
  - Wann und wo wird das Produkt eingesetzt?
  - Anregungen zur Produktoptimierung
  - Aufgaben des Gesprächspartners
  - Hindernisse/Probleme des Gesprächspartners
  - Aktuelle Themen im Umfeld des Gesprächspartners (Treiber/Rahmenbedingungen)
  - Kann zu einem späteren Zeitpunkt noch einmal wegen eines Marktgesprächs angerufen werden?

- Gesprächspartner/Person
  - Name
  - Position
  - Abteilung

- Unternehmen
  - Name
  - Branche
  - Anschrift
  - Telefonnummer
  - Faxnummer

○ E-Mail-Adresse
○ Homepage

• Persönlicher Eindruck, den der Gesprächspartner hinterlassen hat

• Sonstige Anmerkungen zum Gespräch

Vertriebsagenturen

Wenn Sie Ihre Produkte über Telefonmarketingagenturen verkaufen, fragen Sie die Mitarbeiter der Agentur direkt. Ein Telefonist hat am Tag circa 50 Kundengespräche. Auf diese Gesprächsrate kommen Sie und Ihre Mitarbeiter nie. Auch wenn es hier in erster Linie um den Verkauf geht, wird im Gespräch die eine oder andere Information (Betriebsgröße, technische Ausstattung, Gründe für Ablehnung des Produkts) in Erfahrung gebracht.

Formblatt 6: Vertriebsagenturen

• Zum Gespräch
  ○ Name des Agenturmitarbeiters
  ○ Datum
  ○ Uhrzeit
  ○ Dauer
  ○ Art des Gesprächs (telefonisch, persönlich)

• Hauptthema des Gesprächs
  ○ Angebotenes Produkt
  ○ Positiver Abschluss: ja/nein
  ○ Welche Verkaufsargumente wirkten positiv?
  ○ Welche Verkaufsargumente wirkten negativ?
  ○ Einwände des Gesprächspartners bei Nichtkauf?
  ○ Wurde ein weiterer Termin vereinbart?

• Fragen zur Produktentwicklung (je nach Gesprächsstimmung)
  ○ Anregungen für das Unternehmen
  ○ Aktuelle Themen im Umfeld des Gesprächspartners (Treiber/Rahmenbedingungen)
  ○ Kann zu einem späteren Zeitpunkt noch einmal wegen eines Marktgesprächs angerufen werden?

- Gesprächspartner/Person
  - Name
  - Position
  - Abteilung

- Unternehmen
  - Name
  - Branche
  - Produkte
  - Anschrift
  - Telefonnummer
  - Faxnummer
  - E-Mail-Adresse
  - Homepage

- Persönlicher Eindruck, den der Gesprächspartner hinterlassen hat

- Sonstige Anmerkungen zum Gespräch

Zwischenhändler

Sofern Sie Ihre Produkte über den Handel vertreiben, ist es weitaus schwieriger, an die zur Produktentwicklung benötigten Informationen zu gelangen. Sie haben selten die Kontaktdaten Ihrer Kunden. Umso wichtiger ist hier, die Händler als Informationsquelle heran zu ziehen, da diese häufig intensiven Kontakt zu Ihren Kunden haben und meist deren Wünsche kennen. Am besten ist, wenn Ihr Händler Ihnen von jedem Kunden ein Kurzprofil geben kann. Dieses ist im Massenkonsumgeschäft sicherlich nicht möglich, im Hochpreissegment schon eher. Schon aus diesem Grunde ist, sofern es irgendwie möglich ist, ein direkter Kontakt mit den Kunden ohne die Zwischenstufe des Handels vorzuziehen.

Formblatt 7: Händler im Massengeschäft

- Allgemeine Daten
  - Auswertungszeitraum

- Zwischenhändler
  - Name
  - Kontaktdaten
  - Branche
  - Ansprechpartner beim Zwischenhändler

- Informationen über Kunden
  - Kundenanfragen/Kundenwünsche
  - Gründe für Kauf/Nichtkauf
  - Reklamationen/Kundenäußerungen zu den Produkten
  - Informationen aus dem Umfeld der Kunden
  - Beobachtungen

- Sonstige Anmerkungen des Zwischenhändlers

Im Hochpreissegment bitten Sie Ihren Zwischenhändler, das ausführlichere Formblatt Außendienstbesuche für die Kunden auszufüllen.

Messen, Kongresse und Seminare

Insbesondere bei Rand- und Pausengesprächen mit Teilnehmern können viele Informationen erfasst werden. Teilweise müssen Sie gar keine Fragen stellen, sondern nur zuhören, über was sich die Teilnehmer unterhalten. Nutzen Sie diese Kontaktquelle ebenfalls, um Termine für anschließende ausführlichere Gespräche zu vereinbaren. Aufschlüsse geben auch die Fragen, die im Plenum an die Referenten gestellt werden. Ebenso können über das Seminarprogramm und die Zahl der Teilnehmer Rückschlüsse auf die Brisanz des Themas geschlossen werden, denn das Seminarprogramm sollte den Bedarf widerspiegeln.

Wenn Ihre Interessenten schon zu Ihrem Seminar kommen, was spricht dann dagegen, am Ende noch eine kurze Gruppendiskussion zu führen? Die Anfahrtskosten entfallen. Und die Schwelle Ihrer potenziellen Teilnehmer, kurzfristig abzusagen, ist deutlich höher.

Auch wenn die kurzen Pausengespräche zufällig entstehen, von Ihrer

Seite sollten diese Gespräche vorbereitet sein und strukturiert verlaufen. Vorab ist das Ziel der Gespräche festzulegen. Wollen Sie die Meinung zu einem bestimmten Thema erfahren beziehungsweise die eigenen Erkenntnisse festigen? Oder möchten Sie Informationen zu den Perspektiven einer Produktidee bekommen? Gibt es andere Ziele? Sprechen Sie dieses mit Ihren Mitarbeitern vorher ab, damit Sie am Ende eine Fülle von Ergebnissen zum gesteckten Ziel haben.

Stellen Sie sich auch die Frage, wie eine möglichst große Zahl von Kontakten sichergestellt wird. Zum Beispiel sollten sich Ihre Mitarbeiter während der Pausen unter die Teilnehmer mischen, anstatt alle an einem Tisch zu sitzen (das können Sie jeden Tag im Unternehmen). Nutzen Sie die Chance und gesellen Sie sich und Ihre Mitarbeiter zu den Ihnen bis dahin unbekannten Personen. Fragen Sie nach deren Umfeld und signalisieren Sie ehrliches Interesse. Die Teilnehmer werden Ihnen ihr Herz ausschütten.

Formblatt 8: Messen, Kongresse und Seminare

- Formblatt ausgefüllt von

- Zur Veranstaltung
  - Titel
  - Branche
  - Datum
  - Ort
  - Uhrzeit
  - Dauer
  - Preis
  - Anzahl der Teilnehmer
  - Themen
  - Fragen der Teilnehmer
  - Kontrovers diskutierte Themen

- Randgespräche mit Teilnehmern beziehungsweise Besuchern
  - Name
  - Position
  - Abteilung
  - Kontaktdaten
  - Aufgaben des Gesprächspartners
  - Hindernisse/Probleme des Gesprächspartners
  - Aktuelle Themen im Umfeld des Gesprächspartners (Treiber/Rahmenbedingungen)

- ○ Kann zu einem späteren Zeitpunkt noch einmal wegen eines Marktgesprächs angerufen werden?
- ○ Persönlicher Eindruck, den der Gesprächspartner hinterlassen hat
- ○ Sonstige Anmerkungen zum Gespräch

Bei Einladungen ist es häufig möglich, vorab in Erfahrung zu bringen, welche Gäste noch anwesend sind. Indiskret? Ja. Jedoch sehr informativ, um sich auf die Gespräche vorzubereiten. Bei Einladungen per E-Mail können Sie häufig an der Verteilerliste die weiteren eingeladenen Gäste erkennen.

Tag der offenen Tür

Nutzen Sie diese Veranstaltungen nicht nur für Werbezwecke, sondern auch, um Ihre Kunden besser kennen zu lernen. Mehr Ruhe zu einem ausführlichen Gespräch haben Sie auch hier bei einem nachfolgenden Termin.

Wenn Sie nicht selbst solche Events veranstalten, können Sie auch entsprechende Veranstaltungen Ihrer Mitbewerber nutzen. Hier sollten Sie jedoch dezenter vorgehen und vor Ort nur Gesprächstermine vereinbaren und bei anderen Gesprächen zuhören. Zur Dokumentation eignet sich das Formblatt Verkaufsgespräch in den eigenen Räumen.

Blogs und Onlineforen

Bauen Sie selbst Internet-Foren auf, loggen Sie sich in offene und geschlossene Foren ein und recherchieren Sie dort. Was Sie dort lesen, sind die O-Töne Ihrer Kunden. Beteiligen Sie sich an den Diskussionen, ohne jedoch die Richtung vorzugeben.

Was schreiben Ihre Kunden in Foren, Chatrooms, Blogs, öffentlichen Kurznachrichten wie twitter (Suche nach Themen unter www.search.twitter.com)? Bieten Sie Ihren Kunden eine Plattform zum Informationsaustausch und zur Diskussion. Die User profitieren von den Anregungen und den Antworten der Gleichgesinnten. Sie erfahren außerdem, welche Themen wirklich von Interesse sind und wie die einzelnen Kunden darauf reagieren beziehungsweise welche Lösung sie gefunden haben. Lassen Sie ebenfalls über Ihre Produkte und die Probleme Ihrer Kunden diskutieren. Haben Sie keine Befürchtungen wegen negativer Äußerungen. Besser Sie erfahren diese Kommentare umgehend, als wenn Ihre Kunden auf einer anderen Plattform diskutieren. Egal, ob offene oder geschlossene Foren (Kunden müssen sich mit E-Mail-Adresse und Passwort anmelden): Die Informationen, die Sie hier erhalten, sind wertvoll. Bevorzugen Sie offene Foren, in denen alle Interessierten die Beiträge lesen und neue verfassen können, um die Hürde für Beiträge so gering wie möglich zu halten. Hier wird häufig geschrieben, wo der Schuh drückt und worüber sich die Mitglieder gerade ärgern.

In Foren gibt es eine ungleiche Verteilung der Beiträge. Meist werden über 80 Prozent der Beiträge von lediglich 5 Prozent der User verfasst (das sogenannte Power Law). Ein harter Kern, der Ihnen wichtige Informationen liefert. Somit sind die Abstimmungen und Diskussionen in Foren immer durch nachfolgende Marktgespräche zu prüfen. Denn es besteht die Gefahr, dass die Meinung der kleinen Gruppe von Aktiven nicht der Grundgesamtheit entspricht.

Binden Sie Ihre Kunden auf diesem Wege in Ihre Produktentwicklung ein. Errichten Sie ein Portal, in dem die Kunden das neue Produkt selbst entwickeln (funktioniert gut bei Softwareprodukten) oder zumindest ihre Anregungen dazu untereinander austauschen. Je mehr Informationen Sie über neue Produkte herausgeben, desto größer sind das Interesse und die Möglichkeit Ihrer Kunden, Ihre Produkte weiterzuentwickeln. Oder bringen Sie gezielt Themen und Probleme ins Forum mit ein und lassen die User mögliche Lösungen entwickeln und darüber diskutieren. Installieren Sie eine Wunschbox, in die die User ihre Wünsche und Träume eintragen können. Die Masse der Interessenten außerhalb Ihres Unternehmens ist eher in der Lage, das passende Produkt zu entwickeln als Ihre eigenen Mitarbeiter. Belohnen Sie auch Ihre Mitarbeiter, wenn die Ideen von außen kommen. »Belohnen« Sie auch die intensiven Forennutzer mit »Auszeichnungen«. Bei eBay erhalten die Kunden je nach Anzahl der Käufe Sterne in unterschiedlichen Farben, in anderen Foren kann man vom Gast bis zum Platin-Member aufsteigen. Möglich – jedoch technisch aufwändiger – ist es, die Einträge von den Besuchern bewerten zu lassen und danach eine Klassifizierung der Verfasser zu erstellen. Dann wird sofort erkennbar, welche Antworten die User wirklich weitergebracht haben, und welche weniger. Auch denkbar sind finanzielle Entlohnungen für die anschließend umgesetzten Ideen. Sonst entsteht schnell wie bei Flickr und YouTube der Frust bei Ihren Kunden, die Ihnen mit ihren Ideen und ihrem Mitwirken zu finanziellem Erfolg verhelfen, selbst jedoch keine Entlohnung erhalten.

Ein Nebeneffekt dieser Foren ist, dass so die Bindung der Kunden untereinander und an das Unternehmen gestärkt wird. Wer sich einbringen kann, wechselt nicht so schnell. Aktive Forenmitglieder eignen sich zusätzlich für reale Offline-Treffen (Einzelgespräche und Gruppendiskussion). Bevor ein Forum ins Netz gestellt wird, sollten Sie jedoch die rechtlichen Rahmenbedingungen – insbesondere im Bereich der Haftung – prüfen. Nachteil von Foren ist, dass auch Ihre Mitbewerber Einblick in diese Informationen haben, sofern das Forum offen ist.

Andere Kontaktpersonen Ihrer Kunden fragen

Ihre Kunden haben Kontakt zu vielen Menschen, die nicht Ihre Konkurrenten sind. Bauen Sie Kontakte zu denjenigen auf, von denen Ihre Kunden viel erzählen. Hierzu gehören unter anderem Taxifahrer oder Friseure.

Gewinnspiele

Sie können Ihre Kunden um Ideen bitten und unter den Einsendungen Preise verlosen. Prämieren Sie nur die besten Produktideen oder Lösungsansätze für Probleme, so erhalten Sie weniger und eher »realistische« Ideen. Erfolgt die Verlosung zwischen allen Einsendungen, haben Sie viele Ideen, die nicht alle umsetzbar sind, jedoch auch immer interessante neue Ansätze dabei. Neben den Anregungen qualifizieren Sie Ihre Adressen und haben einen Ansatz für nachfolgende Gesprächstermine.

Stammtisch

In vielen Branchen gibt es Stammtische oder Erfahrungsaustauschgruppen. Hier werden Tipps und Tricks ausgetauscht und sich gegenseitig das Leid geklagt. Fragen Sie an, ob Sie daran teilnehmen dürfen. Oder gründen Sie Stammtische für Ihre Kunden.

Postkorbanalyse

Bitten Sie drei bis fünf Kunden aus jedem Ihrer Marktsegmente, alle eingehende Werbung zu sammeln und an Sie weiterzuleiten. Sie erfahren, was andere Anbieter für Ihre Kunden für wichtig halten, wie sie sie ansprechen und mit welcher Werbung Ihr Angebot konkurriert.

Formblatt 9: Interne Auswertung von Postkorbanalysen

- Koordinator im eigenen Unternehmen

- Zeitspanne

- Wer hat gesammelt?
  - Name
  - Position
  - Abteilung

- Unternehmen
  - Name
  - Branche
  - Produkte
  - Anschrift
  - Telefonnummer
  - Faxnummer
  - Mail
  - Homepage

- Eingetroffene Produktinformationen
  - Anbieter 1 (gleiches gilt für beliebig viele weitere Anbieter)
  - Werbeform
  - Beworbene Produkte
  - Hauptwerbeargumente
  - Werbefrequenz

- Anregungen für die Produktentwicklung

- Kann zu einem späteren Zeitpunkt noch einmal wegen eines Marktgesprächs angerufen werden?

- Persönlicher Eindruck, den der Sammler hinterlassen hat

- Sonstige Anmerkungen

- Anhang (die jeweiligen Werbeinformationen)

Weitere Informationen aus dem Internet

Google Earth dient als Informationsquelle für Dachdecker. Denn über dieses Programm ist zu ersehen, welche Dächer in welchem Zustand sind. Andere Branchen nutzen diesen Dienst für Informationen zur Gartenpflege, Pflege von Schwimmbädern und Gartenteichen.

Expertenbeirat

Hierbei handelt es sich nicht um die Mitglieder Ihres Marktsegments, sondern um Experten. Zum Beispiel Experten von der technischen Seite, Meinungsbildner, die »Päpste der Branche«, Mitarbeiter in Behörden, Ministerien und Verbänden oder Berater. Auf der anderen Seite sind dies aber auch Personen, die Sie im Rahmen von Marktgesprächen kennengelernt haben und die ein so detailliertes Erfahrungspotenzial haben, dass Sie diese immer wieder zu Rate ziehen möchten. Über die Experten erfahren Sie, welche Herausforderungen (zum Beispiel neue rechtliche Vorschriften) auf die Kunden zukommen – und zwar bevor es der Kundengruppe bewusst ist. Diese Gespräche können in Form von Telefonaten, persönlichen Gesprächen oder auch als Gruppendiskussion geführt werden.

Kundenpanel

Das sind meist Personen, die Sie über die persönlichen Gespräche kennengelernt haben und die Ihnen viele Informationen liefern. Die Personen sind jederzeit bereit, Ihnen die eine oder andere Frage zu beantworten, stehen für regelmäßige Gespräche zur Verfügung und testen regelmäßig Ihre Produkte. Pro Marktsegment sollten fünf bis zehn Personen ein Panel bilden.

Dabei ist zu beachten, dass von keiner Seite eine Verpflichtung eingegangen wird. Die Mitglieder des Panels bestimmen, in welchem Umfang sie sich einbringen. Ebenso haben Sie – ohne Rechtfertigung – die Möglichkeit, auf einzelne Personen zu verzichten, wenn Sie über sie keine neuen Informationen mehr erlangen. Die Gespräche mit diesen Personen können sowohl einzeln als auch in Form von Gruppendiskussionen erfolgen. Sie können »feste« Panels auch nutzen, um regelmäßig Ihre Produkte zu testen. Insbesondere wenn Sie Produkte haben, die Sie regelmäßig liefern – zum Beispiel in Form von Abonnements – hat diese Methode viele Vorteile. Legen Sie der Lieferung jeweils einen Fragebogen bei und schließen

Sie Telefonate beziehungsweise persönliche Treffen an. Je nach Wert der Ware sollte das Abonnement fur die Panelmitglieder kostenlos sein.

Kurze Wartezeiten Ihrer Kunden

Führen Sie ein Kurzgespräch mit Ihren Kunden, wenn diese zum Beispiel auf die Warenauslieferung oder Beratung warten.

Vereins- und Verbandsmitgliedschaften

Gehen Sie und Ihre Mitarbeiter dorthin, wo sich Ihre Kunden aufhalten. Treten Sie Sportvereinen bei, nehmen Sie an Verbandsveranstaltungen teil, arrangieren Sie sich im Elternbeirat, helfen Sie bei Wohltätigkeitsorganisationen. Neben dem Hauptziel, anderen zu helfen, haben Sie als Nebeneffekt am Rande die Gelegenheit für Marktgespräche und Beobachtungen.

»Selbstbefragung«

Seien Sie Ihr eigener Gesprächspartner. Sie sind selbst Kunde in Supermärkten, Hotels, Bekleidungsgeschäften, Baumärkten und so weiter. Öffnen Sie Ihre Augen und fahren Sie Ihre Antennen aus. Nutzen Sie die nächste Mittagspause, gehen Sie in ein Kaufhaus. Viele Anregungen und Ideen liegen auf der Straße. Sammeln und bewerten Sie Produkte, die Sie ansprechen und Ihnen gefallen und auch die, die Ihnen nicht gefallen und deren Eigenschaften Ihnen negativ auffallen (bezüglich des USPs und der Umsetzung in den sechs Perspektiven eines Produkts). Stöbern Sie durch Versandkataloge, suchen Sie im Internet – und zwar gerade Produkte aus anderen Branchen. Machen Sie Inventur in Ihrem Büro und zuhause, von Pfennigartikeln bis Luxusprodukten (Sie brauchen die Produkte ja nicht gleich zu kaufen). Gute – und hervorragende – Produkte finden Sie in allen Preissegmenten. Prüfen Sie andere Produkte und führen Sie Ihr Produktideenbuch. Achten Sie neben dem eigentlichen Produkt auch auf das Design, die Bedienungsanleitung und den Service. Begründen Sie, was diesbezüglich besonders gut beziehungsweise besonders schlecht gelungen ist.

Haben Sie immer eine Kamera und einen Notizblock dabei. Was spricht Sie an, was lehnen Sie ab? Listen Sie dies entsprechend nach dem USP des

Produkts und den Perspektiven auf. So erfahren Sie – unabhängig von der Branche – was wohl auch Ihre Kunden begeistert und was sie stört.

Besorgen Sie sich hierfür ein kleines Heft und füllen Sie es von beiden Seiten mit Beispielen, von vorn mit positiven, von hinten mit negativen. Einerseits haben Sie so sehr schnell eine Sammlung von Beispielen. Zusätzlich schärfen Sie so Ihre Sensibilität. Und das kommt Ihrer eigenen Produktentwicklung sehr zu Gute. Haben Sie und Ihre Mitarbeiter immer solch ein kleines Heft dabei.

Formblatt 10: Produktbewertung

Produkt X

	Positiv	negativ	Aus welchen Gründen positiv oder negativ?	Ideen für die eigene Produktentwicklung, die sich daraus ergeben
USP				
Funktion				
Struktur				
Ansprache				
Produktart				
Emotion				
Design				

Wenn Sie ein tolles Produkt sehen, was wirklich Sie als Kunden verblüfft, machen Sie den entsprechenden Produktentwickler ausfindig, rufen ihn an und laden ihn zum Essen ein. Fragen Sie ihn, wie er auf diese Idee gekommen ist. Lassen Sie sich von der Vorgehensweise inspirieren. Wenn es nicht gerade Ihr Konkurrent ist, wird er Ihnen gern Auskunft geben, denn Sie interessieren sich für ihn als Person. Und wenn das Gespräch ergiebig war (was es meist ist), dann halten Sie den Kontakt aufrecht.

Werden Sie auch Kunde Ihrer eigenen Produkte. So haben Sie die Möglichkeit, sich in den Kunden hineinzuversetzen und genau nachzuempfinden was er fühlt. Beziehen Sie zusätzlich Personen aus dem Bekanntenkreis mit ein. Egal, ob Stützstümpfe, Bohrmaschinen oder Matratzen: Testen Sie alles selbst! Tragen Sie die Ergebnisse ebenfalls in die auf Seite 80 gezeigte Tabelle ein.

Ihre Lieferanten und andere Lieferanten Ihrer Kunden

Errichten Sie auch hier ein System, mit dem Sie regelmäßig Informationen von Ihren Lieferanten erhalten. Motivieren Sie Ihre Lieferanten, Ihnen von sich aus Informationen zu liefern. Ihre Lieferanten produzieren immer tiefer in der Fertigungskette und haben somit auch Informationen über Ihre Kunden.

Andere Direktlieferanten Ihrer Kunden haben – sofern sie eine intensive Produktentwicklung betreiben – ebenfalls Informationen gesammelt. Gerade wenn die Lieferanten aus einer anderen Branche kommen und somit keine Konkurrenten sind, nützt ein Austausch von Wissen den anderen Lieferanten und Ihnen.

»Zufällige« Kurzgespräche

Pro Tag und Mitarbeiter in der Produktentwicklung sollten nach dem Zufallsprinzip zwei Kunden angerufen werden. Nicht um zu verkaufen, sondern »nur« um zu erfahren, mit welchen Themen sie sich gerade beschäftigen. Diese Telefonate sollten von Ihren Mitarbeitern inhaltlich nicht per Zufall geführt werden, sondern mit einem vorbereiteten Gesprächsleitfaden.

Weitere Zufallsgespräche ergeben sich im Sportverein, auf einer Party, im Flugzeug, beim Warten auf ein Taxi, in Internet-Foren, bei Telefonaten oder bei sonstigen Gelegenheiten. Der Mittelplatz im Flugzeug verdoppelt die Chance auf ein interessantes Marktgespräch. Immer wieder werden Sie Personen treffen, die aus dem von Ihrem Unternehmen bedienten Marktsegment kommen. Versuchen Sie nicht gleich, diesen Personen etwas zu verkaufen, sondern verwickeln Sie sie in ein Kurzgespräch. Es muss ja nicht gleich ein komplettes Marktgespräch sein. Viele erzählen gern und ausführlich von ihren Problemen und Sorgen. Fassen Sie hier ein wenig nach und so haben Sie nebenbei einige interessante Informationen. Und zum Abschluss fragen Sie, ob Sie die Personen für weitere Fragen kontaktieren dürfen. So haben Sie zusätzlich eine gute Ausgangsposition für ein ausführliches Marktgespräch.

Formblatt 11: »Zufällige« Gespräche

- Zum Gespräch
  - Gesprächsführer
  - Datum
  - Ort
  - Uhrzeit

- Hauptthemen des Gesprächs
  - Einstiegsthema
  - Weitere Themen

- Fragen zur Produktentwicklung
  - Aufgaben des Gesprächspartners
  - Hindernisse/Probleme des Gesprächspartners
  - Aktuelle Themen im Umfeld des Gesprächspartners (Treiber/Rahmenbedingungen)
  - Kann zu einem späteren Zeitpunkt noch einmal wegen eines Marktgesprächs angerufen werden?

- Gesprächspartner/Person
  - Name
  - Position
  - Abteilung

- Unternehmen (zum Beispiel über Visitenkarte)
  - Name
  - Branche
  - Produkte
  - Anschrift
  - Telefonnummer
  - Faxnummer
  - E-Mail-Adresse
  - Homepage

- Persönlicher Eindruck, den der Gesprächspartner hinterlassen hat

- Sonstige Anmerkungen zum Gespräch

Nutzen Sie alle diese ergänzenden Quellen. Kommen Sie mit Ihren Kunden bei jeder Gelegenheit ins Gespräch, ohne aufdringlich zu sein. Werden Sie zum Jäger und Sammler. Die Hauptquelle für Informationen bleibt jedoch

Ihr direkter Kontakt zum Kunden bei persönlichen Marktgesprächen und Gruppendiskussionen. Andere Varianten dienen lediglich der Ergänzung. Nicht mehr.

Nicht geeignet zur Produktentwicklung sind mit eigenen Mitarbeitern durchgeführte Methoden wie Brainstorming und Brainwriting nach dem Motto: »Jetzt macht mal jeder so viele Vorschläge wie möglich, was wir den Kunden anbieten können«. Da kommen keine Ideen heraus, die die Kunden begeistern.

Tabelle 3: Vergleich der Methoden zur Informationsbeschaffung

	Schriftlich per Internet/ Online- Befragung	Schriftlich per Brief/ Fragebogen	Telefonisch	Persönlich
Eignung bei hoher Komplexität des Themas	nein	nein	mäßig	sehr gut
Interaktivität und Anpassung auf Antworten möglich	nein	nein	gut	sehr gut
Zeitbedarf	gering	gering	hoch	sehr hoch
Kosten pro Befragung	gering	mäßig	hoch	sehr hoch
Tiefe des Interviews	gering	gering	mäßig	sehr hoch
Anzahl benötigter Antworten zur Auswertung	hoch	hoch	mäßig	gering
Antwortrate	sehr gering	gering	hoch	sehr hoch

Kapitel 6

Bedenken gegen Marktgespräche

Primärmarktforschung mittels persönlicher Gespräche mit Interessenten und Kunden gehört zum Handwerkszeug in der Produktentwicklung. Da gibt es keine Diskussionen.

Sofern Sie in Ihrem Unternehmen tuwun® mit den dazu gehörenden Marktgesprächen einführen, rechnen Sie mit folgenden Gegenargumenten Ihrer Mitarbeiter:

- »Marktforschung ist nicht unsere Sache. Das macht der Vertrieb oder externe Agenturen.« Diese Aussage ist häufig ein reiner Selbstschutz, um nicht direkt mit den Kunden in Kontakt treten zu müssen. Doch Marktgespräche gehen alle etwas an: vom Kundenservice, den Mitarbeitern in der Produktentwicklung, der Herstellung bis zum Verkauf. Alle Mitarbeiter haben die Hauptaufgabe, durch Ihre Tätigkeit den Kunden in seinem Geschäft erfolgreicher zu machen beziehungsweise ihm zu einem glücklicheren Leben zu verhelfen;
- »Ich habe langjährige Erfahrung. Ich weiß besser, was der Kunde will.« Gerade diese Erfahrung, die im technischen Bereich sicherlich wichtig ist, birgt die Gefahr der Verliebtheit in die technischen Spielereien. Es zählt jedoch nur das, was der Kunde honoriert und wofür er bereit ist zu zahlen. Eigene Einschätzungen – auch wenn die Mitarbeiter selbst zum Marktsegment gehören – sind meist sehr subjektiv gefärbt und sollten nicht herangezogen werden;
- »Ich spreche jeden Tag mit den Kunden, das reicht als Kundenkontakt.« Die üblichen Verkaufsgespräche und Kontakte im Kundenservice dienen primär dem Zweck des Verkaufs oder der konkreten Fehlerbehebung. An tiefgreifende Informationen zur Produktentwicklung gelangt man dadurch nicht;
- »Kunden sind nur nicht fähig, den Nutzen zu erkennen.« Gerade Ingenieure haben gegenüber »normalen« Menschen oft eine überhebliche Einstellung. Mitarbeiter mit dieser Einstellung müssen von ihrem hohen Ross herunter geholt werden;

- »Ich lasse mir mein Produkt doch nicht von den Kunden kaputt machen.« Diese Äußerung hört man insbesondere, wenn die Idee im Kopf des Mitarbeiters schon weit gereift ist. Hier geht es um reine Eitelkeiten. Mitarbeiter fühlen sich in ihrem Ego getroffen, wenn die Ideen für gute Produkte nicht mehr von ihnen kommen, sondern von den Kunden. Schließlich haben doch sie durch ihre Ausbildung und Berufserfahrung die Kompetenz, einschätzen zu können, was technisch machbar ist und was der Kunde braucht. Haben sie nicht! Da der Mitarbeiter nicht seine eigenen Produkte kauft, zählt nur die Meinung des Kunden;
- »Das Produkt ist super und verkauft sich ganz einfach – wenn nicht, liegt es am Vertrieb.« Dann sollten Ihre Mitarbeiter einen Monat in den Vertrieb (persönlicher Verkauf oder Telefonmarketing) gehen und selbst die Verkaufsgespräche führen. Wenn die Produkte optimal auf die Bedürfnisse ausgerichtet wären, dann betrüge die Bestell- und Bezahlquote ja 100 Prozent;
- »Die Kunden sind doch alle zufrieden.« Wird Ihnen dieser Satz von Ihren Mitarbeitern entgegengebracht, hilft nur eines: Ihre Mitarbeiter gehen zu Ihren Kunden und fragen sie direkt. Und Ihre Mitarbeiter setzen sich mindestens zwei Tage in die Reklamationsbearbeitung und reden mit den verärgerten Kunden;
- »Die Kunden werden sich nur über uns beschweren.« Es gehört ja schon eine Portion Mut dazu, sich als Schreibtisch-Innenraum-Täter zu den Kunden zu wagen. Aber: Wenn die Produkte alle gut sind – und davon gehen Ihre Mitarbeiter ja aus –, dann müsste es doch ein Spaziergang sein. Wenn Ihre Mitarbeiter hingegen »Gemecker« erwarten, dann ist die Produktentwicklung wohl nicht an den Kunden ausgerichtet. In der Regel sind die Gesprächspartner jedoch sehr freundlich und davon angetan, dass sich ein Unternehmen für ihre Belange interessiert;
- »Marktgespräche sind viel zu teuer und zu aufwändig.« Sich Wissen über die Kunden zu beschaffen ist zwar teuer, jedoch sollen es Unternehmen mal mit Unwissenheit versuchen. Das wird noch teurer! Die Anwendung von tuwun® bedarf auch Investitionen in Zeit und Geld, doch die günstigere Alternative sind austauschbare Produkte und Rabattschlachten mit geringen Gewinnmargen. Mangelnder Nutzen kann nicht durch Preissenkung kompensiert werden. Gerade tuwun® ist eine Variante, die Sie mit Bordmitteln durchführen können: direkter Kontakt zum Kunden ohne die Kosten einer externen Marktforschungsagentur. Durch den straffen Aufbau wird der Zeitaufwand minimiert. Die Investition für tuwun® ist im Verhältnis der Kosten für eventuelle Fehlinvestitionen beziehungsweise entgangene Gewinne zu vernachläs-

sigen. Viele zusätzliche Gelegenheiten zum Gespräch ergeben sich, auch ohne dass Sie aktiv werden müssen: zum Beispiel Besucher auf Ihrem Messestand, Beschwerden, Kundenanfragen und so weiter;

- »Die Marktgespräche sind nicht repräsentativ und abhängig von den befragten Personen«, »Zur 100-prozentigen Absicherung müssen wir 1 000 Gespräche führen.« Stimmt! Doch zur Primärforschung gibt es keine Alternative. Es sind so viele Gespräche durchzuführen, wie zu einer eindeutigen Einschätzung nötig sind. Wenn dann neben den persönlichen Gesprächen auch noch telefonische Gespräche und Gruppendiskussionen durchgeführt werden, ist das Bild ausreichend abgerundet. Auch hier gilt das Pareto-Prinzip: mit 20 Prozent des Aufwands erreichen Sie 80 Prozent der Genauigkeit – mit 30 Prozent des Aufwands kommen Sie schon nah an die 100 Prozent heran. Und das reicht meist aus. Eine 100-prozentige Sicherheit der Ergebnisse gibt es nicht. Ausreichende Sicherheit entsteht durch die Anzahl an Gesprächen und der Vielzahl der eingesetzten Methoden. Bei bereits zehn intensiven Gesprächen mit einer homogenen Gruppe erhalten Sie häufig bei weiteren Gesprächen pro Gesprächsthema fast keine neuen Informationen mehr. Lieber wenige tiefgehende Gespräche durchführen, als viele an der Oberfläche;
- »Die Menschen sind nicht bereit zu solchen Terminen.« Egal, ob Techniker, Hochschullehrer, Qualitätsbeauftragter oder Geschäftsführer: fast alle sind gesprächsbereit;
- »Die Leute erzählen mir doch nichts. Sind viel zu verschlossen.« Die Menschen haben ein Grundbedürfnis, von sich zu erzählen. Wenn ein Vertrauen zu dem Gesprächspartner aufgebaut ist, öffnet sich der Gesprächspartner ganz von allein;
- »Die Leute erzählen mir nicht die Wahrheit.« Da jeder natürlich am liebsten erzählt, wie toll er ist, ist an diesem Einwand etwas Wahres dran. Die Interviewer müssen genau filtern. Manchmal erzählen die Gesprächspartner etwas, nur weil sie meinen, dass der Interviewer es hören möchte. Gerade wenn der Interviewer seinem Gesprächspartner sympathisch ist, versucht er, sich entsprechend zu äußern. Das fällt insbesondere bei der Frage auf, ob der Gesprächspartner das Produkt kaufen würde. Schon aus diesem Grund sollten Sie auf diese Frage verzichten;
- »Die Gesprächspartner wollen doch gleich für die Gespräche entlohnt werden.« Dieses Vorurteil trifft nur äußerst selten zu. Viele Menschen genießen es, wenn sie über ihre Tätigkeiten sprechen dürfen und jemand ihnen zuhört. Eine finanzielle Gegenleistung für die Gespräche erwar-

ten nur bestimmte Berufsgruppen, die durch das Gespräch einen Verdienstausfall haben;

- »Marktgespräche sind nur etwas für Großunternehmen.« Für den Kunden zählt in erster Linie der Nutzen, den ihm ein Produkt bringt; egal, ob dieses von einer Einmannfirma oder einem Großunternehmen angeboten wird. Alle Anbieter müssen optimale Produkte anbieten, um weiterhin Erfolg zu haben;
- »Marktforschung machen wir schon: Wir haben jedem Produkt einen Fragebogen beigefügt.« So gelangt man jedoch nicht in die Tiefe und auch nicht an repräsentative Aussagen;
- »Das können wir nicht.« tuwun® können Sie und Ihre Mitarbeiter planen, durchführen und auswerten. Es ist erlernbar und Sie benötigen keine statistische Auswertung für die fünfte Nachkommastelle;
- »Das braucht zu viel Zeit.« Die Zeit für die Gespräche wird benötigt, jedoch können bereits innerhalb eines Monats die Gespräche zum USP abgeschlossen sein. Nach insgesamt drei Monaten sind auch die Gespräche zu den Perspektiven ausgewertet;
- und zum Schluss die übliche Aussage: »Bei uns ist das ganz anders.« Ist es nicht! Aufgabe eines jeden Unternehmens ist es, die Kundenbedürfnisse zu befriedigen. Und das geht umso besser, je mehr Informationen zu den Kunden vorliegen.

Häufig sind diese Äußerungen auch reine Vorwände. Die Mitarbeiter sind den direkten Kontakt mit dem Kunden nicht gewöhnt und Unbekanntem gehen die Menschen aus dem Wege. Diese Unsicherheit muss Ihnen genommen werden, am Besten durch Schulungen zum Thema Gesprächsführung. Es reicht nicht, den Mitarbeitern nur die Anweisung zu persönlichen Gesprächen zu geben, sie müssen auch das Handwerkszeug mitbekommen.

Kapitel 7

Wer führt tuwun® durch?

Der häufig angestellten Vergleich zwischen den durchgeführten Gesprächen durch die Mitarbeiter im Unternehmen und der Vergabe an Agenturen oder Hochschulen wird hier noch einmal aufgegriffen. Viele Marktforschungsinstitute bieten ihre Leistungen an: Sie wollen Ihnen die gesamten Befragungen abnehmen. Nachfolgend die jeweiligen Vor- und Nachteile:

Vergabe an eine Marktforschungsagentur oder Hochschule (Studentenprojekte, Praktika, Diplomarbeiten, Promotionen)

Vorteile

○ Zu Beginn ein höherer Grad an Professionalität und methodischer Kompetenz, die jedoch mit Training von den eigenen Mitarbeitern aufgeholt werden kann;
○ keine emotionale Bindung zum Unternehmen und zur Produktidee. Sie sind unabhängig vom Ergebnis;
○ eine Anonymität des Unternehmens ist möglich (kann ein Vor- oder Nachteil sein).

Nachteile

○ Teurer als die selbst durchgeführten Gespräche;
○ fachliches Know-how fehlt. Auch wenn zu viel Know-how manchmal schadet, so sollten diese Kenntnisse insbesondere bei technischen Produkten vorhanden sein. Die mindestens grobe Fachkompetenz des Interviewers wird auch vom Gesprächspartner erwartet. Sonst wird der Interviewer nicht ernstgenommen;
○ keine tiefgehenden Kenntnisse aus dem Markt sind vorhanden, da die Mitarbeiter einer Marktforschungsagentur meist branchenübergreifend tätig sind;
○ die Agentur steht – oder sollte zumindest – Ihren Kunden und Ihren Angeboten nicht so nahe wie Sie selbst. Somit ist vorab ein intensives Briefing

notwendig, da sich die Mitarbeiter der Agentur in den Markt hinein denken müssen. Anschließend werden diejenigen gebrieft, die die Gespräche führen. Abschließend erfolgt die Auswertung über alle diese Stufen zurück. Ergebnisse werden aufbereitet weitergeleitet, viele wertvolle Informationen gehen durch diese Zwischenstufe verloren. Das ist »Stille Post«. Auch wenn die Agentur noch so gut ist, bei diesen Gesprächen kann für Sie nur an der Oberfläche gekratzt werden.

Durchführung der Gespräche durch eigene Mitarbeiter

Vorteile

○ Die fachliche Kompetenz ist vorhanden. So kann der Interviewer im Gespräch auf die Ausführungen des Gesprächspartners eingehen und die benötigte Gesprächstiefe erreichen;
○ eine Marktkenntnis ist vorhanden. Häufig kommt der Interviewer aus dem Marktsegment und hat den »Stallgeruch«, um vom Gesprächspartner akzeptiert zu werden;
○ eine bessere Vertrautheit mit der Lebenswelt des Gesprächspartners aus dem Marktsegment ist gegeben;
○ eine schnelle Reaktion auf die Gesprächsergebnisse ist möglich. Die Gesprächsstruktur kann schnell angepasst werden;
○ geringere Kosten;
○ direkter Kontakt der für die Produktentwicklung verantwortlichen Mitarbeiter mit den Kunden.

Nachteil

○ Es besteht die Gefahr, dass die Mitarbeiter die Gespräche mit einer sehr vorgefassten Meinung führen.

Da die Vorteile bei der Gesprächsführung durch die eigenen Mitarbeiter eindeutig überwiegen, ist diese Variante zu wählen. Die methodischen Kompetenzen sind für die eigenen Mitarbeiter leichter zu erlernen, als dass sich die Agenturmitarbeiter das benötigte Fachwissen und die Branchenkenntnisse aneignet. Lieber ein nicht so routiniert geführtes Gespräch führen, dafür jedoch den direkten Draht zwischen Ihren Mitarbeitern und Ihren Kunden herstellen. Die Einzelgespräche sind hierbei von den verantwortlichen Mitarbeitern in der Produktentwicklung durchzuführen, nicht vom Vertrieb oder von den einzelnen Außendienstmitarbeitern. Deren Erkenntnisse und Einschätzungen sind als kleine Mosaiksteinchen in die

Produktentwicklung einzufügen. Die Hauptverantwortung und auch der Schwerpunkt der einzelnen Gespräche liegen bei den Mitarbeitern in der Produktentwicklung. Egal, in welcher Fertigungsstufe Ihr Unternehmen tätig ist, gilt: Produktentwicklung ist Kernkompetenz und kann daher nicht ausgelagert werden. Gute und erfolgreiche Marktforschung muss nicht teuer sind. Suchen Sie selbst den Kontakt zum Kunden und machen Sie sich ein Bild von dessen Bedürfnissen. Der Einsatz von Agenturen ist in Form von Trainings zur Methode der Gesprächsführung sinnvoll.

Kapitel 8

Die Gesprächsaufzeichnung

Das Gespräch sollte einer Unterhaltung zwischen Freunden nahe kommen. Somit sollte der Interviewer so wenig wie möglich mitschreiben, denn dieses wird auch im Gespräch zwischen Freunden nicht gemacht.

Die Aufzeichnung des Gesprächs und auch der Gruppendiskussion ist mit einer Kamera oder einem Audiorecorder vorzunehmen. Dabei ist die Kamera vorzuziehen, da hier nicht nur die verbalen Äußerungen erfasst werden, sondern auch die nonverbalen. Diese Form der Aufzeichnung stellt die Grundlage für die spätere Auswertung offener Gespräche dar. Bei festen Standardfragebögen ist dies nicht notwendig, bei der hier beschriebenen offenen Gesprächsstruktur jedoch Grundvoraussetzung.

Die nachfolgenden Ausführungen gelten sowohl für Einzelgespräche als auch für Gruppendiskussionen.

Vorteile der Gesprächsaufzeichnung mit dem Audiorecorder

- Der Interviewer beziehungsweise Moderator kann sich voll auf das Gespräch konzentrieren;
- alle Inhalte werden ungefiltert erfasst. Der Einfluss des Interviewers beziehungsweise Moderators auf die Auswertung wird geringer, mehr Objektivität ist möglich, denn jede Mitschrift ist eine Reduktion der Information mit gleichzeitiger Wertung der Bedeutung. Wenn die Aufzeichnungen hingegen nur durch den Interviewer erfolgen, ist Folgendes zu beobachten: Sagt der Gesprächspartner etwas, was der Interviewer kennt und/oder dem er zustimmt, fühlt sich dieser bestätigt und die Wahrscheinlichkeit, dass er diese Aussage aufschreibt, ist groß. Äußert der Gesprächspartner hingegen etwas, was für den Interviewer neu ist oder dem er nicht zustimmt, ist die Wahrscheinlichkeit der Nieder-

schrift im Protokoll geringer. Späteren externen Betrachtern ist es so nicht mehr möglich, einen ungefilterten Eindruck des Gesprächs zu erhalten. Bei der Tonbandaufzeichnung bleiben jedoch alle Informationen erhalten und sind auch anschließend für Dritte in Ihrem Unternehmen noch objektiv auswertbar;

- Aussprache, Pausen, Zögern, Betonungen, Emotionen und so weiter werden erfasst und können ausgewertet werden. Für die Auswertung ist nicht nur wichtig, was gesagt wird, sondern auch wie es gesagt wird. Somit ist die Auswertung auf verbaler und nonverbaler Ebene möglich;
- auch spätere Originalauswertungen (gegebenenfalls vor einem ganz anderen Themenhintergrund, auf den im Gespräch nicht geachtet wurde) sind möglich;
- die Gesprächspartner beziehungsweise Teilnehmer fühlen sich wertgeschätzt und erkennen die Bedeutung des Gesprächs an;
- Sie bringen Ihrem Gesprächspartner die volle Aufmerksamkeit entgegen, halten Blickkontakt und ermuntern ihn zum Weitererzählen;
- Sie können sich ganz auf das Gespräch konzentrieren und mit den erhaltenen Informationen den weiteren Gesprächsablauf leiten;
- der Gesprächsfluss bleibt erhalten. Unterbricht Ihr Gesprächspartner seine Erzählungen, damit Sie mitschreiben können, nimmt er die Erzählung häufig nicht wieder auf, sondern Sie müssen durch eine weitere Frage das Gespräch wieder anstoßen;
- die Gesprächspartner beziehungsweise Teilnehmer erkennen nicht, welche Ihrer Ausführungen wichtig sind und genauso soll es sein. Wenn der Interviewer/Moderator im Gespräch hingegen einige Themen intensiv mitschreibt, andere nicht, dann denkt der Gesprächspartner, dass einiges wichtiger ist als das andere. Er will dem Interviewer einen Gefallen tun und vertieft hier, was das ganze Gespräch verzerren kann.

Ankündigung der Aufnahme

Die Gedanken an Datenschutz und mögliche Weigerungen der Gesprächspartner schießen einem dabei gleich durch den Kopf. Sofern Sie die Aufzeichnung gut begründen und Ihrem Gesprächspartner die Ängste nehmen, wird die Aufzeichnung zu über 90 Prozent akzeptiert. Sollte sich dennoch einmal ein Gesprächspartner gegen die Aufzeichnung weigern, kann das Gespräch immer noch durch mitgeschriebene Stichworte erfasst werden.

Bitte vermeiden Sie Formulierungen wie: »Aus Datenschutzgründen werden die Bänder nicht weitergegeben«. Bei dem Wort »Datenschutz« schrecken die meisten Menschen auf und befürchten das Schlimmste. Außerdem kann das menschliche Gehirn das Wort »nicht« nicht verarbeiten. Dann entsteht im Kopf sofort »Aus Datenschutzgründen werden die Bänder weiter gegeben.« Und wenn bei Ihrem Gesprächspartner das Unterbewusstsein erst einmal auf Angst und Panik umgeschaltet hat, bringt auch die beste rationale Begründung nichts mehr.

Je nach Gesprächspartner kann es sinnvoll sein, ihm kurz die Anonymität der Gesprächsinhalte zuzusichern. So stellen diese teilweise verbal oder für sich die Fragen: »Aus welchen Gründen die Aufzeichnung?«, »Was geschieht mit den Ergebnissen?«. Die Zusicherung der Anonymität ist insbesondere dann wichtig, wenn Ihre weiteren Gesprächspartner in direkter Konkurrenz stehen. Dies ist häufig im beruflichen Umfeld der Fall. Wichtig ist dabei, die Anonymität kurz zuzusichern. Wird dieses Thema von dem Interviewer zu ausführlich dargestellt, hat der Gesprächspartner den Eindruck, dass dieses sehr wichtig und etwas ganz Besonderes ist. Dann wird er misstrauisch und denkt: »Wenn die mir das so lange erklären, muss da ja eine Gefahr hinter stecken«. Am besten ist es, die Anonymität zu versichern und gleich zum nächsten Punkt übergehen. Hat Ihr Gesprächspartner zu diesem Thema wichtige Fragen oder Anmerkungen, so wird er Sie unterbrechen. Nur sollte man ihn nicht verstärkt auf diese Gedanken bringen. Zur Vollständigkeit: Natürlich setze ich voraus, dass Sie diese Anonymität auch wirklich wahren.

Das Einverständnis zur Aufnahme sollte sich der Moderator oder Interviewer erst vor Ort einholen. Wird dieses bereits bei der Terminabsprache erwähnt, erschwert das die Zusagen. Manche Gesprächspartner sagen dann kurzfristig ab. Grundvoraussetzung ist, dass Sie vor Ort Ihren Gesprächspartner beziehungsweise die Teilnehmer über die Aufnahme informieren. Dieses Einverständnis sollten Sie zu Beginn des Gesprächs einholen und auch gleich das Aufnahmegerät einschalten. Nach wenigen Minuten hat Ihr Gesprächspartner das Gerät vergessen und erzählt, als wenn kein Band liefe.

Die Akzeptanz der Aufzeichnung hängt weniger von dem Gesprächspartner und den Teilnehmern ab, als viel mehr vom Selbstbewusstsein des Interviewers. Der Interviewer beziehungsweise Moderator sollte die Aufnahme so ankündigen, als sei es das Natürlichste der Welt, anstatt durch eine Frage um Zustimmung zu bitten, denn dann besteht die Gefahr, dass insbesondere in einer Gruppendiskussion ein Teilnehmer »nein« sagt. Und dann muss die Kamera ausgeschaltet werden. Wie Bob

Knowling einst bemerkte: »Wer um Erlaubnis fragt, fordert ein ›Nein‹ heraus.«

Um die Akzeptanz Ihres Gesprächspartners für die Bandaufzeichnung zu erhöhen, gilt es auch hier, nicht Ihren Nutzen in den Vordergrund zu stellen, sondern den Ihres Gesprächspartners: »Damit ich mich ganz auf Ihre Ausführungen konzentrieren kann und damit keine Ihrer interessanten Informationen verloren gehen, möchte ich das Gespräch gern aufzeichnen.« Wichtig ist, nach dieser Ankündigung direkt weiterzureden. Denn eine Pause nach diesem Satz verleitet den Gesprächspartner oder die Teilnehmer zu einem Widerspruch.

Mitschrift trotz digitaler Aufzeichnung

Nicht mitschreiben wenn das Band läuft? Nicht ganz. Da das Band läuft, haben Sie die Möglichkeit, sich ganz auf die Gesprächsinhalte zu konzentrieren. Sie machen sich dann nur noch Notizen, die Sie für den Verlauf des Gesprächs benötigen, beispielsweise zu Informationen Ihres Gesprächspartners, die Sie zu einem späteren Zeitpunkt des Gesprächs wieder aufgreifen wollen.

Darauf ist bei den Aufnahmegeräten zu achten

Das Gerät sollte klein und unauffällig sein und außerhalb des Sichtfelds des Gesprächspartners beziehungsweise der Teilnehmer angebracht werden. Das Ziel ist schließlich ein offenes Gespräch, bei dem der Gesprächspartner das Aufnahmegerät schon nach kurzer Zeit vergisst.

Die Aufnahmelänge sollte so gewählt sein, dass kein Band- und Batteriewechsel nötig ist. Ein derartiges Eingreifen in die Aufnahme würde den Teilnehmern die Aufzeichnung wieder ins Bewusstsein rücken. Das ist zu vermeiden. Ein übliches Band-Diktiergerät mit einer Laufzeit von 10 Minuten pro Seite eignet sich nicht. Eher schon Aufnahmegeräte für Minidisk mit Lauflängen von bis zu 10 Stunden oder digitale Diktiergeräte. Diese Geräte haben eine ausgezeichnete Aufnahmequalität und die Aufnahmen können über den Computer abgespielt und auch auf Festplatten gespeichert werden.

Vor dem Gespräch und insbesondere vor einer Gruppendiskussion ist vorab ein Ton-Check durchzuführen. Luftbewegungen (zum Beispiel durch die Klimaanlage) und Nebengeräusche können die Aufnahme stören. Zu beachten ist, dass die Teilnehmer in einer Gruppendiskussion weiter vom Mikrofon entfernt sitzen als beim Einzelgespräch und das Mikrofon entsprechend eingestellt sein muss.

Wenn es doch mal mit der digitalen Aufzeichnung nicht klappt

Dann bleibt nur, die Hauptaussagen des Gesprächspartners während des Gesprächs mitzuschreiben. Hier sind die Ergänzungen direkt nach dem Gespräch sehr wichtig, da während des Gesprächs nur ein Teil erfasst werden kann. Ein Formular für das Protokoll ist hier sinnvoll. Sollte bei einem Gespräch kein Aufnahmegerät zum Einsatz kommen, so sind Beobachtungen jenseits des Inhalts ebenfalls aufzuzeichnen. Damit die Mitschriften akzeptiert werden, ist auch hier dem Gesprächspartner der Nutzen für ihn zu nennen, zum Beispiel: »Ich möchte Stichworte machen, da ich Ihr Wissen festhalten möchte«. In Gruppendiskussionen sollte die schriftliche Aufzeichnung durch den Assistenten erfolgen, damit sich der Moderator voll auf die Gruppe und die Führung der Gesprächsrunde konzentrieren kann.

Varianten der schriftlichen Aufzeichnung

1. Lineare Mitschrift

Sie schreiben in Stichworten die von dem Gesprächspartner gegebenen Informationen nacheinander auf und sortieren sie zu einem späteren Zeitpunkt.

2. Notationstechnik

Sie erfassen die Informationen Ihres Gesprächspartners auf einer »Landkarte«. Dafür eignet sich ein DIN-A4-Blatt im Querformat. Die Hauptthemengebiete zur Lebenswelt, die jeweiligen Tätigkeiten, Aufgaben, Probleme und Erfolgsfaktoren sowie die Informationen zu den Perspektiven verteilen Sie auf dem Blatt als Themeninseln. Die unterschiedlichen Themen werden in den jeweiligen Ecken verteilt, die jeweiligen Unterpunkte darunter geschrieben. Neue Themen werden entsprechend dazwischen gemäß der Zugehörigkeit zu den Hauptthemen notiert. Die Beziehungen der Themen untereinander stellen Sie mittels Strichen und Pfeilen dar. Ausgangspunkt der Pfeile ist jeweils die Ursache, die die Endpunkte des Pfeils bewirken.

Für jedes Gespräch wird eine Landkarte erzeugt. Sollte der Platz auf einem Blatt nicht ausreichen, sind mehrere Landkarten pro Gespräch zu erstellen.

Die Vorteile der Notationstechnik sind, dass der Interviewer weniger mitschreiben muss und sich mehr auf die Ausführungen des Gesprächspartners konzentrieren kann. Zudem sind die Informationen, unabhängig von der Reihenfolge im Gespräch, gleich strukturiert. Ergänzungen und Korrekturen können leicht eingetragen werden. Ein weiterer Vorteil ist, dass die Beziehungen der Themen untereinander über Striche und Pfeife sehr gut darzustellen und auf einen Blick erkennbar sind. Dies ist wichtig für den Interviewer während des Gesprächs sowie zur späteren Erläuterung der Gesprächsinhalte an Dritte. Außerdem haben Sie mit der Notationstechnik einen Überblick der Gesprächsinhalte auf einer Seite.

3. Moderationskarten

Hierbei notiert der Interviewer die Aussagen des Gesprächspartners auf Metaplankarten und verteilt diese entsprechend der Zusammenhänge auf dem Tisch. Es ist zu beachten, dass sich der Interviewer damit nicht auf dem ganzen Schreibtisch des Gesprächspartners ausbreitet. Es eignet sich somit eher für Gespräche im Besprechungszimmer mit einem großen Tisch. Um die Positionen der Karten dokumentieren zu können, ist ein gedankliches Raster (zum Beispiel wie bei einem Schachbrett) zu hinterlegen und die Positionen der einzelnen Karten zu notieren.

Die Moderationskarten haben folgende Vorteile: Sie können im Laufe des Gesprächs neu positioniert und somit Zusammenhänge dem Gesprächsverlauf angepasst werden. Der Gesprächspartner ist aktiv in die »Aufzeichnung« einbezogen und kann gegebenenfalls korrigieren. Und der Gesprächspartner hat ein großes Vertrauen zu dem Interviewer aufgebaut, da er dessen Aufzeichnungen auf dem Tisch sieht und diese nachvollziehen kann.

Eine gute Übung für alle Aufzeichnungsmethoden ist, Interviews im Fernsehen aufzunehmen und die Inhalte in einem Protokoll, auf einer Landkarte oder auf Moderationskarten zusammenzufassen.

Gerade Termine, bei denen vermutet wird, dass es mit der digitalen Aufzeichnung nicht klappt, sollten Sie zu zweit wahrnehmen. Eine Person führt das Gespräch und konzentriert sich auf den Gesprächspartner, die andere macht Notizen. Kündigen Sie jedoch nicht schon bei der Terminabsprache an, dass Sie zu zweit erscheinen. Dies würde die Hürde zu einer Zusage erhöhen. Vor Ort ist die zweite Person als neuer Kollege vorzustellen und zu fragen, ob er an dem Gespräch teilnehmen darf. Die Gesprächsführung von Ihrer Seite sollte derjenige übernehmen, der auch den Gesprächstermin vereinbart hat.

Sofern ein Assistent bei dem Gespräch anwesend ist, hat dieser folgende Aufgaben:

- den Gesprächsinhalt notieren;
- nonverbale Signale des Gesprächspartners zu den Inhalten aufschreiben;
- nonverbale Signale des Gesprächspartners nach Ausführungen des Interviewers erfassen (Was hatte welche Effekte? Welche Wirkung hatte welche Frage?);
- die Umgebung beobachten und hierzu Notizen machen.

Sofort nach dem Gespräch

Egal, welche Form der schriftlichen Aufzeichnung Sie anwenden, sind direkt nach dem Gespräch noch viele Informationen im Kurzzeitgedächtnis des Interviewers, die noch nicht niedergeschrieben wurden. Daher sollte umgehend nach dem Gespräch die Ergänzung der eigenen handschriftlichen Aufzeichnungen erfolgen. Insbesondere wenn im Gespräch keine Aufnahme erfolgt, sind die während des Gesprächs gemachten Aufzeichnungen sehr lückenhaft und müssen ergänzt werden. Neben den Ergänzungen sind bereits jetzt spontane Eindrücke, Assoziationen und Vermutungen festzuhalten.

Dokumentation

Unabhängig davon, ob mit einem Aufzeichnungsgerät oder mit handschriftlichen Aufzeichnungen gearbeitet wird, ist pro Gespräch ein Kurzprotokoll anzufertigen. Da das Gespräch – trotz Fragenkatalog – nicht einer festgelegten Struktur folgt, sondern der Gesprächspartner häufig noch über bereits abgehandelte Themen spricht, müssen die Ausführungen zu einer optimalen Auswertung in eine Struktur gebracht werden. Um auch Dritten, die nicht am Gespräch teilgenommen haben, eine Einschätzung der Gesprächsergebnisse zu ermöglichen, empfiehlt sich folgender Aufbau der Gesprächszusammenfassung. Der erste Teil wird bereits mit der Gesprächsvorbereitung ausgefüllt.

Formblatt 12: Gesprächsprotokoll

- Vorbereitung Marktgespräch
  - Gesprächsserie
  - Anzahl der Gespräche für diese Serie
  - Verantwortlich für das Gespräch und die Auswertung im Unternehmen
  - Nach welchem Kriterium wurde der Gesprächspartner kontaktiert?
  - Aus welcher Quelle wurde der Gesprächspartner kontaktiert (Kundenkartei, Adressbuch et cetera)?
  - Beziehung des Gesprächspartners zum Unternehmen (Stammkunde, ehemaliger Kunde, Experte et cetera)
  - Datum der Terminvereinbarung
  - Art der Terminvereinbarung
  - Durch wen erfolgte Terminvereinbarung?
  - Besonderheiten bei der Terminvereinbarung

- Zum Gespräch
  - Gesprächsziel (zum Beispiel Themenrelevanz erfassen, Informationen zum USP oder zu den Perspektiven einholen)
  - Erstgespräch oder Folgegespräch
  - Datum
  - Ort
  - Uhrzeit
  - Dauer
  - Art der Aufzeichnung
  - Interviewer
  - Assistent
  - Art des Gesprächs (telefonisch, persönlich)
  - Die Höhe des Honorars für den Gesprächspartner

- Gesprächspartner
  - Name
  - Funktion
  - Position
  - Position im Organigramm (wer ist unter anderem Vorgesetzter/ Entscheider?)
  - Abteilung
  - Werdegang
  - Alter
  - Anzahl/Alter der Personen im Haushalt
  - Hobbys
  - Besitz (Eigenheim, Auto et cetera)
  - Weitere Anwesende

- Umfeld/Gesprächsort
  - Räumlichkeit
  - Ausstattung
  - Störungen

- Unternehmen des Gesprächspartners
  - Name
  - Branche
  - Produkte
  - Kundenstruktur
  - Vertriebswege
  - Position im Markt
  - Umsatz
  - Umsatzentwicklung
  - Anzahl Mitarbeiter/Anzahl Mitglieder im Haushalt
  - Standorte
  - Anschrift
  - Telefonnummer
  - Faxnummer
  - E-Mail-Adresse
  - Homepage
  - Bereits bekannte Treiber und Rahmenbedingungen in der Branche

- Sonstiges
  - Persönlicher Eindruck, den der Interviewer bekommen hat
  - Gesprächsatmosphäre, Reaktion des Gesprächspartners auf einzelne Fragen
  - Kommentar des Interviewers

- Gesprächsinhalte (hier die einzelnen Gesprächsinhalte nach Themen sortiert eintragen)

- 1. Stufe: Lebenswelt
- 2. Stufe: jeweils allgemein oder zum Spezialthema
  - Rahmenbedingungen/Treiber
  - Tätigkeiten
  - Aufgaben
  - Probleme
  - Erfolgsfaktoren
  - Komplexität
- 3. Stufe: zu den Perspektiven
  - Funktionalität
  - Struktur
  - Ansprache
  - Medium
  - Emotion
  - Design

- Sonstiges

- Der Gesprächspartner steht für weitere Gespräche (Nachfragen) zur Verfügung: ja/nein?

- Empfehlungen des Gesprächspartners für weitere Gespräche

Kapitel 9

Die sieben Bestandteile eines erfolgreichen Produkts

USP: Seien Sie einzig – nicht artig

Definition

Der USP (Unique Selling Proposition) ist das überzeugende einzigartige Verkaufsargument beziehungsweise mehrere Verkaufsaufargumente für das Produkt. Der größte Wunsch der Kunden wird in ein Versprechen umgewandelt. Das sind die Kaufargumente und Leistungsversprechen für Ihre Kunden. Der USP ist das, was Ihre Kunden über Ihr Produkt an Freunde begeistert berichten.

Sorgen Sie dafür, dass Ihr Produkt für das Attribut steht, das bei den Kunden das größte Problem löst beziehungsweise den größten Wunsch erfüllt. Besetzen Sie dieses Wort/Attribut in den Köpfen der Kunden. Dieses wirkungsvolle Wort beziehungsweise dieser kurze Satz muss einfach und nutzenorientiert sein. Verfallen Sie nicht der Versuchung, mit Ihrem USP wichtig und klug klingen zu wollen und daher eine komplizierte Formulierung zu wählen.

Der USP ist in erster Linie ein Maßstab für die Produktentwicklung, weniger für die Werbung. Erst wenn alle Eigenschaften des Produkts der sechs Perspektiven am USP ausgerichtet sind und dieser im Produkt umgesetzt wurde, kann er glaubhaft und erfolgreich für die Werbung verwendet werden. Jede Produkteigenschaft muss den USP verstärken. Jedes Produkt kann mit einem USP als etwas Besonderes vermarktet werden – auch Zement oder ein Gullydeckel. Es gibt zum Beispiel Hersteller dieser Deckel, die Sonderanfertigungen mit Emblem anbieten. So kann ein Unternehmen etwa alle Gullydeckel auf seinem Gelände mit dem eigenen Logo ausstatten. Dafür zahlen so manche stolze Chefs gern etwas mehr.

Der USP wird vom Hersteller formuliert. Die Ideen für die Bestandteile resultieren jedoch aus den Marktgesprächen.

Der ehrliche Test im eigenen Unternehmen

Fragen Sie doch bitte Ihre Mitarbeiter, was das Besondere (der USP) an Ihren Produkten ist. Aus welchen Gründen sollen die Kunden gerade Ihr Produkt kaufen? Es folgt meist eine Vielzahl von Erklärungen und Allgemeinheiten, jedoch wenig Konkretes. Meist hören Sie eine Liste von Produktmerkmalen. Für die Kaufentscheidung zählen jedoch keine Produkteigenschaften/Funktionen, sondern ausschließlich der Nutzen aus Kundensicht. Nur diesen Nutzen brauchen Sie. Ohne triftigen Grund kauft der Kunde nicht – weder bei der Konkurrenz noch bei Ihnen. Bohren Sie so lange nach, bis Ihre Mitarbeiter immer tiefer graben und an den Nutzen gelangen.

Trennen Sie unbedingt Produkteigenschaften vom Nutzen. Nennen Sie immer das, was der Kunde davon hat. Nennen Sie nicht die Produkteigenschaften, sondern die Wirkung. Die Kunden interessieren keine Funktionen, sondern nur der Nutzen, den sie dadurch haben. Um zum Nutzen zu gelangen, hilft der folgende Satz, der für jede Produkteigenschaft zu vollenden ist: »Das Produkt enthält X (Produkteigenschaft), damit der Kunde Y (Nutzen) erreichen kann«.

Return to sender

In der heutigen Zeit, in der die Kunden bei vielen Produkten ein Rückgaberecht (ob rechtlich vorgeschrieben oder von den Anbietern als Service zugegeben) haben, verschiebt sich der »Verkaufsakt« von dem Zeitpunkt des Kaufs hin zum Zeitpunkt der Nutzung. Im Moment des Auspackens und der ersten Nutzung muss der Kunde den USP mit dem damit für ihn verbundenen zwingenden Nutzen erleben. Ist dieser für ihn nicht sichtbar – insbesondere wenn das Produkt nicht den Werbeaussagen entspricht – heißt es dann: »Return to sender«. Da es ja meist die Geldzurück-Garantie gibt, ist der finanzielle Verlust für ihn gleich null. Ein toller USP in der Werbung bewirkt lediglich den Kauf, ob der Kunde das Produkt behält, hängt ausschließlich davon ab, ob der USP auch im Produkt umgesetzt wurde und für den Käufer zu erkennen ist. Halten Sie mit dem Produkt das, was die Werbung verspricht, dann kommt der *Kunde* zurück, um wieder bei Ihnen zu kaufen, und nicht die *Ware*.

Verantwortung der USP-Bildung

Wer ist nun für den USP verantwortlich? Alle sind verantwortlich, von den Mitarbeitern in der Werbung über die in der Produktion bis zur Unternehmensleitung. Es müssen auch alle hinter dem USP stehen. Das, was versprochen wird, muss in jeder Produkteigenschaft sichtbar werden, in jedem noch so kleinen Detail des Produkts und in der Werbung. Ein Sportwagen mit dem USP »Darum wird Sie jeder beneiden« darf kein Handschuhfach haben, das an Omas Kommode im Schlafzimmer erinnert. Alles hat sich diesem USP unterzuordnen.

Die USP-Bildung ist keine Sache der Werbeagentur. Die Inhalte sind von den Verantwortlichen in der Produktentwicklung zu entscheiden, maximal zur späteren Ausformulierung der Inhalte kann eine Agentur herangezogen werden. Die endgültige Entscheidung bleibt jedoch bei den Verantwortlichen der Produktentwicklung!

Kriterien für einen guten USP

Ein Produkt mit dem entsprechenden USP ist umso einfacher zu verkaufen, je mehr die folgenden Voraussetzungen erfüllt sind:

1. Der Zeitpunkt: Wenn die Produktion läuft, ist es zu spät

Der erste Teil des USPs wird nach der zweiten Gesprächsserie, vor den Gesprächen zu den Perspektiven festgelegt, der zweite Teil des USPs nach den Gesprächen zu den Perspektiven. Die USP-Definition ist somit deutlich vor der Herstellung des Produkts abgeschlossen. Nur dann kann dieser im Produkt vollständig umgesetzt werden.

2. Der USP ist auf das Produkt konzentriert

Der USP ist insbesondere auf das Produkt auszurichten. Dieser kann ergänzt werden um besonderen Service, Qualität, besondere – für den Kunden positiv bewertete – Vertriebswege oder Ähnliches. Auch der Preis kann im Ausnahmefall (sowohl besonders niedrig als auch hoch) als USP gesetzt werden. Aber: Im Fokus des USPs muss das Produkt stehen.

3. Der USP verspricht großen Nutzen

Das ist es, worauf es ankommt. Der USP löst ein klar umrissenes Problem der Kunden. Und zwar ein großes Problem, dessen Lösung für sie einen Erfolgsfaktor darstellt. Je näher der USP an einem großen Erfolgsfaktor liegt, desto leichter lässt sich das Produkt verkaufen. Der USP soll weniger beschreibend sein, sondern den potenziellen Kunden zum Kauf anregen. Der Nutzen muss über den USP so ins Auge springen, dass Ihre Kunden auch bereit sind, dafür mehr Geld auszugeben.

Es geht darum, die Standardfragen des Kunden zu beantworten, die er sich vor dem Kauf beziehungsweise während der Kaufentscheidung stellt:

- »Was ist das?«, »Worum geht es?«;
- »Ist das was für mich?«, »Für wen ist das?«;
- »Was habe ich (als Individuum) von dem Produkt?«, »Was bedeutet das Produkt für mich und meine Umgebung?«, »Aus welchen Gründen soll (besser: muss) ich das Produkt kaufen?«, »Welches große Problem habe ich mit dem Einsatz des Produkts gelöst?«. Der USP muss ein für den Kunden klares Lösungsversprechen beinhalten. Es zählen keine Produkteigenschaften;
- »Was kann dieses Produkt, was die anderen nicht können?«.

4. Das Problem tritt häufig auf

Je häufiger der Kunde mit dem Problem konfrontiert wird, desto mehr wird er nach einer Lösungen suchen.

5. Der USP besteht aus Bedürfnisbefriedigung plus Leistung

Der USP muss unbedingt das Käufermotiv, das dringende Bedürfnis beziehungsweise die Wunscherfüllung enthalten. Wählen Sie hier das Motiv aus, das die Kunden am stärksten anspricht.

Wenn jedoch nur das Motiv angesprochen wird, dann besteht die Gefahr, dass es leer im Raum steht. Es verkommt leicht zur reinen Werbefloskel. Besser ist die Kombination aus dem Käufermotiv und dem aussagekräftigsten konkreten Leistungsvorzug des Angebots. Arbeiten Sie hier den stärksten Vorteil des Produkts verbunden mit dem Merkmal heraus.

Was nicht gemacht werden sollte, ist die Form des alten Produktdenkens: nur die Leistungsvorzüge im USP aufzeigen. Nicht die Leistung des Produkts interessiert den Kunden, sondern nur, welche Vorteile er davon hat.

6. Grenzt sich vom Mitbewerber ab und ist vom Mitbewerber
   nicht kopierbar

Erwähnen Sie nicht die Leistungsvorzüge, die auch der Mitbewerber bietet. Begriffe wie »Kompetenz«, »Qualität« und »Service« eignen sich nicht. Der USP beschreibt stattdessen die Unübertrefflichkeit in einem Segment.

Ihre Produkte müssen – aus der Sicht Ihrer Kunden – weitaus mehr Nutzen liefern als die Produkte der Konkurrenz, und diese deutlich übertreffen. Die Kunden nehmen generell nur Unterschiede wahr, die größer als 30 Prozent sind. Erst dann fällt die Kaufentscheidung der Kunden zu Ihren Gunsten. Noch besser: Es gibt keine alternative Lösung von Mitbewerbern.

Betrachten Sie die folgende Liste mit Ihren Nutzenargumenten und prüfen Sie:

- Mit welchen dieser Argumente werben auch Ihre Mitbewerber? Welche der gedachten Unterscheidungsmerkmale werden ebenfalls von anderen Produkten abgedeckt? Diese sollten Sie nach Möglichkeit nicht verwenden;
- welche Kaufargumente können Mitbewerber in nächster Zukunft auch verwenden?;
- wo machen Sie die Kunden zufriedener als alle anderen Anbieter?;
- was stört den Kunden bei der Konkurrenz, wenn er einmal dort kaufen sollte? Wenn beispielsweise andere Bauunternehmen Dreck hinterlassen, andere Autowerkstätten mehr berechnen als vorab vereinbart, andere Handwerker unzuverlässig bei der Termineinhaltung sind oder andere Versandhandel lange Lieferzeiten haben, können Sie hier ansetzen und es besser machen;
- welche Ihrer Nutzen- beziehungsweise Kaufargumente bleiben jetzt noch übrig, die nur Sie bieten? Was kann das Produkt, was andere nicht leisten? Was macht Ihr Produkt einzigartig? Was macht Ihr Produkt um mindestens 30 Prozent überlegen? Dieses einzigartige Unterscheidungsmerkmal muss dem Kunden mehr Nutzen liefern.

Diese Punkte müssen Sie herausfinden und zu Beginn Ihrer Produktentwicklung festlegen. Diese überzeugenden und klar vom Wettbewerb abgrenzenden Argumente entscheiden massiv über den Erfolg oder Misserfolg Ihrer Produkte.

Zu beachten ist hierbei, dass Ihr USP unverwechselbar mit dem Produkt in Verbindung stehen muss, und nicht einem anderen Produkt zugeordnet werden kann. Ist es den Mitbewerbern möglich, den USP mittelfristig zu kopieren, sollte ein anderer USP gewählt werden, der noch nicht belegt ist.

7. Einfach vom Kunden in sein Umfeld zu kommunizieren

Um die Funktion des USPs auch im Unternehmen zu verdeutlichen, gibt es einige anschauliche Fragestellungen, zum Beispiel: »Wie würden Sie einem Bekannten das Besondere an Ihrem Produkt erklären?«.

Damit sich Ihre Kunden den USP weitererzählen können, muss dieser merkbar und merkwürdig, also des Merkens würdig, sein.

8. Spricht nicht nur ein großes Problem, sondern einen großen Erfolgsfaktor an

Je größer und zentraler das Problem der Kunden ist, und je größer die Angst, das Problem nicht in den Griff zu bekommen, desto offener sind die Kunden für Lösungen. Es reicht nicht ein Problem, es muss von derart großer Bedeutung sein, dass es sich bei dessen Lösung um einen Erfolgsfaktor handelt. Die im Markt erfolgreichen Produkte richten sich auf die Probleme der Kunden und liefern genau dazu eine Lösung. Sie müssen die persönliche Betroffenheit des Kunden treffen, das, was er als schmerzhafte Last mit sich herumträgt. Dieser Last muss sich der Kunde bewusst sein und er sollte noch keine Lösung für dieses Problem gefunden haben. Am besten betrifft der USP einen KBF (Kittel-Brenn-Faktor), also etwas, das bei dem Kunden an erster Stelle steht.

Es muss Ihrem Kunden etwas Wesentliches fehlen, wenn es Ihr Produkt nicht gibt. Es ist wie auf einem Güterbahnhof: Ist die erste Weiche (USP) falsch gestellt, landet der Zug im Nirwana, egal, ob alle nachfolgenden Weichen (Randnutzen, Produkteigenschaften) richtig gestellt waren.

9. Spricht ein lang anhaltendes Problem an

Das Problem und der damit verbundene noch nicht erreichte Erfolg müssen den Kunden auch in Zukunft Kopfzerbrechen bereiten. Je langfristiger, desto besser.

10. Deckt ein Problem großer Komplexität ab

Je mehr Komplexität mit dem Produkt abgedeckt wird, weil die Kunden die Lösung des Problems nicht allein vornehmen können, desto mehr Hilfe wird angenommen. Gerade bei komplexen Problemen haben die Kunden große Angst, bei der selbstständigen Lösung des Problems Fehler zu begehen. Hier ist mit dem Produkt eine aus Kundensicht einfache Lösung zu bieten.

Alle Ihre Mitarbeiter – insbesondere die in der Produktentwicklung und die mit Kundenkontakt – müssen den USP Ihrer Produkte kennen. Mehr noch: Sie müssen vom USP und dem Nutzen, den die Produkte den Kunden bieten, überzeugt sein und daran glauben. Sie müssen ihn leben. Spätestens nach Fertigstellung des Produkts muss er allen Ihren Mitarbeitern erläutert und der Nutzen präsentiert werden.

12. Spitz statt breit

Die herausragenden Nutzen eines Produkts sind im USP auf maximal drei, besser noch auf einen Nutzen zu beschränken. Mehr Argumente verwirren die Kunden. Ein bis drei herausragende Stärken reichen aus und sind viel aussagekräftiger als vier und mehr. Treffen Sie ins Schwarze, statt nur ins Blaue zu zielen. Gerade dann, wenn kein wirkliches Argument vorliegt, versuchen es manche Anbieter mit dem Motto »Quantität hilft bei mangelnder Qualität«. Die Mitarbeiter in der Produktentwicklung kennen auch noch den kleinsten Nutzen und haben an diesem nächtelang gearbeitet. Deshalb wollen Sie diesen auch hervorheben? Nein, reduzieren Sie! Die Optimierung ist erreicht, wenn Sie nichts mehr weglassen können, nicht wenn alles enthalten ist. Viele Argumente sind keine Argumente (beziehungsweise keine herausragenden)! Eine Faust hat mehr Kraft als fünf Finger. Ein – im wahrsten Sinne des Wortes – schlagkräftiger USP bewirkt mehr als fünf Argumente.

Aufgrund der Reizüberflutung hat der Mensch keine Lust und ist auch gar nicht in der Lage, lange Werbebotschaften aufzunehmen. Er hat Platznot in seinem Gehirn. Wenige Informationen werden gespeichert, die meisten gehen einfach unter. Ein Produkt kann nur für einen Nutzen stehen. Für eine Spitzenleistung.

Je länger der USP mit den enthaltenen Nutzenargumenten ist, desto mehr geht der echte Nutzen unter und desto geringer ist die Wirkung. Wie bei der Olympiade: Gold, Silber, Bronze, wer danach kommt, ist schon morgen vergessen. Der USP und die drei Hauptnutzen müssen die Kunden voll treffen, emotional und rational. Konzentrieren Sie sich auf das Wesentliche. Ein USP plus drei Nutzenargumente ist das Maximum. Je mehr der USP trifft, desto weniger Nutzenargumente sind notwendig.

Reduzieren Sie den USP kurz und knapp auf ein Wort: Volvo = Sicherheit. Nichts mit Fahrkomfort, PS oder Sitzheizung – obwohl das alles vorhanden ist. Volvo = Sicherheit, und das seit Jahrzehnten.

Nicht alle Produkteigenschaften sind für den Kunden gleich wichtig. Doch in den wichtigsten Eigenschaften muss Ihr Produkt deutlich besser sein als das der Konkurrenz. Hier wird die Schlacht gewonnen oder verloren.

So halten Sie Ihren USP kurz
Gehen sie mit dem Produktentwickler eine oder mehrere der folgenden Übungen durch:

- »Nennen Sie maximal drei Nutzen, die Ihr Produkt für den Kunden einzigartig machen. Was unterscheidet Ihr Angebot von dem des Wettbewerbers?«. Wenn Ihr Produktentwickler den USP des Produkts nicht in maximal zehn Wörtern beschreiben kann, hat das Produkt keinen USP. Selektieren Sie und schmeißen Sie unnötige Produkteigenschaften über Bord. Ein USP muss in einen Satz passen, der mit maximal einem Komma auskommt;
- stellen Sie sich folgende Situation vor: Der Vertriebsmitarbeiter bekommt keinen Termin bei seinem Chef und nutzt so die Möglichkeit, den Chef im Aufzug abzufangen, um ihn von seiner Idee zu überzeugen. Die Fahrt dauert nur 20 Sekunden, mehr Zeit hat er nicht. Dieser sogenannte Elevator Pitch ist auf ein Gespräch mit dem Kunden zu übertragen: »Sagen Sie mir bitte in 20 Sekunden, aus welchen Gründen ich das Produkt kaufen soll?«. Das ist ziemlich wenig Zeit. Doch später wird Ihnen der Kunde auch nicht mehr Aufmerksamkeit schenken (falls er Ihnen und Ihren Werbemaßnahmen überhaupt zuhört). Ein USP, der nicht in 20 Sekunden das Wesentliche aussagt, ist kein USP, sondern eine langatmige Umschreibung eines meist funktionsgetriebenen Produkts;
- lassen Sie den USP in normaler Schriftgröße auf die Rückseite einer Visitenkarte oder eines Bierdeckels schreiben. Dieser Platz muss reichen;
- sehr bildhaft ist folgende Variante: Der Projektverantwortliche präsentiert den USP, indem er ein Streichholz (normale Länge) in die Hand nimmt und dieses anzündet. Anschließend nennt er den USP und bringt den Nutzen auf den Nenner. Erst, wenn er damit fertig ist, darf er das Streichholz auspusten. Die Vorteile werden auf den Kernnutzen reduziert. Lange, ungenaue Beschreibungen und Ausschweifungen gehören – schon aus Schmerzgründen – so der Vergangenheit an. Das ist zugegebenermaßen eine etwas brutale Variante, jedoch für alle Beteiligten sehr anschaulich. Länger als die Brennzeit eines Streichholzes hat heute kein Anbieter mehr Zeit, um die Aufmerksamkeit und das Interesse des Kunden zu gewinnen.

Die USPs für Produkte, die diese Tests nicht bestehen, haben heute keine Chance mehr, wahrgenommen zu werden. Ein Nutzen, der nicht in dieser kurzen Zeit prägnant genannt werden kann, ist zu kompliziert und kann auch nicht den reizüberfluteten potenziellen Kunden vermittelt werden. Ein USP mit mehr als zehn Wörtern ist für Ihre viel beschäftigten, informationsüberfluteten Kunden nur schwer zu merken.

Ihr Produkt kann nicht in allen Belangen im Bewusstsein der Kunden das Beste sein und an erster Stelle stehen. Das gilt nur jeweils in engen Bereichen. Wählen Sie das aus Kundensicht wichtigste Attribut und seien Sie dort mit Ihrem Produkt einsame Spitze. Heben Sie einen Bereich hervor, in dem Ihr Produkt deutlich herausragt.

Veranschaulicht werden kann diese notwendige Kürze auch durch den im Journalismus verwendeten »Küchenzuruf«. Kein journalistischer Beitrag kommt ohne Küchenzuruf aus (so wie auch kein Produkt ohne prägnanten USP). Damit die Journalisten in ihren Beiträgen auf den Punkt kommen, entwarf Henri Nannen, ehemaliger Chefredakteur des *Stern*, den Küchenzuruf, ohne den kein Text in den *Stern* gelangte: In ein bis drei Sätzen musste der Inhalt des Beitrags zusammengefasst werden, damit diese verdichtete Information von einem Zimmer ins andere (in dem Fall in die Küche) gerufen werden konnte. Dieser eine Satz enthält also extrem komprimiert das, was der entsprechende Artikel im *Stern* aussagt, auch für den, der den Artikel nicht gelesen hat. Das ist kurz, knapp und verständlich. Überflüssiges wurde weggelassen. Zu viele Informationen verstellen den Blick auf das Wesentliche. So ist es auch bei dem USP Ihres Produkts!

13. Haben Sie ein »U« und ein »S« – jeder Buchstabe zählt

Unique Selling Proposition: Ihr Produkt sollte unique sein, muss jedoch ebenfalls ein oder mehrere Selling-Argumente haben.

Es geht nicht nur um die Frage »Wie ist mein Produkt einzigartig?«, sondern auch um die Frage »Welchen von den Kunden wahrgenommenen Nutzen hat es?«.

Bereits Michael Porter sah zwei Voraussetzungen für die Wettbewerbsfähigkeit von Unternehmen: Erstens muss ein Unternehmen für die Kunden erkennbar zu unterscheiden sein und zweitens muss der Unterschied vom Kunden als Vorteil empfunden werden.

Seien Sie nicht nur anders und überraschen Sie den Kunden nur (unique), sondern begeistern Sie ihn (selling).

U steht für unique, die Einzigartigkeit

Solange die Unternehmen den Kunden nur das bieten, was alle bieten, werden sie auch nur das bekommen, was alle bekommen. Was zählt, ist also die von den Kunden spürbare Einzigartigkeit, nicht die aus der Sicht der Produktentwickler. Technische Varianten, die der Kunde nicht wahrnimmt, zählen nicht. Der Unterschied Ihres Produkts zu den anderen muss von den Kunden wahrgenommen werden. Das Unverwechselbare und Einzigartige muss herausragen. Das ist es, was die Kunden nicht von einem anderen Anbieter erhalten. Das kann die Konkurrenz in nächster Zeit auch nicht bieten.

Wird die Kaufentscheidung für Ihr Produkt erst im Geschäft getroffen, müssen Sie die Interessenten dort überzeugen. Da Ihr Kunde die konkurrierenden Produkte gleichzeitig nebeneinander angeboten bekommt und somit Ihr Produkt im direkten Vergleich steht, vergleicht der Kunde vor Ort. Hier muss neben dem Selling auch Wert auf »unique« gelegt werden. Bei Regalprodukten ist die Unterscheidungskraft ausschlaggebend, zum Beispiel im Supermarkt. Austauschbarkeit ist hier gefährlich. Damit Ihr Produkt von den Kunden wirklich als unique wahrgenommen wird, müssen Sie den USP der Konkurrenzprodukte kennen. Machen Sie den POS (Point of Sale) zum POD: Point of Difference.

Eine Differenzierung nur der Differenzierung wegen kann zum Flop werden. Und zwar, wenn die Kunden in der Andersartigkeit des Produkts keinen Nutzen für sich sehen. Erfinden Sie nicht das Rad neu und machen Sie es bitte nicht eckig, nur damit es unique ist. Differenzierungsmerkmale zu finden ist nicht schwer: ein Auto mit fünf Rädern, ein Brötchen in rosa und ein runder Fernseher. Das sind Eigenschaften, die für den Kunden nicht kaufentscheidend sind. Das Finden eines einzigartigen, herausragenden, differenzierenden Nutzens treibt dem Produktentwickler den Schweiß auf die Stirn. Was nutzt es, wenn Sie der einzige Hersteller von lila-gelb-gestreiften Gummibärchen sind und sich niemand für Ihr Produkt interessiert? Nichts! Die wenigsten Kunden kaufen Produkte, nur weil diese einzigartig und außergewöhnlich sind. Stattdessen werden die Produkte ausgewählt, von denen sie glauben, dass diese ihre Erwartungen an den Nutzen besser erfüllen als andere. Für »unique« allein zahlt der Kunde nichts.

S steht für selling, das Verkaufsargument

Der USP löst ein großes Problem des Kunden und trifft einen Erfolgsfaktor. Statt nur »Das Produkt ist das einzige, das …« sagen Sie besser: »Unser Produkt bringt dem Kunden folgenden Hauptnutzen: … Und da sind wir die Einzigen«. Im kaufentscheidenden Nutzen müssen Sie sich positiv abheben. Abgrenzen allein mit dem »U« reicht nicht, da hier noch kein Nutzen für den Kunden enthalten ist. Seien Sie mit Ihren Produkten besser als die Wettbewerber. Erfüllen Sie die Bedürfnisse der Kunden. Streben Sie nie nur nach Einzigartigkeit.

Die Konzentration auf das Selling klingt sicherlich nicht so spannend wie die Konzentration auf Neuheiten und das »U«. Und: Das »S« ist weitaus schwerer umzusetzen, bringt jedoch eine weitaus höhere Kundenakzeptanz. Versuchen Sie in erste Linie, besser zu sein. Viel besser! Sehr viel besser! Der Beste! Ragt Ihr Produkt nicht positiv aus den anderen hervor, dann prüfen Sie, ob Sie sich nach einem anderen Marktsegment oder einer anderen Produktkategorie umsehen sollten. Versuchen Sie nicht, dem Marktführer nachzueifern. Marktführer bedeutet ja nicht, dass das Produkt den Kundenwünschen entspricht, sondern lediglich, dass es noch nichts Besseres gibt. Das sollte Ihr Ansatz sein. Nutzen Sie den Marktführer als Ideenquelle, um es anschließend besser zu machen!

Insbesondere da, wo konkurrierende Produkte den Kunden nicht nebeneinander präsentiert werden, ist »selling« wichtiger als »unique«. Das gilt insbesondere bei Werbung über Mailings oder bei Vertreterbesuchen oder in den eigenen Verkaufsräumen, also in geschützten one-to-one-Situationen. Dort sieht der Kunde nicht den direkten Vergleich und eine Abgrenzung ist nicht so ausschlaggebend. Viel wichtiger ist in diesen Situationen der Nutzen, den dieses Produkt dem Kunden bietet. Stellen Sie somit auch bei der Produktpräsentation (egal ob im Prospekt oder Gespräch) keine Ausstattungsmerkmale in den Vordergrund, sondern den Nutzen jeder wesentlichen Produkteigenschaft für den Kunden.

Je größer das Problem ist, desto wichtiger ist der Erfolgsfaktor und je größer die Komplexität, desto leichter lässt sich das spätere Produkt verkaufen. »Easier to sell« ist wichtiger als das »Unique«. Bieten Sie den maximalen Nutzen. Wenn es dann noch eine Lösung ist, die es im Markt noch gar nicht gibt, ist es umso besser. Wichtig ist die Reihenfolge der Betrachtung: erst »selling«, dann »unique«.

14. Ehrlich

Wählen Sie keinen USP, den Ihr Produkt nicht einhalten kann. Versprechen Sie im USP nur, was das Produkt auch hält. Ein USP entscheidet häufig über den Erfolg beziehungsweise Misserfolg eines Produkts. Bei Nichteinhaltung des Versprechens kaufen die Kunden einmal und nie wieder. Auch bei den sogenannten Einmalprodukten (zum Beispiel eigenes Haus) muss das Versprechen eingehalten werden. Bei zu großen Abweichungen zwischen Versprechen und Realität kann es zu Regressforderungen kommen. Außerdem ist die Mundpropaganda der Kunden nicht zu vernachlässigen.

Auch in der Werbung darf nur das versprochen werden, was das spätere Produkt auch wirklich hält. Sie heben sich mit Ihrem Produkt positiv von den Produkten der Mitbewerber ab, das müssen Sie Ihren Kunden auch verdeutlichen. Und das geht umso besser, je realer der USP ist. Ein Schein-USP funktioniert nur kurze Zeit.

Mit diesen eindeutigen Positionierungen haben Sie zumindest Einmalkunden. Hält Ihr Produkt dann auch noch die Einzigartigkeit, die es verspricht, haben Sie Stammkunden, denen der Preis fast egal ist.

15. Verständlich

Der USP muss leicht verständlich sein und dem Sprachgebrauch der Kunden entsprechen: Wenn ein Erwachsener der Kunde ist, muss den USP ein Zehnjähriger verstehen können; wenn ein Handwerksmeister der Kunde ist, muss den USP der Lehrling verstehen; wenn ein Professor der Kunde ist, muss ein Student den USP verstehen.

Nur was sofort verstanden wird, weckt Interesse und kann zum Kauf bewegen. Durch den USP müssen Bilder und Assoziationen im Kopf der Kunden hervorgerufen werden, auch wenn sie das Produkt noch nicht kennen.

Kunden und Mitarbeiter (zum Beispiel die Mitarbeiter im Kundenservice) müssen den USP kommunizieren können. Test: Lassen Sie Ihre Mitarbeiter den USP einer fremden Person erklären, die Ihre Produktidee nicht kennt. Versteht diese den USP und kann sie sich das Produkt dahinter in groben Zügen vorstellen? Nur dann ist der USP verständlich. Was nicht verstanden wird, existiert nicht.

Denken Sie an den USP des iPods: »Tausend Songs in der Tasche«. Eine verständliche Nutzenbeschreibung, mit der die Kunden etwas anfangen können. Es wird nicht mit Mega-Hertz und Gigabyte argumentiert, sondern mit dem Nutzen. Feilen Sie so lange am USP, bis dieser für die Kunden leicht verständlich ist und benutzen Sie deren Sprachgebrauch. Verzichten Sie auf zweideutige USPs. Ein Teil Ihrer Kunden versteht nur die eine Deutung, ein weiterer Teil nur die zweite, und nur eine meist kleine Gruppe erkennt sofort die Doppeldeutigkeit.

Verfallen Sie nicht der Versuchung, mit Ihrem Attribut wichtig und klug klingen zu wollen und daher eine komplizierte Formulierung zu wählen.

Auch hier gilt KISS: Keep it simple (nur die Hauptnutzen) and stupid (für Kunden verständlich).

16. Glaubhaft

Ihre Kunden müssen an den Nutzen Ihres Produkts und die Lösung ihrer Probleme durch das Produkt glauben. Wenn Ihre Kunden die Lösung Ihrem Produkt nicht zutrauen, haben Sie ein Problem. Und zwar ein sehr großes. Das Kriterium ist somit nicht, was alles technisch möglich ist, sondern an welche Möglichkeiten die Kunden auch glauben. Das hat viel mit Vorstellungskraft und Ihrem Image zu tun. Hier können zum Beispiel Produktpräsentationen und Testimonials weiterhelfen. Es ist viel schwerer, den potenziellen Kunden vom Nutzen der Lösung zu überzeugen, wenn er noch keine Erfahrungen und keine Vorstellung der Lösungsmethoden hat. Wenn die Kunden das Problem als »gottgegeben« und unlösbar ansehen, dann wird kein Produkt zur Lösung des Problems gekauft.

17. Belegbar

Jedes Wort im USP muss beweisbar und am besten quantifizierbar sein. Mit reinen Seifenblasen werden die Menschen überhäuft. Jede Creme bewirkt noch schönere Haut und bei Beachtung aller Ernährungstipps purzeln die Pfunde nur so. Um einen USP wirklich glaubhaft an den Interessenten heran zu bringen, sollten Fakten genannt werden. Bitte nennen Sie jedoch Fakten, die der Kunde auch versteht und kein Fachchinesisch. Nennen Sie belegbare Fakten, die dem Kunden einen Nutzen bringen, keine »nackten« Produkteigenschaften. Beweisen Sie den Nutzen Ihres Produkts rational und verpacken Sie ihn emotional mit Bildern und Geschichten.

18. Konkret

Die Lösung muss konkret benannt werden. Bitte benutzen Sie kein Blabla und keine Wischiwaschi-Formulierung wie »mit Weißkraft« im Waschmittelsektor. Beschreiben Sie die Lösung so konkret wie möglich, gern in Zahlen ausgedrückt.

19. Enthält mehr Verben, weniger Substantive

Der USP besteht nicht aus Substantiven, sondern aus Verben. Beschreiben Sie das, was der Kunde mit dem Produkt macht und was er davon hat. Welches jeweilige Verb steht für die Einzigartigkeit für jedes Ihrer Produkte? Fragen Sie Ihre Mitarbeiter. Alle sollten – ohne vorherige Absprache – das gleiche Verb nennen. Verben machen den dramatischen Unterschied. Verben sind leichter zu merken als Substantive, erzeugen eine Dynamik und fordern zum Handeln auf. Substantive wirken eher statisch.

Mit Ihrem Verb kämpfen Sie um die Aufmerksamkeit Ihrer Kunden. Das geht nicht mit Substantiven – schon gar nicht mit »ung-Wörtern« wie »Überprüfung«, »Unterweisung« und so weiter. Sagen Sie es mit Verben. Für welches Verb steht Ihr Unternehmen? Für welches Verb steht jedes Ihrer Produkte? Benutzen Sie bitte nur ein Verb, nicht den ganzen Duden!

20. Emotional

Gute USPs treffen insbesondere den Bauch und das Herz, sie lösen positive emotionale Reaktionen aus.

21. Positiv formuliert

Der Mensch kann Verneinungen nicht zu Bildern verarbeiten und blendet diese somit aus. Begriffe wie »keine«, »nicht« und Ähnliche im USP und in der Werbung werden ignoriert. »Denken Sie jetzt bitte nicht an einen rosa Elefanten«. Und was passiert? Bei Ihnen im Kopf dreht ein rosa Dumbo seine Kreise. Auch Sätze wie »Sie brauchen keine Angst zu haben« erzeugen mehr Furcht, als dass sie beruhigen.

Mit Tabelle 4 prüfen Sie, ob Ihr USP den geforderten Kriterien entspricht.

Die sechs Perspektiven eines Produkts

Das Produkt wird wie ein Würfel von allen sechs Seiten entwickelt. Es sind die sechs Gruppen von Eigenschaften, die aus Kundensicht ein erfolgreiches Produkt ausmachen. Mit den nachfolgenden sechs Perspektiven wird verhindert, dass wichtige Produktmerkmale vernachlässigt werden. Auch wenn je nach Kundengruppe und Produktart einige Perspektiven in der Kaufentscheidung überwiegen, so sind immer alle in die Produktentwicklung einzubeziehen. Die Kunden nehmen das Produkt als Ganzes wahr – als die Summe aller Eigenschaften. Eine einzelne Perspektive kann

Tabelle 4: Entspricht Ihr USP den geforderten Kriterien?

Parameter	Wie umgesetzt?	erfolgt
1. Vor der Produktion definiert		
2. Auf das Produkt konzentriert		
3. Verspricht einen großen Nutzen		
4. Das Problem tritt häufig auf		
5. Käufermotiv und Leistungsvorzug		
6. Vom Mitbewerber abgegrenzt		
7. Einfach zu kommunizieren		
8. Spricht Erfolgsfaktor an		
9. Lang anhaltendes Problem		
10. Problem mit hoher Komplexität		
11. Im Unternehmen akzeptiert		
12. Spitz statt breit		
13. »U« und »S« vorhanden		
14. Ehrlich		
15. Verständlich		
16. Glaubhaft		
17. Belegbar		
18. Konkret		
19. Enthält mehr Verben, weniger Substantive		
20. Emotional		
21. Positiv formuliert		

noch so gut dem Kundenbedürfnis entsprechen – wenn die anderen nicht stimmen, wird das Produkt ein Ladenhüter. Die sechs Perspektiven sind:

• Funktion;
• Struktur;
• Ansprache;
• Produktart;
• Emotion;
• Design.

Wichtig ist, dass der USP und die drei Hauptnutzen wie ein roter Faden in allen Perspektiven sichtbar sind. Es wird hier der USP mit den Perspektiven verbunden, damit jede einzelne Produkteigenschaft auch wirklich den USP erfüllt.

Die Informationen für die Perspektiven werden durch die der USP-Findung nachgeschalteten offenen und zielgerichteten Gespräche sowie Beobachtungen eingeholt. Dort werden gezielt Informationen erfasst, um die Perspektiven auf den USP und die Kundenwünsche auszurichten. Der Tagesablauf, die Aufgaben, die Probleme und auch die Erfolgsfaktoren der Kunden sowie die Bedürfnisse und Wünsche sind bereits aus der zweiten Gesprächsserie bekannt. Diese Erkenntnisse werden genutzt, um gezielte Informationen zu den Perspektiven einzuholen. Wie im gesamten Prozess der Produktentwicklung können auch die Produktlösungen der fertigen Perspektiven nicht abgefragt werden. Erfasst werden die Nutzungsgewohnheiten und die spezifischen Vorgehensweisen. Daraus sind dann die Eigenschaften abzuleiten.[2]

Funktion

Die Qualitätsaussage zur Perspektive »Funktion« lautet aus Kundensicht: »Das Produkt enthält alles und kann alles, was ich brauche. Und nicht mehr.«

Die Funktionen sind nur ein Kriterium zur Kaufentscheidung. Es sollen im Produkt alle für die Erfüllung des USPs benötigten Funktionen enthalten sein. Und jede Funktion muss den USP unterstützen und den Problembereich der Kunden betreffen. Seien es Funktionen eines technischen Geräts wie DVD-Player und Handy oder auch der Leistungsumfang eines Hotels. Wichtig ist, mit den Funktionen im Lösungsbereich des Produkts zu bleiben. Das ist die Schnittmenge aller Probleme der Kunden und des USPs des Produkts. Somit sind keine unnötigen Funktionen aufzunehmen, die über den USP hinausgehen. Das Produkt ist so gestaltet, dass es von den Kunden auch im vollen Umfang eingesetzt werden kann. Technisch ist heute weit mehr möglich als der Kunde benötigt und – das ist viel wichtiger – als er bereit ist, zu bezahlen. Versuchen Sie nicht, alle Probleme der Kunden zu lösen, sondern nur die zum USP gehörenden. Hier gilt: weniger ist mehr. Ein »zu viel« würde die Produktionskosten unnötig

---

2 Die Basis ist eine von Dr. Michael Schindl entworfene Grobstruktur, die hier modifiziert und erweitert wurde.

erhöhen, das Produkt für den Kunden unübersichtlicher gestalten, ihn irritieren, frustrieren und den USP schwächen. Denn insbesondere technische Geräte enthalten Funktionen, die der Kunde nie nutzt. Dazu gehören auch Funktionen, die zwar auf den ersten Blick sinnvoll sind, die der Kunde jedoch nicht umsetzen kann, sei es aus Gründen mangelnder Fähigkeiten beziehungsweise Kompetenz oder technisch benötigter Zusatzgeräte, die dem Kunden nicht vorliegen. Auch nutzen keine Funktionen, bei denen der Kunde zur Anwendung keine Entscheidungskompetenz und/oder keine Zeit zur Umsetzung hat oder er sich den Einsatz der Funktion nicht zutraut.

Zu berücksichtigen ist hier, welche Funktionen der Kunde seinen eigenen individuellen Bedürfnissen anpassen kann und durch welche Funktionen das Produkt mit anderen Produkten zu nutzen ist.

Hier wird deutlich, dass über die Informationen zum USP hinaus noch weitere Informationen von den Gesprächspartnern notwendig sind. Dies sind die Folgenden:

- *Lösungstiefe des Kunden:* In welchem Umfang löst der Gesprächspartner das Problem selbst und wie greift er auf die Hilfe anderer (zum Beispiel Handwerker, Steuerberater) zurück? Vergibt er die Lösung, sind für ihn Produkte in diesem Bereich (zum Beispiel aufwändiges Werkzeug, Software für die Steuererklärung) nicht von Interesse. Sofern die eigene Lösungstiefe gering ist, muss geprüft werden, ob der Gesprächspartner diese beibehalten möchte, oder lieber das Problem selbst löst. Dann wäre wiederum ein Ansatz für Produkte vorhanden;
- *Kenntnisse und Fähigkeiten des Kunden;*
- *Einsatzumfang, Nutzungsverhalten;*
- *bereits vorhandene und zusätzlich eingesetzte Produkte;*
- welchen *Funktionsumfang* erwartet beziehungsweise benötigt der Kunde, um sein Bedürfnis zu erfüllen?

Struktur

Die Qualitätsaussage zur Perspektive »Struktur« lautet aus Kundensicht: »Das Produkt arbeitet wie ich – es passt in meine Abläufe hinein.«

Die Nutzung des Produkts muss sich an die gewohnten Arbeitsabläufe und Verhaltensmuster der Kunden anpassen und diese unterstützen, nicht umgekehrt. Da jeder Mensch seine Gewohnheiten liebt, werden nur die Produkte akzeptiert, die in das bestehende Umfeld passen. Auch wenn die Veränderungen einen deutlichen Vorteil bringen, werden diese nur ungern akzeptiert. Es gilt: »Lieber ein bekanntes Elend als eine unbekannte Freude«. Haben Menschen erst einmal fest eingefahrene Vorgehensweisen, so ist es fast unmöglich, diese mit einem Produkt zu ändern. Das ist unabhängig vom Alter, wobei die Bereitschaft zur Veränderung mit dem Alter abnimmt. Eine große Verschwendung im Marketing ist es, die Gewohnheiten der Kunden verändern zu wollen. Viele neue Produkte – insbesondere im Konsumgütermarkt – scheitern, weil es zu viel Zeit und Geld kostet, die Gewohnheiten der Verbraucher zu ändern. Wenn die Kunden erst eine ganz neue Arbeitsweise erlernen müssen, um mit dem Produkt arbeiten zu können, führt dieses zu Irritation und die Rate der Ablehnung ist hoch. Kunden wollen auch keine dicken Handbücher studieren, um das Produkt nutzen zu können. Der umgekehrte Weg verspricht viel mehr Erfolg: Das Produkt wird den Gewohnheiten der Verbraucher angepasst und so anwenderfreundlich wie möglich gestaltet. Es muss in den gewohnten Ablauf passen und sich selbst erklären. Der Weg zur Bedürfnisbefriedigung muss intuitiv funktionieren. Der Kunde erwartet, dass das Produkt ihm entgegenkommt und sich anpasst, nicht umgekehrt. Die Struktur des Produkts muss dabei nicht unbedingt logisch sein, viel wichtiger ist die Orientierung an der Arbeitsweise des Kunden. Das Ziel ist es, den Kunden mit dem Produkt entlang seines gewohnten Ablaufs zu begleiten, ihm mit dem neuen Produkt eine Unterstützung zu geben. Hierzu gehören auch die Schritte vor der Nutzung, zum Beispiel das Öffnen der Verpackung. Ist dieses intuitiv möglich?

Die meisten Menschen glauben, nichts Neues zu benötigen. Denn häufig rechtfertigt der Nutzen des Produkts nicht den Aufwand der Veränderung. Somit muss neben der Nutzenmaximierung auch der Aufwand so gering wie möglich gehalten werden.

Das Neue muss gewohnt erscheinen (zum Beispiel muss es bereits vorhandener Technik und Vorgehensweisen ähneln). Prüfen Sie, wie gerade bei Innovationen der Übergang für Kunden fließend gestaltet werden kann. So war beispielsweise der Schritt von der klassischen zur digitalen Fotografie manchen Kunden zu groß. Um dem alten Ablauf der Filmentwicklung (der Kunde kommt in den Laden und gibt seinen Film ab) nahe zu kommen, stellten Anbieter Automaten im Laden auf, an denen vor Ort vom Chip Papierabzüge erstellt werden können. Der nächste Schritt war dann die Onlinebestellung. Es zählt nicht der Nutzen von neuen Produkten (bequeme Onlinebestellung), sondern gegengerechnet immer der subjektive Aufwand der Umstellung. Dieser ist zum Kaufpreis hinzuzurechnen. Liebgewonnene Gewohnheiten zählen weitaus mehr, zumal bei Innovationen auch bestehende Produkte meist ausrangiert werden müssen. Das tut weh. Je mehr das neue Produkt den Wunsch besser erfüllt beziehungsweise das Problem besser löst und je geringer die vom Kunden dafür notwendige Verhaltensänderung ist, desto besser lässt es sich verkaufen.

Über die Marktgespräche ist zu erfahren, wann und in welcher Form das Problem beziehungsweise der Wunsch bei den Kunden auftritt. Ist es plötzlich, regelmäßig oder baut sich das Problem langsam auf? Anschließend gilt es, die typische Herangehensweise und die Arbeitsabläufe zu erkennen und herauszufinden, in welchen Abläufen und Strukturen der Kunde es jetzt löst beziehungsweise zu lösen versucht. Nach diesen gewohnten Denkmustern und Lösungsverhalten sollte auch das neue Produkt das Problem lösen, nur viel besser als seine bisherigen Lösungen. Anhand der Antworten zur Struktur wird der Aufbau des Produkts entworfen und die Anordnung der Funktionen festgelegt. Die Struktur ist nicht anhand der Funktionen zu erstellen, da sonst ein funktionsbezogenes Produkt entsteht. Es sollte immer berücksichtigt werden, dass der Maßstab für alle Perspektiven der USP ist und somit dieser auch mit der Struktur erfüllt werden muss. Neben den Fragen im Gespräch ist der beste Weg, um an die benötigten Informationen zu gelangen, den Kunden bei seinen Tätigkeiten zu beobachten.

Auch wenn die Funktionen stimmen, kann durch die Struktur das Produkt unbrauchbar sein. Hierzu gehört auch, wie die Funktionen zu »erreichen sind«. Nachfolgend ein Beispiel: Nach dem Einchecken im Hotel will der Gast im Zimmer gleich den PC anschließen, um E-Mails abzurufen. Doch wo ist der ISDN-/Modem-Anschluss? Dieser befindet sich fast immer an der Wand unter dem Tisch, 10 cm über dem Fußboden. Gäste kriechen mit gebeugten Knien unter den Tisch, stoßen sich den Kopf, um dann hoffentlich den Stecker in die richtige Dose zu stecken. Sicherlich hat noch nie ein Hoteldirektor in einem seiner Zimmer einen Laptop angeschlossen, sonst wären die Dosen sicherlich nicht dort angebracht. Aus welchen Gründen können solche Dosen nicht über dem Tisch angebracht sein? Und zwar inklusive Beschriftung, welche Dose für welches Gerät ist.

Für die Struktur sind insbesondere folgende Informationen wichtig:

- Welches sind die typischen Arbeitsabläufe der Kunden, insbesondere bei der Problemlösung?
- In welchen Situationen tritt das Problem beziehungsweise der Wunsch auf?

- In welchen Schritten wurde das Problem bis jetzt gelöst?
- Wie tritt das Problem auf? Kann der Kunde sich darauf vorbereiten oder tritt es plötzlich auf?
- Wie ist der Ablauf bei der Nutzung anderer Produkte?
- Wann, wofür und wie wird das Produkt genutzt?
- Wie schnell ist eine Lösung notwendig?
- Wie gehen die Kunden an das Problem heran?
- Wie ist es der Gesprächspartner gewohnt, andere Probleme zu lösen?
- Wie nutzt er vergleichbare Produkte?

Ansprache

Die Qualitätsaussage zur Perspektive »Ansprache« lautet aus Kundensicht: »Das Produkt spricht und denkt wie ich – es spricht, wie ich es verstehe.«

»Die Route wird berechnet« – wenn wir diesen Text in einem Mietwagen hören, brechen wir Jubel aus. Denn es ist innerhalb von mindestens 10 Minuten gelungen, den Zielort einzugeben. Zur Vorgeschichte: Am Mietwagenschalter wird dem Kunden mit einem Lächeln der Schlüssel, eine Kurzfassung des Mietvertrags sowie ein Zettel mit der Parkplatznummer übergeben. Auf Anfrage erhält er noch einen Ministadtplan. Am Wagen angekommen, beginnt das Drama: Wie bekomme ich den Wagen auf? Okay, geschafft. Jetzt zu schwersten Übung: Eingabe des neuen Ziels ins Navigationssystem (das ist insbesondere dann schwierig, wenn der vorherige Mieter noch seine letzten zehn Ziele gespeichert gelassen hat). Da kann das Auto noch so toll sein, das erzeugt Frust und man fühlt sich nicht als stolzer Fahrer einer Limousine. Was tun? Der Weg zurück zum Schalter dauert zu lange, also: ab durch die Mitte und versuchen, den Weg mithilfe des Ministadtplans zu finden. Doch wie kann der Wagen gestartet werden? Durch Zufall geht er an, bis er dann an der ersten Ampel absäuft. Der Startknopf ist quasi schon durch das Armaturenbrett gedrückt, doch nichts passiert. Die Nummer an der Hotline hilft weiter: »Bremse treten und gleichzeitig Startknopf drücken«. Geht ganz einfach, wenn man es weiß. Anderes Beispiel, wieder ein Mietwagen: Ein Hotel stellt einem seiner Gäste einen Audi A8 kostenlos zur Verfügung. An der Tankstelle geht der Tankdeckel nicht auf. Weder der Tankwart, noch die nette Telefonstimme der Hotelrezeption konnten helfen. Durch Zufall fand der Gast seitlich unter dem Fahrersitz einen kleinen Knopf, nach dessen Betätigung der Tankdeckel aufging. Man braucht kein 100-seitiges Handbuch; ein einseitiges Blatt mit den wichtigsten sicherheitsrelevanten

Funktionen beim Mietwagen würden reichen: Auto auf/zu, Motor an/aus, Licht an/aus, Klimaanlage an/aus, Tankdeckel auf/zu, Scheibenwischer an/aus plus eine halbe Seite Kurzbeschreibung Navigationssystem.

Bei der Perspektive Ansprache geht es darum, wie dem Kunden insbesondere die Funktionen und die Struktur nahe gebracht werden. Ist die Handhabung zu kompliziert und nur von Experten zu bedienen, oder sofort verständlich und das Produkt somit einsatzbereit? Dieses beinhaltet sowohl das Produkt als auch die Produktbeschreibung, Verpackung und Werbung. Das Produkt ist so aufzubereiten, dass es von der Art und Weise für den Kunden verständlich ist und alle Funktionen von dem Kunden auch umgesetzt werden können. Die Funktionen beschreiben das »Was« (was das Produkt enthält), die Ansprache das »Wie« (wie diese Funktionen rübergebracht werden). Es ist für jede Funktionalität festzulegen, mit welcher Ansprache diese im Produkt erscheinen soll. Vergleichen Sie bitte ein Autoradio oder DVD-Player mit einem iPod oder iPhone von Apple. Apple hat es geschafft, die Bedienung von Geräten einfach und intuitiv zu gestalten. Das Problem in vielen Unternehmen ist, dass die Mitarbeiter in der Produktentwicklung und Technik so tief in der Materie stecken, dass sie sich gar nicht in die Kunden hineinversetzen können, die die Produkte nur einmal im Monat nutzen und denen der fachliche Hintergrund fehlt. Zu allem Überfluss wird die in kleinster Schriftgröße verfasste Beschreibung dann noch auf 5x8 cm zusammengefaltet und strotzt vor Fremdwörtern.

Wenn die Kunden das erste Mal von einem Produkt hören oder es in der Hand haben, müssen sie durch die Aufbereitung sofort Folgendes erkennen:

- Welchen Nutzen habe ich von dem Produkt?
- Was bietet das Produkt nicht?
- Was muss ich in welcher Situation mit dem Produkt tun, um den gewünschten und von der Werbung ausgelobten Nutzen zu erhalten?
- Was darf ich mit dem Produkt nicht tun?

Diese Fragen sind so schnell wie möglich mit dem Produkt und der beigefügten Beschreibung zu beantworten, bevor dem Kunden jegliche Zweifel an der Sinnhaftigkeit des Produkts und dem Nutzen aufkommen. Sonst nutzt der Kunde in der heutigen hektischen Zeit sein Rückgaberecht.

Die Ansprache wird bestimmt durch:

- die Einfachheit der Umsetzung der benötigten Funktionen. Hierzu gehören auch so einfache Dinge wie das Öffnen einer Tür. Bei einem drehbaren Türknauf für ein Hotelzimmer brauchen die Gäste viel

Kraft, da die Hand abrutscht und die Hebelwirkung eines Griffes fehlt. An die motorischen Fähigkeiten gerade älterer Menschen hat der Entwickler sicherlich nicht gedacht;

- die Wahl der Begriffe. Es sollten Begriffe verwendet werden, die dem allgemeinen Sprachgebrauch der Kunden entsprechen. Insbesondere Fremdwörter und englische Begriffe werden häufig von den Kunden nicht oder falsch verstanden. Fremdwörter und Schlüsselwörter, die jedoch von den Kunden verstanden werden und häufig auch noch die Zugehörigkeit zu der elitären Kundengruppe dokumentieren (zum Beispiel bei Ärzten) und so zum Sprachgebrauch gehören, sollten unbedingt enthalten sein. Das Produkt muss nicht von jedem Menschen verstanden werden, jedoch vollständig von den Kunden. Wird in der Werbung und in der Gebrauchsanweisung bei Computern von Megahertz oder von Geschwindigkeit gesprochen? Von Einspritzung beim Auto oder von Beschleunigung? Gerade bei Gesprächen mit Verkäufern muss der Kunde ein Fremdwörterbuch mitbringen. Je mehr Fachkompetenz der Verkäufer hat, desto geringer ist der Verkauf. Insbesondere bei technischen Produkten schmeißen die Verkäufer mit Fachausdrücken um sich: »Edo-Ram«, »Pre-Selection«, »Zero-Loop«, »Megahertz«. Das erzeugt Unsicherheit und der Kunde fühlt sich unterlegen. Die Kunden trauen sich nicht nachzufragen, um sich keine Blöße zu geben. Testen Sie mal einen Verkäufer und bitten ihn, sein Fachchinesisch zu erläutern. Schlechte Verkäufer reden über Funktionen und technische Daten, Spitzenverkäufer reden über die Lösung des Problems.
- das unpersönliche »man« sollte gestrichen werden, erfolgreicher ist die direkte Ansprache des Kunden mit »Sie« und »Ihre«. Am besten ist immer noch die Ansprache mit dem Namen;
- die Beschreibung direkt am Produkt. Sind Bedienungsknöpfe in Fach- oder Fremdsprache, oder verständlich? Das Produkt muss die Sprache der Kunden sprechen, nicht der Technologen. Wenn Begriffe erst erklärt werden müssen, können die Kunden diese nicht sofort verarbeiten. Wird dem Kunden Denksport abverlangt, so steigt er aus. Es sollte sich weder am unteren noch am oberen Ende der Verständlichkeit der Kunden orientiert werden, sondern in der Mitte und etwas darunter. Produkte für Professoren sollten von Studenten verstanden werden, Produkte für Erwachsene von 15-Jährigen und so weiter;
- insbesondere englische Begriffe sind zu vermeiden, wenn die Kunden diese Sprachkenntnisse nicht haben. Circa 60 Prozent der Deutschen können kein Englisch, von den anderen 40 Prozent geht es häufig

über das Urlaubsenglisch nicht hinaus. Bei den über 40-Jährigen ist in Deutschland noch ein Ost-West-Unterschied zu beobachten, weil in den neuen Bundesländern Englisch früher in den Schulen nicht die erste Fremdsprache war. Maik Klokow, Vorstandsmitglied und Deutschland-Geschäftsführer Stage Entertainment, bezeichnet es als Fehler, vor Jahren ein Musical mit dem englischsprachigen Titel »42nd Street« auf die deutsche Bühne gebracht zu haben. Einige Interessierte fragten im Stage-Callcenter nach Karten für »Vier-Zwei-En-De«. Bei einer Studie stellte sich heraus, dass viele Werbeslogans von Kunden falsch verstanden wurden. Hier einige Beispiele aus einer Studie der Endmark AG (http://www.endmark.de): Die nachfolgenden Unternehmen haben mit ihrem Slogan an mehr als der Hälfte der Kunden vorbei geworben:

- Douglas: »Come in and find out« (»Komm rein und entdecke«; nur von 34 Prozent richtig verstanden) wurde in einer Studie von Probanden übersetzt in »Komm herein und finde wieder heraus«. Douglas hat reagiert und wirbt jetzt mit: »Douglas macht das Leben schöner«;
- Sat.1: »Powered by emotion« (»Von Gefühlen bewegt«) wurde zu »Von Gefühlen gepudert«, »Elektrisierende Gefühle«, »Macht durch Emotion« und sogar »Kraft durch Freude«. Letztgenannte Bezeichnung hatte eine Freizeitorganisation im dritten Reich. Vor allem diese Assoziation war von Sat.1 nicht gewollt. Jetzt heißt es: »Sat.1 zeigt's allen«;
- Loewe: »Stimulate your senses« (»Rege deine Sinne an«) wurde nur von 25 Prozent der Testpersonen so verstanden, wie es gemeint war. Andere übersetzten unter anderem in »Stimuliere deine Sense«;
- Siemens: »Be inspired« wird nur von 15 Prozent richtig verstanden und wird häufig übersetzt mit »Ich bin angeregt«;
- RWE: »One group – multi utilities« (»Ein Unternehmen – viele Arten der Versorgung«) wurde nur von 8 Prozent korrekt gedeutet. Andere verstanden »Ohne Gruppe – multi kulti«;
- Esso: »We are drivers too« wurde von 31 Prozent richtig verstanden. Häufig wird es gedeutet als »Wir fahren nach« oder »Wir sind zwei Fahrer«;
- Den besten Wert im Verständnis mit circa 60 Prozent erreichte McDonald's mit »Every time a good time«. Jedoch auch dieser – im Vergleich zu den anderen Slogans – erzielte Spitzenwert reichte dem Unternehmen nicht und er wurde geändert in das unmissverständliche »Ich liebe es«.

Filialen von Kaufhausketten in Ost-Berlin scheinen hier einen Wettlauf zu veranstalten. Sind in einem doch Hinweise wie »If you can't find what you're looking for, please ask!«, »The fitting rooms are at the back«, »These have just arrived. So they are normal price«, »Like it? See if it fits over here«, »Fitting rooms here« angebracht, natürlich nur auf Englisch. Hoffentlich darf noch auf Deutsch gefragt werden. In einem anderen Berliner Kaufhaus ist zu lesen: »20 % on already discounted goods«. Bekommen Kunden, die nur Deutsch verstehen, keinen Rabatt? Ein weiteres Kaufhaus wirbt an jedem Kleiderständer mit »New Fashion arrival«. Zum einen klingt dieser Slogan in Lautschrift eher wie der Schlachtruf einer spanischen Fußballmannschaft, zum anderen sagt er, da er über Monate angebracht ist, nichts aus. Englisch ist hier nicht modern, sondern unverständlich!

- Neben der Verständlichkeit müssen die Begriffe und der Sprachstil auch zum Produkt passen. Farben bei Design-Produkten müssen entsprechende Namen haben: »azzurro«, »moonlight« und so weiter. Bei mehr funktionalen Produkten sind »blau«, »schwarz«, »rot« et cetera angebracht. Alles andere würde den Kunden hier verwirren;
- Schriftgröße, Schriftart und Kontrast: Hersteller machen sich häufig zum Beispiel keine Gedanken darüber, in welchen Umgebungen die Menschen ihre Brille tragen und in welchen nicht. Sonst wären Beschriftungen für Badartikel und im Bad angebrachte Hinweise in Hotels weitaus größer;
- Sprachstil: locker oder konservativ, rational oder emotional, direkte vertraute Ansprache (»du«) oder distanziert (»Sie«). Auch das hängt vom Sprachgebrauch und den Erwartungen der Kunden, wie sie angesprochen werden wollen, ab;
- grafische Aufbereitung: mehr Text oder eher visuell;
- wo sind die Informationen angebracht? Diese sollten genau dort sein, wo der Kunde sie benötigt.

Wenn Kunden die Bedienungsanleitung nicht verstehen beziehungsweise nicht imstande sind, die Funktionen im gewünschten Umfang zu nutzen, dann hat der Hersteller die Schuld, nicht der »dumme« Kunde. Die Kunden möchten bei der Nutzung der Produkte nicht überfordert werden. Und noch weniger wollen sie verdeutlicht bekommen, wozu sie bei der Nutzung nicht fähig sind.

In jeder Kommunikation zum Kunden ist vom Hersteller folgende Frage zu beantworten: Passt die Wortwahl in den Wahrnehmungskanal des Kunden und stammt die in der Werbung erzählte Geschichte aus seinem Erfahrungsbereich? Kann er sie verstehen? Ist es die von ihm selbst gebrauchte Sprache? Es ist immer zu prüfen, für welche Art der Kommunikation die Kunden empfänglich sind. Es ist davon auszugehen, dass die Mitarbeiter in der Produktentwicklung eine andere Sprache sprechen als die Kunden. Es ist auch zu beachten, dass Erstnutzer sich von Profinutzern unterscheiden. Entsprechend der gewünschten Kundengruppe ist die Ansprache anzupassen.

Auch für diese Perspektive sind die Informationen über Marktgespräche in Erfahrung zu bringen. Für die Ansprache sind insbesondere folgende Informationen wichtig:

- Sprachstil und Umgangston der Kunden;
- Sprachkenntnisse der Kunden;
- Kenntnisse der Nutzung anderer Produkte;
- Ausbildung des Kunden;
- genutzte Literatur des Kunden;
- wie will der Kunde angesprochen werden: sachlich/pragmatisch oder emotional?;
- Gebrauch von Fremdwörtern.

Auch wenn der Schwerpunkt der Gespräche auf die Produktentwicklung zu setzen ist, können Hinweise über die Ansprache für die spätere Werbung genutzt werden. So sind im Sprachgebrauch verwendete Stehsätze und die Wortwahl zu erfassen, um zu wissen, mit welchen Begriffen und Slogans die Werbung später auch ankommt.

Produktart

Die Qualitätsaussage zur Perspektive »Produktart« lautet aus Kundensicht: »Das Produkt passt in das Arbeitsumfeld – ich kann es immer einsetzen, wenn ich es brauche.«

Zur Festlegung der Produktart müssen die oben genannten anderen Perspektiven bereits ausgearbeitet sein. Es ist zu klären, welche Produktart diese Funktionen, die Struktur, und die Methodik am besten herüberbringt und zugleich den Arbeitsanforderungen der Kunden entspricht. Das Produkt muss den Kunden genau zu dem Zeitpunkt an dem Ort helfen, an dem das Problem beziehungsweise der Wunsch auftritt. Und zwar mit geringstem Aufwand (auch körperlich).

Über Gespräche ist zu erfahren, wo das Problem auftritt und somit in welchem Umfeld das spätere Produkt genutzt wird. Wird zum Beispiel das Produkt beim Kauf beziehungsweise bei der Nutzung viel transportiert, so sollte es möglichst wenig Gewicht haben. Es gilt ebenfalls festzustellen, welche Produktart der Kunde heute schon einsetzt, welche davon gern und welche nicht so gern. Zu berücksichtigen ist ebenfalls, welche Produkte von dem Kunden überhaupt genutzt werden können und welche er bevorzugt. Dieses ist unter anderem abhängig von seiner technischen Ausstattung, seinen Kenntnissen und Fähigkeiten. Es nützt das schönste Onlineprodukt nichts, wenn der Kunde noch keinen Internetzugang hat.

Die Produktart wird bestimmt durch:

- *die verwendeten Materialien.* Diese bestimmen unter anderem das Gewicht des Produkts. Hier gilt es, die Transportmöglichkeiten zu berücksichtigen. Zu beachten ist jedoch, dass leichtes Gewicht (zum Beispiel bei Werkzeug) von den Kunden häufig mit billiger Verarbeitung verbunden wird. Hier überschneidet sich diese Perspektive »Produktart« mit der fünften Perspektive »Emotion«;
- *die äußere Form und Textur.* Die Form bestimmt ebenfalls, wie das Produkt in der Hand liegt und wie es sich anfühlt;
- *das Volumen und der Inhalt.* Je größer die Chargen bei Verbrauchsartikeln sind, desto seltener wechselt der Kunde zwischendurch zur Konkurrenz. Außerdem haben die Kunden aufgrund der Menge einen Preisvorteil. Zu beachten sind jedoch die Kaufkraft der Kunden, die Lagerungsmöglichkeiten und die Höhe des Verbrauchs pro Zeiteinheit. Bei Lebensmitteln ist insbesondere auch das Mindesthaltbarkeitsdatum zu beachten. Kunden werfen ungern den Rest weg, wenn dieser nicht mehr zu verwerten ist;
- *die Größe des Produkts und der Bedienerelemente.* Sind die Tasten einer Fernbedienung etwa so klein, dass sie nur mit einem Zahnstocher zu bedienen sind?;
- *der »Träger« des Produkts.* Musiktitel werden als Datei im Internet angeboten, als Musik-CD oder früher auf Schallplatten und Kassetten. Informationen können Bücher, Zeitschriften et cetera als Träger haben;
- *welche Rohstoffe werden verwendet, die den Wert aus Kundensicht erhöhen?* »Aus reinem Felsquellwasser gebraut«: ein Slogan, den Krombacher für sein Bier seit Jahren nutzt. Es wird suggeriert, dass es das einzige Bier mit dieser Besonderheit ist;
- *die Bestandteile des Produkts.* Die Produkte sollten so komplett sein, dass die Kunden diese direkt nutzen können. Ein Elektrospielzeug ohne im Karton mitgelieferte Batterien führt genau so zu Verärgerung wie ein PC-Drucker ohne Anschlusskabel. Erst recht, wenn erst zuhause bemerkt wird, dass dieses extra erworben werden muss;

- *die Möglichkeiten einer späteren Entsorgung.* Lässt sich das Produkt recyceln, ist es Sondermüll und so weiter.

Zu Volumen, Inhalt und Größe gehören alle Abmessungen. Nachfolgend ein Beispiel aus einem Business-Hotel: Überall wird dem Gast geraten, seine Wertsachen im Zimmersafe zu verschließen. Der »typische« Business-Gast hat einen Schlüssel, seine Geldbörse, Ausweis – und Notebook. Die ersten Dinge trägt man in der Regel bei sich. Beim Notebook wird es hingehen schon schwieriger. Nun versuchen Sie doch mal, ein Notebook in den Hotelsafe zu legen. Haben Sie schon einmal einen Safe von dieser Größe im Hotel gefunden? Die Perspektive »Produktart« wird fast immer beim Safe vernachlässigt. Was nutzt die funktionale Sicherheit und einfache Bedienbarkeit, wenn die wirklichen Wertsachen nicht hineinpassen?

Für die *Produktart* sind besonders folgende Informationen wichtig:

- Wie groß ist der Verbrauch (Single-Haushalt oder Familie)? Wie leicht ist die Wiederbeschaffung (zum Beispiel bei Verbrauchsartikeln: Muss das Produkt für ein Jahr reichen?)?
- Welche Produktarten nutzt der Kunde bereits, welche bevorzugt er?
- Welche Lagerkapazität hat der Kunde?
- Welche Kenntnisse und Fähigkeiten hat der Kunde?
- An welchen Orten tritt das Problem auf und wo wird es gelöst?
- Welche technischen Möglichkeiten hat der Kunde?
- Welche Transportmöglichkeiten hat der Kunde?
- Welche physischen Fähigkeiten (Kraft, Geschick) hat der Kunde? Kleine Tasten für ein Seniorenhandy funktionieren nicht.

Emotionen

Die Qualitätsaussage aus Kundensicht zur Perspektive »Emotionen« lautet: »Das Produkt fühlt wie ich – es gibt mir ein gutes Gefühl.«

Welche Emotionen soll das Produkt beim Kunden wecken? Welche Emotionen soll der Kunde bei der Nutzung haben? Diese Perspektive und auch das Design werden bei vielen Produkten noch vernachlässigt.

Die emotionalen Kaufmotive und Wünsche kommen meist in den Marktgesprächen nicht direkt zur Sprache. Diese können jedoch aus dem Verhalten des Kunden, seinen Wertvorstellungen, beiläufigen Äußerungen und seinem Umfeld entnommen werden. Die Werte können am besten erkannt werden, wenn der Kunde in den Marktgesprächen selbst Geschichten erzählt und von eigenen Erlebnissen berichtet.

Für die Emotionen sind insbesondere folgende Informationen wichtig:

- die Werte der Kunden;
- welche weiteren Produkte aus welchen Gründen gekauft und genutzt werden;
- wie der Kunde sich selbst sieht.

Entlang der gesamten Prozesskette sind positive Emotionen bei den Kunden hervorzurufen: beim Angebot, bei der Auswahl, mit der Rechnung (auch das ist möglich), bei der Nutzung ... Die ersten vier Perspektiven reichten gestern. Heute erwarten die Kunden neben dem Nutzen das Gesamterlebnis.

Design

Die Qualitätsaussage aus Kundensicht zur Perspektive »Design« lautet: »Das Produkt spricht alle meine Sinne an.«

Vielen fallen hier Namen wie Ferrari, Rolex und Yves Saint Laurent ein. Prüft man die Marktführer bei günstigen Artikeln, fällt auch hier ein Top-Design auf, zum Beispiel bei Gillette-Produkten. Design gilt bei allen Produkten, egal, ob sie 1 Million Euro kosten oder sich im Cent-Bereich bewegen. Design gilt nicht nur für Produkte (jeweils für das Produkt und die Verpackung), sondern auch im Dienstleistungsbereich.

Design ist der am schwersten umzusetzende Parameter. Denn über Marktgespräche und Beobachtungen sind hier nur bedingt Informationen zu erhalten. Es gilt hier, mehr als bei den anderen Perspektiven, die Ideen im eigenen Unternehmen zu generieren. Design und Emotion sind wichtig, ja essenziell. Aber den Wettbewerb ausschließlich über diese beiden Perspektiven gewinnen zu wollen, wird nicht gelingen.

Weitere Informationen zu den Themen Emotion und Design finden Sie in den jeweiligen Kapiteln auf der CD-ROM.

Die Perspektiven beim Produktrelaunch

Wie für Neuprodukte ist diese Betrachtung der sechs Perspektiven ebenfalls für Produktrelaunches sinnvoll. Zu überlegen ist bei bestehenden

Produkten, wo aufgrund der Erkenntnisse aus den Marktgesprächen angesetzt werden muss. Welche Produkteigenschaften müssen

- *hinzugenommen werden:* ausschließlich ausgerichtet auf den Nutzen und die Bedürfnisse der Kunden, unabhängig von den Wettbewerbern;
- *ausgebaut werden:* auch wenn die Branche einen anderen Standard setzt;
- *reduziert werden;*
- *gestrichen werden:* auch wenn die Eigenschaften generell als selbstverständlich eingestuft werden. Das, worauf der Kunde keinen Wert legt, sollte eliminiert werden. So wird das Produkt auf den wirklichen Nutzen konzentriert. Gerade hier sind die Herstellungskosten zu senken. Denn für das, worauf der Kunde keinen Wert legt, ist er auch nicht bereit, zu bezahlen. Überflüssige Eigenschaften kosten Geld und bringen keinen Ertrag.

Tabelle 5: Optimierung der Produkteigenschaften bei einem Relaunch

Perspektiven	neu hinzu	ausgebaut	reduziert	gestrichen
Funktion				
Struktur				
Methode				
Medium				
Emotion				
Design				

Kapitel 10

Die Fragetechnik

Die Fragetechnik wird häufig als Königin der Dialektik (die Kunst zu überzeugen) beschrieben und gehört zum Handwerkszeug eines jeden Verkäufers. In der Produktentwicklung ist sie nicht so weit verbreitet. Sieht man auf die Teilnehmerlisten von Seminaren zum Thema Fragetechnik, findet man dort zu circa 80 Prozent Verkäufer und zu circa 20 Prozent Führungskräfte, die gemerkt haben, dass sie diese Technik intern einsetzen sollten. Mitarbeiter aus der Produktentwicklung sind bei derartigen Seminaren eine Seltenheit, obwohl der richtige Einsatz dieser Techniken ein Maximum an Informationen von den Kunden liefert.

Beim Samstagseinkauf sah ich einen Stand mit mp3-Playern. Ich – keine Ahnung von diesen Geräten – wollte mich informieren. Auf meine Bitte, mir Informationen zu geben, wurden mir gleich technische Dinge um die Ohren geworfen und verdeutlicht, wie leistungsfähig das Gerät doch sei: 4000 Songs könne man darauf speichern. Das wollte ich gar nicht. Wofür ich das Gerät einsetzen wollte und welche technische Ausstattung und welches Verständnis bei mir vorhanden war, interessierte den Verkäufer nicht. Auch meine Information, dass ich den mp3-Player für das Spielen von Hörbüchern benötigte, brachte den Verkäufer nicht davon ab. Auf meine Frage nach der Speicherkapazität kam wieder die Antwort: 4000 Songs. Spreche ich nun so undeutlich oder hört er mir nicht zu? Ein Gerät habe ich hier nicht gekauft. Da wurde mal wieder deutlich, dass auch Verkäufer ein hohes Defizit bezüglich des Einsatzes der Fragetechnik haben.

Wer fragt, der führt

Durch Fragen geben Sie Ihrem Gesprächspartner die Wertschätzung und erfahren von seinem Wissen. Fragen sind außerdem ein großes Machtinstrument. Mit Fragen können Sie Ihren Gesprächspartner zum Denken und zum Erzählen anregen. Das ist in den Marktgesprächen auch gewollt.

Sie können jedoch Ihren Gesprächspartner auch zu bestimmten Aussagen verleiten, ihn beeinflussen, sein Denken in eine Richtung lenken, und ihn somit auch in Bedrängnis bringen. Das ist unbedingt zu vermeiden. Durch die Fragen führt der Interviewer zwar das Gespräch, dieses Machtungleichgewicht zum Gesprächspartner sollte jedoch nicht deutlich werden.

Fragen haben in der Kommunikation mehrere Vorteile:

- Sie erzeugen eine positive Gesprächsatmosphäre (sofern die Frage nicht provoziert);
- sie signalisieren dem Gesprächspartner Interesse an ihm und seiner Meinung;
- durch Fragen erhalten Sie Informationen;
- durch Fragen können Sie das Gespräch strukturieren und lenken, ohne Druck auszuüben;
- Gesprächstiefe wird erzeugt;
- Fragen lösen Denkprozesse beim Gesprächspartner aus.

Nur dort, wo viele Vorteile liegen, kann auch einiges falsch laufen. So schränken manche Frageformen die Antworten des Gesprächspartners ein, mit weiteren fühlt er sich ausgehorcht, mit anderen Frageformen wird ihm die Antwort bereits in den Mund gelegt und so weiter. Um dieses zu verhindern, werden nachfolgend die Frageformen mit den jeweiligen Einsatzmöglichkeiten beschrieben.

Das Gespräch ist durch den Interviewer zwar durch Fragen zu lenken. Jedoch nicht bezüglich dem, was der Gesprächspartner sagt, sondern dass er sich zu seiner Lebenswelt, den Stufen zum USP und den Perspektiven äußert.

Fragen sind etwas ganz natürliches

»Womit fährt die Eisenbahn?«, »Warum ist Wasser nass?«, »Wieso wird das heiß?«. Kinder fragen frei nach dem Motto »Wieso, weshalb, warum? Wer nicht fragt bleibt dumm« den Erwachsenen Löcher in den Bauch. Denn sie »wissen« instinktiv von ihrer Unwissenheit. Kinder beherrschen die Fragetechnik perfekt. Doch mit dem Alter wird diese aberzogen. Die Lehrer behalten sich das Recht vor, die Fragen zu stellen, nicht umgekehrt. Das Ziel ist es, herauszufinden, was der Schüler weiß und was er nicht weiß. Fragen darf nur der schlaue Lehrer die dummen Schüler. Wehe, ein Schüler stellt mal eine Frage, die der Lehrer nicht sofort beantworten kann. Das wird meist dem Schüler angelastet und nicht dem Lehrer.

Fragen stellen gilt später als Schwäche. So fragen auch Produktentwickler nicht mehr nach, sondern glauben, sie wüssten, was Kunden benötigen und wofür diese Geld ausgeben. Was für eine fatale Selbstüberschätzung.

Menschen mögen es, gefragt zu werden. Mit Fragen haben die Menschen das Gefühl, dass man an ihrer Meinung interessiert ist und dass sie Einfluss auf das Geschehen haben. Stellen Sie sich zwei Varianten beim ersten Arztbesuch vor:

- Der Patient kommt in das Behandlungszimmer, der Arzt begrüßt ihn, gibt zwei Spritzen, stellt ein Rezept aus und schreibt ihn für drei Tage krank. Er glaubt zu wissen, was der Patient benötigt und verabschiedet ihn wieder. Auch wenn das verschriebene Medikament noch so gut ist, hat der Patient ein unwohles Gefühl. Das macht dem Patienten Angst und er flüchtet. Genau so wird häufig in der Produktentwicklung vorgegangen;
- der Arzt fragt, welche Beschwerden der Patient hat, wie lange er diese bereits hat, ob er etwas Bestimmtes gegessen beziehungsweise getan hat und so weiter. Der Patient wird hier in die Lösung involviert und nach der Diagnose werden abschließend die Maßnahmen besprochen.

Der Arzt ist ein Problemlöser wie jeder Produktentwickler. Patienten gehen zum Arzt, weil sie ein Bedürfnis haben und eine Lösung zur Befriedigung wollen. Meist ist es die Behandlung von Beschwerden, jedoch auch zum Erhalt der Gesundheit. Und zu Beginn stellt der Arzt Fragen, um sich ein Bild vom Patienten machen zu können (Anamnese). Dazu gehört, das aktuelle Bedürfnis, die Symptome und auch das gesamte Umfeld (in diesem Fall die Krankenhistorie) zu erfassen. So will er Rückschlüsse ziehen, was die Symptome ausgelöst hat und was dahinter steht, um erfolgreich behandeln zu können. Anschließend erfolgt die Untersuchung (auch eine Art von Fragen). Dies liefert weitere Hinweise, um seine erste Hypothese zu bekräftigen oder zu Fall zu bringen. Am Ende steht die Diagnose. Erst dann folgt die Therapie. Einige Wochen danach geht der Patient zur Nachuntersuchung, der Kontrolle, ob die Therapie (= Produkt) den gewünschten Erfolg gebracht hat. Diese Herangehensweise ist auch bei der Produktentwicklung einzusetzen.

Offene und geschlossene Fragen

Grundsätzlich werden Fragen in zwei Kategorien unterteilt:

Offene Fragen

Diese beginnen mit einem Fragewort. Hierzu gehören die typischen W-Fragen (»Warum?«, »Wie?«, »Was?«). Offene Fragen dienen der Gesprächs-förderung. Ihr Gesprächspartner antwortet, wenn er nicht gänzlich unhöf-lich ist, mit ganzen Sätzen. Sie erhalten qualitative Meinungsäußerungen. Diese Fragen lösen innere Suchprozesse nach Erfahrungen, Werten, Bedürfnissen, Wünschen und so weiter bei ihm aus. Mit den richtigen Fragen ist es sogar möglich, auch an längst im Bereich des Bewusstseins vergessene Informationen zu gelangen. Die Fragen dienen zum Aufbrechen eingefahrener und zur Aktivierung neuer Denkstrukturen. Je offener und breiter die Antwortmöglichkeiten für den Gesprächspartner sein sollen, desto offenere Fragen sind zu stellen.

Neben den offenen Fragen gibt es die relativ offenen Fragen, die ein Spektrum an Antworten zulassen, zum Beispiel »Wie gehen Sie bei X vor?«. Ganz offen wäre: »Was fällt Ihnen zu X ein?«.

Wir sind es häufig nicht mehr gewöhnt, offene Fragen zu stellen. Je höher die Position im Berufsleben, desto weniger Fragen werden gestellt. Und wenn, dann sind es mehr geschlossene Fragen, denn der Vorgesetzte glaubt, die Antwort sowieso bereits zu wissen. Oder er beantwortet die Frage gleich selbst. Offene Fragen haben das Risiko, etwas zu hören, was man gar nicht hören will.

Die Beantwortung offener Fragen stellt höhere Anforderungen an den Gesprächspartner. Sie bringt jedoch genauere und tiefgehende Antworten und verleitet den Gesprächspartner weniger dazu, aus Verlegenheit eine der vorgegebenen Antworten (zum Beispiel bei der Alternativfrage) zu nennen.

Die Vorteile offener Fragen sind Folgende:

- Offene Fragen geben dem Gesprächspartner die Möglichkeit, die Rich-tung seiner Antwort selbst zu bestimmen. Er fühlt sich frei, das zu erzählen, was ihm zu der Frage einfällt;
- dem Gesprächspartner wird große Wertschätzung entgegengebracht;
- größere Gesprächstiefe entsteht;
- die Antworten sind länger, der Gesprächspartner hat keine Möglich-keit, offene Fragen mit »ja« oder »nein« zu beantworten;
- der Interviewer erfährt Inhalte, die ihm vorab nicht bekannt waren.

Der Nachteil offener Fragen ist der, dass der Gesprächspartner eher vom Thema abweichen kann.

Geschlossene Fragen

Diese Fragen beginnen mit einem Verb, lassen meist nur die Wahl zwischen vorgegebenen Alternativen und dienen der Konkretisierung. Häufig sollen mit dieser Form Entscheidungen und eindeutige Stellungnahmen herbeigeführt werden. Meist hat der Gesprächspartner die Auswahl zwischen zwei Antworten, beispielsweise »Gehen Sie oft ins Theater?«. Der Gesprächspartner hat nur die Möglichkeit mit »ja« oder »nein« zu antworten. Geschlossene Fragen können Sie nur dann stellen, wenn Sie selbst tiefgreifende Kenntnisse haben, denn Sie müssen wissen, dass das »Theater« eine Option für den Gesprächspartner ist. Mit der Frage »Wohin gehen Sie am Abend?« würde der Gesprächspartner vielleicht Beschäftigungen nennen, die dem Interviewer nicht in den Sinn kommen. Auch der Arzt stellt, wenn er die Krankengeschichte des Patienten kennt, geschlossene Fragen. Er kommt bei seinen Vorkenntnissen mit geschlossenen Fragen aus, weil er nur seine Hypothesen bestätigt haben möchte. Doch das kann auch gefährlich sein, wenn Sie von falschen Annahmen ausgehen. Je geschlossener die Fragen sind, desto weniger erfährt der Interviewer. Wenn Sie Vorkenntnisse haben, können Sie auch über die Antworten aus geschlossenen Fragen einiges erfahren. Ohne Kenntnisse kommen Sie mit geschlossenen Fragen nicht voran. Die Gesprächspartner tendieren gerade hier zu sozial erwünschten Antworten, weil es für sie einfacher ist. Diese Fragen schließen eher das Gespräch ab, statt es zu öffnen. Nach einer geschlossenen Frage ist es schwer, einen weiteren Gesprächsfluss zu erzeugen.

Vorteile geschlossener Fragen

- einfache Auswertung;
- sind geeignet, wenn zum Schluss des Gesprächs Daten erfragt werden. Sie liefern schnelle Informationen zum gewünschten Thema, da die Antworten kurz sind und der Gesprächspartner meist nicht lange nachdenken muss.

Nachteile geschlossener Fragen

- liefern wenige Informationen. Der Interviewer erfährt nur die Bestätigung oder die Ablehnung von etwas, das ihm bereits bekannt ist;
- verhindern Offenheit und Kreativität des Gesprächspartners;
- liefern kein Bild von der Lebenswelt des Gesprächspartners;

- die Antworten sind kürzer, was dazu führt, dass der Interviewer weitere Fragen nachschieben muss. Hier besteht die Gefahr, dass es zu einem Frage-Antwort-Spiel wird und der Gesprächspartner den Eindruck eines Verhörs hat;
- das Gespräch bleibt an der Oberfläche, die Tiefe fehlt;
- geschlossene Fragen demotivieren und werten ab, da der Gesprächspartner nicht über das berichten darf, worüber er will;
- Sie geben die Inhalte bereits vor. Zum Beispiel wird bei der Frage »Bringen Sie Ihre Kinder noch vor dem Frühstück zur Schule?« vorausgesetzt, dass die Kinder zur Schule gebracht werden.

Sollten geschlossene Fragen nie verwendet werden, da die Nachteile überwiegen? Nein, das wäre der falsche Schluss. Nachfolgend sind Einsatzmöglichkeiten für geschlossene Fragen aufgeführt:

- Zum Gesprächsende sind über diese Fragen die Antwortmöglichkeiten zu reduzieren, um gezielt Antworten zu einem Thema zu erhalten oder um den Gesprächspartner zwischen Alternativen entscheiden zu lassen;
- Sie können Vielredner bei Abschweifungen mit einer oder zwei geschlossenen Fragen oder Alternativfragen wieder auf das Thema bringen;
- Schweigern können Sie mit geschlossenen Fragen zumindest eine Kurzantwort entlocken. In der Hoffnung, dass sie auftauen und dann auch auf offene Fragen mit längeren Ausführungen antworten, damit langsam ein Gespräch entsteht. Es sollte nach einigen wenigen geschlossenen Fragen umgehend auf offene Fragen umgestellt werden, sonst wird aus dem Gespräch ein Verhör.

Zu beachten ist, dass Menschen dazu neigen, mit »ja« zu antworten, da sie befürchten, ein »Nein« begründen zu müssen. Beantwortet der Gesprächspartner mehrere Fragen nacheinander mit »nein«, so kann dadurch die Beziehung gestört werden. In einem Verkaufsgespräch gilt es, das Entscheidungs-Nein des Kunden zu verhindern und den Kunden zum »Ja« (also zum Kauf) zu bewegen. In den Marktgesprächen ist die Antwort »nein« genauso viel wert wie ein »Ja«, da sie genauso viele Informationen liefert. Es ist ein Informations-Nein.

Streng genommen zählen nur die Fragen zu der geschlossenen Form, auf die der Gesprächspartner mit »ja« oder »nein« antworten kann. Es gibt jedoch auch die relativ geschlossenen Fragen[3]: »Wie lange sind Sie schon im Beruf tätig?«, »Wie oft fällt bei Ihnen diese Tätigkeit an?«. Hier

---

3 von Vera F. Birkenbihl beschrieben in *Fragetechnik schnell trainiert*. Heidelberg: mvg Verlag 2007.

antwortet der Gesprächspartner zwar nicht mit »ja« oder »nein«, jedoch ist der Antwortrahmen eingeengt (»X Jahre«, »häufig/selten«).

Generell ist das Gespräch mit ganz offenen Fragen zu starten, um tief in die Lebenswelt des Gesprächspartners einzusteigen. Statt: »Beginnen Sie den Arbeitstag mit X?«, fragen Sie besser: »Womit beginnen Sie Ihren Arbeitstag?«.

Tabelle 6: Gegenüberstellung von Beispielen für offene und geschlossene Fragen

Offene Frage	Geschlossene/relativ geschlossene Frage
»Was unternehmen Sie am Wochenende?«	»Gehen Sie auch ins Kino?« »Wie oft gehen Sie ins Kino?«
»Welche Mittel verwenden Sie?«	»Verwenden Sie X?«
»Welche zusätzlichen Einnahmequellen nutzen Sie?«	»Nutzen Sie X für zusätzliche Einnahmen?«
»Was unternehmen Sie im Urlaub?«	»Verbringen Sie Ihren Urlaub im Ausland?« »Wie oft verreisen Sie privat ins Ausland?«
»Welche Anforderungen müsste X erfüllen?«	»Konnten Sie mit Produkt X etwas anfangen?«

So sollten Fragen sein

Auch wenn es einzelne Ausnahmen gibt, so ist Folgendes zu beachten:

- *Fragen sollten positiv formuliert werden.* Verneinte Fragen wie »Tritt dieser Fall bei Ihnen nicht auf?« oder »Haben Sie das noch nicht probiert?« sind für den Gesprächspartner schwer zu verstehen und führen zu Missverständnissen. Das menschliche Gehirn kann Verneinungen nicht verarbeiten. Diese Fragen müssen im Kopf erst »umgedreht« werden. Wenn der Gesprächspartner dann noch mit »nein« antwortet, haben wir eine doppelte Verneinung, und die Fehlinterpretation ist vorprogrammiert. Statt: »Was ist für Sie nicht wichtig?« sollten Sie besser fragen: »Was ist Ihnen egal?«;
- *pro Frage nur einen Aspekt behandeln;*
- *nicht mehrere Fragen hintereinander stellen (Frageketten/Fragekolonnen).* Diese würden den Gesprächspartner unter Druck setzen, ihn überfordern

und verwirren. Außerdem sucht er sich dann die Fragen aus, die er beantworten will. Es ist nur eine Frage zu stellen und anschließend auf die Ausführungen des Gesprächspartners zu warten. Auch nicht Fragen mit »und« beziehungsweise »oder« verbinden. Dann würde mindestens ein Teil nicht vollständig beantwortet werden, meist fallen die ersten Fragen weg;

- *eine gute Frage gibt Antworten auf fünf weitere nicht gestellte, denn dann müssen weniger Fragen gestellt werden;*
- *stellen Sie kurze Fragen.* Bei einem Fragebogen kann der Befragte sich den Text mehrfach durchlesen, um ihn zu verstehen. Bei einer mündlich gestellten Frage nicht. Nebensätze sind Nebelsätze und der Gesprächspartner erkennt nicht, auf was der Interviewer hinaus will;
- *keine lange Einleitung vor der Frage* (sogenannte Balkonfragen: Einleitung plus Frage). Geben Sie maximal einen kurzen Hinweis auf das Thema mit einem aktuellen Anlass. Bei zu langen Einführungen schweifen die Gedanken des Gesprächspartners ab. Eine Einleitung vorweg ist nur dann anzuwenden, wenn der Gesprächspartner zur Beantwortung noch Informationen benötigt. Wenn schon eine kurze Einführung notwendig ist, dann ist diese immer vor die Frage zu setzen. Ebenfalls ist auf die Begründung von Fragen zu verzichten;
- *bitten Sie vor den Fragen nicht um Entschuldigung:* »Dürfte ich Ihnen vielleicht eine Frage stellen?«, und danach erst die eigentliche Frage, sondern beginnen Sie direkt mit der Frage. Viele Menschen haben immer noch Probleme damit, Fragen zu stellen. Mit Fragen gibt man seine eigene Unwissenheit zu. Wenn dann doch mal gefragt wird, bitten viele vorab um Entschuldigung;
- *Fragen sollten einfach und eindeutig zu verstehen sein.* Das heißt der Gesprächspartner muss nicht überlegen, was gefragt wurde und was er jetzt antwortet. Es sollen keine verschiedenen Interpretationen möglich sein. Bei einfachen Fragen kommt die Antwort spontan und der Gesprächspartner sagt auch mal Dinge, die er beim Nachdenken nicht von sich gegeben hätte. Nutzen Sie diese »Kurzschlusshandlungen«. Es sind daher in der Frage Begriffe zu verwenden, die aus dem Sprachgebrauch des Gesprächspartners stammen;
- *Sie sollten je nach Gesprächsstadium unspezifische oder konkrete Fragen stellen, keine abstrakten.* Auf abstrakte Fragen folgen nur abstrakte Antworten. Die Fragen sollten jedoch so unspezifisch sein, dass der Gesprächspartner viele Freiheitsgrade zur Antwort hat. Nicht: »Wie bewerten Sie den Service bei der Lieferung von X«, sondern besser: »Was verbinden Sie mit X?«, »Was fällt Ihnen zu X ein?«. Stellen Sie zum Beispiel beim Thema Haushaltsreiniger nicht die Einstiegsfrage

»Welche Reiniger verwenden Sie?«, sondern: »Was verbinden Sie mit Putzen?«. Gerade zu Gesprächsbeginn sind vage Fragenformulierungen zu verwenden, um eine offene Vorgehensweise zu gewährleisten und dem Gesprächspartner das Gefühl zu geben, dass er das Gespräch führt. Jede zu Beginn auf ein Thema konzentrierte Frage engt die Antwortmöglichkeiten des Gesprächspartners zu weit ein. Dann werden Dinge besprochen, die aus Sicht des Gesprächspartners gar keine Probleme und Bedürfnisse sind. Die Auswertung der daraus resultierenden Antworten würde ein falsches Bild der Bedürfnisstruktur geben. Das Motto »Hier darf jeder sagen, was ich hören will« ist auch bei Marktgesprächen unangebracht;

- *Fragen sollen konstruktiv, öffnend und zielführend sein,* jedoch ohne den Gesprächspartner zu bestimmten Antworten zu drängen;
- *Fragen können (je nach Inhalt, Modulation und Gestik/Mimik) motivieren/demotivieren, Vertrauen/Misstrauen erzeugen, provozieren/aufwerten und so weiter.* Stellen Sie Fragen so, dass der Gesprächspartner gerne antwortet und Ihnen vertraut. Die Kommunikation entsteht erst durch den Empfänger. Der Fragende übermittelt eine Botschaft, die Kommunikation kommt jedoch erst dadurch zustande, dass jemand die Aussage aufnimmt und das Gesagte interpretiert. Es kommt somit nicht darauf an, was der Interviewer sagt, sondern wie es beim Gesprächspartner ankommt;
- es sind *verschiedene Frageformen* zu verwenden, sonst ist das Gespräch zu eintönig;
- *Fragen können manipulativ eingesetzt werden und den Gesprächspartner zu bestimmten Aussagen verleiten.* Das ist ausdrücklich zu vermeiden. Überlegen Sie vor jeder Frage, was durch sie ausgelöst werden kann;
- *weitere Fragen sind je nach den Aussagen des Gesprächspartners zu stellen.* Ein fester Fragenkatalog ist zu vermeiden. Wenden Sie auch keine Fragen-Achterbahn an, bei der die Fragethemen ständig wechseln. So wird der Gesprächspartner nur verwirrt und es wird nie eine Gesprächstiefe erzeugt.

Mit Fragen beide Hirnhälften anregen

Die linke Hirnhälfte (das sogenannte Sprachhirn, die logische Hälfte) ist überwiegend für das rationale Denken verantwortlich: Sprache, Zahlen, lesen, schreiben, analysieren, kontrollieren, ordnen und Risiko vermeiden. Hier werden Informationen linear verarbeitet. Die rechte Hirnhälfte (das sogenannte Bildhirn) ist eher für die Emotionen, die Fantasien, das Nonverbale, das Musikalische und Bildhafte zuständig. Die Gespräche laufen zwar auf der verbalen Ebene ab und regen somit häufig die linke Hirnhälfte an. Es ist jedoch das Ziel, auch an die Erfahrungen und Gefühle der rechten Hirnhälfte zu gelangen. An diese Gefühle gelangt der Interviewer nur, wenn der Gesprächspartner auch wirklich in dem Gefühl seiner verbalen Äußerungen ist und diese nachempfindet. Hierdurch sollen vergessene und/oder verdrängte Erlebnisse wieder »nach oben« gebracht werden, sodass der Gesprächspartner diese in Worte fasst. Die Trennung zwischen linker und rechter Hirnhälfte besteht zwar nicht so starr wie früher vermutet, jedoch dient dieses Modell der Anschaulichkeit.

Viele Fragen sind zu linkslastig, sprechen fast ausschließlich die linke rationale Gehirnhälfte an und der Interviewer kommt nicht tief genug an den Gesprächspartner heran (zum Beispiel nicht an seine Emotionen). So gelingt es nicht, an die wahren Bedürfnisse des Gesprächspartners zu gelangen. Hier ist es sinnvoll, den Gesprächspartner zu bitten, Geschichten zu erzählen. Der Interviewer wendet so bildhaft und konkret wie möglich spezielle Fragetechniken an, die an dem emotionalen Bereich ausgerichtet sind. Das Ziel ist es, mit den Fragen Bilder im Kopf des Gesprächspartners zu erzeugen und ihn auch emotional wieder voll in das Erlebnis zu bringen. Er berichtet von seinen Erlebnissen und ist nach Möglichkeit in den Zustand versetzt, als wenn er das Erlebnis gerade noch einmal emotional durchlebt. So werden abstrakte Ausführungen vermieden. In Gruppendiskussionen eignen sich Kreativtechniken. Bei visuellen Gesprächspartnern ist eine visuelle Sprache zu wählen: »Wenn Duschgel ein Tier wäre, welches wäre es? Beschreiben Sie die Haupteigenschaft dieses Tieres«. Bei linkshirnigen, rationalen Gesprächspartnern könnte man wie folgt vorgehen: »Bitte machen Sie die Augen zu. Stellen Sie sich vor, wie es war, als Sie das letzte Mal X benutzt haben. Was haben Sie gesehen/gefühlt/gehört/geschmeckt?«, »Sie standen vor dem Supermarktregal: Was haben Sie gesehen, welche Farben? Wo haben Sie zuerst hingesehen?«, »Was haben Sie erlebt bei X?«, »Wie ist das abgelaufen?«, »Wie nehmen Sie das wahr?«, »Wie haben Sie das erfahren?«, »Was ist passiert/vorgefallen, dass Sie zu dieser Schlussfolgerung kommen?«. So erzeugen Sie Bilder im Kopf des Gesprächspartners. Die direkten Fragen »Was ist Ihnen wichtig?«, »Was verbinden Sie damit?« sind häufig zu abstrakt, würden den Gesprächspartner nicht in das Erlebnis zurückbringen und nur oberflächliche Antworten liefern.

Für diese Fragen muss sich der Gesprächspartner Ihnen gegenüber jedoch geöffnet sein und ein Vertrauensverhältnis aufgebaut haben.

Hier wird deutlich, dass diese Fragen nicht schon gleich zu Beginn des Gesprächs zu den gewünschten offenen Antworten führen, sondern erst später gestellt werden sollen.

Direkte und indirekte Fragen

Direkte Fragen sind klassische Fragen, die mit einem Fragewort oder Verb beginnen und mit einem Fragezeichen enden. Indirekte Fragen beginnen nicht mit einem Verb oder einem Fragewort und haben auch am Ende kein Fragezeichen, zum Beispiel: »Und die anderen Kollegen nutzen diese Methoden nicht«, »Das verstehe ich nicht«, »Mich interessiert, wie Sie ...«. Indem der Interviewer am Ende seine Stimme leicht hebt, wird der Gesprächspartner veranlasst, zu antworten. Hier ist die Pause nach der Aussage noch wichtiger.

Die wichtigsten Fragearten

Fragen stellen kann doch jeder! Wirklich? Ja! Entscheidend ist jedoch, wie der Gesprächspartner auf die Fragen reagiert, welche Denkprozesse die Fragen bei ihm auslösen und welche Antworten er bereit ist zu geben. Um den maximalen Nutzen aus den Gesprächen zu ziehen, sollten zu jedem Gesprächszeitpunkt die richtigen Fragen gestellt werden. Es gibt jedoch keine ungeeignete oder falsche Frage. Es gibt nur Fragen, die in spezifischen Situationen den Gesprächspartner eher zu seinen Ausführungen motivieren als andere, abgestimmt auf den Gesprächspartner, die jeweilige Gesprächssituation und das Gesprächsziel. Im Folgenden werden die wichtigsten Fragearten vorgestellt und Sie erfahren, wann Sie welche Frageart am besten einsetzen.

Informationsfrage

Grundsätzlich sollte versucht werden, mit jeder Frage an Informationen zu gelangen. Bei der Informationsfrage ist dieses Ziel jedoch das einzige. Hier gilt es nicht, den Gesprächspartner von etwas zu überzeugen oder zu manipulieren. Dieser Fragetyp ist einzusetzen, wenn umfangreiche

Informationen benötigt werden. Der Gesprächspartner wird angeregt, viel zu erzählen. Der Interviewer erfährt dadurch, was dem Gesprächspartner wichtig ist und wo er nachfassen kann.

Informationsfragen beginnen meist mit einer W-Frage. Jedoch sind nicht alle W-Fragen gleichzeitig Informationsfragen. Mit den Begriffen wie »Würden?«, »Werden?«, »Wollen?« werden geschlossene Fragen eingeleitet, bei denen der Gesprächspartner mit »ja« oder »nein« antwortet, zum Beispiel »Werden Sie Produkt X kaufen?«. Auch andere W-Fragewörter können für fast geschlossene Fragen eingesetzt werden: »Wie finden Sie X?«, »Wo arbeiten Sie?«, »Welche Größe hat X?«, »Wer hat X?«, »Wann haben Sie X?«. Die Fragewörter »Wann«, »Wer«, »Wo« veranlassen eher zu kürzeren Antworten, »Was«, »Wie«, »Welche« eher zu längeren. Auch hier hat ein destruktiver Gesprächspartner die Möglichkeit, kurz zu antworten. Dann gilt es herauszufinden, aus welchen Gründen er so reagiert (wurde ein Tabu-Thema vom Interviewer angesprochen, hat der Gesprächspartner keine Lust zu antworten oder weiß keine Antwort?). In der Regel wird der Gesprächspartner jedoch zu umfangreichen Ausführungen angeregt und motiviert. Bei kurzen Antworten sollte der Interviewer wie bereits erwähnt die Pausen aushalten, damit der Gesprächspartner weitererzählt und nicht die nächste Frage abgefeuert werden muss.

Menschen reagieren grundsätzlich positiv, wenn sie nach ihren Beweggründen gefragt werden. Denn dies signalisiert, dass sie ernst genommen werden und dass ihre Meinung wichtig ist. Das Fragewort »Warum« sollte jedoch vermieden werden. Es wird als Angriff und Vorwurf vom Gesprächspartner bewertet und löst bei ihm Stress aus, er fühlt sich wie bei einem Verhör und unter Rechtfertigungsdruck. Dieses Fragewort provoziert und der Gesprächspartner ist somit blockiert. Testen Sie es mal in Ihrem Umfeld, indem Sie einer Person hintereinander drei Warum-Fragen stellen. Die erste Warum-Frage wird meist noch akzeptiert (da Sie sich hier für die Gründe interessieren. Besser ist jedoch auch bereits hier, auf ein anderes Fragewort zurückzugreifen). In der Regel wird er bereits nach der zweiten Warum-Frage gereizt reagieren, da der Gesprächspartner aus seiner Sicht durch Ihre Fragen unter einem Rechtfertigungszwang steht und sich verteidigt. Da wir jedoch im Marktgespräch unseren Gesprächspartner öffnen und durch die freundliche Atmosphäre an »intime« Details gelangen wollen, ist dieses Fragewort zu vermeiden.

Die Warum-Frage impliziert eine rationale Antwort. Allerdings ist sich der Gesprächspartner meist nicht bewusst, warum er etwas getan hat. Somit kann er die Frage nicht richtig beantworten. Mit der Warum-Frage wird sehr stark reduziert, gefragt wird ausschließlich nach der Kausalität, nicht nach der Wichtigkeit und Wertigkeit. Die Frage fördert das lineare Denken nach Ursache und Wirkung, wobei nur der oberflächliche rationale Verstand angesprochen und somit nur ein im Gehirn reduzierter innerer Suchprozess ausgelöst wird. Wenn ausschließlich die linke Hirnhälfte angesprochen werden soll, ist die Warum-Frage in Ordnung. Sie ist also lediglich für triviale kausale Zusammenhänge zu verwenden und ist nicht für Vertiefungen und Konstruktion von Erlebnissen geeignet.

Doch auch für Kausalität sollte statt »Warum« besser »Aus welchen Gründen« benutzt werden. Dieses wirkt nicht so sehr als Angriff und der Gesprächspartner wird aufgefordert, mehrere Gründe zu nennen. Noch besser ist der Einsatz von den anderen Fragewörtern wie »Wozu«, »Welche«, »Wodurch«, »Was«, »Woher«, »Woran«, »Wo«, »Wann«, »Wer«. »Wen«, »Wessen«, »Wohin«, »Wie«, »Womit«, »Wobei«, »Wogegen«, »Wonach«, »Wofür«. Statt »Warum haben Sie diese Methode nicht probiert?« beziehungsweise »Warum benutzen Sie X?« sind folgende Formulierungen geeigneter:

- »Was erwarten Sie von X?«
- »Was hat Sie davon abgehalten?«
- »Was hat dazu geführt, dass …?«
- »Was bedeutet das für Sie?«
- »Wie fühlen Sie sich dabei?«
- »Was wäre, wenn …?«
- »Was spricht dafür/dagegen?«
- »Was veranlasste Sie zu X?«
- »Was ist Ihre Meinung zu X?«
- »Was zogen Sie bei Ihrer Entscheidung hinzu?«
- »Was führte dazu?«
- »Was denken andere?«
- »Was war für Sie ausschlaggebend?«
- »Wie schätzen Sie X ein?«
- »Wie gehen Sie an X heran?«
- »Mit welchen Maßnahmen wollen Sie X erreichen?«
- »Wie fühlen Sie sich dabei?«

Auch wenn die Informationsfrage die optimale Frageform im Gespräch ist, sollte der Interviewer nicht in das andere Extrem verfallen und alle zehn Sekunden eine Informationsfrage stellen. Gut sind sogenannte Malbuchfragen wie »Wie?« und »Wodurch?«. Der Interviewer legt dem Gesprächspartner mit der Frage bildlich ein weißes Blatt hin und dieser kann kreativ antworten.

Provokationsfrage

Diese dient insbesondere im Streitgespräch dazu, den anderen zu unüberlegten Äußerungen zu verleiten. Zum Beispiel: »Wollen oder können Sie mir dazu keine Antwort geben?«. Da die positive Stimmung des Gesprächs sehr darunter leidet, verzichten Sie bitte im Marktgespräch darauf.

Kontrollfrage/Qualitätssichernde Frage

Die Ausführungen des Gesprächspartners werden zusammengefasst und in einer Frageform zurückgespiegelt. »Habe ich Sie richtig verstanden, dass …?«, »Sie sagten X. Ist das so?«. Hierdurch wird sichergestellt, dass der Interviewer die Aussagen des Gesprächspartners richtig verstanden hat. Dieser hat die Möglichkeit, seine Aussagen zu präzisieren oder zu korrigieren. Der Gesprächspartner wird von sich aus nicht fragen, ob Sie alles verstanden haben; er geht grundsätzlich davon aus. Diese Frageform signalisiert dem Gesprächspartner zusätzlich die Wertschätzung seiner Ausführungen und seiner Person. Achtung: Die Hervorhebung einzelner Aussagen durch den Interviewer kann den Gesprächspartner zu dem Gedanken verleiten, dass dem Interviewer nur das wichtig ist, was über die Kontrollfrage zusammengefasst wurde.

Alternativfrage

Hier kann der Gesprächspartner nur zwischen den Möglichkeiten wählen, die der Interviewer ihm gegeben hat: »Lösen Sie die Aufgabe mit Methode A oder mit B?«. Da fühlt sich der Gesprächspartner schnell in die Enge gedrängt. Außerdem beeinflusst die Reihenfolge der Alternativen die Antwortwahrscheinlichkeit, weil der Gesprächspartner dazu neigt, die letztgenannte Alternative zu wählen. Die Antwortmöglichkeit ist stark eingeschränkt, weil der Gesprächspartner hier keine Möglichkeiten hat, eigene Varianten einzubringen. Doch genau das soll im Gespräch erreicht werden. Somit ist diese Frageform nur in Ausnahmefällen sinnvoll, zum Beispiel wenn trotz mehrfachen Umformulierens keine Antwort auf offene Fragen kommt. Dann setzen Sie gegebenenfalls eine Alternativfrage ein, um das Gespräch wieder in Gang zu bringen.

Suggestivfrage

Es ist wichtig, diese Form zu kennen, um sie im Gespräch gezielt nicht einzusetzen. Sie provoziert beziehungsweise drängt den Gesprächspartner zu einer bestimmten Antwort. Diese Form wird dazu eingesetzt, den anderen zu manipulieren, indem die gewünschte Antwort bereits mit der Frage in den Mund gelegt wird. Hierzu werden bestimmte Wörter in die geschlossene Frage eingebaut wie zum Beispiel »doch«, »wohl«, »gewiss«, »sicher«, »etwa«, »bestimmt«, »nicht auch«, »doch auch«, »doch sicher« (zum Beispiel »Ist bei Ihnen nicht auch X ein großes Problem?«, »Sind Sie nicht auch der Meinung, dass …«). An der Meinung des anderen ist der Fragende nicht interessiert. Für tuwun® ist jedoch diese Form völlig ungeeignet, weil hier die Meinung und die Ansicht des Gesprächspartners erfasst werden soll – und zwar völlig objektiv. Der Gesprächspartner würde sich mit dieser Form eingeengt fühlen und aussteigen, da er das Gefühl hätte, der Interviewer sei nicht an seiner Meinung interessiert oder wolle ihn nur manipulieren. Ein »Oder« am Ende verstärkt diesen Effekt noch: Der Frage »Das Thema X ist doch wichtig, oder?« wagt kein Gesprächspartner zu widersprechen.

Sokratische Frage/Ja-Fragen-Straße

Dies ist eine im Verkaufsgespräch eingesetzte Form, bei der dem Interessenten einige unverfängliche Fragen gestellt werden, die er mit »ja« beantwortet (zum Beispiel zum Thema Versicherungen: »Ist Ihnen die finanzielle Absicherung wichtig?«, »Wollen Sie für Ihre Kinder vorsorgen?«, »Wollen Sie im Krankheitsfall ein Auskommen haben?«). Indem er die vorherigen Fragen mit »ja« beantwortet, wird er verleitet, auch die Kaufentscheidung mit »ja« zu beantworten (»Ist dann die Berufsunfähigkeitsversicherung X nicht genau das Richtige für Sie?«). Für Marktgespräche ist diese Form ebenfalls ungeeignet.

Rhetorische Frage

Diese Form wird insbesondere bei Vorträgen als rhetorisches Mittel eingesetzt. Auf diese Fragen wird keine Antwort erwartet beziehungsweise der Fragende gibt die Antwort selbst. Diese Frage wird mehr aus taktischen Gründen gestellt, wobei die Antwort den Zuhörern und dem Redner bekannt ist. Sie bewirkt die Aufmerksamkeit des Publikums und dieses wird zum Mitdenken angeregt. Somit ist auch diese Form bei Marktgesprächen nicht von Bedeutung. Beispiele: »Wer hat denn nicht von X gehört?«, »Glauben wir nicht alle an X?«.

Gegenfrage

Die Gegenfrage ist ebenfalls im Interview nicht angebracht. Diese Form ist in Vorträgen oder Gesprächen anzuwenden, wenn Sie durch offene Fragen unter Druck und Stress geraten. Der andere ist durch die Gegenfrage gezwungen, seine vorherige Frage zu präzisieren. So erhalten Sie Hintergrundinformationen, um anschließend präziser zu antworten. Zusätzlich verschaffen Ihnen Ihre Gegenfrage und die Antwort des Gegenübers etwas Zeit zum Überlegen. Sie geben somit nicht die erstbeste Antwort, sondern die Beste.

Qualitätsfrage

Eine Frageart, die häufig für Fragebögen verwendet wird. Hier werden die Frage und die Antwort zur Nebensache. McDonald's, Starbucks, Balzac Coffee, Hotelketten, Gastronomen wie Mövenpick – um nur einige zu nennen – wenden diese Form an. Dem Gefragten wird mehr eine Wertung suggeriert. So hat der Gast bei einer großen Coffee-Shop-Kette den Gästeservice, die Sauberkeit, die Produktqualität zu bewerten. Das sind alles positiv behaftete Begriffe. Ein Restaurant am Flughafen München fragt die Begriffe Qualität, Frische, Freundlichkeit, Flexibilität, Schnelligkeit und Sauberkeit ab, eine Restaurantkette die Atmosphäre des Restaurants, das Gesamterlebnis (nicht den Eindruck), die Sauberkeit. Bei letztgenanntem Unternehmen haben Sie nur zu beantworten: »Wie zufrieden waren Sie heute mit X?«. Bei einer norddeutschen Coffee-Shop-Kette steht auf dem Fragebogen: »Ihre Meinung bedeutet uns viel!«. Anschließend gibt es die richtungsweisenden Fragen: »Wurden Sie schnell bedient?«, »War die Bedienung freundlich?«, »War der Laden sauber?«, »Bitte beurteilen Sie die Qualität unserer Produkte«.

Hier wird dem Befragten gleich suggeriert, dass diese Eigenschaften diese Gastronomieunternehmen auszeichnen. Eine echte Meinung erhält das Unternehmen dadurch nicht. Eine Unzufriedenheit der Gäste wird von vornherein ausgeschlossen. Bei einer großen Fastfood-Kette dürfen die Kunden unter anderem folgende Kriterien bewerten: »Der Service war heute sehr freundlich«, »Die Bedienung war heute prompt und schnell«, »Die Produkte waren heute frisch«, »Die Produkte hatten heute eine gute Qualität«, »Die Temperatur der Speisen/Getränke war heute genau richtig«, »Die Produkte haben heute gut geschmeckt«. »Die Ernährung mit X-Produkten ist sinnvoll« klingt für ernährungsbewusste Bürger bei Fastfood seltsam. Ebenfalls nachdenklich machen Aussagen wie »Ich fühlte mich bei der Reservierung gut betreut«, »Das Zimmer ist einwandfrei sauber«, »Für den Zweck meiner Reise ist die Lage des Hotels günstig«, »Das Hotel vermittelt mir ein Gefühl der Sicherheit«, »Ich habe mich im Zimmer wohl gefühlt«, »Zimmer und Bad waren komfortabel gestaltet«, »Ich habe gut gefrühstückt«, »Es wurde alles getan, um meinen Erwartungen zu entsprechen« bei einer Hotelkette der aller einfachsten Kategorie. Alles nur positive Formulierungen. Der Befragte darf dann noch ankreuzen: »voll und ganz«, »eher ja«, »eher nein«, »überhaupt nicht«. Das ist PR und keine Befragung. Eine Restaurantkette dankt am Ende des Fragebogens für die »Qualitätsbeurteilung«. Die Fragen beeinflussen die Wahrnehmung beim Kunden. Und genau das soll hier erreicht werden.

Ein großes Unternehmen der Telekommunikation fragt: »Wie zufrieden sind Sie mit dem Besuch im Shop alles in allem?«. Die Antwortmöglichkeiten: »Äußerst zufrieden«, »sehr zufrieden«, »zufrieden«. Was soll das, wenn nur positiv geantwortet werden darf? Verzichten Sie also in Marktgesprächen auf diese Frageart.

Motivationsfrage

Diese Frage spricht den Gesprächspartner auf der emotionalen Ebene an und motiviert ihn zum Antworten. Es wird die Beziehungsebene zum Gesprächspartner in Form von Komplimenten gepflegt und so ein positives Gesprächsklima erzeugt. Zum Beispiel: »Was sagen Sie als Experte zu X?«, »Mit welchen Maßnahmen haben Sie den großen Ausbau Ihres Geschäfts geschafft?«, »Was gehört alles zum umfangreichen und verantwortungsvollen Aufgabengebiet eines X?«. Der Gesprächspartner fühlt sich aufgewertet und antwortet sinngemäß mit den Worten: »Man kann gar nicht so schnell sagen, was alles dazugehört«. Und schon haben Sie die Rechtfertigung, dass das Gespräch etwas länger dauert. Doch in diesem Fall kommt der Hinweis von Ihrem Gesprächspartner. Auch wenn dieses auf den ersten Blick eine Informationsfrage ist, motivieren Sie Ihren Gesprächspartner schon mit den Worten »umfangreich«, »verantwortungsvoll« und ähnlichen Begriffen. Diese Erweiterung der Informationsfrage kann bei tuwun® sinnvoll eingesetzt werden. Tragen Sie jedoch nicht zu dick auf, sonst wirken diese Fragen leicht ironisch und der Interviewer erreicht genau das Gegenteil.

Diese Frage kann auch als geschlossene Frage gestellt werden: »Sind Sie nicht Marktführer auf diesem Gebiet?«. Sie erhalten dann jedoch weitaus weniger Informationen vom Gesprächspartner.

Fangfrage/Verhüllungsfrage/Indirekte Frage

Das Thema wird in der Frage so verfremdet, dass der Gesprächspartner nicht sofort erkennt, um was es geht. Die Zielsetzung des Interviewers wird verschleiert. Hier wird versucht, über eine indirekte Frage einen Tatbestand herauszubekommen, der nicht direkt erfragt werden kann. Das ist einsetzbar, wenn zum Beispiel bei Tabu-Themen zu erwarten ist, dass der Gesprächspartner nicht oder nicht wahrheitsgemäß antwortet oder Antworten im Rahmen der sozialen Erwünschtheit erfolgen würden. Diese Frageform ist – wenn überhaupt – sehr vorsichtig einzusetzen. Der Gesprächspartner ist verärgert, wenn er bemerkt, dass er hinters Licht geführt wurde. Beispiel einer Fangfrage: »Welche Produkte haben Sie in der letzten Zeit gekauft?«. Aus der Antwort schließt der Fragende, wie hoch das Budget für den Einkauf ist. Zu dieser Frageform zählen auch die Fragen, bei denen nicht direkt die Meinung des Gesprächspartners erfragt wird, sondern nach den Kollegen aus der Branche (siehe »Projektive Fragen«).

Es gibt auch die doppelte Neutralisierung: »Was könnten andere denken, was Menschen dazu antreibt, einen Porsche zu fahren?«. Keiner gibt die wahren Gründe zu, warum er ein großes Auto fährt. Mit dieser Frage kann es jedoch gelingen, den Grund des Gesprächspartners zu erfahren, aus dem er sich für ein großes Auto entscheidet.

Nachfolgend sind spezielle Formen der Informationsfrage aufgeführt, wobei einige Fragen mehreren Formen zugeordnet werden können.

Hypothetische Fragen/As-if-Frage

Wenn der Gesprächspartner eine Situation für sich generell ausschließt oder über keine Ausnahmen seiner Aussagen berichten kann, hilft diese Frageart. Mit der Frage »Was wäre, wenn …?« wird der Gesprächspartner zu einer fiktiven Situation hingeführt, die er anschließend beschreibt. Die im Gespräch festgefahrene Realität wird verlassen. Da die durch diese Form erfragten Zustände für den Gesprächspartner nicht real sind (zum Beispiel Idealzustände), sind bei ihm Denkblockaden und Hindernisse ausgeschaltet. Wenn der Gesprächspartner beispielsweise nach dem Einsatz einer Produktform keinen Bedarf hat, kann folgende Frage gestellt werden: »Angenommen, es gäbe einen Nutzen für das Produkt X, welcher wäre das?«.

Beispielfragen:

- »Nehmen wir X an. Was wäre dann anders?«
- »Tun wir mal so, als wenn X, wie wäre dann Y?«
- »Angenommen, Sie könnten eine Woche lang tun, was Sie schon immer einmal tun wollten, was wäre das?«
- »Stellen Sie sich vor, Sie hätten genügend Geld, um nicht mehr arbeiten zu müssen. Wie würde Ihr Tagesablauf aussehen?«
- »Angenommen, Ihr Auto könnte sprechen. Was würde es sagen, wie es von Ihnen behandelt wird, welche Beziehung Sie zu ihm haben?«
- »Angenommen, Sie konnten nicht mit den Worten beschreiben, wer Sie sind, sondern nur mit einem Symbol. Welches wäre das?«
- »Angenommen, es gäbe X. Wie würde es aussehen? Wie würde es sich anfühlen? Welche Funktionen hätte es? Wie groß wäre es? Welche Form hätte es?«
- »Stellen Sie sich bitte X vor. Welche …?«
- »Was würde geschehen, wenn …?«
- »Wie könnte eine Lösung aussehen?«
- »Was würde X für Vorteile bringen?«
- »Was würde X für Nachteile bringen?«
- »Was müsste sich ändern, damit X …?«
- »Was wäre anders, wenn X …?«
- »Wie lange könnte X dauern?«
- »Was hätte es für Auswirkungen, wenn …?«
- »Stellen Sie sich vor, X könnte alle Ihre Probleme lösen. Was wäre dann anders?«, »Was müsste sich bei X ändern, damit es bei Y besser/schlechter wäre?«
- »Was müsste sich bei X ändern, damit es ideal wäre?«
- »Stellen Sie sich X vor. Auf was könnten Sie am ehesten verzichten, was danach?«

Wenn ein Unternehmen mit seinen Produkten bei dem Gesprächspartner ein negatives Image hat und er auf die direkte Frage keine Antwort gibt, kann gefragt werden: »Angenommen, es gäbe einen Nutzen für das Produkt/einen Vorteil für Unternehmen, welcher ware das?«. Eine andere mögliche Frage ist: »Welchen Nutzen könnte es für eine Person haben, bei Unternehmen X Kunde zu sein?«. Hier ist die hypothetische Frage mit einer anderen Frageart, der My-dear-friend-John-Frage kombiniert.

Positiv-Frage

- »Was müsste sein, damit die Situation X besser wird?«
- »Was müsste sein, damit das Produkt X besser wird?«
- »Was müsste sein, damit das Produkt X mehr gekauft wird?«
- »Was sind die Stärken von X?«
- »Was muss X unbedingt enthalten?«

Negativ-Frage

- »Was müsste sein, damit die Situation X noch schlechter wird?«
- »Was müsste sein, damit das Produkt X noch schlechter wird?«
- »Was wäre, wenn X nicht umgesetzt wird?«
- »Was könnte schlimmstenfalls passieren?«
- »Was wäre, wenn Sie X nicht hätten?«
- »Was müsste passieren, dass X noch schlechter würde?«
- »Was müsste sein, damit das Produkt X nie mehr gekauft wird?«

Diese Antworten sind für die Perspektiven des Produkts entsprechend umzudrehen.

Stabilitätsfrage

- »Was muss auf jeden Fall so bleiben wie jetzt? Was darf sich nicht ändern?«

Projektive Frage/My-dear-friend-John-Frage

Diese Fragen sind Sonderformen der Fangfrage/Verhüllungsfrage. Bei heiklen Themen werden die Gesprächspartner häufig auf direkte Fragen keine ehrliche Antwort geben, zum Beispiel auf die direkte Frage nach

Problemen. Außerdem besteht bei direkten Fragen die Gefahr, dass der Gesprächspartner für nachfolgende Fragen verschlossener ist.

So erhalten die Interviewer auf die Frage »Welche Probleme haben Sie?« meist die Antwort »Keine«, weil Probleme mit eigener Schwäche verbunden werden. Wer gibt schon gerne zu, dass er Probleme hat? Mit dieser Frageform sollte man auf eine andere Person neutralisieren. Der Gesprächspartner fühlt sich so auch bei kontrovers diskutierten Themen nicht angegriffen. Beispiele:

- »Über was spricht die Branche?«
- »Was sind die Probleme anderer in der Branche?«
- »Wie denken X über Y?«
- »Welche Herausforderungen stehen X gegenüber?«
- »Welche Anforderungen haben die Kunden Ihrer Wettbewerber an diese?«
- »Was stört die Kunden an den Produkten der Wettbewerber?«
- »Wie würden die Kunden Ihre Wettbewerber beschreiben?«
- »Welche Probleme haben Ihre Wettbewerber?«
- »Welche Probleme haben Ihre Kollegen in anderen Betrieben?«
- »Was denken die Menschen über Ihre Wettbewerber?«
- »Was erzählen sich die Menschen über Ihre Wettbewerber?«
- »Was treibt andere an, X zu tun?«
- »Wie verhält sich X in dieser Situation?«
- »Was könnte X dazu veranlassen, das Produkt Y zu wählen/nicht zu wählen?«

Der Gesprächspartner antwortet dann im Namen der dritten Person, äußert jedoch aus seinen Erfahrungen und seine eigenen Empfindungen. Er beantwortet auf sich und das eigene Unternehmen bezogen, nur jetzt neutralisiert.

Das geht auch umgekehrt: »Was würde X über Sie sagen?«, »Was, glauben Sie, denkt X über Sie?«. Hier enthält die Antwort weniger, was X über den Gesprächspartner sagt, sondern vielmehr, wie er sich selber sieht. Und das ist auch das Ziel der Frage.

Möglich ist auch die Kombination aus My-dear-Friend-John-Frage und der As-if-Frage: »Was könnten die Motive für Ihre Kollegen sein, X zu kaufen?«, »Welchen Nutzen könnte es für X haben, beim Unternehmen Y Kunde zu sein?«.

Diese Frageform kann auch eingesetzt werden, wenn der Gesprächspartner verneint, sich für ein Produkt zu interessieren: »Was könnten die Gründe für die Menschen sein, das Produkt zu kaufen?«. Der Gesprächspartner berichtet von seinen Motiven, sich für das Produkt zu interessieren.

Nutzen-Frage

Hierüber können die ersten Produktnutzen erfasst werden:

- »Was wäre der Vorteil von X?«
- »Was müsste X können, damit Y …?«
- »Wer könnte noch davon profitieren?«
- »Was kann X, was Y nicht kann?«
- »Was muss sein, damit Sie sich nach dem Kauf wohler fühlen?«

Analysefrage

Über die Analysefragen kann der Interviewer die Ist-Situation des Gesprächspartners (Tätigkeiten, Aufgaben, Probleme) erfahren. Diese Fragen beginnen meist mit: »Wie«, »Welche«, »Womit«.

Ausnahmefrage

Wenn der Gesprächspartner sich in eine Richtung »verrennt«, zum Beispiel ein Problem oder eine Vorgehensweise verallgemeinert, dann fragt der Interviewer nach Ausnahmen davon. So wird der Gesprächspartner wieder »auf die Spur« gebracht: »Sie sagten, dass dieses Problem ständig bei Ihnen vorkommt. An welchen Tagen hat es weniger Einfluss auf Ihr Tagesgeschäft?«, »Gab es in der letzten Zeit Phasen, in denen Sie dieses Problem weniger bedrückt hat? Wann war das und was haben Sie gemacht?«.

Verschlimmerungsfrage/Ernsthaftigkeitsfrage

Diese Frage soll dem Gesprächspartner die Bedeutung und Konsequenzen bei Nichterfüllung seines Bedürfnisses bewusst machen:

- »Angenommen, Sie täten/hätten X. Was würde das für Sie bedeuten?«
- »Was ist, wenn X eintritt?«

- »Welche Konsequenzen hat es für Sie kurzfristig/mittelfristig/langfristig, wenn X nicht gelöst wird?«
- »Was könnte schlimmstenfalls/bestenfalls passieren?«
- «Was darf auf keinen Fall passieren und welche Auswirkungen hätte dieses für Sie?«

Denn die Kunden haben zwar Bedürfnisse, ihnen ist jedoch nicht immer bewusst, welche Konsequenzen an diesem Bedürfnis hängen. Diese Frageform wird zwar auch in Verkaufsgesprächen eingesetzt, ist jedoch ebenfalls für Marktgespräche geeignet.

Umkehrfrage

Wenn der Gesprächspartner zum Beispiel nicht benennen kann, was typisch für eine bestimmte Sache ist (zum Beispiel Tagesablauf, Einkaufsverhalten), wird genau nach dem Gegenteil gefragt: »Was genau ist untypisch für X?«. Daraus kann der Interviewer wiederum ableiten, was typisch ist. Somit gelangt er an den Tatbestand, den er über die direkte Frage nicht erfahren hat.

Konkretisierungsfrage

Teilweise glaubt der Interviewer bereits nach den ersten Fragen, die benötigten Informationen zu haben und bricht zu früh ab, ohne wirklich nachzufragen und in die Tiefe zu gehen. So wird häufig nur an der Oberfläche gekratzt und die Hauptmotive und ursächlichen Probleme bleiben für den Interviewer im Verborgenen. Das weitere Gespräch richtet sich dann an der Oberfläche aus. Eine Tiefe mit den »wahren« Themen wird so nie erzeugt. Letztgenanntes ist jedoch die Voraussetzung, um die für die Produktentwicklung wichtigen Informationen zu erhalten. Mit den Konkretisierungsfragen soll der Grund für das Handeln des Gesprächspartners in Erfahrung gebracht werden. Es sind dabei alle Sinne anzusprechen: »Was/Wann/Wie haben Sie dabei gesehen/gespürt/gefühlt/gehört et cetera?«.

Wenn der Gesprächspartner von sich aus nicht in die Tiefe geht und auch die beschriebenen Techniken ihn nicht dazu bewegen, kann er mit folgenden Fragen zur Vertiefung bewegt werden:

- »Wie war das genau?«
- »Was passierte zuerst?«

- »Was ist darunter genau zu verstehen?«
- »Wie merken Sie, dass X?«
- »Was fällt Ihnen noch dazu ein?«
- »Bitte nennen Sie ein Beispiel.«
- »Was bedeutet X für Sie?«
- »Wie ist das genau bei Ihnen?«
- »Wie sieht es im Einzelnen aus?«
- »Was genau bedeutet X?«
- »Was verbinden Sie damit?«
- »Was genau ist anders?«
- »Woran denken Sie bei X?«
- »Was würde Ihnen den größten Nutzen bringen?«
- »Was löst X bei Ihnen aus?«
- »Was ist unter X zu verstehen?«
- »Welche weiteren Aspekte gibt es?«
- »Was fällt Ihnen noch zu X ein?«
- »Worauf ist bei X zu achten?«
- »Interessant. Das höre ich zum ersten Mal. Erzählen Sie mir bitte mehr darüber.«
- »Welches Gefühl hatten Sie bei X?«
- »Was ging Ihrem Handeln voraus?«
- »Aus welchen Gründen hat Sie X gestört?«
- »Was dachten Sie im Moment von X?«, »Was haben Sie sich innerlich gesagt?«

Um nicht zu viele Fragen stellen zu müssen, kann der Interviewer diese auch als Aussage »tarnen«: »Ich habe mich gefragt, was/ob/wer/ …«.

Auch hier sind grundsätzlich offene Fragen zu verwenden: »Welche weiteren …?« statt »Gibt es weitere Dinge, die …?«. Bei letztgenannter Frage ist die Wahrscheinlichkeit groß, dass der Gesprächspartner mit »nein« antwortet, wenn ihm nicht sofort etwas einfällt.

Wozu-Frage

Die Frage nach den dahinter liegenden Gründen:

- »Wozu ist das gut?«
- »Was bringt Ihnen das?«
- »Was haben Sie davon?«
- »Was ist Ihnen daran wichtig?«

- »Was bedeutet Ihnen das?«

Unterscheidungsfragen/Abgrenzungsfragen

Diese zeigen, was wovon abgegrenzt wird:

- »Was genau ist der Unterschied zwischen X und Y?«
- »Was genau ist bei X anders als bei Y?«
- »Wo sind die Abgrenzungen?«
- »Was erleben Sie bei X anders?«
- »Was steht an erster Stelle, was an zweiter, was an dritter?«
- »Was ist die beste Alternative zu X?«
- »Auf einer Skala von 0 bis 100, wie gut ist X?«
- »Wodurch unterscheidet sich X von einer guten/schlechten Qualität?«
- »Was würde den Unterschied machen?«

Assoziativ-Frage

So kommen auch die Ereignisse und die Empfindungen zum Vorschein, die sonst nicht genannt worden wären (zum Teil weil sie dem Gesprächspartner nicht eingefallen wären oder er sie nicht genannt hätte): »Was verbinden Sie mit X?«.

SMAL: Fragen zur Strategie der Bedarfsanalyse

Eine Kurzvariante der Bedarfsanalyse ist mit vier hintereinander geschalteten Fragearten möglich:

- *Situationsfrage:* hinterfragt die derzeitige Ausgangslage beim Gesprächspartner, um das Umfeld und die Situation des Gesprächspartners zu erfassen;
- *Mangelfrage:* hinterfragt die Unzufriedenheit des Gesprächspartners mit der Situation, um seine Nutzenvorstellung zu erkennen;
- *Auswirkungsfrage:* erfragt die Auswirkung des Mangels, um den Bedarf zu verdeutlichen;
- *Lösungsfrage:* hinterfragt, welchen Vorteil beziehungsweise Nutzen der Gesprächspartner in seiner Entscheidung sieht. Das Ziel ist es, hiermit die Nutzenargumentation vorzubereiten.

Die SMAL-Technik eignet sich jedoch mehr für Verkaufsgespräche.

Weitere Beispielfragen, mit denen Sie die Lebenswelt, Treiber, Tätigkeiten, Aufgaben, Probleme, Erfolgsfaktoren und die Komplexität der Gesprächspartner erfahren können, finden Sie im Anhang zu diesem Kapitel auf der CD. Ebenso Fragen, um an Informationen zu den Perspektiven zu gelangen.

Kapitel 11

Gesamtablauf der Umsetzung von tuwun®
in der Produktentwicklung

Die einzelnen Schritte bis zum fertigen Produkt sind hier aufgeführt. Die Umsetzung dieser Schritte in Ihrem Unternehmen ist in den nachfolgenden Kapiteln beschrieben.

1. *Ziel festlegen* (zum Beispiel neues Marktsegment erschließen, Neuprodukte für bestehende Marktsegmente entwickeln);
2. *einen Verantwortlichen im eigenen Unternehmen für die Umsetzung benennen*;
3. *Marktsegmentierung*;
4. *Planung* (Festlegung der Gesprächsform, die Anzahl der Gespräche, die bevorzugten Gesprächsorte, Gesprächspartner, Zeitrahmen et cetera);
5. *Treiber und Rahmenbedingungen der Kunden recherchieren* (zum Beispiel über Sekundärquellen oder Expertengespräche);
6. *Einzelgespräche mit Kunden:*
   a. Auswahl der Gesprächspartner;
   b. Auswahl der Interviewer;
   c. Gesprächsgrobaufbau und Gesprächsleitfaden erstellen;
   d. Üben der Gesprächsführung;
   e. Terminvereinbarung mit dem Gesprächspartner;
   f. Gesprächsvorbereitung (unter anderem Vorabinformationen über den Gesprächspartner einholen);
   g. Führen der ersten fünf Gespräche zum Thema Lebenswelt;
   h. Zwischenauswertung, um unter anderem die Homogenität der ausgewählten Gesprächspartner hinsichtlich eines Bedürfnisses zu prüfen. Prüfung der Marktsegmentierung. Wenn Homogenität gegeben ist, weiter mit Schritt 6.i, sonst zurück zu Schritt 3;
   i. Führen der nächsten fünf Gespräche zum Thema Lebenswelt;
   j. Zwischenauswertung, gegebenenfalls Anpassung der nachfolgenden Gesprächsstruktur;
   k. Schritte 6.i und 6.j so oft wiederholen, bis keine neuen Erkenntnisse mehr kommen;

l. Führen der ersten fünf Gespräche zu Treibern/Rahmenbedingun gen, Tätigkeiten, Aufgaben, Problemen, Erfolgsfaktoren und der Komplexität;

m. Zwischenauswertung, um Schwerpunktthemen zu erfassen, gegebenenfalls Anpassung der nachfolgenden Gesprächsstruktur, um diese Themen zu vertiefen;

n. Führen der nächsten fünf Gespräche zu den Treibern/Rahmenbedingungen, Tätigkeiten, Aufgaben, Problemen, Erfolgsfaktoren und der Komplexität;

o. Zwischenauswertung, gegebenenfalls Anpassung der nachfolgenden Gesprächsstruktur;

p. Schritte 6.n und 6.o so oft wiederholen, bis keine neuen Erkenntnisse mehr kommen und der USP im Rohentwurf aus den Gesprächen abgeleitet werden kann;

q. Auswertung der Gespräche;

r. Rohentwurf des USPs festlegen;

s. Führen der ersten fünf Gespräche zu den sechs Perspektiven (Funktion, Struktur, Ansprache, Produktart, Emotion, Design);

t. Zwischenauswertung, gegebenenfalls Anpassung der nachfolgenden Gesprächsstruktur;

u. Führen der nächsten fünf Gespräche zu den sechs Perspektiven;

v. Zwischenauswertung, gegebenenfalls Anpassung der nachfolgenden Gesprächsstruktur;

w. Schritte 6.u und 6.v so oft wiederholen, bis keine neuen Erkenntnisse mehr kommen;

x. Auswertung;

y. Ideen für die Perspektiven des Produkts aus den Gesprächsergebnissen ableiten.

7. *Gruppendiskussionen parallel zu den Einzelgesprächen führen;*

8. gegebenenfalls *weitere Methoden planen* und umsetzen, um die Ergebnisse aus den Einzelgesprächen zu bestätigen oder zu widerlegen

a. Telefonate;

b. Fragebogen
   - Adressaten auswählen;
   - Fragebogen entwickeln;
   - Fragebogen testen;
   - Fragebogen einsetzen;
   - auswerten.

9. *Konkurrenzanalyse;*

10. *Produktkonzept erstellen;*

11. *Konzeptpräsentation.* Wenn das Konzept positiv verabschiedet wird, dann weiter mit Schritt 12, sonst zurück zu den jeweiligen Schritten, bei denen die fehlenden Informationen eingeholt werden können;

12. *Werbetest;*

13. *Kalkulation anhand des Testergebnisses.* Wenn ein positives Ergebnis herauskommt, dann weiter mit Schritt 14. Sonst Einstellung oder komplette Überarbeitung, marginale Änderungen bringen keine anderen Testergebnisse;

14. *Produktionsentscheidung;*

15. *Prototyp erstellen;*

16. *Beta-Test inklusive Auswertung und gegebenenfalls Anpassung;*

17. *Vollproduktion, Werbung und Auslieferung;*

18. *laufende Produktoptimierung.*

Kapitel 12

Die Marktsegmentierung

Die Marktsegmentierung ist die Aufteilung des heterogenen Gesamtmarkts in homogene Teilsegmente. Die Personen eines Teilsegments sollen mindestens eine Gemeinsamkeit haben. Für dieses Teilsegment gilt es, Produkte zu entwickeln und anzubieten. Die Marktsegmentierung bewirkt somit eine Selektion. Es wird entschieden, welche Kunden im Fokus Ihrer Produktentwicklung stehen und auf welche verzichtet wird (zumindest jetzt und in naher Zukunft).

Warum segmentieren?

Die Gesamtheit der Verbraucher hat nicht identische Bedürfnisse und zeigt somit ein nicht identisches Kaufverhalten. Nicht alle Kunden sind gleich. Wenn die Bedürfnisse Trinken und Lesen bereits in sich homogen wären, dann gäbe es keine Unterschiede zwischen Kunden von Klosterfrau Melissengeist und Red Bull beziehungsweise *Gala* und *Men's Health*.

Menschen aus homogenen Marktsegmenten gleichen sich in einem oder mehreren wichtigen Merkmalen. Ist mindestens ein Bedürfnis identisch, so ist ein vergleichbares Kaufverhalten bei den Produkten zu beobachten, die dieses Bedürfnis befriedigen. Um somit das Produkt und die Werbung punktgenau auszurichten, muss zuerst aus der Gesamtheit ein Marktsegment selektiert werden, auf das das Angebot ausgerichtet werden soll. Dabei muss die Produktentwicklung der Kundenstruktur angepasst und anschließend ein Produkt entwickelt werden, das zu dem Teilsegment passt. Es funktioniert nicht, dass Sie ein Produkt erstellen und die Kundengruppe, die es betrifft, sich selbst herausschält. Erst legen Sie fest, wem Sie den Nutzen liefern wollen, dann lösen Sie mit dem Produkt das dringendste Problem dieser Kunden. Bereits vor vielen Jahren forderte der Systemforscher Wolfgang Mewes in seiner EKS-Strategie die bedingungslose Ausrichtung eines Unternehmens auf eine definierte Kundengruppe. Nicht die Produktspezialisierung ist entscheidend, sondern die Spezialisierung auf eine definierte Kundengruppe.

Je homogener das Marktsegment ist, desto weniger Marktgespräche sind notwendig, um Rückschlüsse auf die gesamte Lebenswelt mit der Bedürfnisstruktur zu ziehen und nachfolgend Entscheidungen für die passgenaue Produktentwicklung treffen zu können. Ziel der Segmentierung war schon in der Vergangenheit, mit möglichst einfachen Kriterien eine »Zielgruppe« zu selektieren, die ein vergleichbares Kaufverhalten aufweist. Die Belieferung unterschiedlicher Segmente durch einen Anbieter macht nur Sinn, wenn für diese Segmente auch unterschiedliche Produkte angeboten werden.

So klein wie möglich – jedoch so groß wie nötig

Je größer und heterogener der Gesamtmarkt ist, desto schwerer überschaubar ist dieser und desto unspezifischer passt das Produkt. Je kleiner und homogener der Markt ist, desto eher haben Sie Erfolg. Gerade am Anfang sollten Sie sich eher auf einen kleinen, sehr homogenen Markt konzentrieren. Denn so können Sie schnell ein herausragendes Produkt liefern. Sie können in der heutigen Welt der Spezialisten nicht mehr »everybody's darling« sein. Liefern Sie nicht etwas Nutzen für möglichst Viele. Was zählt, ist die Rentabilität und nicht die Größe des Marktsegments. Es ist besser, wenn 50 Prozent Ihrer potenziellen Kunden einer kleinen Nischengruppe Ihr Produkt kaufen, als wenn 1 Prozent des Gesamtmarkts Ihr Produkt kauft. Denn neben der geringeren Kundentreue ist es meist auch gar nicht möglich, den Gesamtmarkt zu bewerben. Die Ausrichtung auf die breite Masse potenzieller Kunden ist meist ein Verlustgeschäft, da es unmöglich ist, ein Produkt zu entwickeln, das für den Einzelnen einen herausragenden Nutzen liefert.

Die homogenste Gruppe ist der einzelne Mensch. Doch diese ist zu klein, um als Hersteller nur für diesen einzelnen Menschen Erfolg zu haben. Sie benötigen somit viele potenzielle Kunden, um einen ausreichenden Gewinn zu erwirtschaften. Ein Marktsegment von nur ganz wenigen Großkunden bringt Sie in eine Abhängigkeit, da Sie auf jeden einzelnen Ihrer Kunden angewiesen sind.

Eine zu breite Segmentierung hingegen führt zur Profillosigkeit, eine zu enge in die Spezialisierungsfalle. Letztgenanntes kommt jedoch sehr selten vor, da die Unternehmen dazu neigen, große und undifferenzierte Marktsegmente anzugehen.

Konzipieren Sie Ihr Produkt ausschließlich für das Hauptsegment. Lassen Sie bei der Konzeption sämtliche Nebengruppen unberücksichtigt. Für den späteren Vertrieb können Sie diese Nebengruppen mit einbeziehen und sich über zusätzliche Abnehmer freuen.

Die bestehenden Verfahren

Um es einfach zu machen, bedient man sich objektiven, einfach beschreibbaren Hilfskriterien. Und diese Kriterien werden auf das Kaufverhalten übertragen.

Zur Kundensegmentierung werden hauptsächlich folgende Kriterien herangezogen:

- *Sozio-demografisch:* zum Beispiel nach Geschlecht, Alter, Familienstand, Anzahl der Kinder im Haushalt;
- *sozio-ökonomisch:* zum Beispiel Einkommen, Kaufkraft, Beruf, Ausbildung;
- *psychografisch:* zum Beispiel Persönlichkeitsmerkmale, Motive, Einstellungen, Vorlieben, Präferenzen, Werte (Umwelt, Kleidung et cetera), soziale Orientierung, Lebensstil, Freizeitverhalten, Einstellung, Meinung;
- *geografisch:*
  o makrogeografische Kriterien: Staaten, Bundesländer, Gemeinden, Städte/Orte;
  o mikrogeografische Kriterien: einzelne Wohngebiete.

Nach dem Motto »Gleich und gleich gesellt sich gern« werden so Rückschlüsse auf vergleichbare Kaufgewohnheiten gezogen, beispielsweise auf verhaltensorientierte Gewohnheiten wie Preisverhalten, Kaufverhalten (unter anderem Markenwahl), Mediennutzung, Reaktion auf Sonderangebote, Zahlungsverhalten, Informationsverhalten, Kommunikation und Qualitätsbewusstsein.

Oder es werden die Sinus-Milieus (Reduktion auf wenig starre Fakten) zur Segmentierung herangezogen. Unternehmen werden meist segmentiert nach Branche, Umsatz, Anzahl der Mitarbeiter und Region. Viele Segmentierungen hören auf diesen Ebenen auf. Doch die so selektierten Gruppen sind bezüglich ihrer Bedürfnisse und Probleme äußerst heterogen und bevorzugen somit ganz unterschiedliche Produkte.

Warum die bestehenden Segmentierungskriterien nicht mehr weiterhelfen

In der Vergangenheit stimmte die Korrelation zwischen diesen daraus gewonnenen Segmenten und dem Kaufverhalten noch annähernd. Heute und insbesondere in der Zukunft ist das nicht mehr der Fall. Auch wenn die oben genannten Segmentierungen kombiniert werden und so eine scheinbar homogene Gruppe isoliert wird, unterscheidet sich das Kaufverhalten (Markenwahl, Preissensibilität bei bestimmten Produkten und so weiter) häufig gänzlich. Denn trotz Gleichheit in den soziodemografischen, geografischen und bis hier genannten anderen Merkmalen verhalten sich Kunden dieser Gruppen total unterschiedlich. Die Teilnehmer der jeweils so selektierten Gruppen leben in jeweils eigenen Lebenswelten.

Die Kunden lassen sich nicht mehr in feste Strukturen pressen und nach Alter, Einkommen, Geschlecht et cetera standardisieren. Sie wechseln je nach Situation das Marktsegment, und zwar nicht nachvollziehbar, sondern je nach ihrem Bedürfnis. Und das passiert im Stundentakt, manches Mal noch schneller. Der Verbraucher ist hybrid und zeigt bei Anwendung klassischer Segmentierungsverfahren chaotische, widersprüchliche Verhaltensmuster. Der Hang zur Individualisierung vollendet dieses Chaos. Auch wenn Personen anhand klassischer Kriterien vergleichbar sind, so stehen die Parameter wie die Bedürfnisse in keinem Zusammenhang dazu. Letztgenannte entscheiden jedoch viel mehr über das Kaufverhalten. Die Kunden leben gleichzeitig in unterschiedlichen Welten und Bedürfnisstrukturen – und zwar situationsabhängig. Es gibt zum Beispiel nicht mehr den klassischen Aldi-Käufer, auch nicht den von Premium-Marken wie Starbucks und Häagen-Dazs-Eis. Das Einkaufsverhalten ist multioptional: morgens bei Aldi und danach im Luxus-Feinkostgeschäft. Somit reichen diese klassischen Segmentierungsverfahren für eine erfolgreiche Produktentwicklung heute nicht mehr. Es müssen andere Kriterien herangezogen werden, um zu einer Gruppe mit vergleichbarem Kaufverhalten zu gelangen.

Das Alter zum Beispiel bestimmt immer weniger das Verhalten und die Gruppenzugehörigkeit. So sind LOHAS (Lifestyle of Health and Sustainability) heute in allen Altersstufen zu finden. Es ist eine Gruppe, die durch ihre Produktwahl die Gesundheit und Nachhaltigkeit fördern will. Das entspricht dem Trend der Individualisierung und der Gesundheit. Diese Gruppenzugehörigkeit bestimmt mehr das Konsumverhalten als das Alter ihrer Mitglieder. Dieses ist ebenso bei Allergikern, Fans von Bio-Lebensmitteln, Liebhabern italienischer Küche et cetera der Fall.

Die geografische Segmentierung wird immer unbedeutender. Menschen werden immer mobiler, die Waren werden immer weiter transportiert. Geografische Traditionen nehmen tendenziell ab, auch wenn diese gerade in Krisenzeiten kurzfristig an Bedeutung gewinnen. Zusammenhalte erfolgen eher über geografische Grenzen hinweg. So sind eher Glaubens- und Religionsgemeinschaften als Einheit zu sehen, auch wenn diese über viele Kontinente verteilt sind, oder die Gemeinschaft der Harleyfahrer, der Apple-Fans, Anhänger von Hilfsorganisationen et cetera. Alles ist losgelöst von geografischen Grenzen. Die Mitglieder haben ähnliche Werte, eine eigene Wortwahl, teilweise eine gleiche Identität über gleiche Kleidung und Verhaltensweisen. Die Biografie bestimmt mehr die Zusammengehörigkeit als die Geografie.

Dann existieren auch noch Untergruppen wie Early Mover, Technikfreaks und Trendsetter, die immer das neueste Produkt haben wollen, auch wenn dieses noch nicht so ausgereift ist (zum Beispiel bei Software und HiFi-Geräten). Auf der anderen Seite gibt es die Traditionalisten, Technikverweigerer und Nachzügler. Diese wechseln ihr Kaufverhalten erst, wenn es schon gar nicht mehr anders geht (das alte Produkt ist nicht mehr auf dem Markt). Die unterschiedlichen Personen erwarten auch unterschiedliche Produkte und insbesondere eine unterschiedliche Ansprache beim USP. Ein Early Mover wird gelockt mit »Brandaktuell – die ersten Exemplare«, ein Traditionalist eher mit »Seit Jahrzehnten bewährt – unser Klassiker«.

Das neue Segmentierungskriterium

Selektieren Sie eine Kundengruppe nicht nach demografischen oder soziodemografischen Merkmalen. Viel entscheidender für die Kaufentscheidung als das Alter, das Einkommen, der gesellschaftlicher Stand et cetera ist das Bedürfnis der Kunden. So kann Ihr Kundensegment aus unterschiedlichen gesellschaftlichen Schichten zusammengesetzt, in unterschiedlichen Berufen tätig sein und so weiter. Da Ihre Produkte später ein Hauptproblem Ihrer Kunden lösen sollen beziehungsweise ein bestimmtes Bedürfnis befriedigen, ist die Homogenität in diesem Punkt entscheidend. Es geht um die Erfassung einer Gruppe mit gleichen Wünschen, Bedürfnissen und Problemen. Und dahinter stehen extrinsische und intrinsische Treiber. Diese mit den daraus resultierenden Bedürfnissen bilden das oberste Segmentierungskriterium und sind für die Selektion homogener Gruppen zum Zwecke der Produktentwicklung maßgeblich. Da das Bedürfnis von den Problemen und den Erfolgsfaktoren ausgeht, müssen diese in dem Segment gleich sein. Eine unterschiedliche Bedürfnisstruktur, auch bei Gleichheit in den klassischen Segmentierungskriterien, bedarf einer unterschiedlichen Problemlösung.

In einigen Fällen kann es sein, dass die Segmentierung nach Bedürfnissen auch der klassischen Aufteilung nach Alter, Geschlecht et cetera entspricht. Das ist umso besser. Der Ausgangspunkt ist jedoch immer die Homogenität bezüglich der Wünsche und Probleme. Hierzu ein Beispiel: Samstagnachmittag im Fußballstadion sitzen Jugendliche, Unternehmer, Selbständige, Arbeiter, Arbeitslose, Schüler, Angestellte, Frauen und Männer. Diese werden im klassischen Sinne sicherlich nicht zu einer Kundengruppe gezählt. Sie haben jedoch zwischen 15:30 Uhr und 17:15 Uhr ein und dasselbe Bedürfnis: Der »eigene« Verein soll das Spiel gewinnen. Nach 17:15 Uhr gehen die Gruppen dann meist getrennte Wege. Für die Dauer des Spiels zählen alle Fans zu einer relativ homogenen Gruppe mit einem identischen Bedürfnis, außerhalb des Ereignisses nicht. Und so ist es in vielen Bereichen. Für die Akzeptanz und somit den Kauf von Angeboten ist ein gemeinsames Bedürfnis entscheidend.

Ein weiteres Beispiel aus dem häuslichen Bereich: Bei einer Serie von Marktgesprächen (Einzelgespräche oder Gruppendiskussion) zum Thema Putzmittel im privaten Bereich ist als oberstes Kriterium festzulegen, ob die Gesprächspartner selbst die Reinigung durchführen oder ob sie eine Putzkraft haben. Wird nur nach Region und Einkommen oder Ähnlichem segmentiert, ist das Ergebnis eine heterogene Gruppe. Einige putzen selbst, andere haben eine Putzkraft. Personen, die selbst putzen, stellen ganz andere Anforderungen an ein Putzmittel, wählen nach unterschiedlichen Kriterien aus und können diese auch aus anderer Sicht beschreiben. Die Gruppe der Teetrinker ist nach verschiedenen Bedürfnissen zu segmentieren. Einige trinken Tee zur Entspannung, andere für die Gesundheit, wieder andere schätzen die Kommunikation mit Freunden beim gemeinsam getrunkenen Tee und einige trinken Tee einfach nur aus Genuss. Hier gibt es viele verschiedene Ansätze für unterschiedliche Produkte und unterschiedliche Werbestrategien.

Wählt man als Segmentierungskriterium das gleiche Bedürfnis der Menschen, liegen gleiche Motivstrukturen vor. Die Wahrscheinlichkeit ist somit sehr groß, dass der Wunsch nach vergleichbaren Produkten besteht. Die problemlösungsorientierten Produkte führen dann auch zu ähnlichem Kaufverhalten. Diese so gewonnene Gruppe kann in Bezug auf die anderen Segmentierungskriterien wie soziodemografisch oder geografisch völlig heterogen sein, was für die Produktentwicklung von untergeordneter Bedeutung ist.

Innerhalb einer scheinbar homogenen Gruppe gibt es wiederum weitere Segmente, die völlig unterschiedliche Bedürfnisse haben. So ist zwar die Gruppe der berufstätigen Männer, welche kleinere Reparaturen in den eigenen Wänden selbst erledigt, auf den ersten Blick homogen. Sie können sich jedoch grundlegend bezüglich ihrer Ansprüche an Werkzeug unterscheiden. Bei einer Gruppe zum Beispiel ist das Werkzeug nur ein Mittel zum Zweck: Hauptsache die Reparatur lässt sich schnell und einfach erledigen. Eine andere Gruppe geht völlig in diesen Reparaturen auf und fühlt sich toll, wenn sie Geräte wie die Profis in den Händen hat, auch wenn damit nur ein kleines Loch gebohrt werden soll. Die erstgenannte Gruppe hat Bedürfnisse, die auch viele Frauen haben, die kleinere Reparaturen selbst erledigen. Hier wird deutlich, dass die Homogenität bezüglich den Problemen und den Erfolgsfaktoren über die Geschlechter hinweg gleich sind, und innerhalb der Gruppe von Männern unterschiedlich. Auch können im Businessbereich potenzielle Kunden aufgrund eines identischen Treibers ganz unterschiedliche Probleme und Erfolgsfaktoren haben. Und das trotz großer Homogenität im Bereich der Tätigkeiten und Aufgaben, beispielsweise je nachdem, ob sie erst neu im Berufsleben oder schon routiniert sind oder sich gar kurz vor dem Ruhestand befinden. Die Bedürfnisse sind in diesen drei Phasen völlig unterschiedlich und somit auch der Bedarf an Produkten.

Hier sind die Segmentierungskriterien noch einmal zusammengefasst: Oberstes Kriterium bei der Marktsegmentierung ist das Bedürfnis. Eine Homogenität bei dem Problem beziehungsweise beim Wunsch muss vorhanden sein. Produkte werden wegen der Befriedigung eines bestimmten Bedürfnisses gekauft. Somit ist das der Segmentierungsfaktor Nummer eins. Hier ist die Homogenität die Pflicht. Mit diesem Ansatz nach Befriedigung eines Bedürfnisses tun sich häufig ganz neue Gruppen auf, an die früher nie gedacht wurde. Um das Segment weiter zu fokussieren, können anschließend die anderen bereits genannten Kriterien hinzugezogen werden.

Wird in den Marktgesprächen festgestellt, dass das ausgewählte Marktsegment hinsichtlich des Bedürfnisses (privat und geschäftlich, Berufseinsteiger und Profis) heterogen ist, so ist die Segmentierung zu verfeinern. Heterogenität außerhalb des zu untersuchenden Bedürfnisses innerhalb eines Marktsegments ist in Ordnung.

Der Weg zum homogenen Segment

Wie oben erwähnt, gilt bei der Segmentierung folgende Reihenfolge:

1. Wenn das Bedürfnis zu Beginn noch nicht bekannt ist, folgt zuerst eine Grobsegmentierung anhand von bestehenden Segmentierungskriterien (Branche, Familienstand et cetera);
2. Segmentierung zu einer homogenen Bedürfnisgruppe, also Gruppen mit gleichen Treibern, Problemen und Erfolgsfaktoren, die zu vergleichbaren Problemen und Wünschen führen;
3. nachfolgende Untersegmentierung nach weiteren Kriterien (unter anderem auch demografische Merkmale). Denn häufig reicht ein Kriterium nicht aus, um zu einer homogenen Gruppe zu gelangen. In diesen Fällen werden mehrere Kriterien miteinander kombiniert. Anregungen liefern hier Adressanbieter über die Aufteilung von Zielmärkten. Auch hier gilt die »Bindestrich-Gesellschaft«: Fassen Sie mehrere Segmentierungskriterien zusammen. Bilden Sie Schnittmengen;
4. prüfen Sie, wo Untersegmente wieder zusammengefasst werden können, um auf eine ausreichende Größe des Segments zu kommen. Fassen Sie nur dort zusammen, wo gleiche Problemsituationen und Wünsche vorliegen. Suchen Sie nach den Gemeinsamkeiten, nicht nach Unterschieden;
5. im Rahmen der Marktgespräche werden die Bedürfnisse der Gesprächspartner im Marktsegment erfahren und geprüft, ob alle Gesprächspartner zu einer homogenen Gruppe gehören. Bei einem inhomogenen Marktsegment bezüglich der Bedürfnisse muss dieses weiter differenziert werden;
6. prüfen Sie, welche weiteren Gruppen die gleiche Bedürfnisstruktur aufweisen. Nehmen Sie diese gegebenenfalls in das Bedürfnissegment auf oder entwickeln Sie parallel für dieses ähnliche Segment Lösungen.

Nachfolgend ein Beispiel, wie immer weiter segmentiert werden kann, um am Ende eine homogene Gruppe zu erreichen: Eine Gruppe hat das Bedürfnis der finanziellen Absicherung. Es existiert der Detailwunsch der totalen Sicherheit und der Risikofreiheit. Die nachfolgenden Kriterien sind ein geringes Einkommen, eine Altersspanne bis maximal 40 Jahre, es gibt keine Kenntnisse über die finanzielle Absicherung und keine Bereitschaft, sich tiefgreifende Kenntnisse anzueignen.

Für diese Gruppe spezifische Angebote zu erstellen hat mehr Erfolg, als allen Personen mit dem Wunsch der finanziellen Absicherung eine Einheitslösung zu bieten.

Außerhalb der klassischen Gruppen

Häufig konzentrierten sich Unternehmen auf seit Jahren »beackerte« Marktsegmente und versuchten, bestehende Mitbewerber zu übertrumpfen, »zu schlagen« und ihnen Marktanteile »abzujagen«. Sie wählten den direkten Verdrängungswettbewerb. Erfolgreiche Unternehmen konzentrieren sich heute voll und ganz auf ihre Kunden und deren Bedürfnisse und das auch außerhalb der klassischen Branchen. Sie nehmen neue Segmente hinzu und vergrößern somit ihren Markt. Oder sie blicken über den Tellerrand hinweg und wechseln ganz das Marktsegment. Die bestehenden Produkte werden so verändert, dass diese die Bedürfnisse ganz anderer Kundensegmente befriedigen. Insbesondere die noch nicht erschlossenen Marktsegmente können wahre Goldgruben sein, solange der Nutzen für die Kunden im Vordergrund steht. Gehen Sie in die Segmente, die noch nicht von der Konkurrenz bedeckt und überfrachtet sind. Suchen Sie nach diesen Segmenten. Denn im stark umkämpften Markt können Sie nur wachsen, wenn Sie den Anderen einen Marktanteil wegnehmen. Und das ist ungleich schwerer, als die Kunden im neuen Segment vom Nutzen zu überzeugen. Es ist lukrativer, der Konkurrenz auszuweichen, als sie zu schlagen. Versuchen Sie nicht, ein etwas größeres Stück vom Kuchen abzubekommen (Verdrängungswettbewerb), sondern sich einen neuen Kuchen zu backen (neue Kundengruppe, neue unvergleichbare Lösungen). So entkommen Sie dem ruinösen Wettbewerb, der meist im Preiskrieg endet. Prüfen Sie, welche Marktsegmente auch von Ihren Produkten profitieren können. Erzeugen Sie einen Nutzen und somit eine Nachfrage in Segmenten, die noch frei sind. Modifizieren Sie das Produkt so, dass es in eine andere Produktkategorie gehoben werden kann. Ändern Sie bestehende Spielregeln des Marktes. Wer als erster auf einen neuen Markt kommt, hat die Chance, dass sein Produktname zu einer Gattungsbezeichnung einer ganzen Produktart wird (zum Beispiel Tempo, Zewa, Tesa). Das ist Werbung zum Nulltarif.

Nach der Segmentierung ist ebenfalls zu prüfen, was die Nichtkunden davon abhält, die Produkte zu kaufen. Was sind die größten Kaufhindernisse? Ergründen Sie, warum die Kunden nicht kaufen können (fehlen zum Beispiel finanzielle Mittel, ist der Einsatz aufgrund fehlender Technik nicht möglich, sind Kenntnisse zur Nutzung nicht vorhanden?) und nicht kaufen wollen (bietet das Produkt zu wenig Nutzen oder hat es ein unpassendes Image?). Und was wollen diese Nichtkunden und was können sie? Hier kann eine Gruppe erschlossen werden, auf die sich noch wenige Hersteller spezialisiert haben. Nachfolgend einige Beispiele von den Unternehmen, die der Konkurrenz ausgewichen sind und ganz neue Marktsegmente für sich aufgetan haben:

- *Lego:* Früher war das Marktsegment bei einem Alter von 16 Jahren zu Ende. Mit der Konzentration der Kinder auf die Computerwelt ging der Absatz zurück und Lego hat daraufhin ein neues Marktsegment erschlossen: Manager. Diese erhalten mit der Produktlinie »Lego Serious Play« (www.seriousplay.com) Unterstützung bei der Strategieentwicklung;
- *Jägermeister:* vom ehemaligen Magenbitter der Stammtische zum Kultgetränk der Jugend. Er wird jetzt seltener pur getrunken, und mehr als Longdrink oder auf Eis. Die Werbung ist komplett auf die Jugend ausgerichtet, ohne Computerkenntnisse kommt kein Nutzer auf der Homepage über die Introseite hinaus. Auf der Startseite muss das Geburtsdatum eingegeben werden. Schade nur, dass danach immer Filmsequenzen von jungen Leuten erscheinen. Auch wenn als Geburtsjahr 1930 eingegeben wird, bleibt der Aufbau gleich. Da wäre mit der Technik mehr möglich gewesen (www.jaegermeister.com);
- *Air Liquide* (Lieferant von Gasen für die Industrie und Medizin): nahm als neues Marktsegment den Endverbraucher mit hinzu. Angeboten werden kleine Gasflaschen zum Aufblasen von Luftballons (www.airliquide.de);
- *Kieser-Training:* gesundheitsorientiertes Rückentraining. Nicht Bodybuilding mit Showeffekt, sondern die Kunden sind »Durchschnittsmenschen«, die etwas für ihre Gesundheit tun wollen. Muskelaufbau und Optik sind hier nicht das Primärziel. Die Kunden sind hier überwiegend Personen, die vorher noch nie ein Fitnessstudio betreten haben. Kieser steht nicht in Konkurrenz zu anderen Fitnessstudios (www.kieser-training.com);
- *Pret-a-Manger:* ist zwar eine Fastfood-Kette (www.pret-a-manger.com), spricht jedoch eher die Berufstätigen an, die mittags etwas Gesundes essen wollen. Angeboten wird überwiegend leichte Kost. Im Vergleich zu anderen Fastfood-Ketten sind hier die Speisen deutlich teurer, trotzdem wächst dieses Unternehmen in diesem Marktsegment;
- *Cirque du Soleil:* konzentriert sich nicht wie ein traditioneller Zirkus auf Kinder, sondern auf Erwachsene mit Freude an Theater und Musicals. Hier ist die Bereitschaft der Besucher größer, höhere Eintrittsgelder zu zahlen. Benchmark für den Preis waren nicht Zirkusse, sondern Preise für Theater und Konzert-Events und die liegen um ein Vielfaches höher. Cirque du Soleil hat somit einen neuen Markt für sich erschlossen (www.cirquedusoleil.com);

- *Pomp Duck and Circumstance, Witzigmann:* Edelrestaurants mit Varieté. Die Kunden sind nicht nur solche, die sowieso häufig in Edelrestaurants gehen, sondern auch solche, die vorher noch nie in einem Sternerestaurant 100 Euro für ein Essen ausgegeben haben;
- *Starbucks:* hat sich auf Nichtkunden der klassischen Kaffeehäuser konzentriert. Cafés waren klassisch mit viel Plüsch, Häkeldecken und Bedienung im Dirndl. Diese sprachen insbesondere die älteren Generationen an. Starbucks konzentriert sich hingegen auf Schüler, Studenten und Berufstätige und macht den Besuch zu einem hippen Erlebnis. WLAN ist genauso selbstverständlich wie eine freie Kombination von unzähligen Getränkevariationen. Die gehörte Musik kann direkt auf den iPod herunter geladen werden (www.starbucks.com);
- *BlackBerry:* Die Kunden sind nicht nur die, die früher mit großer Aktentasche und Laptop durch die Berufswelt gezogen sind, sondern insbesondere Personen, denen ein Laptop im Gepäck zum Versenden von Mails zu schwer ist.
- *Nintendo Wii:* spricht nicht nur Kinder an, sondern auch die Erwachsenen. Diese galten eher als Nicht-Kunden im Konsolenbereich. Und was ist mit den Senioren? Wann kommt die erste Konsole für Senioren? Da gibt es noch keinen Wettbewerb.
- Baby-Nahrungsmittelhersteller haben immer mehr mit dem Geburtenrückgang zu kämpfen. Welche Gruppe hat teilweise genau so wenig Zähne wie Babys? Richtig, Senioren. Und dieser Markt wächst. Schwer ist nur, marketing-technisch den Bogen von der Baby-Nahrung zu spannen.

Der Kunde im idealen Marktsegment

Folgende Kriterien gelten für Kunden im optimalen Marktsegment:

- Je nach Produkt gibt es eine geringe, mittlere oder hohe Fluktuationsrate bei den Kunden (Wechsel innerhalb des Marktsegments und somit Aus- beziehungsweise Eintritt). Bei sehr langlebigen Produkten (zum Beispiel Eigenheim) ist es schlecht, wenn keine neuen Kunden hinzukommen, denn mehr als ein Eigenheim kaufen sich die meisten nicht im Leben. Bei Verbrauchsgütern ist es besser, wenn das Marktsegment stabil ist, denn bei bestehenden (zufriedenen) Kunden ist der Aufwand für die Werbung geringer als bei Neukunden;

- eine hohe Anzahl an Kunden;
- eine sehr große Homogenität, insbesondere bezüglich der Bedürfnisse;
- ein gleicher Kenntnisstand und gleiche Fähigkeiten bei der Problemlösung;
- das Produkt bringt den maximalen Nutzen;
- das Produkt wird mehrfach gekauft;
- keine Rücksendung der Bestellung bei Nichtgefallen;
- zahlungskräftig;
- gute Zahlungsmoral;
- eine positive Einstellung zum Geldausgeben;
- große Probleme und Wünsche. Je größer der Problemdruck ist, desto besser ist es. Es sind viele durch das Marktsegment nicht zu beeinflussende externe Treiber vorhanden. Diese haben harte Konsequenzen bei fehlender Umsetzung. Dadurch ist der Bedarf nach einer Lösung drastisch erhöht;
- Probleme und Wünsche treten häufig auf;
- die Kundengruppe löst das Problem selbst. Bei Problemen kommt es vor, dass die Kunden diese nicht selbst lösen. Hierzu gehören zum Beispiel Rechtsstreitigkeiten, Steuererklärung, aufwändige Reparaturen. Die Aufgabe, das Problem zu lösen, wird an Rechtsanwälte, Steuerberater und Handwerker vergeben. Somit ist der Bedarf an Produkten, die das Problem direkt lösen, gering. Es ist somit Voraussetzung für den Bedarf eines Produkts, dass der Kunde das Problem selbst löst, das heißt, dass die Lösungstiefe vorhanden ist;
- das Bedürfnis besteht langfristig;
- Zahler = Nutzer = Beeinflusser = Entscheider. Wenn diese vier Charaktere unterschiedliche Personen sind, wird es kompliziert. Es ist schwer, mit einem Angebot alle vier Gruppen zu begeistern. Der Anbieter benötigt dann vier Nutzenansätze für alle vier Gruppen, damit alle Charaktere zustimmen. Es geht hierbei nicht um den objektiven Wert des Produkts, sondern um den Wert für jeden einzelnen Charakter. Beispielsweise muss eine Sekretärin bei teuren Produkten, die ihr einen Nutzen bieten, die Zustimmung des Chefs einholen. Somit muss auch ihm ein Nutzen geboten werden, der größer als die finanzielle Ausgabe ist. Auch in der Werbung ist dieser Split zu berücksichtigen: Die Werbepostsendungen an die Sekretärin müssen auch immer Werbeargumente für den Chef enthalten. Die Produktentwicklung ist um ein Vielfaches einfacher, wenn die vier Typen in einer Person vereint sind. Maximal sollten diese vier Charaktere auf zwei Personengruppen verteilt sein;
- es ist möglich, mit einem Produkt das Bedürfnis zu erfüllen;

- eine große Palette sinnvoller Ergänzungsprodukte ist möglich;
- die Produkterstellung der Lösung passt zur Stärke des eigenen Unternehmens;
- das Marktsegment ist klar definiert und abgrenzbar;
- die Kunden sind offen für neue Lösungen;
- ein direkter Zugang zu den Kunden ohne Zwischenhändler ist gegeben;
- die Kunden sind gut erreichbar (für Gespräche, Werbung sowie weitere Kontakte). Beispielsweise sitzen die Kunden am Schreibtisch und sind somit telefonisch erreichbar;
- die geografische Erreichbarkeit für persönliche Kontakte;
- Adressen der Kunden liegen vor (ebenfalls für eine Terminabsprache zu Gesprächen und für Werbung) beziehungsweise können einfach beschafft werden;
- es sind wenig alternative Lösungen zu den Konkurrenzangeboten vorhanden, nur wenig Wettbewerb beziehungsweise wenige Wettbewerber, die das Bedürfnis dann auch nur schlecht erfüllen;
- die Bedarfsprofile und Kaufprofile der Kunden sind bekannt;
- die Kunden haben einen großen Multiplikatorenkreis und können das Produkt weiterempfehlen;
- die Kunden haben eine große Bereitschaft zur Mitwirkung bei der Produktentwicklung.

Am besten ist es, wenn in Ihrem Unternehmen die Kernkompetenzen vorhanden sind, um die Bedürfnisse dieser Kunden zu befriedigen, wenig Wettbewerber auftreten und hohe Eintrittsbarrieren für andere Markteinsteiger bestehen.

Kapitel 13

Die Auswahl des Gesprächsorts

»Mach Dir ein paar schöne Stunden – geh zum Kunden«. Es gibt zwar viele Methoden, bei denen man glaubt, anschließend ein gutes Abbild des Gesprächspartners zu haben. Es geht jedoch nichts über ein Gespräch in seiner eigenen Umgebung – in seinen eigenen vier Wänden, sei es im beruflichen Umfeld oder privat. So wie kein Telefonat und kein Fragebogen per Post oder Internet das persönliche Gespräch ersetzt, so ersetzt keine noch so gute Beschreibung den direkten Besuch. Sie sehen, wie Ihr Gesprächspartner lebt und arbeitet. So können Sie die verbalen Antworten mit Ihren Beobachtungen ergänzen.

Wenn ein Film über das Jagdverhalten und der Jungtieraufzucht von Raubtieren gedreht werden soll, dann geht das Kamerateam in den Urwald – und nicht in den Zoo. Denn die besten Ergebnisse erhält man in der natürlichen Umgebung des »Objekts«. Deshalb gehen Sie zum Gesprächspartner hin. Führen Sie kein Gespräch im neutralen Restaurant, oder noch schlimmer: im sterilen Büro einer Marktforschungsagentur. Die meisten Menschen verleben den Großteil ihrer wachen Zeit am Arbeitsplatz und gestalten diesen nach Möglichkeit so privat wie möglich. Er ist meist ein Spiegelbild des »Bewohners«. Außerdem ist der Aufwand für den Gesprächspartner geringer und somit die Bereitschaft zu einem Gespräch höher. Ein zusätzlicher Vorteil ist, dass der Gesprächspartner sich in der ihm vertrauten Umgebung sicherer fühlt und mehr Informationen aus seinem Innenleben preisgibt. Somit eignen sich am besten die Arbeitsumgebung (Büro) oder die private Wohnung des Gesprächspartners. Ein Nachteil dieser Vor-Ort-Besuche ist sicherlich der Anfahrtsweg. Doch den sollten Sie auf sich nehmen, denn Sie wollen ja etwas von Ihrem Gesprächspartner und nicht umgekehrt. Bei Gesprächen am neutralen Ort oder in den Räumen des Interviewers besteht auch noch die Gefahr, dass der Gesprächspartner nicht zum Gespräch erscheint. Begeben Sie sich auch physisch auf das Territorium Ihres Gesprächspartners.

Tauchen Sie in seine Welt ein. Gehen Sie bis an die Graswurzel. Dafür müssen Sie zu dem Gesprächspartner hingehen. Unter anderem macht es das Möbelhaus Ikea vor. Die Marktleiter besuchen die Kunden in deren Wohnungen, um das Wohnumfeld kennen zu lernen. Diese Sichtungen vor Ort mit den Gesprächen mit den Bewohnern sind wertvoller als jede Marktstudie und jedes Gespräch mit Experten. So erhält der Interviewer sehr viele Informationen direkt vor Ort:

- Wie ist der Gesprächspartner eingerichtet (rein funktional, hip, verspielt, luxuriös)? Welche Bilder hängen an der Wand (Hobby, Fotos der Familie)? Egal, ob im privaten Bereich oder im Büro: Diese Dinge symbolisieren, wofür das Herz wirklich (unabhängig vom Gesprächsinhalt) schlägt. Auf diese Dinge angesprochen wird Ihr Gesprächspartner Ihnen gern viel erzählen. Einen Mangel an Informationen werden Sie hier nie haben;
- Wie ist seine technische Ausstattung?
- Welche Produkte der Konkurrenz hat er?
- Was liest er (welche Zeitungen, Zeitschriften, Bücher)?
- Welche Produkte aus anderen Branchen hat er?
- Wie oft wird er in seinem Umfeld gestört? Mit welchen Aufgaben/Problemen wird er während des Gesprächs konfrontiert? Klingelt häufig das Telefon? Dann versuchen Sie den Gesprächsinhalt herauszubekommen. Auch so erfahren Sie viel über sein Aufgabengebiet und die an ihn herangetragenen Herausforderungen;
- In welchem Umfeld benötigt der Kunde Lösungen?

Im Business-Bereich kann es vorkommen, dass der Gesprächspartner für das Gespräch einen Besprechungsraum und nicht sein Arbeitszimmer wählt. Um trotzdem einen Einblick in das Arbeitszimmer zu bekommen, kann der Interviewer den Gesprächspartner fragen, ob er kurz dort telefonieren dürfe. Es geht hier natürlich nicht um das Telefonieren, sondern darum, einen – wenn auch nur kurzen – Einblick in die direkte Umgebung des Gesprächspartners zu bekommen.

Für Gespräche im privaten Rahmen kann es sein, dass zum ersten Termin noch nicht ein so großes Vertrauen aufgebaut ist und der Gesprächspartner nicht möchte, dass das Gespräch in seinem häuslichen Umfeld stattfindet. Der Arbeitsplatz als Gesprächsort ist hier dem neutralen Ort vorzuziehen, da Sie auch dort wichtige Informationen über das private Umfeld erfahren können. Folgegespräche sollten dann nach Möglichkeit immer in dem räumlichen Umfeld stattfinden, in dem der Kunde das Produkt auch nutzen würde.

Kapitel 14

Die Auswahl der Gesprächspartner

In einer ersten Orientierung erfolgen Gespräche mit Experten und Meinungsführern aus der Branche. Hier erfahren Sie unter anderem, ob es Treiber (zum Beispiel rechtliche Vorgaben) in der Zukunft gibt, von denen Ihre späteren Gesprächspartner aus dem Marktsegment noch gar nichts wissen, die sie jedoch betreffen. Außerdem eignen sich Ihre Mitarbeiter hier das notwendige fachliche Grundwissen an, um die nachfolgenden Gespräche zu führen. In den Expertengesprächen erfahren Sie häufig auch die Zugangsmöglichkeiten zu den späteren Gesprächspartnern: von einzelnen Kontakten bis hin zu Tipps der Erreichbarkeit und Argumenten, wie potenzielle Gesprächspartner eher bereit sind, einen Termin zuzusagen. Nutzen Sie diese Hinweise. Wenn Sie die Namensliste von den Experten erhalten haben, dann fragen Sie gleich, ob Sie sich bei der Akquise auf sie berufen können. Das erleichtert Ihre Terminabsprache um ein Vielfaches.

Nach der Festlegung des Gesprächsziels und der Marktsegmentierung ist aus dieser Gruppe eine Teilmenge für Gespräche auszuwählen. Ist Ihr Marktsegment sehr klein, können Sie mit allen Personen aus dieser Gruppe Gespräche führen. Meist ist diese Gruppe jedoch so groß, dass eine Vollerhebung aus Kosten- und Zeitgründen nicht möglich ist. Somit erfolgt die Auswahl einer repräsentativen Stichprobe (die Zusammensetzung entspricht der Verteilung in der Grundgesamtheit). Die Ergebnisse der Teilerhebung werden dann auf die Grundgesamtheit hochgerechnet.

Schon um den Aufwand in Grenzen zu halten, ist die Anzahl der Gespräche überschaubar zu halten: so klein wie möglich und so groß wie nötig. Je homogener die Gruppe ist, desto weniger Gespräche sind für repräsentative Ergebnisse notwendig. Hier reichen häufig schon 30 Gespräche.

Die Auswahl der Gesprächspartner erfolgt nicht nach statistischen Auswahlverfahren, sondern eher zufällig. Die Gesprächspartner sollten jedoch aus dem geografischen Umkreis kommen, den Sie mit Ihrem späteren Produkt auch erschließen wollen. Wenn Ihr Produkt später bundesweit verkauft werden soll, sollte die Auswahl der Gesprächspartner auch bundesweit erfolgen. Und zwar so weit es geht in annähernd gleichmäßiger Verteilung. Zu einer statistischen Verteilung könnten Sie auf Telefonvorwahlen, Postleitzahl (zum Beispiel alle Personen aus Ihrem Marktsegment mit der gleichen letzten Ziffer. Dieses hat den Vorteil, dass die Gesprächspartner im gesamten Bundesgebiet einbezogen werden) oder Gemeindegrenzen zurückgreifen. Nur sind diese Aufteilungen und Abgrenzungen nicht identisch, was eine repräsentative Auswahl fast unmöglich macht. Über Telefonnummern die repräsentativen Gesprächspartner zu wählen, ist ebenfalls unmöglich, da insbesondere in Großstädten bis zu 50 Prozent der Anschlüsse nicht im Telefonbuch eingetragen sind. Gerade Singles verzichten auf die Eintragungen. Um eine einigermaßen repräsentative Auswahl zu treffen, wird sich meist mit dem Generieren von Hunderter-Nummern beholfen (bekannte Nummern werden gelistet und die letzten beiden Ziffern gelöscht. Diese werden nach dem Zufallsprinzip gewählt, um auch die nicht eingetragenen User zu erreichen). Erschwerend kommt hinzu, dass gerade durch ISDN-Anschlüsse viele theoretisch mögliche Nummern als Faxnummer genutzt werden beziehungsweise drei verschiedene Nummern bei ein und demselben Endkunden landen. Somit ist bei dem Verfahren der Hunderter-Nummern die Wahrscheinlichkeit, angerufen zu werden, bei einem ISDN-Kunden dreimal höher als bei einem Analog-Kunden. Diese Methode wird in den letzten Jahren durch Handys weiter erschwert, da:

- Handynummern geografisch nicht zuzuordnen sind;
- Handynutzer nur zu einem Bruchteil Besitzer von eingetragenen Festnetzanschlüssen sind;
- Bürger die Wahl haben zwischen Festanschluss, Festanschluss plus Handy (Prepaid plus Festvertrag), nur Handy (diese Gruppe wächst) und Homezone-Angeboten (Handy mit Festnetznummer). Die Verteilung dieser Varianten ist je nach Alters- und Sozialstruktur unterschiedlich. Hier sind nur Mischungen der Bezugsquellen annähernd repräsentativ. Auch ist eine telefonische Befragung von Handykunden problematisch, da die Kunden häufig nicht in einer ruhigen Umgebung sind, um ungestörte Gespräche zu führen.

Also ist der Aufwand für die Auswahl der Gesprächspartner zu einer quantitativen Studie sehr hoch, jedoch kann auch damit noch keine 100-prozentig repräsentative Stichprobe gemacht werden. Einfacher sind zum Beispiel Losverfahren oder Anfangsbuchstaben. Diese Verfahren sind zwar weniger statistisch abgesichert, jedoch für die qualitativen Gespräche ausreichend.

Wen auswählen?

Je nach Gesprächsziel sind unterschiedliche Personengruppen für die Gespräche auszuwählen:

- *Nichtkunden aus der Branche.* Sie eignen sich am besten. Sie sind nicht voreingenommen und beziehen die Fragen nicht auf Ihr Unternehmen oder bereits existierende Produkte;
- *Erstkunden;*
- *Gelegenheitskunden;*
- *Stammkunden*
  - *Vorteil:* Einige Informationen liegen bereits vor. Auch sind Stammkunden eher bereit zu einem Gesprächstermin. Ein Vertrauensverhältnis ist vorhanden, was zu offenen Antworten führt;
  - *Nachteil:* Sie geben teilweise Gefälligkeitsantworten und vermuten eher Verkaufsabsichten bei dem Gespräch. Die eigenen Kunden sind zu sehr auf das Angebot des Unternehmens und die gekauften Produkte fixiert und beziehen ihre Antworten darauf. Sie denken im Rahmen der bestehenden Produkte, nicht darüber hinaus. Ganz neue Ansätze erhalten Sie eher durch Gespräche mit Nichtkunden. Und genau das wollen Sie ja;
- *Rückkehrer:* Die Kunden, die früher gekauft haben, dann lange Zeit nicht und jetzt wieder von Ihnen Produkte beziehen;
- *»Probekunden«/»Umtauscher«:* Die Kunden, die Ihre Produkte innerhalb der Testphase zurückgegeben haben;
- *ehemalige Kunden:* Diese beziehen keine Produkte von Ihrem Unternehmen mehr, da der erwartete Nutzen nicht erfüllt wurde, die Wettbewerber den Bedarf besser befriedigen, die Handhabung zu kompliziert ist oder sich die Bedürfnisse geändert haben. Diese Gruppe ist eine große Quelle für Informationen. Sie geben ehrliche Antworten, da sie keine Rücksicht mehr nehmen müssen. Sofern ein Kunde sich für einen anderen Anbieter entschieden hat, hat er das Kapitel mit Ihrer Firma gedanklich abgeschlossen. Jedoch ist die Bereitschaft zu einem persönlichen Gespräch oder gar einer Fokusgruppe äußerst gering, auch ist der Rücklauf von Fragebögen geringer als zum Zeitpunkt der aktiven Kundenbeziehung. So bleibt »nur« noch das Telefonat;
- *Kündiger:* Eine heikle Situation, da der Kunde sich gerade aktiv (zum Beispiel ein Abonnement gekündigt) von Ihrem Unternehmen »verabschiedet« hat. Es ist die anspruchsvollste Kommunikation der ganzen Kundenbeziehung. In der Werbung vor dem Kauf wurden Hoffnungen geweckt, jetzt mit der Kündigung sind Enttäuschungen zu managen. Da

ist viel Übung und Feingefühl notwendig. Gerade hier muss zu Beginn der Marktgespräche deutlich kommuniziert werden, dass es nicht darum geht, den Kunden zurückzugewinnen beziehungsweise ihn dazu zu überreden. Das Ziel ist es, seine Meinung und seine Erfahrungen mit dem Produkt zu erfahren. Der ehemalige Kunde wittert sofort den Verdacht – wenn auch in Ihrem Fall zu Unrecht –, dass Sie ihm nur wieder etwas verkaufen wollen. Weiterhin haben die ehemaligen Kunden immer einen Grund, warum sie nicht mehr bei Ihnen kaufen. Liegt der Grund bei Ihrem Unternehmen (beispielsweise Unzufriedenheit mit dem Service oder dem Produkt), so müssen Sie mit einer angespannten Grundstimmung rechnen. Kündiger sollten daher auch nicht mit einem starren Fragebogen telefonisch abgefragt werden, es ist stattdessen ein offenes Gespräch zu suchen;

- *Wechselkunden* (ehemalige Kunden der Wettbewerber);
- *Verweigerer:* Diese »Kunden« haben bereits mehrfach Werbung erhalten, jedoch noch nie bestellt;
- *Kunden der Konkurrenz;*
- *Nichtkunden aus anderen Marktsegmenten.* Der Vorteil: Gegebenenfalls passen bestehende Produkte in leicht veränderter Form sehr gut auch in andere Marktsegmente. Oder Sie erhalten Anregungen aus anderen Segmenten für Produkte Ihrer eigenen Branche;
- *Kunden Ihrer Kunden:* Denn Ihre Aufgabe ist es, dafür zu sorgen, dass Ihre Kunden selbst bessere Geschäfte machen. Wenn Sie die Kunden Ihrer Kunden kennen, dann wissen Sie, welche Probleme diese haben und mit welchen Lösungen Ihre Kunden bessere Geschäfte machen. Dabei sollten Sie Ihre Kunden unterstützen.

Zu unterscheiden ist bei der Auswahl der Gesprächspartner ebenfalls zwischen:

- *Heavy User* und Gelegenheitsnutzer (Personen, bei denen das Problem nur selten auftritt);
- *Early Mover* (Personen, die jede neue Technologie – egal welche – als erstes nutzen wollen), die Mitte beziehungsweise breite Masse und die Nachzügler;
- *Entscheider, Nutzer, Zahler.* Wenn die Nutzer des Produkts nicht die Entscheider und auch nicht die Zahler sind, dann sind die jeweiligen Gesprächsserien mit allen drei Gruppen zu führen.

Einmalbefragung, Mehrfachbefragung oder Kundenpanel/Kundenbeirat

Gerade mit den Gesprächspartnern, die Ihnen gegenüber sehr offen sind und die Ihnen viele Informationen liefern, sollten Sie mehrere Treffen vereinbaren. Entweder über einen längeren Zeitraum zum gleichen Thema, um immer weiter in die Tiefe zu gehen und um Veränderungen der Lebenswelt zu diesem Thema zu erfahren oder zu jeweils wechselnden Themen. Hier sollte eine feste Gruppe zusammengestellt werden, mit der Einzelgespräche oder Gruppendiskussionen geführt werden. Zu beachten ist, dass die Gruppe mit der Zeit kleiner wird, da durch Umzug, Krankheit oder fehlendes Interesse einige Personen aussteigen. Daher ist mit einer größeren Gruppe zu starten als bis zum Ende benötigt wird.

Insbesondere bei regelmäßiger Belieferung Ihrer Kunden ist es angebracht, mit diesen immer wieder Gespräche zu führen, sei es in Einzelgesprächen, Gruppendiskussionen oder kurzen Fragen zu einem speziellen Thema. Jeder Ihrer Produktmanager sollte mindestens zehn Personen aus Ihrem Marktsegment kennen, die er jederzeit kontaktieren kann. An diese Gruppe senden Sie auch jedes Ihrer neuen Produkte zur Prüfung. Anschließend erfolgen persönliche Gespräche oder Telefonate über die Nutzungseigenschaften.

Quellen für den Gesprächspartner

Nachfolgend finden Sie eine Liste der möglichen Quellen. Je nach Gesprächsziel ist die eine oder andere Quelle geeigneter:

- Personen aus der eigenen Kundenkartei (Nichtkunden, Einmalkunden et cetera);
- Besucher aus Ihrem Marktsegment auf Messen/Seminaren/Kongressen ansprechen. Nutzen Sie diese Kontaktmöglichkeit, um so wenig wie möglich telefonische Kaltakquise betreiben zu müssen. Fragen Sie im Rahmen einer Plauderei an, ob Sie sich bezüglich eines Gesprächs noch einmal melden dürfen. Verbindet der potenzielle Gesprächspartner später Ihr Gesicht mit der Anfrage, haben Sie eine hohe Wahrscheinlichkeit der Terminzusage;
- Personen aus Empfehlungen (zum Beispiel aus vorangegangenen Marktgesprächen);

- Telefonbuch;
- ehemalige Schul-, Ausbildungs- und Arbeitskollegen;
- Branchenbuch;
- Freizeitbereich (zum Beispiel Verein): Nutzen Sie jede Gelegenheit, einen Gesprächspartner zu finden. Sie treffen im Freizeitbereich teilweise zufällig auf potenzielle Gesprächspartner aus Ihrem Marktsegment. Hier heißt es: Zettel und Stift in die Hand und Kontaktdaten aufschreiben. Einfacher kommen Sie nie an Gesprächstermine;
- Homepage (insbesondere im b-to-b-Bereich);
- andere Anbieter fragen, die in diesem Marktsegment Kunden haben, jedoch mit dem eigenen Unternehmen nicht in Konkurrenz stehen (zum Beispiel Special-Interest-Zeitschriften);
- Adressanbieter;
- das selbst aufgebaute Panel an Mehrfachteilnehmern von Gesprächen und Gruppendiskussionen.

Bei all diesen Möglichkeiten sind die sich laufend ändernden rechtlichen Vorgaben zur Kontaktaufnahme (insbesondere der telefonischen) zu beachten.

Es ist naheliegend, die Marktgespräche mit Verwandten, engen Bekannten und Freunden durchzuführen oder im b-to-b-Bereich mit Kollegen. Der größte Vorteil ist sicherlich, dass es hier weitaus einfacher ist, einen Termin zu bekommen. Ebenso verlaufen die Gesprächsphasen der Fremdheit und Orientierung kürzer und der Gesprächspartner öffnet sich eher. Ein eindeutiger Nachteil ist, dass der Gesprächspartner aufgrund der vorhergegangenen Beziehung beeinflusst ist und dieses in seine Schilderungen und Ausführungen einfließt. Dieser Nachteil überwiegt deutlich gegenüber den Vorteilen. Als repräsentativer Gesprächspartner kommt nur der zufällig ausgewählte Konsument in Frage. Denn die große Gruppe der Konsumenten entscheidet letztendlich über den späteren Erfolg der Produkte. Experten und Personen aus dem eigenen Umfeld kaufen im seltensten Fall Ihre Produkte.

Wie bei einem Verkaufsgespräch ist es auch für Marktgespräche wichtig, den richtigen Gesprächspartner zu haben. Überlegen Sie genau, wer die Kunden für Ihr Angebot sein sollen. Sprechen Sie nur mit diesen Personen. Sollte Ihr Gesprächspartner trotz eines Termins mit Ihnen plötzlich verhindert sein, geben Sie sich bitte insbesondere im b-to-b-Bereich nicht mit einem Mitarbeiter von ihm zufrieden, sofern dieser nicht zu Ihrem Marktsegment gehört. Vereinbaren Sie lieber einen neuen Termin. Es geht nicht darum, Gespräche zu führen, sondern durch Gespräche mit Ihren zukünftigen Kunden an die Erkenntnisse zu gelangen, die Sie für Ihre Produktentwicklung benötigen.

Kapitel 15

Die Auswahl der Interviewer

Für die Gespräche benötigen Sie keine Mitarbeiter mit psychologischem Studium. Ihre Mitarbeiter sollen sich in den Gesprächen ganz natürlich verhalten und den Gesprächspartnern zuhören. Diese Voraussetzung sowie das Durchhalten können manchmal schwerer sein als ein ganzes Psychologiestudium.

Mit gutem Beispiel vorangehen

»Menschen lernen durch Vorbilder«, heißt es. Somit sollte auch das obere Management die Marktgespräche durchführen. Dazu gehört mehr, als die Stammkunden zum Mittagessen einzuladen.

Auch für das Topmanagement reicht es nicht, einmal im Monat die Verkaufsstatistiken zu lesen und sich am Kaffeeautomaten bei den Verkäufern zu erkundigen, ob es etwas Neues gibt. Erst wenn auch die Geschäftsführung direkten Kontakt zu den Kunden hat, versteht sie diese. Sie erfährt, wie die Kunden leben, arbeiten, fühlen, was sie bewegt und was die wahren Wünsche sind.

Voraussetzungen für einen guten Interviewer

Fachkenntnisse sind hierbei weniger wichtig als eine Offenheit und wahres Interesse an dem Gesprächspartner. Somit sollte ein Interviewer folgende Eigenschaften haben:

- Er hat so viel fachliches Hintergrundwissen, dass er die Gespräche durchführen kann und auch im Gespräch die Aussagen des Gesprächspartners verarbeitet, um gegebenenfalls konkrete vertiefende Fragen zu stellen. Er muss die Aussagen des Gesprächspartners verstehen und deuten können;

- er kann sein Wissen und seine Erfahrungen im Gespräch ganz ausblenden. Er geht ohne vorgefasste Meinung in das Gespräch und versucht, so tief wie möglich in die Welt des Gesprächspartners einzutauchen, ihn zu verstehen und mit ihm zu fühlen, denn zu viel Fachwissen kann schaden. Steckt der Interviewer zu sehr im Thema oder ist gar noch voll in der Produktentwicklung, so fehlt ihm die nötige Offenheit. Er will nur noch seine Vorstellungen und Ideen im Gespräch bestätigt haben. Unbewusst werden hierfür Alternativ- und Suggestivfragen gestellt, um so die gewünschten Gesprächsinhalte zu hören und die eigenen Annahmen bestätigt zu bekommen. Neben den Interpretationsfehlern bei diesen Fragen macht der Gesprächspartner zusätzlich zu, da er den Eindruck hat, der Interviewer ist gar nicht an seinen Ausführungen interessiert. Nicht das »Ich« sollte für den Interviewer im Vordergrund stehen, sondern das »Sie« des Gesprächspartners;

- er stellt sein Expertenwissen und seine Meinung hinter dem Wissen des Gesprächspartners zurück, lässt ihn reden und stellt sich selbst als Laien oder Einsteiger dar. Das ist die Grundeinstellung eines guten Interviewers. Auf eine Selbstdarstellung des Interviewers würde der Gesprächspartner meist mit einer Selbstdarstellung antworten. Daher soll der Interviewer nicht erzählen, was er alles kann und weiß, sondern sich eher kleiner machen als er ist – und das auch, wenn er sich besser in dem Gesprächsthema auskennt als der Gesprächspartner. Personen, die immer eine Runde Vorsprung vor sich selbst haben und jede Äußerung der anderen bewerten, sind nicht als Interviewer geeignet. Der Gesprächspartner steht im Mittelpunkt, nicht der Interviewer. Ein Interviewer, der über die notwendige Disziplin verfügt und gut zuhören kann, wird automatisch mehr und wertvollere Informationen erhalten. Diese methodische Naivität gibt dem Gesprächspartner die Sicherheit, dass der Interviewer seine Ausführungen nicht bewerten und sanktionieren kann. Somit traut er sich eher, etwas zu sagen. Dieses »Unwissen« gibt dem Interviewer auch gegenüber dem Gesprächspartner das Recht, naive, tiefgreifende Fragen zu stellen. Diese Reduktion und Zurückhaltung des Wissens erfordert einiges an Disziplin und Selbstbewusstsein. Wie gern zeigt doch jeder, was er alles weiß. Hier ist jedoch weniger mehr – und zwar viel mehr. Der Interviewer muss interessiert sein, nicht interessant;

- er hat so viel Fachkenntnis, dass er vom Gesprächspartner akzeptiert wird;

- er hat Geduld und darf nicht auf eine schnelle Gewinnung neuer Erkenntnisse aus sein. Der Gesprächspartner bestimmt neben dem Inhalt auch das Tempo des Gesprächs;
- er hat eine neutrale Haltung und ein großes Maß an emotionaler Distanz zum Gesprächsthema und den Äußerungen des Gesprächspartners. Produktverliebte Mitarbeiter können die Methode noch so gut beherrschen, sie werden bewusst oder unbewusst die Gespräche so steuern, dass jeder Gesprächspartner genau das sagt (beziehungsweise sagen darf), was sie hören wollen und was ihre Meinung bestätigt;
- der Interviewer muss einen guten Zugang zu dem Gesprächspartner haben. Bei Allerweltsthemen ist dieses gegeben, sofern der Interviewer die Grundregeln beachtet. Differenzierter ist dieses jedoch bei »heiklen« Themen wie zum Beispiel Gesprächen über Erziehung, Kleidung, Pflege. Da entscheidet schon die Auswahl des Interviewers, ob überhaupt eine Chance besteht, dass der Gesprächspartner sich öffnet. Werden zum Beispiel Gespräche mit jungen Müttern zum Thema Babypflege geführt, ist eine Frau im selben Alter – nach Möglichkeit eine Mutter – als Interviewer geeignet;
- er hört interessiert zu und sagt wenig. Reden können viele, zuhören leider wenige. Die Fähigkeit des Zuhörens – ohne selbst mit eigenem Wissen zu prahlen – ist die wichtigste Eigenschaft des Interviewers. Sie ist die Voraussetzung. Er muss wirklich an dem Gesagten interessiert sein und eigene Vorurteile hinten anstellen. Genau das ist meist der Knackpunkt;
- er kann sich in den Gesprächspartner hineinversetzen und mit ihm fühlen. Und ist somit idealerweise selbst ein Mitglied des Marktsegments. Vermitteln Sie lieber einer Person aus dem Marktsegment die Fähigkeiten zum Führen von Marktgesprächen, als dass Sie einem Könner in der Gesprächsführung die Marktkenntnisse näherbringen, da dieser sich nicht in die Kunden hineinversetzen kann. 55-jährige verheiratete Männer sind nicht geeignet, ein Produkt für 16-jährige Mädchen zu entwerfen. Auch mit viel Training fühlt und sieht der 55-Jährige die Welt nicht wie eine 16-Jährige. Wenn Ihr Unternehmen in einem Marktsegment die Nummer eins werden beziehungsweise bleiben will, benötigen Sie Mitarbeiter in der Produktentwicklung, die aus dem Marktsegment kommen;
- da die Gespräche offen geführt werden, wird von den Interviewern eine hohe Ungewissheitstoleranz und Flexibilität verlangt. Die Toleranz ist wichtig, da in keiner Weise vorhersehbar ist, in welche Richtung das Gespräch verläuft und mit welchen Aussagen der Interviewer kon-

frontiert wird. Eine Planung des Gesprächs ist nur im groben Rahmen möglich. Die Flexibilität ist wichtig, da der Interviewer sofort auf die Aussagen des Gesprächspartners reagieren muss und seine Fragen und seine Vorgehensweise anzupassen hat. Das ist zwar kein Hexenwerk, erfordert jedoch tiefgreifende Kenntnisse und Fähigkeiten in der Gesprächsführung;

- er bringt dem Gesprächspartner sein Interesse entgegen und zeigt ihm seine Wertschätzung. Er zeigt seinem Gesprächspartner, dass er nichts lieber macht, als sich genau jetzt mit ihm über sein Leben zu unterhalten. Und das sollte auch die innere Einstellung des Interviewers sein, denn bessere Informationen für seine Produktentwicklung bekommt er nirgendwo;
- er beherrscht die Fragetechniken, um den Gesprächspartner zum Erzählen zu verleiten. Es zählen nicht nur der IQ und die emotionale Intelligenz, sondern ebenfalls die Frage-Intelligenz;
- er motiviert den Gesprächspartner durch seine Körpersprache und gezielt eingebaute Pausen zum Weitererzählen;
- er kann schnell eine Vertrauensbeziehung zum Gesprächspartner herstellen, damit dieser sich öffnet;
- er hat fundierte Kenntnisse in der Methodik von Gesprächsführung, ohne dieses Wissen dem Gesprächspartner gegenüber zu zeigen;
- er muss die Aussagen des Gesprächspartners während des Gesprächs auswerten können, um so gezielt nach- und weiterzufragen.

Ob der Interviewer aus der Branche kommen soll oder gerade nicht, ist von Fall zu Fall zu entscheiden. Kommt der Interviewer aus der Branche, hat das den Vorteil, dass der Interviewer weiß, wovon der Gesprächspartner redet, denn er kennt die Branche. Dass ein aus der Branche stammender Interviewer weiß, wovon der Gesprächspartner redet und die Branche kennt, kann aber auch ein Nachteil sein. Denn gerade dieses Wissen führt häufig dazu, dass der Interviewer mit einer vorgefassten Meinung in die Gespräche geht und bereits Hypothesen im Kopf hat. Er nimmt die Ausführungen des Gesprächspartners, die seine Meinung bestätigen, nur noch selektiv wahr. Ebenso hat es Vorteile und Nachteile, wenn der Interviewer aus dem Unternehmen stammt. Denn auch hier besteht die Gefahr, dass der Interviewer nicht unvorbelastet in das Gespräch geht. Wenn er noch aus der Produktentwicklung stammt und die Gespräche zu eigenen Produktansätzen führen soll, dann kommen auch noch die eigenen Interessen bewusst und unbewusst ins Spiel. Externe Interviewer können durch Zusammenarbeit mit Hochschulen (Arbeiten, Praktika, Promotionen) gewonnen werden. Diese haben häufig die notwendigen Grundkenntnisse, sind jedoch neutral gegenüber den Gesprächsergebnissen.

Ein fachliches Grundwissen – und eben nur ein Grundwissen – ist die beste Voraussetzung. Ist der Interviewer dann noch von sich aus neugierig, wird er aus eigenem Interesse gezielt nachfragen. Der Interviewer wird auch keine vorschnellen Urteile über die Informationen des Gesprächspartners fällen, da ihm das Wissen fehlt, sondern offen an die Thematik herangehen. Glaubt hingegen der Interviewer, sowieso schon alles zu wissen, wird er dieses – verbal und nonverbal – gegenüber dem Gesprächspartner zum Ausdruck bringen und nicht nachfragen. Bei vorschnellen Urteilen ist auch die Wahrnehmung eingeschränkt und das Gespräch verläuft lediglich an der Oberfläche.

Wie oben beschrieben, gibt es nicht den idealen Interviewer, sondern nur den idealen Interviewer für die jeweilige Gesprächsserie. Somit sind vor der Auswahl die jeweiligen Kriterien festzulegen:

Formblatt 13: Kriterien für den Interviewer

- Benötigte Grundeinstellung zum Thema

  _____

  _____

- Notwendige Fachkenntnisse

  _____

  _____

- Notwendige methodische Kenntnisse

  _____

  _____

- Branchenzugehörigkeit

  _____

  _____

- Weitere Kriterien (zum Beispiel Alter, Geschlecht)

  _____

  _____

Alleine oder zu zweit?

Es ist zu überlegen, ob ein Interviewer allein zum Gesprächspartner geht oder lieber gemeinsam mit einem Kollegen. Beides hat Vor- und Nachteile, die im Folgenden kurz aufgeführt sind. Es ist zu empfehlen, mindestens in der Anfangsphase zu zweit zu gehen, damit der Interviewer sich mit seinem Begleiter in der Auswertung (sowohl inhaltlich als auch in der Methodik) besser austauschen kann.

Einer der Vorteile, wenn der Interviewer allein zum Gesprächspartner geht, ist das Eins-zu-eins-Verhältnis im Gespräch. Somit wird dem Gesprächspartner mehr Sicherheit gegeben. Der Gesprächspartner plaudert mehr aus dem Nähkästchen, da niemand zuhört und alles Gesagte »unter vier Augen« bleibt. Außerdem ist der Arbeitsaufwand geringer, da der Kollege parallel andere Gespräche führen kann.

Es hat hingegen folgende Vorteile, wenn der Interviewer gemeinsam mit einem Kollegen zum Gesprächspartner geht:

- Der Interviewer kann sich ganz auf das Gespräch konzentrieren, der Kollege auf die Erstellung der Aufzeichnungen. Sofern das Gespräch nicht digital aufgezeichnet wird, müsste ein einzelner Interviewer das Gespräch führen und gleichzeitig mitschreiben. Darunter leidet beides: das Gespräch und die Qualität der Aufzeichnungen;
- nach dem Gespräch gehen der Interviewer und der Assistent zu zweit die Aufzeichnungen durch. Was dem einen im Gespräch nicht aufgefallen ist, hat der andere bemerkt. So gelangen beide zu einer viel genaueren Auswertung;
- mit zwei an dem Gespräch und der direkten Auswertung beteiligten Personen ist die Objektivität eher gewährleistet;
- ein Austausch über den Gesprächsablauf und die Methodik ist möglich. Der Assistent kann hier dem Interviewer ein Feedback geben.

Die Rollenverteilung, wenn man zu zweit zum Gespräch geht

Für einen strukturierten Gesprächsablauf ist es wichtig, dass eine Person das Gespräch führt. Das heißt, es gibt eine feste Rollenverteilung zwischen Interviewer und Assistent. Wenn beide dem Gesprächspartner Fragen stellen, dann kommt keine Struktur zustande, da die beiden Fragesteller unterschiedlich auf die Ausführungen des Gesprächspartners reagieren und mit den eigenen Anmerkungen das Gespräch fortführen. Außerdem ist es für den Gesprächspartner verwirrend, von zwei Personen befragt zu werden.

Der Interviewer zeichnet während des Gesprächs nur die Inhalte auf, die er zur Weiterführung des Gesprächs benötigt. Alle anderen Aussagen und nonverbalen Signale des Gesprächspartners sowie die Beobachtungen vom Umfeld werden vom Assistenten notiert.

Wegen der bereits erwähnten vorgefassten Meinung des Produktentwicklers ist es sinnvoll, wenn dieser die Rolle des Assistenten übernimmt. So führt der Interviewer das Gespräch weitestgehend neutral und der Assistent kann den Interviewer »im Notfall« bei Fachfragen unterstützen und gegebenenfalls am Gesprächsende noch ergänzende Fragen stellen.

Kapitel 16

Die Terminvereinbarung
mit dem Gesprächspartner

Nachdem die Gruppe potenzieller Gesprächspartner segmentiert wurde, geht es an die Terminabsprachen zu einem persönlichen Gespräch oder zu einer Gruppendiskussion.

Vor diesem Schritt scheuen sich viele Mitarbeiter, da sie eine Ablehnung durch den potenziellen Gesprächspartner fürchten. Das ist jedoch unbegründet. Eine Zusagequote von über 90 Prozent zu einem Gespräch ist die Regel. Denn Sie liefern ihm – auch ohne, dass Sie den Gesprächspartner bezahlen – Nutzen bei dem nachfolgenden persönlichen Gespräch oder der Gruppendiskussion. Und zwar keinen materiellen Nutzen, sondern folgende:

- Der Gesprächspartner kann sein Grundbedürfnis der Hilfe und Fürsorge befriedigen. Jeder möchte gern gebraucht werden und sein Wissen weitergeben. Jeder – oder zumindest fast jeder – ist stolz, wenn andere ihn um Hilfe bitten. Nutzen Sie das. Doch allein das Wort »bitte« ist nur der halbe Weg. Bitten Sie um seine Hilfe. »Helfen« suggeriert, dass man hilflos ist und somit dem Gesprächspartner nicht schaden kann. Außerdem fühlt sich der Gesprächspartner aufgewertet. Sagen Sie lieber »Ich bin Berufseinsteiger und benötige Ihre Hilfe« als »Bitte geben Sie uns benötigte Informationen zu unserer Produktentwicklung« (da nur der eigene Vorteil hervorgehoben wird). Sie können es auch so formulieren: »Wir möchten unsere Produktentwicklung genau auf die Bedürfnisse der Kunden ausrichten. Dafür benötigen wir Ihre Hilfe«;
- der Gesprächspartner kann von sich erzählen, der Zuhörer hat ein echtes Interesse an seinen Ausführungen und hört ihm zu. Erstaunlicherweise genießen gerade Menschen mit vollem Terminkalender diese Situation des Erzählens. Im Alltag interessiert sich fast keiner dafür, wie Ihr Gesprächspartner seine Herausforderungen schafft. Dale Carnegie beschreibt in seinem Bestseller *Wie man Freunde gewinnt* ausführlich den Wunsch nach Bedeutung als eines der stärksten Motive. Und diese Bedeutung geben Sie Ihrem Gesprächspartner, indem Sie ihn

nach seinen Tätigkeiten, Aufgaben, Problemen und Wünschen fragen und ihm interessiert zuhören;

- alle Menschen haben ein Grundbedürfnis nach Kommunikation. Der Bedarf zum Erzählen geht sogar so weit, dass sich in den USA Studenten Geld damit verdienen, dass sie älteren Menschen zuhören. Sehen Sie es so: Sie bieten den Zuhörservice kostenlos an;
- der Gesprächspartner erhofft sich davon, Einfluss auf Ihre Produktentwicklung zu nehmen und so bessere auf seine Bedürfnisse zugeschnittene Problemlösungen zu bekommen;
- der Gesprächspartner wird als Experte auf seinem Fachgebiet aufgewertet. Wer ist nicht gern Experte und gibt seine Kompetenz weiter?;
- der Gesprächspartner wird nach seiner Meinung gefragt. Wer ist heute schon ehrlich an dem Wissen und der Meinung des anderen interessiert?;
- der Gesprächspartner kann von seinen Sorgen und Problemen erzählen. Dafür interessiert sich sonst niemand.

Anrufe auf dem privaten Anschluss werden grundsätzlich akzeptiert. Prüfen Sie jedoch vorab die aktuelle Rechtslage und die Uhrzeit. Der Nutzen für den potenziellen Gesprächspartner muss sofort deutlich werden. Und der potenzielle Gesprächspartner muss sofort erkennen, dass es hier nicht um Werbung oder Verkauf geht.

Vorbereitung

Die Interviewer sollten schon frühzeitig mit dem Aufbau des Netzwerks beginnen. Listen Sie auf, zu welchen Experten und Personen aus Ihrem Kundensegment Sie intensiveren Kontakt haben wollen. Mit wem möchten Sie Gespräche führen? Welche Personen können Ihnen als Multiplikator viele weitere Gesprächskontakte vermitteln? Es ist einfacher, einen potenziellen Gesprächspartner mit einer Empfehlung bezüglich eines Termins anzurufen.

Wenn Sie eine Person treffen, die grundsätzlich zu einem späteren Zeitpunkt für ein Gespräch interessant sein könnte, dann kommen Sie mit dieser ins Gespräch. Bereits jetzt erhalten Sie meist interessante Informationen. Zum Abschluss fragen Sie, ob Sie für weitere Fragen wieder auf diese Person zukommen können und tauschen Visitenkarten. Die Frage wird meist mit »ja« beantwortet, da der Gesprächspartner nicht damit rechnet, dass Sie wirklich darauf zurückkommen. Aber genau das tun Sie bei passender Gelegenheit mit dem Hinweis auf seine gegebene Zusage.

Nehmen Sie bereits vorab Kontakt zu den Multiplikatoren und zu den späteren Gesprächspartnern auf und liefern Sie erst einmal Nutzen (Informationen, die die Person interessieren). Zahlen Sie erst auf das Nutzenkonto ein, dann können Sie abheben. Je mehr Nutzen Sie den Multiplikatoren und potenziellen Gesprächspartnern liefern, desto einfacher ist es, einen Termin zu bekommen. Was ist das Interesse Ihres Gesprächspartners? Wie können Sie mit einer kleinen Geste eine Begeisterung zu einem Gespräch wecken?

Die Vereinbarung eines Gesprächstermins muss genauso »verkauft« werden wie ein Produkt. Im ersten Fall wollen Sie die Zeit des Gesprächspartners, im zweiten Fall das Geld des Kunden. Deshalb müssen Sie Ihrem potenziellen Gesprächspartner auch bei der Vereinbarung eines Gesprächstermins einen Nutzen bieten.

Wer ruft an?

Der Interviewer sollte die Termine selbst vereinbaren. Indem er dem zukünftigen Gesprächspartner den Zweck des Gesprächs erläutert, kann er bereits erste Eindrücke von ihm sammeln und diese im späteren Gespräch berücksichtigen. Außerdem schafft es eine erste persönliche Atmosphäre zum späteren Gesprächspartner und erleichtert den Beziehungsaufbau im persönlichen Gespräch. Ist die Person für die Terminabsprache und die Person für das spätere Gespräch nicht die gleiche, kann beim Gesprächspartner ein erstes Misstrauen entstehen. Außerdem bekommt er den Eindruck einer geringeren Wertschätzung, da es der Interviewer »nicht nötig« hatte, ihn selbst um das Gespräch zu bitten. Callcenter sind hierfür daher definitiv ungeeignet, da diese auf Massentelefonate ausgerichtet sind.

Die beste Zeit für Terminvereinbarungen

Die beste Zeit für Terminvereinbarungen hängt vom Tagesablauf des potenziellen Gesprächspartners ab. Die meisten haben zu Beginn der Arbeit, in den Randgebieten der Mittagspause und zum Ende der Arbeit Ruhe und Zeit zum Telefonieren. Im b-to-b-Bereich sollten Anrufe am

Montagmorgen und Freitagnachmittag vermieden werden. Hat der Gesprächspartner ein Sekretariat und Sie wollen dieses umgehen, so haben Sie vor 09:00 Uhr, während der Mittagszeit und ab 17:00 Uhr (Freitags ab 14:00 Uhr) die besten Chancen.

Rufen Sie am besten zwei bis vier Wochen vor dem Wunschtermin an, denn dann hat der Gesprächspartner seine Zeit noch nicht komplett verplant. Längere Abstände erhöhen die Gefahr, dass Ihr Gesprächspartner den Termin bis dahin vergessen oder verdrängt hat.

Schriftlich oder telefonisch?

Da diese Gesprächsform für den potenziellen Gesprächspartner ungewöhnlich ist, handelt es sich um ein »erklärungsbedürftiges Produkt«. Dieses kann dem potenziellen Gesprächspartner telefonisch weitaus einleuchtender näher gebracht werden. Schriftliche Anfragen (Brief oder Mail) führen – auch wenn diese Methode weniger Aufwand und Kosten bedarf – zu weitaus weniger Terminen. Die Quoten liegen im einstelligen Prozentbereich, wodurch schon eine Segmentierung erfolgt und keine repräsentative Stichprobe möglich ist. Der telefonische Weg setzt die Erreichbarkeit über dieses Medium voraus. Die schriftliche Variante sollte nur verwendet werden, wenn die telefonische Erreichbarkeit nicht gegeben ist.

Es ist zu überlegen, ob eine schriftliche Ankündigung eines folgenden Telefonats zu einer Terminabsprache sinnvoll ist. So ist ein erstes Vertrauen aufgebaut und das Telefonat »kein Schock« mehr. Den Inhalt des Briefes entnehmen Sie dem Text der telefonischen Vereinbarung im Unterkapitel »Ablauf« und ergänzen: »Ich werde Sie dazu in den nächsten Tagen anrufen, um einen Termin mit Ihnen abzustimmen.« Der Briefempfänger hat die Möglichkeit, »Anruf nicht erwünscht« anzukreuzen und diese Information an Sie zurückzusenden. Möglich ist auch, gleich eine Antwortkarte beizufügen, auf die der Gesprächspartner seinen Terminvorschlag einträgt und sie anschließend zurücksendet.

Wenn es nicht gelingt, den Gesprächspartner für eine Terminvereinbarung ans Telefon zu bekommen, ist eine Anfrage per Fax möglich. Benutzen Sie den Text aus dem Unterkapitel »Ablauf« (ab Seite 194) und erwähnen abschließend: »Wir haben in den letzten Wochen vergeblich versucht, Sie zu erreichen. Bitte nennen Sie uns eine der folgenden Optionen, wie wir Sie erreichen können« mit den folgenden Antwortmöglichkeiten:

- »Wir haben kein Interesse. Bitte sehen Sie von weiteren Kontakten ab«;
- »Wir können uns vorstellen, Ihnen zu helfen. Bitte rufen Sie uns am xx.xx.xxxx an«;
- »Bitte rufen Sie uns umgehend an«.

Erfahrungsgemäß gibt es bei diesem Fax-Marketing bis zu 50 Prozent Rücklauf, wobei jede Antwort etwa gleich oft angekreuzt wird.

Die hier genannten Antwortmöglichkeiten sind nur mögliche Varianten. Testen Sie mit Ihren Mitarbeitern selbst aus, welches Verfahren bei Ihnen zu den meisten Terminen führt.

Bezahlung für das Gespräch

Die Anreize für den Gesprächspartner bereiten immer wieder Kopfzerbrechen. Wie viel muss man ihm geben, damit er dem Gespräch zusagt und bereit ist, aus seinem Innersten zu erzählen? Wie wenig sollte es jedoch sein, um nicht das eigene Budget zu sprengen und die Gesprächsinhalte nicht durch Gefälligkeitsantworten zu verzerren? Auch sollten finanzielle Anreize nicht dazu führen, dass sich die Bereitschaft zum Gespräch verschiebt und so die Stichprobe verzerrt wird. Solange sich die Anzahl der Gespräche für den einzelnen Gesprächspartner in Rahmen bewegen, wird nur im Ausnahmefall eine messbare Gegenleistung eingefordert.

Wie oben erläutert, geben Sie dem Gesprächspartner etwas, wonach er sucht und das ihm meist viel mehr wert ist als Geld: Bedeutung und Anerkennung. Sie hören ihm zu und sind wirklich an ihm als Mensch mit seinen Problemen und Bedürfnissen interessiert. Somit sind finanzielle Anreize nicht notwendig – diese wirken sich sogar häufig genau gegenteilig aus. Erhält der Gesprächspartner eine geringe finanzielle »Entschädigung«, fühlt er sich gering geschätzt, zu viel Geld fördert Gefälligkeitsantworten. Sofern Sie Führungskräfte entsprechend ihrem Gehalt bei dem Gespräch entlohnen wollten, müssten Sie sehr tief in die Tasche greifen.

Der Kunde hat in der Regel keinen messbaren Nachteil von den Gesprächen. Im privaten Bereich investiert Ihr Gesprächspartner etwas von seiner Freizeit, im beruflichen Umfeld kann er die liegengebliebene Arbeit nachträglich erledigen oder verteilen. Eine Bezahlung wird meist nicht erwartet. Lediglich Berufsgruppen, die durch die Gespräche einen Verdienstausfall haben (niedergelassene Ärzte, Juristen) erwarten teilweise eine finanzielle Entschädigung. Denn diese Gruppen verdienen nur Geld, wenn Sie produktiv sind. Das Gespräch während der Arbeitszeit bedeutet für diese Gruppen einen Verdienstausfall. Bei Ärzten kann man als Orientierung für eine eventuelle Bezahlung die Gebührenordnung für Ärzte heranziehen. Hier ist es hilfreich, die Gespräche außerhalb der Arbeitszeit zu legen, um diesen Ausfall zu umgehen. Ein zweistündiges Gespräch mit einem Verwaltungsbeamten hat hingegen keine Auswirkungen auf dessen Gehalt, da dieses am Ende des Monats als Fixbetrag gezahlt wird.

Von einer Bezahlung des Gesprächs rate ich insgesamt ab und befürworte es maximal für regelmäßige Gespräche, oder für den Einsatz des Gesprächspartners zur Konkurrenzanalyse et cetera. Zu besonderen Anlässen ist eine kleine Aufmerksamkeit sinnvoll, damit der Informationsfluss nicht versiegt. Mit folgenden Leistungen können Sie Ihre Gesprächspartner entlohnen, wenn es Ihnen im Einzelfall sinnvoll erscheint:

- vergünstigter Preis beim Kauf des Produkts, an dessen Entwicklung er mitgewirkt hat. Ist das Produkt günstig, erhält es der Gesprächspartner als Geschenk;
- einzelne Produkte aus Ihrem Angebot als Geschenk – solange Sie nicht nur Produkte im Wert von 10 000 Euro und mehr anbieten;
- Gutscheine für Ihre Produkte oder von anderen Unternehmen. Gutscheine von anderen Unternehmen haben den Vorteil, dass damit die Neutralität gewahrt bleibt. Der Nachteil ist jedoch, dass Sie bei Gutscheinen meist den Wert komplett zahlen. Geben Sie dem Gesprächspartner hingegen eigene Produkte oder Gutscheine für die eigenen Produkte, so zahlen Sie selbst nur den Materialpreis der Waren, wenn der Gutschein eingelöst wird. Insbesondere für Produkte, deren variable Produktionskosten gering sind, können Sie ihm ein wertvolles Geschenk machen, das Sie nur wenig kostet;
- bieten Sie Ihren Gesprächspartnern eine Plattform, auf der sie sich fachlich unabhängig von Ihrem Unternehmen austauschen können;
- in Internet-Foren oder Fragebogenaktionen können Sie Preise für die besten Produktideen ausloben;
- nach der Fertigung informieren Sie Ihren Gesprächspartner konkret, was aufgrund der Befragung im Produkt umgesetzt wurde.

Einen ganz neuen Weg geht das Geschäftsmodell »Sample Lab« von Melposnet mit »Tryvertising«. Bei der aus Japan kommenden Idee werden in den Geschäften Markenartikel kostenlos für die Kunden angeboten. Voraussetzung, um in diesen Vorteil zu kommen, ist ein Alter von mindestens 16 Jahren, das Ausfüllen eines Onlinefragebogens, ein Jahresbeitrag von 5 Euro sowie ein Einstiegsbetrag von 2 Euro. Dann dürfen bis zu fünf Artikel ausgesucht werden. Die Rechte für dieses Modell in Europa hat die Essener Agentur The Event Department. Ob dieses Modell zu auswertbaren Ergebnissen führt, ist abzuwarten. Denn Kunden, die nur etwas günstig erwerben wollen und dann lieblos einen Fragebogen ausfüllen, kosten weitaus mehr als sie nützen.

Ablauf

Für Verkäufer ist die telefonische Vereinbarung von Terminen das Tagesgeschäft. Mitarbeitern in der Produktentwicklung fehlt zu Beginn die Übung. Hier empfiehlt es sich, einen Gesprächsleitfaden zu erstellen und vorab die Sätze ganz auszuformulieren und auswendig zu lernen. Das gibt am Anfang die Sicherheit. Nach einigen Telefonaten reicht dann ein kurzer Stichwortzettel. Ebenfalls sind mögliche Einwände des Gesprächspartners oder des Sekretariats aufzulisten und eigene mögliche Aussagen zu ergänzen.

Um Ihre Erfolgsquote zu steigern, müssen neben Freundlichkeit und Überredungskunst auf jeden Fall die Fragen beantwortet werden, die der Gesprächspartner verbal oder im inneren Monolog sich selbst bei Ihrem Anruf stellt. Nur so besteht die Bereitschaft zu einem Termin und zu einem nachfolgenden offenen Gespräch. Diese Fragen müssen aktiv von Ihnen beantwortet werden, vorher haben Sie keine Zusage. Warten Sie nicht ab, bis diese Fragen verbal gestellt werden, sondern beantworten Sie diese proaktiv. Diese Fragen sind:

- »*Wer ruft an?*« (welche Person von welchem Unternehmen?). Sofern aus dem Firmennamen nicht die Branche zu entnehmen ist (zum Beispiel »Meyer GmbH« statt »Autohaus Meyer«), nennen Sie diese ebenfalls: »Ich bin Herr X von Y. Wir sind tätig im Bereich Z«. Die Nennung des Unternehmens hat Vorteile und Nachteile. Von Vorteil kann die Bekanntheit des Unternehmens sein, da so die Bereitschaft zu einem Gespräch erhöht ist. Die Nennung eines Unternehmens mit negativem Image bewirkt genau das Gegenteil. Ebenso kann die Nennung das spätere Gespräch steuern, insbesondere wenn der Gesprächspartner selbst Kunde bei diesem Unternehmen ist;
- »*Müsste ich den kennen?*«. Diese Frage ist mit der oben genannten Vorstellung beantwortet;

- »*Was will der?*«. Das eigene Anliegen ist direkt, schnell und klar zu schildern. Verwenden Sie keine Begriffe wie »Marktforschung«, »Marktsegmentierung« oder die Aussage »Wir wollen etwas entwickeln, um es dann zu verkaufen«, sondern »Wir möchten gern mehr über die Zufriedenheit unserer Kunden wissen«. Wenn Sie Berufseinsteiger sind, sollten Sie genau das betonen und um die Hilfe bei der Zusammenstellung der Aufgaben des Gesprächspartners bitten: »Ich bin Berufseinsteiger und habe die Aufgabe bekommen, das umfangreiche Aufgabengebiet eines X zu beschreiben. Hierfür benötige ich die Hilfe durch einige Gespräche mit Experten«. Im beruflichen Umfeld kommt dabei häufig die Antwort: »Das kann man so einfach gar nicht alles sagen« – und Sie haben einen Aufhänger, um Ihren Besuch anzubieten, damit Sie dieses umfangreiche Aufgabengebiet kennenlernen;
- »*Was ist der Sinn des Gesprächs?*«. Dieses kann mit der oben angegebenen Antwort ebenfalls erledigt werden;
- »*Was habe ich davon?*«. Es kann ja sein, dass das Gespräch auch im Interesse des Gesprächspartners ist. Eine mögliche Antwort hierzu ist: »Ich arbeite daran, dass unsere Lösungen auch wirklich den Wünschen der Kunden entsprechen und Ihnen nützen«. Wichtig ist jedoch, dass Sie Ihrem Gesprächspartner im späteren Gespräch keine Auskünfte über die Inhalte vorheriger Gespräche mit anderen Gesprächspartnern geben. Auch wenn Sie Ihrem Gesprächspartner keinen materiellen Nutzen liefern können (oder wollen), so können Sie ihm doch etwas geben, was er sonst nicht oder nur wenig erhält: Aufmerksamkeit und Interesse an seiner Person;
- »*Kann der Anrufer mir gefährlich werden? Kann ich ihm trauen? Kann er mir schaden? Kann ich mich darauf einlassen? Will er mir etwas verkaufen? Was passiert mit den Informationen, die ich ihm gebe?*«. Mancher Gesprächspartner im beruflichen Bereich befürchtet auch, dass die Informationen an den Wettbewerb weitergegeben werden oder in einer Zeitung erscheinen. Ein zu großes Betonen der Anonymität und des Datenschutzes bringt Ihren Gesprächspartner erst auf eine Gedankenschiene, die ihn verunsichert, da er jetzt darüber nachdenkt, was Sie mit den Daten alles machen können. Vermeiden Sie Aussagen wie »Ihre Informationen leiten wir nicht an die Konkurrenz weiter« oder »Die Presse erfährt nichts von den Gesprächsinhalten«. Beruhigen Sie Ihre Gesprächspartner, indem Sie von sich aus erläutern, dass die Informationen lediglich dazu dienen, die Branche besser zu verstehen. Grundsätzlich sollte sich der Interviewer bei der Terminvereinbarung so klein wie möglich machen. Indem sich der Interviewer als

ein Berufseinsteiger ausgibt, wird er vom Gesprächspartner nicht als gefährlich angesehen. Mit Sätzen wie »Ich schreibe an meiner Diplomarbeit/Abschlussarbeit im Fach X und benötige Ihre Hilfe« führt die Anfrage fast immer zu Zusagen, da ein Student nie eine Gefahr für den Gesprächspartner darstellt. Nutzen Sie diese Variation jedoch nur dann, wenn der Interviewer wirklich ein Student ist. Hierbei sollte der Interviewer nicht lügen, der Begriff »Berufseinsteiger« ist jedoch dehnbar. Immer dann, wenn eine neue Position oder die Tätigkeit in einem neuen Bereich eingenommen wird, kann »Berufseinsteiger« verwendet werden. Der Interviewer sollte außerdem aktiv zusichern, dass es nicht um den Verkauf geht, sondern ausschließlich um das Interesse an der Person des Gesprächspartners;

- *»Wie lange dauert es?«.* Schon aus Gründen der Höflichkeit sollten Sie einen Zeitrahmen nennen. So kann der Gesprächspartner seinen Aufwand abschätzen. Damit Sie einen Nutzen von dem Gespräch haben, sollte es mindestens 20 bis 30 Minuten dauern. Bei der Terminabsprache sagen die Gesprächspartner am ehesten zu, wenn als Dauer 20 Minuten genannt werden. Wenn der Interviewer den Gesprächspartner bei seinen Interessen packt, er frei von seinen Problemen erzählen darf und dann noch den Eindruck hat, dass ihm der Interviewer interessiert zuhört, dann dauern die Gespräche auch schon mal zwei Stunden, obwohl nur 20 Minuten vorgesehen waren. In den meisten Fällen benötigen Sie für die Themen Lebenswelt, USP und die sechs Perspektiven jeweils circa 45 Minuten;

- *»Aus welchen Gründen wurde gerade ich angerufen?«.* Nennen Sie hier konkrete Gründe. Am besten beziehen Sie sich auf Empfehlungen: »Ich habe X nach Experten zum Thema Y gefragt, die mir helfen können. Er nannte mir Ihren Namen«. Hier werten Sie den Gesprächspartner auf und verdeutlichen, dass er gezielt angerufen wurde und er nicht ein Teil einer Massenakquise ist. Oder mit: »Guten Tag, mein Name ist X. Ich habe in der Zeitschrift Y einen Bericht über Sie gelesen/einen Vortrag gehört« beziehungsweise mit anderen Formulierungen sein Expertenwissen herausstellen;

- *»Wie ist der Ablauf? Muss ich mich vorbereiten?«.* Diese Frage sollten Sie dem Gesprächspartner gegebenenfalls nicht aktiv beantworten, damit er sich nicht doch vorbereitet, auch wenn Sie die Frage verneint haben.

Somit setzt sich die Terminanfrage aus folgenden Bestandteilen zusammen:

1. Begrüßung und Vorstellung (sich »kleiner« machen als man ist): »Guten Tag Herr X, mein Name ist Y, ich rufe an von Firma Z. Wir sind im

Bereich XY (Branche) tätig.« Die Reihenfolge ist so gewählt, dass zuerst die unwichtigen Dinge genannt werden. Ihr potenzieller Gesprächspartner muss sich erst an Ihre Stimme gewöhnen und hat somit eher Probleme, die ersten als die weiteren Passagen richtig zu verstehen. Beim Erstkontakt ist das wichtigste der Firmenname und nicht der Ihrige, da dem Gesprächspartner dieser noch nichts sagt;

2. den Grund nennen, warum gerade er angerufen wurde: »Sie wurden mir von Herrn X als Experte zu Y empfohlen«, »Hierfür benötige ich Informationen von Experten«;

3. Sinn und Zweck des Gesprächs erklären und »Gefahr« minimieren: »Ich bin Neueinsteiger/Berufseinsteiger/X im Bereich Y und soll das umfangreiche Aufgabengebiet eines Z (Position des Gesprächspartners) zusammenstellen. Können Sie mir bitte dabei helfen?« beziehungsweise »Ich brauche dafür Ihre Hilfe«;

4. erfolgt auf die oben genannte Frage eine Zustimmung, nennen Sie den Zeitrahmen: »Ich möchte mich gern mit Ihnen als Experte darüber unterhalten. Darf ich Sie zu einem kurzen Gespräch von 20 Minuten besuchen?« (das heißt, der Aufwand für den Gesprächspartner ist gering).

Die aktive Beantwortung der Fragen durch den Interviewer, bevor der potenzielle Gesprächspartner sie äußert, erzeugt eine Vertrauensbeziehung. Deshalb warten Sie nicht, bis der Gesprächspartner die einzelnen Fragen verbal stellt.

Wenn es um die Terminabsprache geht, bieten Sie einen kurzfristigen Termin an und als Alternative einen etwas langfristigeren. Letztgenannter wird meist gewählt.

Um sicher zu stellen, dass der Gesprächspartner zu dem ausgewählten homogenen Marktsegment gehört, sind gegebenenfalls Filterfragen zu stellen, beispielsweise Fragen nach der Branche und der Funktion. Wenn der Gesprächspartner nicht in das Segment passt, dann sollte der Interviewer fragen, ob er zu einem späteren Zeitpunkt noch einmal anrufen darf (vielleicht passt dieser Gesprächspartner später zu einem anderen analysierenden Marktsegment) und sich verabschieden.

Um eventuelle Missverständnisse zu vermeiden, fassen Sie am Ende des Gesprächs die Inhalte noch einmal kurz zusammen. Zusätzlich erhöhen Sie damit die Verbindlichkeit des Gesprächspartners zum Termin:

- Was für ein Termin ist es?;
- Datum;
- Uhrzeit;
- Ort.

Anschließend ist der Termin schriftlich zu bestätigen. Listen Sie dabei nicht nur den Ort und die Uhrzeit auf, sondern erwähnen Sie auch den Nutzen für den Gesprächspartner: »Sehr geehrter Herr A, vielen Dank für Ihre Bereitschaft zu einem Gespräch in Ihrem Hause. Ich freue mich, dass Sie mir bei meiner Aufgabe helfen, das Aufgabengebiet eines X zusammenzustellen. Ich werde am Y um Z Uhr bei Ihnen eintreffen. Mit freundlichen Grüßen«.

Bei einer längeren Anreise zum Gespräch sollte der Interviewer ein paar Tage vorher noch einmal anrufen und beispielsweise nach Parkmöglichkeiten fragen, die er nutzen kann. Durch ein solches Telefonat wird der Gesprächspartner an den Termin erinnert. Bitte fragen Sie bei diesem Telefonat nicht: »Bleibt es bei dem Gespräch?«, sondern gehen Sie davon aus. Andernfalls nutzen einige Gesprächspartner diese Frage als »Notausgang« und sagen im letzten Augenblick ab.

Darauf ist bei dem Termin zu achten

Wählen Sie Ihren Termin so, dass Ihr Gesprächspartner keine direkten Anschlusstermine hat und er während des Gesprächs nicht unter Zeitdruck gerät. Meist dauert ein Marktgespräch länger als Ihr Gesprächspartner vorab plant. Versuchen Sie bei Ihrer Vorbereitung herauszubekommen, wann Ihr Gesprächspartner die meiste Zeit hat, ungestört ist und somit ein entspanntes Gespräch möglich wird. Bei Gesprächspartnern, bei denen wegen eines Gesprächs während der Arbeitszeit ein Lohnausfall eintritt (zum Beispiel Ärzte, Juristen), sind die Randbereiche der Arbeitszeit beziehungsweise die Freizeit zu wählen. Findet das Gespräch in der Freizeit Ihres Gesprächspartners statt, sollte er möglichst allein zu Hause sein, um Störungen zu vermeiden und sicherzustellen, dass es ein Einzelgespräch bleibt und keine weiteren Familienmitglieder anwesend sind, die den Verlauf des Gesprächs beeinflussen könnten.

Und wenn das Sekretariat dazwischen ist?

Im beruflichen Bereich haben Sie, bevor Sie Ihren Gesprächspartner überhaupt von einem Termin überzeugen können, häufig noch ein Sekretariat zu überwinden. Die Standardfrage lautet: »Was wollen Sie von Herrn X?«.

Antworten Sie, dass Sie einen Gesprächstermin für Marktforschung wollen, so haben Sie schlechte Chancen, weitergeleitet zu werden. Hier helfen auch Referenzen oder Empfehlungen. Haben Sie zum Beispiel den Namen und die Telefonnummer Ihres Gesprächspartners von einer dritten Person bekommen, so können Sie sich auf diese berufen. 100-prozentigen Erfolg haben Sie damit auch noch nicht, jedoch haben Sie weitaus bessere Chancen.

Auch das Sekretariat stellt verbal oder im Stillen einige Fragen, die zu beantworten sind:

- »Wer ist das?«
- »Warum ruft er gerade uns an?«
- »Kann er gefährlich werden?« Einen guten Freund des Chefs nicht durchzustellen, kann der Chef übel nehmen. Auf der anderen Seite will der Chef auch nicht belästigt werden.
- »Was habe ich davon, wenn ich ihn durchstelle?«

Das Sekretariat, der Hausmeister und der Portier sind Türöffner. Wenn der Gesprächspartner nicht direkt erreichbar ist, entscheiden diese, ob Sie überhaupt einen Gesprächstermin vereinbaren können. Meist werden diese Gruppen unterschätzt. Sie sind jedoch im Betrieb mit großer Macht ausgestattet, was den Zugang betrifft. Ihre Hauptaufgabe ist es, den Chef vor »Belästigung« zu schützen. Der Kontakt mit dem Türöffner läuft genau anders herum als das spätere Gespräch. Jetzt werden dem Interviewer Fragen gestellt. Die Kunst des Interviewers ist es, so gute Antworten zu geben, dass der Türöffner weiter fragt. Es ist wie bei einem Quiz: Bei der ersten »falschen« Antwort bekommt der Interviewer zu hören »Herr X steht hierfür nicht zur Verfügung«. Je mehr Fragen der Türöffner stellt, desto näher gelangt der Interviewer zu seinem Gesprächspartner. Verschießen Sie also nicht gleich mit der ersten Antwort alles Pulver und nennen Sie nicht die Dinge, die der Türöffner noch gar nicht gefragt hat.

Ein möglicher Gesprächsablauf ist:

Interviewer: »Guten Tag, ich hätte gern ›Vorname Nachname‹ gesprochen.« Mit Formulierungen wie »Dürfte ich mit Herrn X sprechen?« wird der Sekretärin nur signalisiert, dass der Interviewer den gewünschten Gesprächspartner nicht kennt. Dann schwinden die Chancen, durchgestellt zu werden. Noch dreister, jedoch mit höheren Erfolgschancen behaftet, ist es, wenn der Interviewer nach dem Gesprächspartner verlangt, indem er nur dessen Vornamen nennt.

Sekretärin: »Wer sind Sie?«

Interviewer: »Sagen Sie bitte Herrn X, dass Herr Y (eigener Name des Interviewers) auf ihn wartet/ihn sprechen möchte.«

Sekretärin: »Um was geht es?«

Interviewer: »Es mag vielleicht etwas komisch klingen (weckt Neugier bei dem Türöffner). Ich bin Berufseinsteiger bei Y und habe die Aufgabe, das umfangreiche Aufgabengebiet eines Z zusammenzustellen. Können Sie mir bitte dabei helfen?« Hier gilt es, als erstes um die Hilfe der Sekretärin zu bitten. Denn diese stellt im Moment den größten Filter dar.

Sekretärin: »Wie kommen Sie auf Herrn X?«

Interviewer: »Ich habe in der Zeitschrift Y einen Bericht über Herrn X gelesen/einen Vortrag gehört (wertet auf und zeigt, dass es ein gezielter Anruf ist und keine Massenaktion, auch wenn es in Wirklichkeit eine ist). Herr X ist doch Experte auf diesem Gebiet. Können Sie mir helfen, Herrn X an das Telefon zu bekommen?«

Sekretärin: »Erwartet er Ihren Anruf?«

Interviewer: »Wir haben keinen exakten Termin abgemacht. Bitte sagen Sie Herrn X, dass ich auf ihn warte«

Sekretärin: »Kennt er Sie?«

Interviewer: »Wir sind uns mal kurz begegnet (beispielsweise wenn ein Vortrag vom Gesprächspartner gehört wurde). Es kann sein, dass Herr X sich nicht mehr an mich erinnert. Er ist doch im Büro?«

Sekretärin: »OK, ich werde sehen, ob er frei ist.« Wenn der Gesprächspartner nicht frei ist, fragen Sie, wann Sie es wieder versuchen können. Sie sind der Sekretärin ja dann bereits bekannt.

Wenn der Gesprächspartner am Telefon ist, fragen Sie weiter wie oben unter »Ablauf« beschrieben.

Wenn der gewünschte Gesprächspartner im Großunternehmen ein Sekretariat hat, dann können Sie im Sekretariat des Chefs anrufen und Ihren Gesprächspartner verlangen. Antwort aus dem Chefsekretariat: »Herr X arbeitet im Bereich Y«. Darauf Ihre Reaktion: »Oh, entschuldigen Sie bitte. Hatte ich ganz vergessen. Können Sie mir helfen und mich bitte mit Herrn X verbinden?«. Daraufhin verbindet das Sekretariat direkt, da es die Durchwahl kennt. Wenn Sie stattdessen im Sekretariat Ihres Gesprächspartners landen, nutzen Sie als Einstieg folgende Formulierung: »Herr Y (Chefsekretär) hat mich an Sie weitergeleitet, damit ich mit Herrn X sprechen kann. Können Sie mich bitte durchstellen?«

Wenn die Person im Sekretariat bereit ist, Sie zu Ihrem potenziellen Gesprächspartner durchzustellen, kommt der nächste Schritt: Nutzen Sie das Sekretariat als Ihren Informanten, um die Chance auf einen Termin zu erhöhen. Erfragen Sie vorab Informationen, die Sie in Ihrer Terminakquise geschickt einfließen lassen können. Fragen Sie im Sekretariat: »Können Sie mir bitte noch einen Gefallen tun?«. Diese Bitte wirkt Wunder. Legen Sie sich vorab eine Checkliste zurecht, die Sie im Sekretariat erfragen wollen.

Am Ende des Telefonats mit dem Gesprächspartner zur Terminverein barung sollte sich der Interviewer bedanken und fragen, ob er für Rück fragen vor dem Gespräch noch einmal anrufen darf. Jetzt geht es darum, an die Durchwahl oder die E-Mail-Adresse des Gesprächspartners zu gelangen.

Wie kündigen Sie an, dass Sie zu zweit erscheinen?

Auch wenn Sie planen, mit Ihrem Kollegen zu Ihrem Gesprächspartner zu gehen, sollten Sie dieses nicht schon bei der Terminabsprache Ihrem Gesprächspartner mitteilen. Dieses würde unnötig die Akzeptanz Ihres Gesprächspartners zum Termin drastisch senken. Wenn Sie dann beide zum Termin erscheinen, fragen Sie Ihren Gesprächspartner, ob es recht ist, dass Ihr Kollege bei dem Gespräch dabei ist. Stellen Sie Ihren Kollegen als neuen Mitarbeiter vor, auch wenn dieser eventuell viel länger in Ihrem Betrieb tätig ist und einige Hierarchiestufen über Ihnen steht. Immer beachten: Ihr Gesprächspartner stellt sich immer die Frage: Kann er – also Sie und Ihr Kollege – mir gefährlich werden? Je niedriger Sie Ihren Kollegen gegenüber Ihrem Gesprächspartner einstufen, desto geringer empfindet er diese Gefahr.

Was tun, wenn der potenzielle Gesprächspartner »nein« sagt?

Um besser auf den Gesprächspartner reagieren zu können, sind vorab mögliche Fragen und Gegenargumente des Gesprächspartners zu listen und Ihre passenden Antworten zu jeder dieser Aussagen aufzuschrei ben. Auch wenn es selten vorkommt, sollte der Interviewer ein »nein« ernstnehmen, aber nicht gleich die Flinte ins Korn werfen. Versuchen Sie, die Gründe herauszufinden, um diese bei den nächsten Anfragen zu vermeiden und so die Erfolgsquote zu erhöhen. Außerdem können Sie so prüfen, ob der Absagegrund ein Vorwand oder ein Einwand ist und Sie gegebenenfalls doch noch einen Termin erhalten können. Häufig hat der Gesprächspartner noch nicht genug Informationen vom Interviewer, um »ja« zu sagen. Er ist noch verunsichert. Beseitigen Sie seine Unsicherheit.

Ein »nein« sollte nicht gleich als Vorwand gesehen werden. Bei einem Einwand müssen bestimmte Bedingungen erfüllt sein, damit Ihr Gesprächspartner zustimmt. Wenn der Gesprächspartner auf die Frage, warum er einem Gespräch nicht zustimmt, antwortet, er habe keine Zeit, ist dem Interviewer nicht ersichtlich, ob es sich um einen Einwand oder Vorwand handelt. Das stellt sich erst im Laufe der Einwandsbehandlung heraus. Somit ist die Aussage erst einmal als Einwand zu behandeln. Der Versuch des Interviewers, den Gesprächspartner mit dem Versprechen, dass es nicht lange dauere, zu überreden, bringt in dieser Situation nichts, da der Gesprächspartner dadurch immer noch keine Zeit hat und sich außerdem nicht ernstgenommen fühlt. Nennt der Gesprächspartner einen Vorwand, so ist der wahre Beweggrund hinter dem vorgeschobenen Vorwand durch Fragen zu finden. Bestätigen Sie dem Gesprächspartner seine Aussage und schlagen Sie Ihrem Gesprächspartner einen neuen Termin vor: »Sie haben jetzt/nächste Woche keine Zeit. Ginge es im nächsten Monat?«. Wenn auch zu den Alternativterminen keine Zeit vorhanden ist, war es höchstwahrscheinlich ein Vorwand und weitere Versuche der Überredung sind sinnlos. »Keine Zeit« bedeutet nicht, dass der Gesprächspartner wirklich keine Zeit hat, sondern dass ihm etwas anderes wichtiger ist. Somit ist der Nutzen des Gesprächs für den Gesprächspartner hervorzuheben. Im Verkaufsbereich bedeutet das »nein« eines Kunden häufig: nur (noch) ein Impuls nötig.

Als letzte Möglichkeit, wenn kein anderer Ansatz mehr hilft, kann der Interviewer noch fragen: »Unter welchen Umständen wären Sie zu einem Gespräch bereit?«. Meist nennt der Gesprächspartner hier den wahren Grund für sein »nein«.

Wenn auch so keine Zusage zu einem Gesprächstermin eingeholt werden kann, sollte der Interviewer fragen, wer aus dem gleichen Unternehmen oder anderen Firmen des gleichen Marktsegments aus Sicht des Gesprächspartners zu einem Gespräch bereit wäre. So kann er Empfehlungen einholen. Jetzt ist die Bereitschaft des Gesprächspartners groß, andere Personen zu nennen, da er so das Gespräch schnell von sich selbst ablenken kann. So bekommt der Interviewer Empfehlungen und kann sich bei den nachfolgenden Terminvereinbahrungen auf diese berufen. Stellen Sie für Empfehlungen keine geschlossene Frage wie »Kennen Sie jemanden, der …?« (diese Frage wird häufig mit »nein« beantwortet), sondern eine offene Frage: »Welche kompetenten Gesprächspartner/Experten kennen Sie, die …?«. Nachdem der Gesprächspartner Namen genannt hat, fragen Sie, ob Sie sich bei Anrufen auf den Gesprächspartner beziehen können.

Bitte kappen Sie den Kontakt nicht nach der Absage. Rufen Sie auch nach einer Absage nach zwei Monaten erneut an. Stellen Sie nach der ersten Absage die Frage, ob Sie den Gesprächspartner in zwei Monaten noch einmal anrufen dürfen, so antwortet er meist mit »ja«, da dieses zum jetzigen Zeitpunkt noch keine Konsequenzen für den Gesprächspartner hat. Das hat den Vorteil, dass Sie in zwei Monaten einen guten Aufhänger für die Terminvereinbarung haben.

Auch wenn Ihr Gesprächspartner nicht für ein Gespräch bereit ist, so sollten Sie das Telefonat so positiv wie möglich beenden. So erhalten Sie sich die Chance, zu einem späteren Zeitpunkt einen Gesprächstermin zu bekommen. Auch bei noch so schroffen Absagen bleiben Sie freundlich und drängen ihn nicht zu einem Gespräch. Denn auch wenn jemand Ihnen nicht nutzen kann, ist er doch immer noch gut genug, Ihnen zu schaden. Gerade in Nischenmärkten kennen sich Ihre Gesprächpartner häufig untereinander und Sie sollten keine negative Mundpropaganda riskieren. Kritisieren Sie nie die Absage, sondern formulieren Sie stattdessen Ich-Botschaften: »Ich finde es schade, dass ...« oder »Ich bedaure, dass ...«.

Kapitel 17

Die Gesprächsvorbereitung

Bitte unterschätzen Sie die Vorbereitung nicht. Um offene, zielgerichtete Interviews zu führen, mit denen Sie Rückschlüsse auf Ihre Produktentwicklung ziehen können, braucht es Vorarbeit. Je intensiver die Vorbereitung ist, desto aussagekräftiger sind die Ergebnisse. tuwun® ist Schritt für Schritt durchzuführen, um am Ende eine genaue Vorstellung des Produkts zu haben, das wirklich die Bedürfnisse der Kunden befriedigt.

Rechtlicher Rahmen

Zu berücksichtigen sind rechtliche Vorgaben für die Terminvereinbarung beim Gesprächspartner, das Führen von Gesprächen sowie für die nachfolgende Auswertung. Nachfolgend sind einige zu beachtende Fakten (insbesondere unter Berücksichtigung des Datenschutzes) aufgelistet. Sie sollten sich jedoch vorab über den aktuellen Rechtsstand informieren. Eine gute Orientierung hierzu liefern die Richtlinien des BVM (Berufsverband Deutscher Markt- und Sozialforscher, www.bvm.org). Zu beachten ist generell:

- Verbinden Sie die Terminabsprache sowie telefonische und persönliche Gespräche nicht mit Werbung und Verkaufsaktivitäten und nutzen Sie sie nicht als Einstieg in den Verkauf. Das ist besonders wichtig, da Telefonanrufe genauso wie E-Mail-Werbung einigen rechtlichen Regeln unterliegen;
- trennen Sie die Verbindung zwischen Befragungsdaten und Name/Anschrift/Telefonnummer/E-Mail-Adresse des Gesprächspartners so früh wie möglich (nach Eingang im Unternehmen). Eine Zuordnung über Codenummern ist gestattet. Sofern nachfolgende Interviews geplant sind, ist vorab die Einwilligung beim Gesprächspartner einzuholen, dass die Daten weiterhin zusammengelassen werden können.

Sofern Sie eine Marktforschungsagentur mit der Studie beauftragen, erhalten Sie meist keine Originalaufzeichnungen und keine Namen der Gesprächspartner. Dieses ist ein weiterer Grund dafür, die Untersuchung lieber mit den eigenen Mitarbeitern durchzuführen, um diese Daten vorliegen zu haben;

- Video- und Audioaufzeichnungen müssen nach Auswertung gelöscht werden, Transkripte dürfen Sie aufbewahren.

Das Ziel festlegen

Die Gespräche sind kein Selbstzweck. Wie bereits erwähnt, zählt nicht die Arbeit oder Leistung, sondern allein die dadurch erzielte Wirkung. Durch eindeutige Definition der Gesprächsziele werden weitaus mehr verwertbare Ergebnisse erreicht. Legen Sie vor jedem Gespräch schriftlich fest, was Sie mit der Gesprächsserie und dem jeweiligen Gespräch erreichen wollen und wofür die Informationen des Gesprächspartners zu verwenden sind. Das generelle Ziel ist es, über ein Eintauchen in die Kundenwelt Produkte zu entwickeln, für die diese Gruppe später Geld ausgibt. Nun benötigen Sie für das Konzept und zur anschließenden Umsetzung mehr Informationen als Sie in jeweils einem Gespräch erfassen können. Hier empfiehlt sich die Trennung in mehrere Gesprächsserien:

- Lebenswelt der Gesprächspartner erfassen;
- Informationen über Tätigkeiten bis zur Komplexität sammeln, um daraus den USP abzuleiten;
- Informationen erfassen, um daraus auf der Basis des USPs die Eigenschaften der Perspektiven ableiten zu können;
- nachgeschaltet können Gespräche zu den bevorzugten Beschaffungswegen, zur Nutzung bestehender Produkte, bevorzugten Werbewegen, Preiselastizität und so weiter geführt werden. Diese Themen können jedoch auch in die Gespräche zu den Perspektiven einfließen.

Neben dem inhaltlichen Ziel sollte sich der Interviewer zusätzlich noch ein methodisches Ziel setzen; einen Bereich der Gesprächsführung, auf den er in den nächsten Gesprächen besonders achten will.

Anzahl der Gespräche

Um den Bedarf der Kunden und anschließende Rückschlüsse auf die Produktentwicklung zu erhalten, gilt Qualität vor Quantität. Es zählt nicht die Anzahl der Gespräche, sondern die daraus resultierenden Erkenntnisse. Je homogener die von Ihnen befragte Gruppe ist, desto weniger Gespräche sind nötig. Für jede Gesprächsstufe reichen häufig schon zehn bis 20 persönliche Gespräche aus. Weitere Gespräche bringen häufig keine weiteren Erkenntnisse. Es empfiehlt sich, jeweils nach fünf Gesprächen diese auszuwerten und zu prüfen, ob die Gesprächsziele und der Gesprächsschwerpunkt für die nachfolgenden Termine verändert werden müssen. So kann es sein, dass nach den ersten Gesprächen ein neues Thema erkennbar wird, das vorher nicht in diesem Maße bekannt war. Sollte dieses vertieft werden, empfiehlt sich eine Verlagerung der Fragen im Gespräch. Zuerst werden zehn bis 20 Gespräche geführt, um die Lebenswelt zu erfassen, anschließend folgen zehn bis 20 Gespräche, um Informationen über die Rahmenbedingungen und Tätigkeiten und zu den Erfolgsfaktoren zu sammeln, um so den USP ableiten zu können. Abschließend folgen weitere zehn bis 20 Gespräche für die Informationen zu den Produktperspektiven.

Grundwissen aneignen

Wenn das Themengebiet dem Interviewer ganz fremd ist, sollte vorab ein kurzes Studium entsprechender Literatur erfolgen, damit er die Grundkenntnisse zu dem Thema der später folgenden Gespräche hat. Wie bereits erwähnt, soll der Interviewer sich im Gespräch mit seinem Wissen zurückhalten. Ein gewisser Wissensstand zeigt dem Gesprächspartner jedoch dessen Wertschätzung, zu viel gezeigtes Wissen verunsichert und wirkt schnell arrogant. Ein Grundwissen ist notwendig, um während des Gesprächs gezielt nachzufragen. Das Studium der Literatur kann um Gespräche mit Experten zum Gesprächsthema ergänzt werden. Diese Gespräche dienen ausschließlich dem Wissensaufbau und sind nicht in die Auswertung der späteren Marktgespräche mit einzubeziehen. Experten sind Experten – Kunden sind Kunden.

Vorab Informationen einholen

Der Interviewer soll zwar unvorbelastet in das Gespräch gehen, aber nicht unvorbereitet. Eine gründliche Vorbereitung ist die beste Voraussetzung, um ein Maximum an Ergebnissen zu erlangen. Vorab muss sich der Interviewer mit dem Gesprächsziel und dem Thema auseinandersetzen. Außerdem sind so viele Informationen wie möglich über den Gesprächspartner und sein Umfeld einzuholen. Nichts ist peinlicher, als den Gesprächspartner etwas zu fragen, was zum Beispiel auf dessen Homepage steht. Alles, was Sie vorab erfahren, brauchen Sie nicht im Gespräch erfragen. Sie können sich so im Gespräch auf andere Dinge konzentrieren und in der zur Verfügung stehenden Zeit mehr in die Tiefe gehen. Sie können Informationen (zum Beispiel ein positiver Zeitungsbericht oder Umsatzzuwachs) nutzen, um mit ernstgemeintem Lob in das Gespräch einzusteigen und später gezielte Fragen zu stellen. Hier sind auch die Verfahren der sekundären Marktforschung einzusetzen. Quellen für Vorabinformationen über den Gesprächspartner und dessen Unternehmen sind unter anderem:

Checkliste 1: Quellen zu Vorabinformationen über den Gesprächspartner

- Homepage
- Prospekte
- Unternehmensbroschüren
- Geschäftsberichte
- Branchenführer
- Zeitungsartikel
- Pressemitteilungen, unter anderem im Internet unter www.paperball.de, www.paperboy.de, www.presseportal.de
- Portale für Personenrecherche, unter anderem www.yasni.de, www.123people.de, www.google.de
- eigene Datenbank mit Kaufhistorie: Was hat er wann gekauft, bezahlt beziehungsweise zurückgegeben?
- Protokolle ehemaliger Gespräche (gegebenenfalls auch mit anderen Personen aus dem Unternehmen)
- Vorab-Recherche vor Ort

Versuchen Sie zusätzlich einige Informationen über die aktuellen Treiber und Rahmenbedingungen bei Ihrem Gesprächspartner herauszufinden, dann fällt der Gesprächseinstieg leichter. Überlegen Sie, mit welchem Gesprächseinstieg Sie Interesse bei Ihrem Gesprächspartner wecken.

Fragenkatalog und Gesprächsleitfaden zusammenstellen

Unter Berücksichtigung des Gesprächsziels und der vorhandenen Kenntnisse über den Gesprächspartner wird der Gesprächsleitfaden erstellt. Dieser dient lediglich als roter Faden und nicht als Korsett oder Haltestange. Jedoch wird so sichergestellt, dass ein Maximum an benötigten Informationen eingeholt werden kann. Der Gesprächsleitfaden stellt das Grobgerüst dar (Themen wie Lebenswelt, Rahmenbedingungen, Tätigkeiten et cetera). Der nachfolgende Fragenkatalog geht dann mit möglichen Fragen ins Detail, um den Gesprächspartner zum Erzählen zu bewegen. Diese Fragen dienen nur als Anhaltspunkte und sind Mittel zum Zweck, um Informationen des Gesprächspartners zu den Themen zu erfahren. Die Stufen zum USP und die Elemente eines guten Produkts sowie die entsprechenden möglichen Fragen aus dem Fragenkatalog muss der Interviewer im Kopf haben, um die Aussagen des Gesprächspartners zuordnen zu können. Auch wenn es zu einem späteren Zeitpunkt ein freies Gespräch werden soll, hat der Interviewer vor dem Gespräch einen Fragenkatalog schriftlich gemäß seinen Gesprächszielen zu erstellen und sich diesen einzuprägen. Durch die Schriftform kann er während oder zumindest zum Ende des Gesprächs kurz »spicken«, ob er nichts vergessen hat. Es ist hier wie in allen anderen Bereichen, zum Beispiel beim Autofahren, Kochen oder in ähnlichen Situationen: Erst muss man sich in Standardsituationen sicher fühlen, um in Ausnahmesituationen souverän reagieren zu können. Da ein Gespräch immer anders läuft, als sich der Interviewer das vorstellt – zum Beispiel muss dem Gesprächspartner jedes Wort einzeln entlockt werden, der Gesprächspartner wird laufend gestört und so weiter – sollte der Interviewer am Anfang für sich eine etwas festere Struktur haben. Mit ein wenig Erfahrung geht er dann zum offenen, zielgerichteten Interview über.

Damit das Gespräch jedoch nicht zu einem Verhör wird, sollte der Interviewer die Fragen nicht stur der Reihenfolge nach abarbeiten, sondern diese Fragen lediglich als Stütze im Gedächtnis heranziehen und dem Gesprächsverlauf entsprechend einfließen lassen. Bereiten Sie im Kopf eine Gesprächsstruktur vor. Ihr Gesprächspartner kennt zwar nicht Ihre Struktur, vermerkt jedoch positiv, wenn Sie nicht hin und her springen.

Die Fragen sind entsprechend der Wortwahl Ihres Gesprächspartners zu formulieren. Gestelzte, mit Fremdwörtern gespickte Fragen schaffen

Distanz und der Gesprächspartner kann nur erahnen, welche Informationen der Interviewer wünscht.

Mögliche Fragen des Gesprächspartners zusammenstellen und Antworten vorbereiten

Nach den ersten Gesprächen bemerken Sie, dass die Gesprächspartner immer die gleichen Fragen an Sie stellen. Meist sind dieses Ängste und Vorbehalte gegen die Form von offenen Gesprächen. Diese sind aufzulisten und vorab zu beantworten, damit Sie bei nachfolgenden Gesprächen immer eine passende Antwort parat haben. Häufige Fragen sind:

- »Wie viele Personen/wen befragen Sie noch?«
- »Welche Informationen haben Sie in vorherigen Gesprächen erhalten?«
- Am Ende des Gesprächs: »Was machen Sie nun mit den Gesprächsinhalten?«

Übung macht den Meister

Das Führen von zielgerichteten, offenen Interviews gehört bei den meisten Mitarbeitern in der Produktentwicklung leider noch nicht zum Alltag. Somit ist ein Training des Interviewers unbedingt notwendig. Dieses beinhaltet zum einen das Erlernen des methodischen Basiswissens zur Gesprächsführung. Zum anderen ist die praktische Übung notwendig. Die methodischen Techniken lassen sich am besten vorab zum Beispiel mit einem Kollegen üben, der sich als Gesprächspartner zur Verfügung stellt. Wichtig ist dabei, dass mindestens bei den ersten Übungsgesprächen nur die methodischen Fähigkeiten losgelöst vom Sachthema geübt werden. Somit sollte der Gesprächspartner eine Person aus einem ganz anderen Bereich als die später zu führenden Marktgespräche »spielen« und ein fachfremdes Thema gewählt werden. Stellt der Sparringspartner gleich eine Person aus dem Marktsegment dar, denkt der Übende zu sehr an den fachlichen Inhalt und die Methodik gerät in den Hintergrund.

Nach den internen Trainings sind die Mitarbeiter im Gespräch sicherer und können viel mehr auf den Gesprächspartner eingehen und bei eventuellen kritischen Situationen besser reagieren. Auch diese Übungsgespräche sind mit der Kamera aufzunehmen, damit der Interviewer sie anschließend mit seinen »Gesprächspartnern« auswerten kann und so alle Bereiche optimiert. Mindestens die ersten »realen« Gespräche sind zu zweit zu führen, damit die zweite Person ein Feedback an den Interviewer geben kann. Denn zwischen Selbsteinschätzung des Interviewers und Fremdeinschätzung können Welten liegen.

Formblatt 14: Gesprächsvorbereitung

Bei den Gesprächen ist auf Folgendes zu achten:

- freundlicher Einstieg
- Körpersprache des Gesprächspartners, nonverbale Signale beachten
- Blickkontakt zum Gesprächspartner
- eigene offene Gestik/Mimik
- Gesprächsstruktur
  - ○ »Thementöpfe« gemäß Gesprächsziel füllen
  - ○ den Gesprächspartner zum Weitererzählen verleiten
  - ○ aktiv zuhören
  - ○ Pausen des Gesprächspartners aushalten, ohne selbst weiterzuerzählen
- Fragetechnik einsetzen
  - ○ offene Fragen
  - ○ Bestätigungsfragen et cetera
- den Gesprächspartner ausreden lassen
- die Aussagen des Gesprächspartners mehrfach zusammenfassen
- den Gesprächspartner in den Mittelpunkt stellen, ihn mehrfach mit Namen ansprechen
- flexibles Reagieren auf die Aussagen des Gesprächspartners
- Gesprächsende
  - ○ Dank aussprechen
  - ○ fragen, ob der Gesprächspartner wieder kontaktiert werden darf
  - ○ nach Empfehlungen fragen

Nach dieser Übungsstufe (je nach Grundfertigkeiten circa fünf Kurzgespräche) folgen Übungsinterviews mit Gesprächspartnern aus dem Marktsegment. Dort wird neben den methodischen Fähigkeiten das Zusammenspiel mit den fachlichen Inhalten geübt. Die Inhalte dieser Probeinterviews werden für die spätere Auswertung nur herangezogen, wenn die Gesprächspartner der nachfolgenden Serie aus dem gleichen Marktsegment kommen. Neben dem Inhalt wird insbesondere geprüft, ob die eingesetzte Gesprächsstruktur inklusive der Fragen des Interviewers zu den gewünschten Informationen geführt hat.

»Wie man in den Wald hinein ruft«

Die Einstellung des Interviewers bestimmt seine Wahrnehmung des Gesprächspartners. Und diese Wahrnehmung bestimmt, wie sich der Interviewer gegenüber seinem Gesprächspartner verhält. Wenn der Interviewer davon ausgeht, dass der Gesprächspartner ihn ablehnt beziehungsweise dieser inkompetent ist, so wird er verstärkt die Signale wahrnehmen, die das bestätigen. Und der Interviewer wird sich unbewusst mit Sprache und Körpersprache dem Gesprächspartner gegenüber entsprechend verhalten. Auch wenn er seine gesprochenen Worte im Griff hat und dem Gesprächspartner nicht seine Meinung ins Gesicht sagt, so wird durch seine Gestik und Mimik und indirekte Formulierungen die geringe Wertschätzung ihm gegenüber zum Ausdruck gebracht. Und das merkt der Gesprächspartner. Die innere Einstellung kommt immer beim Gesprächspartner an, und dieser reagiert entsprechend verschlossen. Die positiven Signale des Gesprächspartners lässt die selektive Wahrnehmung des Interviewers nicht durch. Und dann geht die Spirale nach unten: Die negative Einstellung des Interviewers bewirkt eine negative Wahrnehmung, daraus resultiert ein negatives Verhalten des Gesprächspartners und so weiter. Am Ende ist sich dann der Interviewer sicher: »Wieder ein Gesprächspartner, der misstrauisch ist«, »Der hat ja keine Ahnung«, »Der wollte mir nichts sagen«. Der Interviewer hat sich genau so verhalten, dass seine negative Einstellung von dem Gesprächspartner bestätigt wurde. Dass der Gesprächspartner aufgrund des negativen Verhaltens des Interviewers zugemacht hat, merkt der Interviewer nicht.

Gute Interviewer sind Optimisten, sie gehen mit großem Respekt auf ihre Gesprächspartner zu und behandeln sie als Experten. Der Interviewer muss seinem Gesprächspartner Wertschätzung entgegenbringen, egal wie ablehnend dieser ist beziehungsweise was für Äußerungen er von sich gibt.

Achten Sie auf »Kleinigkeiten«

Über 50 Prozent des Gesprächserfolgs werden durch Äußerlichkeiten und die Art und Weise, wie der Interviewer etwas sagt, bestimmt. Zum Erscheinungsbild und der Art des Auftretens gehören zum Beispiel die Kleidung und Statussymbole. Da der Gesprächspartner meist keine Informationen über den Interviewer hat, bewertet er diesen an Äußerlichkeiten wie Kleidung. Das Ziel ist es, gleich zu Beginn des Gesprächs eine Vertrauensbeziehung zum Gesprächspartner aufzubauen. Der Interviewer soll den Vorstellungen seines Gesprächspartners auch optisch entsprechen. Er soll ihn als einen alten Bekannten empfinden. Somit sollte der Interviewer auf sichtbare Statussymbole beim Termin verzichten. Der Interviewer darf bei seinen Gesprächspartnern keinen Neid aufkommen lassen und sollte sich auch hier kleiner machen als er ist. Für den Interviewer gilt: immer eine Stufe bescheidener auftreten, um dem Gesprächspartner Wertschätzung entgegen zu bringen.

Umgekehrt ist dieses beim Thema Kleidung. Seien Sie hier eine – jedoch nur eine – Stufe »besser« gekleidet als Ihr Gesprächspartner. Sind Sie zu overdressed, erzeugt das Distanz. Zu Landwirten gehen Sie in Cordhose, nicht im Anzug. Für Gespräche mit Geschäftsführern empfiehlt sich eine Kombination oder ein Anzug. Wir definieren den Menschen zuerst über den äußeren Eindruck (unter anderem Kleidung) und schließen auf sein Wesen. Je mehr der Interviewer den Vorstellungen des Gesprächspartners entspricht, desto sympathischer findet dieser ihn und akzeptiert ihn. Denn Kleidung, die der Interviewer an sich lässig findet, wirkt auf den Gesprächspartner meist arrogant. Somit sollte sich der Interviewer der Erwartungshaltung des Gesprächspartners entsprechend kleiden.

Welche »Störungen« können auf Sie zukommen?

Überlegen Sie vorab, in welche Richtungen das Gespräch laufen kann und an welchen Lieblingsthemen der Gesprächspartner eventuell festhält. Jetzt haben Sie noch die Möglichkeit zu überlegen, wie Sie auf derartige Verläufe reagieren.

Schon jetzt mit dem Protokoll beginnen

Die Informationen, die vor dem Gespräch bereits bekannt sind, sollten auch schon dann zusammengetragen und im Gespräch ergänzt werden. Dieser Aufbau wird dann bei der Gesprächsauswertung übernommen und mit den Gesprächsinhalten ergänzt.

Formblatt 15: Informationen zum Gespräch

- Vorbereitung Marktgespräch
  - ○ Gesprächsserie
  - ○ Anzahl der Gespräche für diese Serie
  - ○ Verantwortlich für das Gespräch und die Auswertung im Unternehmen
  - ○ Nach welchem Kriterium wurde der Gesprächspartner kontaktiert?
  - ○ Aus welcher Quelle wurde der Gesprächspartner kontaktiert (Kundenkartei, Adressbuch et cetera)?
  - ○ Beziehung des Gesprächspartners zum Unternehmen (Stammkunde, ehemaliger Kunde et cetera)
  - ○ Datum der Terminvereinbarung
  - ○ Art der Terminvereinbarung
  - ○ Durch wen erfolgte die Terminvereinbarung?
  - ○ Besonderheiten bei der Terminvereinbarung

- Zum Gespräch
  - ○ Art des Gesprächs (telefonisch, persönlich)
  - ○ Gesprächsziel (zum Beispiel Themenrelevanz erfassen, Informationen zum USP oder zu den Perspektiven einholen)
  - ○ Erstgespräch oder Folgegespräch?
  - ○ Datum
  - ○ Ort
  - ○ Uhrzeit
  - ○ Dauer
  - ○ Art der Aufzeichnung
  - ○ Interviewer
  - ○ Assistent
  - ○ Höhe des Honorars für den Gesprächspartner

- Gesprächspartner
  - ○ Name
  - ○ Funktion
  - ○ Position
  - ○ Position im Organigramm (wer ist unter anderem Vorgesetzter/ Entscheider?)
  - ○ Abteilung
  - ○ Werdegang
  - ○ Alter
  - ○ Hobbys
  - ○ Besitz (Eigenheim, Auto et cetera)
  - ○ Weitere Anwesende

- Umfeld/Gesprächsort
  - ○ Räumlichkeit

- ○ Ausstattung
- ○ Störungen

- Unternehmen
  - ○ Name
  - ○ Branche
  - ○ Produkte
  - ○ Kundenstruktur
  - ○ Vertriebswege
  - ○ Position im Markt
  - ○ Umsatz
  - ○ Umsatzentwicklung
  - ○ Anzahl Mitarbeiter/Anzahl Mitglieder im Haushalt
  - ○ Standorte
  - ○ Anschrift
  - ○ Telefonnummer
  - ○ Faxnummer
  - ○ E-Mail-Adresse
  - ○ Homepage
  - ○ Bereits bekannte Treiber und Rahmenbedingungen in der Branche

Aus der Vielzahl der Möglichkeiten die geeignete auswählen

Die Untersuchungsmethode richtet sich – unter Berücksichtigung der zeitlichen und materiellen Ressourcen – nach dem Untersuchungsziel. In Tabelle 7 sind alle Merkmale der Informationsbeschaffung untereinander in die Tabelle eingetragen, in den jeweiligen Zeilen finden Sie die möglichen Lösungsvarianten. Jetzt wählen Sie je Untersuchungsserie die einzelnen Kombinationen, die in Ihrer Situation am sinnvollsten sind. Ziel des Kastens ist, zu Beginn alle Varianten offen zu lassen, um so auf neue Kombinationsideen zu kommen.

Es eignen sich jedoch nicht alle Methoden gleich gut für die Beschaffung der jeweils benötigten Informationen. In Tabelle 8 ist die Eignung der jeweiligen Kombination mit einem »X« markiert, »(X)« steht für bedingt geeignet.

Tabelle 7: Varianten der Informationsbeschaffung

Merkmale	Lösungsvarianten												
Zeitpunkt	Neuprodukt	Beta-Test	Laufende Optimierung	Produktneugestaltung	X Wochen nachdem Kunde das Produkt erhalten hat								
Kundensegment	(bitte hier Ihre Kundensegmente eintragen)												
Wen	Neukunden	Stammkunden	Gelegenheitskunden	Ehemalige Kunden, Rücksender	Beschwerer	Nichtkunden	Wechselkunden	Rückkehrer	Kunden der Konkurrenz	Kunden anderer Branchen	Multiplikatoren/Empfehler/Entscheider	Händler	Zulieferer
Anzahl Gespräche	5	10	15	20	25	30							
Ziel (was ist in Erfahrung zu bringen?)	Homogenität des Marktsegments prüfen	In die Lebenswelt eintauchen, Werte und Ähnliches erfahren	Treiber und Rahmenbedingungen erfahren	Tätigkeiten, Aufgaben, Probleme, Erfolgsfaktoren, Komplexität zur Ableitung des USP erfahren	USP-Idee auf Relevanz prüfen	Informationen für die Perspektiven einholen	Sonstige Informationen zum Kunden(Kaufverhalten, Produktnutzung et cetera) erfahren	Konzept/Idee prüfen	Zufriedenheit und Nutzung von bestehenden Produkten erfahren	Grund für Rückgabe beziehungsweise Kündigung erfahren			
Ort	Im eigenen Unternehmen (Büro)	Im eigenen Unternehmen (Verkaufsräume)	Auf Messen/Kongressen	Beim Gesprächspartner	Neutraler Ort								
Methode	Fragebogen	Einzelgespräch	Gruppendiskussion	Beobachtung/Praktikum	Experiment	Stammtisch							
Medium (womit?)	Schriftlich Brief	Schriftlich Online	Schriftlich auf Homepage	Schriftlich als Beilage (zur Lieferung, zur Rechnung, in Zeitschrift)	Telefonisch	Persönlich							

Befragendes Unternehmen ist dem Gesprächspartner bekannt	Ja	Nein			
Was	Hauptprodukt	Zusatz-bestandteile	Zusatzpro-dukte		
Häufigkeit	Erstgespräch	Mehrfach-kontakt	Panel		
Interviewer	Aus eigenem Unternehmen	Aus Agentur			
Aufzeich-nungsart	Nur schriftlich, lineare Auf-zeichnung	Nur schriftlich, Notations-technik	Nur schriftlich, mit Moderati-onskarten	Schriftlich und Audio	Schriftlich und Kamera	Schriftlich, Audio und Kamera

Tabelle 8: Vergleich der sechs wichtigsten Methoden zur Informationsbeschaffung

	Marktsegmentierung	Werte erfahren	Treiber, Rahmenbedingungen, Tätigkeiten, Aufgaben, Probleme, Erfolgsfaktoren, Komplexität erfahren	USP-Idee auf Relevanz prüfen	Informationen für die Perspektiven erfahren	Sonstige Informationen zum Kunden (Kaufverhalten, Produktnutzung et cetera) erfahren	Konzept/Idee prüfen	Zufriedenheit und Nutzung von bestehenden Produkten erfahren (zur Produktoptimierung)	Grund für Rücksendung bzw. Kündigung erfahren
Einzelgespräch	X	X	X	X	X	X	X	X	
Telefonisch			X	(X)	(X)	X	(X)	X	X
Fragebogen (persönlich oder schriftlich)						(X)	(X)	(X)	
Praktikum/Beobachtung			X		X	X	X	X	
Stammtisch			X	X	X	X			
Gruppendiskussion			X	X	X	X	X	X	

Kapitel 18

Der Einstieg in ein persönliches Marktgespräch

Ein Gespräch beginnt nicht erst mit der ersten Gesprächsphase und endet nicht mit der letzten Aussage des Gesprächspartners. Es gehört viel mehr dazu. Die folgenden Ausführungen sollen die Phasen kurz erläutern, wobei diese nur den Regelablauf darstellen. Abweichungen sind möglich, da jedes Gespräch aufgrund der Individualität des Gesprächspartners und des Interviewers anders verläuft. Viel wichtiger als die Einhaltung der einzelnen Gesprächsphasen oder auch als das »Abarbeiten« des Fragenkatalogs ist die Sicherstellung der offenen, freundlichen Gesprächsatmosphäre.

Werden mit einem Gesprächspartner nacheinander mehrere Gespräche geführt, so können die Phasen in der Bedeutung verschoben sein.

Der erste Eindruck

Wie bereits mehrfach erwähnt, ist ein Vertrauensverhältnis zwischen dem Gesprächspartner und dem Interviewer eine zwingende Voraussetzung für ein tiefgreifendes Gespräch. Eine gute Fragetechnik reicht nicht, die Beziehung muss stimmen. Der Gesprächspartner entscheidet sehr schnell, ob er dem Interviewer vertraut oder nicht. Er bildet sich zu 90 Prozent in den ersten Minuten (wenn nicht sogar noch schneller) seine Meinung von dem Interviewer. Für den ersten Eindruck bekommt der Interviewer keine zweite Chance. Noch bevor der Interviewer das erste Wort gesagt hat, wird dieser vom Gesprächspartner nach Aussehen, Haltung, Gang, Gestik und Mimik bewertet. Von der Optik wird auf andere Eigenschaften geschlossen. Dieser Eindruck wird im Laufe des nachfolgenden Gesprächs nur selten revidiert, da das menschliche Gehirn immer nach Bestätigungen der eigenen Meinung – somit des ersten Eindrucks – sucht. Vieles von dem, was der Gesprächspartner zur Einschätzung heranzieht, kann und sollte der Interviewer beeinflussen (Kleidung, Blickkontakt, Gestik und Mimik).

Die ersten Worte

Small Talk zu Beginn

Starten Sie das Gespräch mit neutralen Themen, bei denen es keine unterschiedlichen Sichtweisen gibt. Sprechen Sie zum Beispiel über das Wetter oder Ihre Anfahrt. Gut ist es, wenn der Interviewer gleiche Interessen wie der Gesprächspartner hat, zum Beispiel die gleichen Hobbys. Generell sind Themen wie Politik, Religion und Sport (außer Sie wissen, für welchen Verein das Herz Ihres Gesprächspartners schlägt) tabu, da bei diesen Themen heftig kontrovers diskutiert werden kann. Diese Themen können zu jeder Zeit des Gesprächs die mühsam aufgebaute Atmosphäre in Sekunden zerstören.

Damit Ihr Gesprächspartner sich öffnet und auch persönliche Details nennt, muss ein Vertrauensverhältnis zu ihm aufgebaut werden. Stellen Sie zuerst den sozialen Kontakt zum Gesprächspartner her. Dafür bleibt wenig Zeit, da das Gespräch insgesamt nur circa eine Stunde dauert. Um eine positive Atmosphäre zu schaffen, sollten Sie Folgendes tun:

- Schneiden Sie nicht gleich das eigentliche Gesprächsthema an;
- beginnen Sie das Gespräch mit etwas Positivem oder zumindest Neutralem, nie mit etwas Negativem wie zum Beispiel Umsatzrückgängen in der Branche oder negativen Presseberichten über das Unternehmen;
- Ihr Gesprächspartner liebt es, von Ihnen wertgeschätzt zu werden. Dazu gehört, dass er merkt, dass Sie sich auf das Gespräch vorbereitet haben. Besorgen Sie sich vorab viele Informationen über Ihren Gesprächspartner und das Unternehmen (beispielsweise neue Produkte, Unternehmenszahlen, Presseberichte) vom Gesprächspartner und lassen Sie positive Informationen über ihn in das Gespräch einfließen. Oder bringen Sie ihm etwas Passendes mit: »Gestern habe ich einen Artikel im Internet über Ihr Unternehmen gelesen. Einen Ausdruck habe ich für Sie mitgebracht«, oder einen Testbericht, der die Branche betrifft;
- Ihr Gesprächspartner möchte persönliche Anerkennung. Ein ernstgemeintes Kompliment zu privaten Interessen ist der optimale Einstieg. Recherchieren Sie vorab und achten Sie vor Ort auf Gegenstände im Raum. Das kann eine besondere Büroausstattung, sein beruflicher Aufstieg, sein soziales Engagement, Bilder an der Wand, ein Fußballtrikot seines Lieblingsvereins oder Ähnliches sein. Machen Sie Ihr Kompliment jedoch so konkret wie möglich. Wenn Sie die Informationen vorab recherchiert haben und noch vor Ort beobachten, brauchen Sie sich

über einen guten Einstieg keine Gedanken zu machen. Sollten Sie diese Informationen nicht für Ihre Produktentwicklung benötigen, müssen Sie Ihren Gesprächspartner galant wieder von diesem Thema abbringen, um zu Ihrem Thema zu kommen. Möglich sind zu Beginn auch motivierende Fragen wie zum Beispiel »Wie haben Sie es geschafft, mit Ihrem Unternehmen an die Spitze zu kommen?« oder »Was war Ihr bestes Erfolgsrezept?«, um zu Beginn das Ego anzusprechen;

- Ihr Gesprächspartner mag Gemeinsamkeiten – insbesondere bei Dingen, die auf der persönlichen Ebene binden. Das sind beispielsweise Hobbys, gleiche Ausbildung und so weiter. Wenn Sie nicht das gleiche Hobby wie Ihr Gesprächspartner haben, so sollten Sie keine abfällige Bemerkung darüber machen. Sagen Sie nicht: »Golfen? Das kann ich machen, wenn ich in Rente bin«;

- wenn Sie den Kontakt zu Ihrem aktuellen Gesprächspartner von einer dritten, gemeinsam bekannten Person erhalten haben, so nutzen Sie Themen zu dieser Person für den Einstieg. Mit der abgedroschenen Einstiegsfloskel »Wie geht es Ihnen?« konnten Verkäufer vor 50 Jahren noch die Sympathie des Kunden einholen, heute wirkt diese eher negativ. Besser klingt dann doch: »Ich soll Ihnen einen Gruß von X bestellen«;

- seien Sie ein guter Zuhörer. Dann fühlt Ihr Gesprächspartner sich ernstgenommen. Nicht Sie sind der Experte, sondern Ihr Gesprächspartner. Deshalb sind Sie ja bei ihm.

Sprechen Sie auch schon zu Beginn Ihren Gesprächspartner mit Namen an. Sein Name ist das vom ihm am liebsten gehörte Wort. Bedanken Sie sich schon zu Beginn des Gesprächs für den Termin, denn der Gesprächspartner stellt Ihnen doch seine wertvolle Zeit zur Verfügung.

Lassen Sie sich zu Beginn und auch während des Gesprächs nicht von Abwehrsignalen (»Ich habe eigentlich keine Zeit«) Ihres Gesprächspartners abschrecken. Häufig wird auch daraus ein langes intensives Gespräch. Sie müssen Ihren Gesprächspartner dort abholen, wo er emotional und rational gerade steht. Wechseln Sie nicht zu einem Schnellinterview, sondern verlängern Sie die Vertrauensphase. Reagieren Sie nicht mit: »Sie haben ja leider nur X Minuten Zeit. Da können wir nur Y ansprechen«, da es erstens eine Kritik an den Gesprächspartner darstellt. Zweitens entsteht bei dem Gesprächspartner der Eindruck, es handle sich jetzt nicht mehr um ein vollwertiges Gespräch. Drittens bekommt der Gesprächspartner den Eindruck, der Interviewer sei unfähig, das Gespräch so zu führen, dass es erfolgreich ist.

Der Austausch von Visitenkarten

Zu Beginn des Gesprächs wird dem Gesprächspartner aus dem b-to-b-Bereich die Visitenkarte überreicht. Das zeigt Wertschätzung und erzeugt erstes Vertrauen. Der Gesprächspartner erfährt unter anderem, welche Position der Interviewer im Unternehmen hat. Bei den Karten gilt: weniger ist mehr. Der Interviewer soll sich auch hier eher etwas »kleiner« machen als er ist. Ein Geschäftsführer sollte diese Bezeichnung auf den Visitenkarten für Marktgespräche eher weglassen. Auch auf Berufsbezeichnungen, die den Gesprächspartner beeindrucken könnten, sollte verzichtet werden. Von falschen Angaben auf den Karten rate ich ab, gemäß dem Motto: »Man sage immer die Wahrheit – jedoch man sage die Wahrheit nicht immer.«

Als Reaktion auf die Visitenkarte erhält der Interviewer fast immer gleich die Karte des Gesprächspartners. Sofern noch nicht vorhanden, liegt jetzt die genaue Schreibweise seines Namens vor. Außerdem enthält die Karte häufig Informationen über die Funktion des Gesprächspartners. Dieses kann ein guter Einstieg in das Gespräch sein.

Die ungestellten Fragen des Gesprächspartners beantworten, um die Fremdheit zu beseitigen

Ihr Gesprächspartner kennt Sie nicht persönlich (nur durch ein Telefonat bei der Terminabsprache) und kann – da für ihn diese Form des Gesprächs meist das erste Mal ist – den Sinn und den Ablauf nicht einschätzen, auch dann nicht, wenn Sie ihm dieses am Telefon erläutert haben. Somit fühlt er sich unsicher und ist von einer Öffnung Ihnen gegenüber meilenweit entfernt. Gelingt es dem Interviewer nicht, diese Phase der Unsicherheit im Gespräch sehr schnell zu überwinden, wird der Gesprächspartner nur zurückhaltende Beiträge machen und bei seinen Ausführungen an der Oberfläche bleiben. Da er nicht weiß, wie seine Ausführungen vom Interviewer sanktioniert werden, würden seine Äußerungen der sozialen Erwünschtheit folgen.

Grundsätzlich sollte der Gesprächsanteil des Gesprächspartners bei 90 Prozent liegen. Zu Beginn hat jedoch der Interviewer auch etwas von sich preiszugeben, um Vertrauen zu erzeugen. So sollte er zum Beispiel die unausgesprochenen Fragen des Gesprächspartners beantworten. Die Fragen sollten Sie von sich aus aktiv beantworten, damit Ihr Gesprächspartner »den Kopf frei hat« und die bei ihm offenen Punkte abhaken kann. Erhält der Gesprächspartner gleich zu Beginn Antworten auf diese

Fragen, wird Transparenz und Vertrauen erzeugt. Der Gesprächspartner fühlt sich so sicher und öffnet sich.

Die vom Gesprächspartner gestellten Fragen sind ähnlich denen bei der Terminvereinbarung. Die identischen Fragen werden hier der Vollständigkeit halber mit aufgelistet. Es handelt sich um folgende Fragen, die der Gesprächspartner sich selbst oder dem Interviewer zu Beginn des Gesprächs stellt:

- *»Wie lange dauert es?«*. Für die Terminvereinbarung wurde eine Zeitspanne von 20 Minuten genannt, um den Gesprächspartner zur Terminzusage zu bewegen. Vor Ort kann der Interviewer dann schon einen Zeitrahmen von 30 bis 45 Minuten nennen. Hat der Gesprächspartner wirklich nur 20 Minuten Zeit, wird er das Gespräch entsprechend beenden. Man sollte ihn nur nicht vor Ort aktiv auf diese kurze Zeit hinweisen, zumal für die benötigte Gesprächstiefe mehr als 30 Minuten notwendig sind;
- *»Was will er?«*, *»Was ist der Sinn des Gesprächs?«*. Auch wenn Sie Ihr Anliegen bereits bei der Gesprächsvereinbarung genannt haben, sollten Sie dieses hier erneut kurz erläutern, da Ihr Gesprächspartner sich an den Inhalt der Terminabsprache nicht mehr in vollem Umfang erinnert. Erläutern Sie, dass Sie gern Informationen über seine Tätigkeiten und Aufgaben hätten, um einen Einblick in die Branche zu bekommen. Die Begriffe »Probleme« und »Hindernisse« sollten hier nicht verwendet werden;
- *»Was habe ich davon?«*;
- *»Kann er mir gefährlich werden? Kann ich ihm trauen? Kann er mir schaden? Kann ich mich darauf einlassen? Will er mir etwas verkaufen? Was passiert mit den Informationen, die ich gebe?«*;
- *»Aus welchen Gründen werde gerade ich gefragt?«*
  (Ihre Antwort auf die drei letzten Punkte können Sie in Kapitel 16 nachlesen).

Nachdem Sie von sich aus die Fragen beantwortet haben, geben Sie Ihrem Gesprächspartner die Möglichkeit, noch offene Punkte anzusprechen oder selbst Fragen zu stellen. Auch wenn jetzt Fragen von Ihrem Gesprächspartner kommen, die für Sie schwer zu beantworten sind, sollten Sie sich diesen stellen. Geben Sie Ihrem Gesprächspartner diese Möglichkeit nicht, werden sie ihn den gesamten Gesprächsverlauf beschäftigen und seine Konzentration von dem eigentlichen Gespräch ablenken. Erst wenn alle seine Fragen geklärt sind, ist ein offenes Gespräch möglich. Ist der Gesprächspartner unsicher oder misstrauisch, sollte der Interviewer eine längere Vertrauensphase einbauen.

Die Aufzeichnung des Gesprächs

In der nächsten Phase holt sich der Interviewer die Zustimmung zur Aufzeichnung des Gesprächs ein.

Den Gesprächspartner erst einmal reden lassen und ihm eine Orientierung geben

Der Gesprächspartner sucht nach seiner eigenen Rolle und will abtasten, welche Äußerungen vom Interviewer akzeptiert werden. Somit äußert er sich zu Beginn noch vorsichtig und tastet die Reaktionen des Interviewers auf seine Äußerungen ab.

Auch wenn das Ziel eines Gesprächs die Erfassung einer oder aller Perspektiven oder die Informationen zum USP zu einem Thema ist, sollte als Einstieg immer mit allgemeinen Fragen begonnen werden. So läuft sich Ihr Gesprächspartner erst einmal »warm«, stimmt sich auf das Thema ein und öffnet sich. Bitte bedenken Sie, dass sich Ihr Gesprächspartner erst an die Gesprächssituation gewöhnen muss. Die Einstiegsfrage soll bei Ihrem Gesprächspartner einen Impuls zum Erzählen auslösen, und zwar nicht für eine kurze Antwort, sondern für eine ausführliche Darstellung. Sonst kommen Sie schon zu Beginn in die Situation eines Verhörs. Ein Negativbeispiel: »Wie bewerten Sie die Situation Ihrer Branche?«. Auch wenn diese Frage offen ist, so wird sie häufig mit einem Satzbruchstück beantwortet: »Geht so«.

Unabhängig von dem Gesprächsziel ist immer zuerst nach den Tätigkeiten des heutigen Tages zu fragen, woher Ihr Gesprächspartner gerade kommt beziehungsweise was ihn gerade beschäftigt. Mit der Einstiegsfrage »Was beschäftigt Sie zur Zeit?«, »Woran denken Sie gerade?« kann der Gesprächspartner erst einmal seinen Frust ablassen. Das ist notwendig, um auf Ihre nachfolgenden Fragen tiefgreifend antworten zu können und in Lösungen zu denken. Bei dieser offenen Frage nennt der Gesprächspartner meist die Tätigkeiten, die Aufgaben und die Probleme, die ihn heute beschäftigen, unabhängig davon, ob dieses morgen auch noch so ist und diese langfristig relevant sind. Zusätzlich erhält der Interviewer die Information, um gezielt einzusteigen oder genau das für das Gesprächsthema jetzt wichtige Thema auszuklammern. Kommt der Gesprächspartner zum Beispiel direkt vor einem Gespräch mit dem Wirtschaftsprüfer, so werden auf die Frage, mit welchen Hindernissen die Branche gerade beschäftigt ist, erst einmal in aller Ausführlichkeit die Probleme mit dem

Wirtschaftsprüfer erläutert. Der Gesprächspartner denkt, dieses sei das wichtigste Thema. Das ist es jetzt in diesem Moment auch, am nächsten Tag kann das jedoch schon ganz anders sein. Erst durch die Einstiegsfrage wird dieser Zusammenhang deutlich und kann entsprechend interpretiert werden. Hätte der Interviewer diese Information nicht, würde er an der falschen Stelle intensiv nachfassen. Würde das Gespräch an einem anderen Tag stattfinden, wäre dieses Thema gegebenenfalls nie genannt worden. Also bringen Sie in Erfahrung, was Ihr Gesprächspartner am Tag des Gesprächs für Termine hat. Dann können Sie seine Gewichtung der Themen besser einschätzen.

Holen Sie Ihren Gesprächspartner dort ab, wo er gedanklich noch steht. Stellen Sie die Frage offen mit einem breiten Antwortrahmen. So haben Sie einen guten Einstieg für Ihr Gespräch. Zum einen taut Ihr Gesprächspartner auf und öffnet sich, zum anderen kommen häufig Hinweise zu weiteren Anknüpfungsideen in der Produktentwicklung. Je weiter die Einstiegsfrage gefasst ist, desto mehr erfahren Sie über die Welt des Kunden. Je heikler das von Ihnen vorgegebene Gesprächsthema ist, desto unspezifischer und ausführlicher sollte der Einstieg sein.

Anschließend wird nach dem allgemeinen Tagesablauf beziehungsweise nach den Aufgaben gefragt. Es wird danach auch noch die weitere Stufe angegangen und nach den aus dem Tagesablauf und den Aufgaben resultierenden Hindernissen/Problemen gefragt. Dieser Einstieg ist zu wählen, ganz egal ob Sie die Pyramide für die USP-Erfassung als Gesprächsziel haben oder Informationen über die Perspektiven sammeln wollen. Steigen Sie immer mit dem Thema Tätigkeiten/Aufgaben und Hindernisse/Probleme ein.

Je nach Ziel gehen Sie anschließend mit den Fragen zu den Erfolgsfaktoren und zur Komplexität über, sofern Sie noch in der Eruierungsphase sind. Haben Sie sich aufgrund der vorhergegangenen Gespräche bereits auf ein Thema fokussiert, so beginnen Sie nach den Fragen zu den allgemeinen Tätigkeiten/Aufgaben und Hindernissen/Problemen wieder auf der untersten Stufe der Pyramide und fragen nach den Tätigkeiten/Aufgaben, den Hindernissen/Problemen, den Erfolgsfaktoren und der Komplexität des spezifischen Themas. Haben Sie dieses ebenfalls in vorangegangenen Gesprächen vollständig erfasst, so holen Sie nach dem Einstieg (allgemeiner Tagesablauf/Aufgaben sowie Hindernisse/Probleme) Informationen zu den einzelnen Perspektiven ein.

Das bitte nicht

Übergeben Sie zu Beginn des Gesprächs keinen Prospekt und keine Firmenbroschüre, sonst vermutet der Gesprächspartner eine als Marktgespräch getarnte Verkaufsaktion und fühlt sich von der Gesprächsanfrage getäuscht. Dann macht er zu und das Gespräch ist gelaufen. Außerdem lenkt dieser Prospekt ab, da der Gesprächspartner während des Gesprächs darin blättert.

Getränke und kleine Speisen sollten nicht abgelehnt, sondern als Zeichen der Akzeptanz angenommen werden, sofern die Zubereitung keinen Aufwand für den Gesprächspartner darstellt.

Bei jedem Gespräch ist zu Beginn ein Zurücktreten hinter die eigenen Erfahrungen und die Erkenntnisse vorheriger Interviews erforderlich. Im Laufe des Gesprächs können zwar vertiefende Fragen aufgrund noch offener Punkte aus den vorherigen Gesprächen gestellt werden. Es ist jedoch unbedingt zu vermeiden, vorhandene Erkenntnisse einfließen zu lassen. Eine zu fest gelegte Gesprächsstruktur mit festen Fragen zur Absicherung bestehender Erkenntnisse würde lediglich den blinden Fleck des Interviewers verstärken, statt diesen zu überwinden.

Wie oben beschrieben, gehen Sie nicht zu Beginn des Gesprächs gleich in die Tiefe. Wie bei einer Gruppendiskussion verläuft auch das Einzelgespräch in den Phasen Fremdheit, Orientierung und Vertrautheit. Erst in der letztgenannten Phase können kritische Fragen gestellt werden.

Jedes Gespräch beginnt von vorn

Auch bei weiteren Gesprächen mit einem Gesprächspartner verlaufen die Phasen des Einstiegs immer gleich, wenn auch erheblich verkürzt. Sie sollten nicht versuchen, diese zu überspringen. Denn jedes Mal ist erneut ein gutes Vertrauensverhältnis zu Ihrem Gesprächspartner aufzubauen, damit er sich öffnet.

Kapitel 19

Der Hauptteil eines persönlichen Marktgesprächs

Erst wenn die Phasen der Fremdheit und Orientierung des Gesprächspartners abgeschlossen sind, kann die entscheidende Phase der Vertrautheit folgen. Der Gesprächspartner fühlt sich dann wohl und ist entspannt. Er hat das Gefühl, jetzt wirklich offen antworten und erzählen zu können. Er äußert persönliche Befindlichkeiten, seine Meinung und gibt auch teilweise sein Innenleben mit seinen Gefühlen preis. Diese Phase ist vor allem für den Interviewer die wichtigste und sollte so schnell wie möglich erreicht werden. Sie ist die Hauptphase des Gesprächs und der eigentliche Grund für das Gespräch. Dies geschieht wie oben erwähnt, indem die vom Gesprächspartner sich selbst gestellten Fragen gleich zu Beginn des Gesprächs präzise beantwortet werden. Außerdem gibt ihm die gewohnte Umgebung verstärkte Sicherheit.

Lassen Sie Ihren Gesprächspartner von den Bereichen erzählen, die Sie erfahren möchten. Beschränken Sie sich dabei auf die Funktion des interessierten Zuhörers. Greifen Sie so wenig wie möglich in die Erzählungen Ihres Gesprächspartners ein. Animieren Sie ihn – verbal und nonverbal – zum Weitererzählen. Die eigene Wirklichkeit ist dabei zurückzudrängen und es ist zu versuchen, so weit wie möglich in die Wirklichkeit des Gesprächspartners einzutauchen.

Grundsätzliches zum Gespräch

tuwun® bedeutet nicht, mit fertigen Antworten in das Gespräch zu gehen und diese vom Gesprächspartner bestätigen zu lassen oder, noch extremer, den Gesprächspartner von den eigenen Ansichten zu überzeugen. Es bedeutet viel mehr, sich mit den Aussagen des Gesprächspartners zu konfrontieren, die man noch nicht kennt, die von den eigenen Erfahrungen abweichen oder ganz konträr zu ihnen sind. Es sind dem Gesprächspartner konkretisierende Fragen zu stellen, um seine Beweggründe zu verstehen.

Wie erfolgreich ein Gespräch verlauft, hängt neben dem Interviewer auch vom Gesprächspartner ab. Es gibt nicht *die* Gesprächstechnik, die zum Erfolg führt. Jedes Gespräch und jeder Gesprächspartner ist einzigartig. Somit gibt es auch keine Gesprächstechniken, die immer funktionieren. Der Interviewer muss laufend anpassen und dann aus seinem umfangreichen Methodenkoffer die in dieser Situation geeigneten Methoden auswählen. Unterschiedliche Gesprächspartner sind aus unterschiedlichen Gründen motiviert, ihr Innerstes zu öffnen. Diese Knöpfe muss der Interviewer finden und bedienen.

Die Persönlichkeitsmerkmale des Gesprächspartners kann er nicht ändern, sondern sich nur im Gespräch darauf einstellen. Nachfolgend sind Techniken aufgeführt, die meist zum Erfolg führen und je nach Situation anzuwenden sind.

Fragen sind nur Mittel zum Zweck

Da Sie von außen keinen Einblick in die Wirklichkeit Ihrer Gesprächspartner haben, müssen Sie versuchen, so nah wie möglich an diese heran zu kommen. Das ist über Beobachtungen und über Ausführungen der Gesprächspartner möglich. Das Ziel des Gesprächs ist es, den Gesprächspartner durch Fragen und weitere Techniken dazu zu bewegen, über Erlebnisse zu berichten und sich mit sich selbst (seiner Tätigkeit, seinen Problemen und Wünschen) und seiner Wirklichkeit auseinander zu setzen, diese noch einmal zu erleben und frei davon zu erzählen. Fragen sollen den Gesprächspartner dazu bringen, sich an Dinge und Gefühle zu erinnern, die er bereits vergessen hatte. Unter möglichst wenig Einfluss des Interviewers sind beim Gesprächspartner intensive Denkprozesse auszulösen. Die Fragen dienen nur als Anstoß, um die Erzählungen des Gesprächspartners in Gang zu bringen und dadurch das aufzudecken, was der Gesprächspartner von sich aus nicht sagt. Gelangen Sie so an Informationen, mithilfe derer Sie die Entscheidungen des Gesprächspartners verstehen und seine Sichtweise und Denkstrukturen erfassen können. Dabei gilt: Nur so viele Fragen stellen wie unbedingt nötig. Denn viele Fragen erzeugen viele Antworten, jedoch keine echte Gesprächstiefe und kein Bild von der Lebenswelt des Gesprächspartners. Erzählt der Gesprächspartner nach einer Frage so viel, dass damit ein Informationstopf gefüllt ist: super. Je weniger Sie fragen, desto weniger hat Ihr Gesprächspartner das Gefühl, ausgefragt zu werden und dass Sie das Gespräch lenken. Umso mehr öffnet er sich. Dann haben Sie ein Gespräch und keine Frage-Antwort-Situation.

Versteht Ihr Gesprächspartner jedoch Ihre Frage nicht oder antwortet er nur mit einem kurzen Satz, so greifen Sie auf die weiteren Fragen zu dem Themenblock zurück und stellen die gleiche Frage mit anderen Worten noch einmal. Aus diesem Grunde enthält der Fragenkatalog pro Thema eine Vielzahl von Fragen, die an sich redundant sind. Ist ein Topf durch die Informationen des Gesprächspartners gefüllt, lassen Sie die weiteren Fragen zu diesem Topf weg. Die weiteren Fragen zu stellen, würde Ihren Gesprächspartner nur verwirren, da er Ihnen ja schon alles gesagt hat. Außerdem vergeuden Sie damit die Gesprächszeit, da Sie ja so viele Töpfe wie möglich füllen wollen.

Zu viele Fragen erzeugen Druck, der Gesprächsanteil des Interviewers wird zu hoch und das Gespräch wird zu sehr vom Interviewer gelenkt. Das Gespräch soll einer Konversation zwischen Freunden gleichen – und keinem Verhör. Um sich zu öffnen, muss jedoch der Gesprächspartner den Eindruck haben, dass er die Gesprächsinhalte bestimmt und nicht ausgefragt wird. Der Gesprächspartner ist durch verstärkende Maßnahmen zum Reden zu bewegen, weniger durch Fragen.

Erst zum Abschluss des Gesprächs stellt der Interviewer Fragen zu den Themen, die vorab vom Gesprächspartner noch nicht angesprochen wurden, zu denen jedoch Informationen benötigt werden.

Es sind auch nur die Bereiche zu erfragen, deren Antworten Auswirkungen auf die weiteren Entscheidungen in der Produktentwicklung haben. Der Interviewer hat sich immer zu fragen: »Was mache ich in der Produktentwicklung anders, wenn ich diese Frage beantwortet bekomme?«. Lautet die Antwort »nichts«, dann sind die Frage und das Themengebiet zu löschen.

Fragen Sie auch nicht nach Dingen, die Sie bereits vorab zum Beispiel über das Internet, die Homepage oder Prospekte in Erfahrung bringen können (beispielsweise die Anzahl der Mitarbeiter oder branchenspezifische Informationen). Alle Daten im Gespräch zu erfragen, die Sie vorab bereits erfahren können, wäre im Gespräch eine reine Zeitverschwendung.

Der Gesprächspartner bestimmt die nächste Frage des Interviewers

Die nächste Frage ergibt sich jeweils aus dem Gesagten des Gesprächspartners. Es wird mit den Antworten gearbeitet und aufgrund der Ausführungen vertieft. Somit reagiert der Interviewer mehr auf den Gesprächspartner als er agiert. So entsteht ein fließender Gesprächsverlauf. Auch die Themenwechsel sind weich zu gestalten, indem mit Ausführungen des Gesprächspartners der Wechsel eingeleitet wird. So hat der Gesprächspartner den Eindruck, dass er das neue Thema vorgegeben hat.

Indem der Interviewer seine Fragen aus den Ausführungen des Gesprächspartners herleitet, wird diesem verdeutlicht, dass ihm wirklich zugehört und dass er verstanden wird. Diese Wertschätzung »honoriert« der Gesprächspartner mit weiteren Informationen.

Den Gesprächspartner in Erlebnisse zurückversetzen

Lassen Sie sich die Erlebnisse Ihrer Gesprächspartner in Geschichten so bildhaft wie möglich erzählen. Versetzen Sie ihn in die Erlebnisse zurück. Schon durch die Struktur der Erzählung können Sie erkennen, wie er bestimmte Probleme erlebt und mit welchem Handlungsmuster er daran geht. Fragen Sie nach, was genau er wie und wo erlebt hat. Dann wird das nebulöse Bild für Sie immer klarer. Das liefert viel mehr Ergebnisse als der statische Frage-Antwort-Verlauf. Es ist besser, den Gesprächspartner von seinen eigenen Erlebnissen berichten zu lassen, als ihm Beispiele zur Kommentierung vorzugeben.

Zuhören ist die Kunst, an Informationen zu gelangen

Die meisten Menschen hören sich am liebsten selbst reden und versuchen möglichst viel Redeanteil für sich zu beanspruchen. Rhetorik-Kurse gibt es viele, Zuhörkurse habe ich noch nicht gefunden. Andere schätzen uns jedoch weniger durch das, was wir sagen, als durch unser Zuhören.

Der Mensch kann 1 200 Wörter pro Minute denken, jedoch nur 250 Wörter pro Minute sprechen. Das heißt, wenn der Interviewer von sich erzählt, hat der Gesprächspartner noch 80 Prozent Kapazität in seinem Kopf frei, um an ganz andere Dinge zu denken. Bei allen Ausführungen des Interviewers besteht somit die Gefahr, dass der Gesprächspartner sich geistig ausklinkt.

Hören und Zuhören sind zwei grundverschiedene Dinge. Beim Pseudozuhören ist der Interviewer gedanklich schon bei der nächsten Aussage, unabhängig von dem, was der Gesprächspartner sagt. Die eigene Aussage ist ihm wichtiger. Ein wirkliches Gespräch kommt so nicht zustande. Der Gesprächspartner merkt schnell, dass der Interviewer hier nur seine

Fragen abarbeitet oder sein vermeintliches Expertenwissen heraushängen lassen will. Es gilt, komplett zuzuhören, nicht selektiv. Bei letztgenanntem wird nur das wahrgenommen, was der Denkrichtung des Interviewers entspricht und seine Meinung bestärkt. Hier gehen wichtige Informationen verloren und der Gesprächspartner fühlt sich nicht ausreichend wertgeschätzt.

Behalten Sie die Führung des Gesprächs, ohne dass dieses Ihr Gesprächspartner bemerkt. Aber reden Sie so wenig wie möglich. Es fällt sehr schwer, dem anderen zuzuhören, ohne sich selber ins Rampenlicht zu stellen. Beobachten Sie dieses Phänomen doch bitte mal auf der nächsten Feier. Ein Gast erzählt von seinen Urlaubserlebnissen. Und? Mindestens zwei weitere Gäste fühlen sich genötigt – ohne dass man sie gefragt hat – zu erzählen, was sie im Urlaub noch viel Besseres erlebt haben. Und das können Sie zu jedem Thema beobachten: Autos, Krankheiten und so weiter.

Stellen Sie Ihren Gesprächspartner in den Mittelpunkt

Bieten Sie Ihrem Gesprächspartner eine »Bühne«, auf der er sich mit seinem Wissen und seinen Gefühlen präsentieren kann. Jeder Mensch glaubt, der Mittelpunkt der Welt zu sein. Geben Sie Ihrem Gesprächspartner das Gefühl, jetzt gerade tatsächlich im Mittelpunkt zu stehen.

Klare, verständliche Fragen

Der Interviewer hat den Wortschatz (zum Beispiel mit dem Gebrauch der Fremdwörter) dem des Gesprächspartners anzupassen. Fragen, die der Gesprächspartner nicht versteht, empfindet er als verminderte Wertschätzung. Oder es ist ihm peinlich, dass er die Frage nicht versteht. Stellen Sie gerade zu Beginn des Gesprächs einfache Fragen, die von jedem Gesprächspartner leicht beantwortet werden können.

Bei Unverständnis nachfragen

Wenn der Interviewer etwas im Gespräch nicht versteht, sollte er sofort interessiert nachfragen. Bei widersprüchlichen Aussagen des Gesprächspartners sollte nachgefragt werden, ohne ihn dabei bloßzustellen.

Wenn der Gesprächspartner die Frage nicht verstanden hat

Wenn der Gesprächspartner zwar etwas sagt, jedoch nicht auf die Frage antwortet, ist diese mit anderen Worten neu zu formulieren. Wenn der Gesprächspartner die Frage akustisch verstanden hat, jedoch den Inhalt nicht, dann bringt Wiederholung nichts. Außerdem zeigt der Interviewer dem Gesprächspartner bei einer wortwörtlichen Wiederholung, dass er ihn für begriffsstutzig hält. Stattdessen hat der Interviewer mit einer Ich-Botschaft zu betonen, dass er sich missverständlich ausgedrückt hat.

Zuckt oder stockt der Gesprächspartner bei einer Frage, kann der Interviewer nachfassen, sofern ein gutes Vertrauensverhältnis besteht: »Ich bemerke, diese Frage hat Sie verwirrt/ist Ihnen unangenehm? Worauf ist das zurückzuführen?«. So erfährt er den Hintergrund.

Nach der Frage hat der Interviewer Sendepause

Und das fällt schwer. Wenn wir eine Frage stellen, glauben wir innerlich die Antwort schon zu kennen. Antwortet unser Gegenüber nicht schnell genug, schieben wir der Frage meist eine geschlossene Frage (Alternativfrage/Suggestivfrage) hinterher. Zum Beispiel fragt der Interviewer: »Wie ist Ihr Fernsehverhalten?«. Pause, keine Antwort des Gesprächspartners. Nun schiebt der Interviewer hinterher: »Sehen Sie viel Fernsehen oder eher weniger?« (Alternativfrage) beziehungsweise »Sie sehen doch sicherlich auch Nachrichten, oder?« (Suggestivfrage). Noch kontraproduktiver ist es, wenn der Interviewer selbst die Antwort auf seine Frage gibt: »Ich finde, wir sehen viel zu viel fern«. So würde der Gesprächspartner nur in eine vorgegebene Richtung gedrängt werden und steigt aus, da der Interviewer ja sowieso schon alles zu wissen glaubt. Stattdessen soll der Interviewer die Antworten des Gesprächspartners abwarten.

Wenn das Gespräch hakt oder nicht rund läuft

Leicht ist man als Interviewer geneigt, die Schuld an einem ungeplanten Verlauf dem Gesprächspartner zu geben. Stattdessen sollte der Interviewer selbstkritisch prüfen, wie er selbst diese Situation zugelassen, diese gefördert oder gar dazu beigetragen hat, dass der Gesprächspartner beispielsweise kaum etwas sagt oder nur über sein Lieblingsthema spricht. Sei es verbal (Einstiegsfrage, weitere Fragen) oder nonverbal (Kleidung,

Auftreten, Blickkontakt,). Selbstkritik ist der beste Weg, um Gesprächs-»Fehlentwicklungen« zukünftig zu vermeiden.

Um dieses zu analysieren, wechselt der Interviewer gedanklich auf die Meta-Ebene. Er »betrachtet« das Gespräch als Unbeteiligter von außen auf einer oberen Ebene, löst sich aus seiner Rolle des Interviewers und wird so Beobachter von Interviewer und Gesprächspartner: Wer hat sich wie verhalten und was gesagt? Wie ist es zu dieser Situation gekommen? Wie kann der Interviewer diesen Knoten wieder lösen und das Gespräch erneut in Gang bringen? Der Wechsel auf die Meta-Ebene ist am besten möglich, wenn der Gesprächspartner gerade etwas erzählt und der Interviewer sich »ausklinken« kann. Diese Methode kann auch sehr gut in Gruppendiskussionen angewendet werden, wenn die Teilnehmer sich untereinander austauschen.

Wie soll der Interviewer reagieren, wenn der Gesprächspartner das Gespräch bereits nach kurzer Zeit abbricht? Um erst einmal den Druck aus der Situation zu nehmen, sollte er seine Sachen zusammenpacken und dann beim Herausgehen offen fragen: »Ich bedaure es, dass Sie das Gespräch so früh beendet haben. Helfen Sie mir bitte. Aus welchen Gründen …? Ich möchte für die nächsten Gespräche daraus lernen. Was habe ich falsch gemacht?«. Entweder der Gesprächspartner nennt jetzt den Grund, sodass der Interviewer die Möglichkeit hat, diesen Anlass beim nächsten Gespräch zu vermeiden. Oder der Gesprächspartner führt das Gespräch doch weiter, da der Grund für die Missstimmung geklärt wurde.

Der Gesprächspartner antwortet nur zögerlich

Ein Grund dafür kann sein, dass der Interviewer unbewusst ein Tabu-Thema angesprochen hat. Oder der Gesprächspartner ist von sich aus sehr zurückhaltend, er muss länger überlegen oder hat die Frage nicht verstanden. Ist der Grund nicht ersichtlich, sind zu Beginn mehr geschlossene Fragen einzusetzen, damit der Gesprächspartner auftaut. Anschließend wird der Schweiger um Beispiele gebeten. Gesprächspausen sind vom Interviewer unbedingt auszuhalten. Wenn dann immer noch keine Antwort kommt, ist die Frage mit anderen Worten neu zu formulieren.

Helfen all diese Techniken nicht, dann sollte dieser Zustand mit Ich-Botschaften angesprochen werden: »Ich weiß nicht weiter. Ich habe mich festgefahren. Wie kann ich unser Gespräch wieder zum Laufen bringen?«.

Heikle Themen sind zu neutralisieren

Wollen Sie im Gespräch unbedingt heikle Themen ansprechen (Umsatz-rückgang, hohe Anzahl der Betriebsunfälle, hohe Reklamationsquote), bei denen Sie vermuten, dass der Gesprächspartner keine ehrliche Antwort gibt, so sind diese Themen zu verallgemeinern und zu neutralisieren. Beziehen Sie diese Gegebenheiten auf die Branche (meist gelten die Themen ja für einen Großteil der Branche). Jetzt ist die Frage kein direkter Angriff mehr. Es geht nicht mehr um das Unternehmen Ihres Gesprächspartners, sondern um die anderen. Sie bringen eine dritte Person ins Spiel. Entweder eine Person, die Ihr Gesprächspartner kennt oder eine neutrale Person beziehungsweise Personengruppe (zum Beispiel Abteilungsleiter einer Branche). Statt Ihren Gesprächspartner mit »Sie« direkt anzusprechen, neutralisieren Sie das Thema mit »man« oder »jemand«. Nachfolgend sind einige Beispiele aufgeführt:

- »In der Branche haben viele Anbieter Umsatzrückgänge zu verzeichnen. Wie wird darauf reagiert?«
- »Wie handeln Mitarbeiter anderer Unternehmen in dieser Situation?«
- »Das Thema X wird gern von den Medien aufgebauscht. Was ärgert Sie an dieser Thematisierung in den Medien? Wo ist die Branche von diesem Thema betroffen? Was sind die Auswirkungen für die Branche?«
- »Wie sieht es bei Ihren Mitbewerbern aus?«, »Wie geht die Branche damit um?«
- »Ich habe gestern auf einem Seminar gehört, dass ... Wie ist das bei Ihnen/Wie sehen Sie das?«
- »In einer Fachzeitschrift habe ich gestern gelesen, dass ... Wie ist das bei Ihnen/Wie sehen Sie das?«
- »Beschreiben Sie mir bitte eine Person, die ... Wie verhält sie sich? Was denkt sie?«. Der Gesprächspartner redet jetzt über sich selbst, jedoch neutralisiert;
- Verwenden Sie hingegen nicht die Formulierung: »Bei einem gestrigen Gespräch mit einem Ihrer Kollegen habe ich gehört, dass ...«, sonst vermutet der Gesprächspartner, dass auch die Inhalte seines Gesprächs weiter verbreitet werden.

Durch die Projektion auf andere werden vom Gesprächspartner die eigenen Wünsche und Probleme genannt. Menschen neigen dazu, ihre eigene Einstellung und Vorgehensweise auf andere zu übertragen. Wenn der Gesprächspartner nach den Einstellungen und den Verhaltensweisen seiner Kollegen in der Branche gefragt wird, drückt er mit seiner Antwort die eigenen aus – aber eben neutralisiert. Diese Projektion ist auch bei Themen einzusetzen, bei denen zu vermuten ist, dass der Gesprächspartner Angst hat, »falsche« Antworten zu geben oder ins Fettnäpfchen zu treten.

Gerade bei heiklen Fragen an den Gesprächspartner hat der Interviewer den Blickkontakt und die Gesprächslautstärke zu halten. Eine leise Stimme und ein Vermeiden des Blickkontakts signalisieren Unsicherheit und mangelnde Kompetenz.

Grundsätzlich sind »kritische« Fragen und Distanzthemen erst zu einem späteren Gesprächszeitpunkt zu stellen. Dann erst ist die benötigte Vertrauensbasis vorhanden und der Interviewer kann abschätzen, wie der Gesprächspartner darauf reagiert, ob er offen und ehrlich antwortet oder so, dass er in einem besseren Licht dasteht, oder gar nicht antwortet und sich für den weiteren Gesprächsverlauf verschließt.

Manches Mal ist es ratsam, heikle Themen gar nicht oder erst in einem Folgegespräch anzusprechen, wenn ein noch tieferes Vertrauen entstanden ist.

Themen wie Politik, Sport und Religion sind im gesamten Gesprächsverlauf tabu. Auch wenn der Gesprächspartner diese anspricht, sollte der Interviewer nicht darauf eingehen und sich zu keiner Äußerung oder Wertung hinreißen lassen.

Den Gesprächspartner ausreden lassen

Der Gesprächspartner ist in seinen Ausführungen grundsätzlich nicht zu unterbrechen. Unterbricht der Interviewer den Gesprächspartner, so bleibt immer etwas in dessen Gedanken zurück, was er sagen wollte. Das erzeugt eine Unzufriedenheit beim Gesprächspartner und der Gedanke, dieses später noch anzubringen, blockiert die freien Gedankengänge. Er konzentriert sich mehr darauf, das noch nicht Gesagte im Kopf zu behalten und kann den nachfolgenden Ausführungen des Interviewers nicht mehr richtig folgen. Ihm fehlt die innere Ruhe und es ist nicht mehr möglich, ihn dann noch in seine Erlebnisse zu bringen.

Außerdem erzeugt die Unterbrechung Frust beim Gesprächspartner, denn diese wertet er als Ausdruck mangelnder Wertschätzung seiner Ausführungen. So kann nie ein Vertrauensverhältnis und ein entspannter Gesprächsverlauf erzeugt werden.

Je nach Gesprächsziel ist abzuwägen, ob in Ausnahmesituationen nicht doch mal unterbrochen wird, zum Beispiel, wenn der Gesprächpartner zu weit vom Thema abschweift oder keine weiteren neuen Erkenntnisse mehr liefert, sondern sich nur noch wiederholt.

Die 11 Methoden, um das Gespräch am Laufen zu halten und Gesprächstiefe zu erzeugen

Der Gesprächspartner wird dankbar sein, wenn sich der Interviewer ehrlich für ihn interessiert und durch Anmerkungen und Fragen zu weiteren Ausführungen motiviert. Auch die besten Fragen wirken hintereinander gestellt wie ein Polizeiverhör, insbesondere bei kurzen Antworten des Gesprächspartners. Der Gesprächsanteil des Interviewers ist so gering wie möglich zu halten. Hierzu gibt es einige Techniken, um den Gesprächsfluss zu erhalten und den Gesprächspartner zu veranlassen, in die Tiefe zu gehen. Es müssen nicht immer Fragen sein, um den Gesprächspartner zum Weiterreden und Vertiefen zu bewegen. Oft reichen Laute und Gesten (Kopfnicken, Handbewegungen). Halten Sie das Gespräch lieber durch diese Techniken am Laufen, statt durch Fragen. Denn der Redeanteil zwischen dem Interviewer und dem Gesprächspartner sollte 1:10 betragen. Längere Ausführungen des Interviewers zerstören die Beziehung zum Gesprächspartner.

Die Kommunikation zwischen den Menschen ist nicht auf verbale Äußerungen beschränkt, sondern es gibt parallel dazu immer eine paraverbale und eine nonverbale Kommunikation. Zur paraverbalen Kommunikation gehören zum Beispiel Lautstärke, Stimmvolumen, Melodik, Sprechgeschwindigkeit, Pausen. Diese laufen parallel zur Sprache, sind jedoch nichtsprachig. Zu den nonverbalen Signalen zählen zum Beispiel die Distanz zwischen den Personen, Gestik, Mimik, Haltung, Blickkontakt.

Unter Einsatz dieser Techniken signalisiert der Interviewer dem Gesprächspartner sein ehrliches Interesse an dessen Ausführungen und dass er ihn versteht. Nur so entsteht das notwendige Vertrauen. Und dann erzählt der Gesprächspartner alles. Warum? Weil Sie zeigen, dass Sie sich wirklich interessieren. Der Interviewer muss ausstrahlen, dass er sehr an der Meinung des Gesprächspartners interessiert ist. Und wenn er einige Aussagen schon 100 Mal gehört hat, muss er so interessiert sein, als höre er diese Informationen das erste Mal.

Zuhören ist mehr als nicht sprechen. Zuhören ist verstehen wollen, verstehen können und die Ausführungen glauben. Und dieses ist dem Gesprächspartner hör- und sichtbar zu zeigen, um ihm die Anteilnahme an den Ausführungen zu bekunden. Der Gesprächspartner erwartet die Anteilnahme des Interviewers an seinen Wünschen und Problemen. Hierzu zählen die Techniken, die nachfolgend beschrieben werden.

Den Gesprächspartner öfter mit Namen ansprechen

Der eigene Name ist das am liebsten gehörte Wort des Menschen. Auch der Gesprächspartner fühlt sich wertgeschätzt, wenn er vom Interviewer während des Gesprächs mit seinem Namen angesprochen wird.

Offene Fragen

Wie bereits erwähnt, lässt diese Form dem Gesprächspartner einen großen Freiraum zur Antwort. Erst am Ende des Gesprächs oder am Ende des Themenblocks können auch geschlossene Fragen gestellt und Hypothesen geprüft werden.

Paraphrasieren

Dieses entspricht dem Stellen von Kontroll- und Bestätigungsfragen. Der Interviewer fasst die Ausführungen des Gesprächspartners zwischendurch immer wieder unkommentiert mit eigenen Worten zusammen. Das hat folgende Vorteile:

- Es signalisiert dem Gesprächspartner das Interesse an seinen Ausführungen und die Wertschätzung seiner Person: »Ich höre dir zu und habe dich verstanden«;
- der Interviewer vergewissert sich, dass er die Ausführungen des Gesprächspartners richtig verstanden hat;
- es regt den Gesprächspartner zu weiteren vertiefenden Ausführungen und Begründungen sowie Erläuterungen von Zusammenhängen an, ohne dass der Interviewer weitere Fragen stellen muss.

Mögliche Formulierungen hierzu sind:

- »Wenn ich Sie richtig verstanden habe, dann …«;
- »Habe ich Sie richtig verstanden? Sie sagten, dass …«;
- »Meinten Sie, dass …?«;
- »Ihnen ist also wichtig, dass …«;
- »Sie sagten/erwähnten, dass …«;
- »Ich habe verstanden, dass … Ist das so richtig?«;
- »Verstehe ich Sie richtig, dass …«;

- »Für Sie ist also wichtig, dass ...«,
- »Mit anderen Worten heißt das, ...«;
- »Das bedeutet für Sie also, ...«.

Wichtig ist, dass der Interviewer nur das wiederholt, was der Gesprächspartner auch wirklich gesagt hat und keine Interpretationen oder Vermutungen mit hineinbringt. Um den Gesprächspartner zu veranlassen, ein Thema weiter auszuführen, kann er die Aussagen auch überspitzt wiedergeben und zum Widerspruch anregen.

Lassen Sie nach diesen Formulierungen eine Pause. Dieses veranlasst den Gesprächspartner, die Zusammenfassung zu korrigieren, weiterzuerzählen oder zu vertiefen, wie zum Beispiel seine Beweggründe für sein Verhalten zu nennen. Verstärkt wird dieses, wenn der Interviewer zum Ende seiner kurzen Ausführung seine Stimme leicht hebt und so den Satz in der Luft hängen lässt. Dann wirkt dieses als Frage, auch wenn es vom Interviewer nur eine Aussage ist.

Echotechnik

Der Interviewer gibt ein Schlüsselwort oder einen Satzbestandteil des Gesprächspartners im fragenden Ton wieder. Auch hier wird zum Ende die Stimme leicht angehoben, um den Gesprächspartner durch die fragende Aufforderung zu veranlassen, weiter zu erzählen und zu konkretisieren. Nachfolgend hierzu ein Beispieldialog:

Interviewer: »Womit beginnen Sie Ihren Tag?«

Gesprächspartner: »Als erstes sehe ich auf der Arbeit die Post durch und mache einen Rundgang.«

Interviewer: »Einen Rundgang?«

Gesprächspartner: »Ja, zuerst in die Produktionshallen, durch das Lager und abschließend zum Vertrieb.«

Interviewer: »Abschließend in den Vertrieb?«

Gesprächspartner: »Und dann besprechen wir X.«

Diese wie auch die anderen Techniken sind nicht ausschließlich anzuwenden, sondern jeweils mit den anderen zu kombinieren.

Gesprächsbrücken einsetzen

Hierbei handelt es sich um Verbindungen zwischen den Ausführungen des Gesprächspartners, die der Interviewer einbringt. Diese sind zum Beispiel:

- »Daher …?«
- »Und dann haben Sie …?«
- »Sie meinen?«
- »Das heißt?«
- »Also?«
- »Zum Beispiel?«

Wichtig ist auch hier, dass der Interviewer danach schweigt und dem Gesprächspartner weitere Ausführungen entlockt. Verstärkt werden kann dieses, indem der Interviewer die letzte Silbe der Brücke dehnt und so die Gesprächsbrücke fast in eine Frage verwandelt. Ohne diese Dehnung wirkt die Brücke wie eine Feststellung. Oder indem der Interviewer sich leicht zum Gesprächspartner beugt und eine Hand mit der Handfläche nach oben leicht in dessen Richtung ausstreckt. Somit wird signalisiert, dass der Gesprächspartner jetzt die Kontrolle und die Verantwortung für das Gespräch hat und er an der Reihe ist, etwas zu sagen.

Pausen aushalten

Nachdem der Interviewer eine Frage gestellt hat, hat er auf dem verbalen Kanal Sendepause. Er schaut den Gesprächspartner interessiert an, hält somit den Blickkontakt und fordert ihn zusätzlich nonverbal zum Reden auf.

Insbesondere die offenen Fragen fordern den Gesprächspartner. Er will Sachverhalte artikulieren, die er sich häufig erst rekonstruieren muss, beziehungsweise die bis jetzt nur in seinem Unterbewusstsein existierten. Dafür benötigt der Gesprächspartner etwas Zeit. Der Interviewer muss daher nach seiner Frage dem Gesprächspartner Zeit zum Überlegen lassen. Auch wenn der Gesprächspartner nicht sofort antwortet, gibt der Interviewer daher keine weiteren Ausführungen oder stellt keine weiteren Fragen, sondern hält die Pause und die damit verbundene Stille aus. Befreien Sie als Interviewer den Gesprächspartner nicht durch nachgeschobene Fragen vom Nachdenken und bieten Sie auch keine Antworten als Hilfe an. Die Pausen fühlen sich für den Interviewer viel länger an als diese wirklich sind. Menschen können Pausen in der Kommunikation nicht ertragen und reden automatisch, um dieses Loch zu füllen. Das soll der Gesprächspartner tun, nicht der Interviewer. Sollte das nicht funktionieren (zum Beispiel weil der Gesprächspartner die Frage nicht verstanden hat), wiederholt der Interviewer die Frage mit anderen Worten.

Auch im weiteren Verlauf des Gesprächs sollte der Interviewer immer wieder Pausen lassen, damit der Gesprächspartner weiter erzählt und vertieft. Der Interviewer erhält so mehr Informationen und muss weniger Fragen stellen.

WpA: Worte persönlicher Anerkennung

Dieses sind nichtssagende Gesprächsfloskeln und neutrale Aufmerksamkeitsreaktionen, die der Interviewer während der Ausführungen des Gesprächspartners leise einwirft. Diese kurzen Laute bestätigen dem Gesprächspartner die Anteilnahme an den Ausführungen und er fördert so die Kommunikation, um den Gesprächspartner zu verleiten, weiter von sich aus zu erzählen. Erst wenn Ihr Gesprächspartner trotz Ihrer Aufmunterung zum Weitererzählen mittels WpA keine weiteren Informationen mehr gibt, werden Sie wieder verbal mit ganzen Worten aktiv.

Die Bedeutung der WpA können Sie am besten bei Telefonaten testen. Wenn Ihr Telefonpartner mehrere Minuten lang etwas erzählt, sagen Sie nichts. Geben Sie keinen Laut von sich. Spätestens nach einer Minute fragt er, ob Sie noch in der Leitung sind. Denn ohne einer »Empfangsbestätigung« seiner Erzählungen ist der Gesprächspartner verunsichert. Gerade beim Telefonat sind die WpA wichtig, da Ihr Gesprächspartner nicht durch visuelle Signale erkennen kann, ob Sie ihm noch zuhören.

Zu den WpA gehören unter anderem: »mhm«, »ach«, »aha«, »oh«, »ja«, »nein«, »wirklich«, »so«, »ach so«, »ich verstehe«, »ah«.

Vermeiden Sie Bewertungen wie »unglaublich« oder »kann nicht sein«.

Nicken und Blickkontakt

Auf dem akustischen Kanal hat der Interviewer – mit Ausnahme der WpA – nach seiner Frage Sendepause, jedoch nicht im optischen Bereich. Der Interviewer sendet sowieso laufend nonverbale Signale an den Gesprächspartner, egal ob er vor hat etwas zu senden oder nicht. Dann sollten diese Signale so ausgerichtet sein, dass sie den Gesprächspartner zum Erzählen motivieren. Hierzu gehören insbesondere die Signale der Körpersprache wie die Gestik, die Mimik, die Körperhaltung, der Gang, das Äußere, die Distanzzonen. Diese nonverbalen Signale haben eine größere Wirkung auf den Gesprächspartner als die Wörter des Interviewers. Worte wirken auf das Bewusstsein, die Körpersprache auf das Unterbewusstsein.

Die verbalen Äußerungen des Interviewers müssen mit seinen nonverbalen Signalen übereinstimmen. Alles andere führt zur Irritation beim

Gesprächspartner. Die Aussage des Interviewers »Ich bin sehr an Ihren Ausführungen interessiert« mit nach hinten gelehnter Haltung und verschränkten Armen signalisiert genau das Gegenteil. Und das kommt auch so beim Gesprächspartner an. Bei Widersprüchen zwischen nonverbalen und verbalen Äußerungen hält der Gesprächspartner die nonverbalen Signale für glaubwürdiger.

Die einfachste und wirkungsvollste nonverbale Aufforderung zum Weitererzählen ist das leichte Nicken mit dem Kopf und Blickkontakt während der Ausführungen des Gesprächspartners. Es bedeutet nicht, dass der Interviewer dem Gesprächspartner zustimmt, sondern signalisiert das Interesse an seiner Person und seinen Ausführungen und dass er die Ausführungen verstanden hat. Das gibt dem Gesprächspartner ein positives Gefühl. Blickkontakt bedeutet, mit dem Blick einen Kontakt zum Gesprächspartner herzustellen. Wenn der Interviewer hingegen aus dem Fenster schaut oder sich das Büro ansieht, während der Gesprächspartner spricht, hat der Gesprächspartner den Eindruck, er höre ihm nicht zu und wertet dieses als Zeichen der geringen Wertschätzung oder gar als Arroganz des Interviewers. Dann erzählt der Gesprächspartner weniger und macht zu. Nickt der Interviewer dagegen nach einer Aussage des Gesprächspartners noch circa fünfmal weiter (circa einmal pro Sekunde), so signalisiert er, dass er noch auf weitere Ausführungen wartet. Somit fügt der Gesprächspartner meist noch etwas an.

Um nicht dauerhaft in die Augen des Gesprächspartners zu starren (denn das wirkt bedrohlich), sollte der Interviewer am Ohr des Gesprächspartners vorbei sehen. Dieses entspannt den Gesprächspartner, der diesen leichten Schwenk jedoch nicht bewusst bemerkt.

Gestik und Mimik

Auch mit gezielt eingesetzter positiver Gestik und Mimik kann der Interviewer dem Gesprächspartner Interesse zeigen und den Sympathieaufbau verstärken, um so den Gesprächspartner zu seinen Ausführungen zu animieren. Hierzu gehören auch eine offene Armhaltung des Interviewers sowie für den Gesprächspartner sichtbar platzierte Hände.

Zeigen Sie Ihrem Gesprächspartner gegenüber einen offenen, freundlichen, interessierten Gesichtsausdruck. Verdeutlichen Sie ihm, dass Sie nichts lieber tun, als sich jetzt mit ihm zu unterhalten und seinen interessanten Ausführungen zu lauschen. Wenn Sie nicht von dem Gespräch begeistert sind, wie soll es dann Ihr Gesprächspartner sein?

Abfällige Handbewegungen, Kopfschütteln, Arme verschränken, zurücklehnen, fehlender Blickkontakt und so weiter sind während der Ausführungen des Gesprächspartners unbedingt zu vermeiden, auch wenn der Interviewer den Ausführungen des Gesprächspartners nicht zustimmt. Üben Sie den Einsatz der positiven und die Vermeidung der negativen nonverbalen Signale bei jeder Gelegenheit, zum Beispiel mit Kollegen, dem Partner und bei Treffen mit Freunden.

Körperhaltung

Der Interviewer signalisiert dem Gesprächspartner sein Interesse, wenn er seinen Körper leicht zum Gesprächspartner neigt. Wenn der Interviewer die Beine übereinander schlägt, sollte dieses zum Gesprächspartner hin sein. Der Interviewer wendet sich seinem Gesprächspartner so nicht nur geistig, sondern auch körperlich zu.

Eine zu entspannte Haltung mit selbstherrlich nach hinten gelehntem Körper wirkt auf die Gesprächspartner überheblich. Was aus der Sicht des Interviewers lässig ist, wirkt auf den Gesprächspartner häufig arrogant. Der Gesprächspartner entscheidet über die Bedeutung der Körpersprache des Interviewers, auch wenn dieser etwas ganz anderes ausdrücken will.

Distanzzonen einhalten

Jeder Mensch hat seine Distanzzonen. Das ist die Mindestentfernung, die er gern zu anderen Menschen hat, um sich wohlzufühlen. Diese gilt es unbedingt zu beachten und zu respektieren. Die Intimdistanz eines Menschen beträgt circa 50 cm. Diesen Kreis sollte der Interviewer bei seinem Gesprächspartner nicht betreten, um ihn nicht zu bedrängen. Jedoch kommt auch kein vertrauliches Gespräch zustande, wenn der Interviewer und der Gesprächspartner zu weit auseinander sitzen. Oder können Sie sich ein vertrauliches Gespräch vorstellen, wenn zwei Personen drei Meter voneinander entfernt sind? Für eine gute Gesprächsatmosphäre sollte der Interviewer im Abstand von circa 50 cm bis 150 cm vom Gesprächspartner entfernt sitzen (die sogenannte persönliche Distanz).

Der Interviewer stellt sich »dumm«

Der Interviewer sollte dem Gesprächspartner gegenüber nie sein Wissen zeigen. Er sollte stattdessen die »Columbo-Strategie« (wie der Kommissar der gleichnamigen US-Serie) anwenden: Er stellt sich unwissend, liefert keine Hypothesen. Somit ist er aus der Sicht des Gesprächspartners nicht gefährlich. Der Gesprächspartner sagt in diesen Situationen häufig mehr, als er ursprünglich wollte.

Passen Sie sich Ihrem Gesprächspartner an

Die Menschen haben mehr Vertrauen zu anderen und bringen ihnen mehr Sympathie entgegen, wenn diese ihnen ähnlich sind. Somit gilt es für den Interviewer, sich dem Gesprächspartner verbal und nonverbal anzugleichen und so eine gute Atmosphäre zu erzeugen. Holen Sie den Gesprächspartner emotional dort ab, wo er steht. Sie müssen zu Beginn ein gutes Einvernehmen und eine gute Atmosphäre zwischen Ihnen und Ihrem Gesprächspartner herstellen (Rapport). Hier gilt: »Gleich und Gleich gesellt sich gern«. Das sollte der Interviewer berücksichtigen und sich dem Gesprächspartner verbal (Wortwahl, Sprachstil, Sprechgeschwindigkeit) und nonverbal (Kleidung, Gestik, Mimik) angleichen und verdeutlichen: »Ich empfinde wie du und teile deine Meinung. Wir schwimmen auf der gleichen Wellenlänge und ich bin einer von euch«. Das ist die Grundvoraussetzung für eine gute Kommunikation. Dann hat Ihr Gesprächspartner die Bereitschaft, sich Ihnen voll und ganz zu öffnen und uneingeschränkt mitzuteilen.

Der Interviewer sollte sich seinem Gesprächspartner angleichen, doch sollte er das nicht zu penetrant und zu offensichtlich tun. Wenn der Gesprächspartner dieses Angleichen bewusst bemerkt, kommt es negativ an. Das vorsichtige Angleichen wird als Pacing (im gleichen Schritt mit ihm gehen) beschrieben. Dabei passt sich der Interviewer dem Gesprächspartner an und macht auch seine Veränderungen während des Gesprächs unauffällig mit. Das im NLP[4] auf das Pacing folgende Leading (Führen des Gesprächspartners) entfällt bei den Marktgesprächen (es sei denn, der Gesprächspartner schweift zu sehr ab), da der Interviewer sich nach dem Gesprächspartner richtet und nicht umgekehrt.

Beim Angleichen wird unterschieden in:

- *Spiegeln:* sich körperlich angleichen mit Haltung, Gestik, Mimik, Bewegung, Atmung, Blickkontakt (nur so wie der andere auch Blickkontakt hält), Zuwendung des Körpers, Körperspannung, Kleidung, Körperhaltung und Distanzzone. Wenn sich der Gesprächspartner zurücklehnt,

---

4 Unter NLP versteht man das Neuro-Linguistisches Programmieren, das als Konzept für Kommunikation und Veränderung gilt.

sollte der Interviewer nicht mit dem Oberkörper nach vorn gehen und den Gesprächspartner »verfolgen«. Der Gesprächspartner geht bewusst oder unbewusst zurück, um den Abstand zu erhöhen und auf Distanz zu gehen. In diesem Fall sollte sich auch der Interviewer eher nach hinten lehnen. Wenn der Wunsch des Gesprächspartners nach Distanz missachtet wird, verstärkt er sich noch mehr. Durch das Unterschreiten der Distanzzone kann es zum Rapport-Bruch kommen;

- *Matching:* sich angleichen bezüglich Sprechtempo (nicht bei einem langsam sprechenden Gesprächspartner schnell reden, um die verlorene Zeit wieder aufzuholen), Sprachstil, Betonung, Lautstärke, Wortwahl, Tonlage. Dazu gehört auch, das Gesagte des Gesprächspartners zu wiederholen. Die Wortwahl insbesondere der Fragen muss dem Sprachgebrauch angeglichen werden, beispielsweise was den Gebrauch von Fremdwörtern und Redensarten betrifft. Geschwollene Redensarten gespickt mit Fremdwörtern schrecken den Gesprächspartner nur ab, statt ihm zu imponieren. Jede Branche hat ihre eigene Sprache. Bleiben Sie nah an der Sprache Ihres Gesprächspartners. Bei einigen Branchen ist der Gebrauch einzelner Fachbegriffe Voraussetzung dafür, vom Gesprächspartner anerkannt zu werden. Dann sollten Sie diese Begriffe teilweise verwenden. Hüten Sie sich jedoch davor, zu viele Begriffe einzusetzen, nur weil Sie imponieren wollen.

Nehmen Sie auch bewusst wahr, in welcher Stimmung sich Ihr Gesprächspartner befindet. Wenn der Gesprächspartner gerade Ärger hatte und der Interviewer dann versucht, in die Rolle des aufheiternden Entertainers zu schlüpfen, liegt er voll daneben. Dann hat der Gesprächspartner das Gefühl, vom Interviewer nicht ernst genommen zu werden. Zu übertriebene Freundlichkeit kann bei bestimmten Gesprächspartnern genauso schädlich sein wie Missmut.

Der Zeitrahmen

Wenn die vereinbarte Gesprächsdauer vorüber ist, gibt es zwei Möglichkeiten für den Interviewer: Entweder er erwähnt – schon aus Höflichkeit –, dass die vereinbarten 20 Minuten leider schon vorbei sind und bittet um weitere 20 Minuten, da die Ausführungen so interessant sind. Teilweise möchte auch der Gesprächspartner das Gespräch weiter führen. Oder er führt das Gespräch einfach weiter, bis der Gesprächspartner von sich aus das Gespräch beendet.

Die erste Variante ist zwar die offenere, die zweite Variante führt jedoch eher dazu, dass ein längeres Gespräch entsteht, weil der Gesprächspartner bei seinen Erzählungen die Zeit vergisst. Entscheiden Sie bitte selbst, welche Sie verwenden.

Die Wahrnehmung von der Interpretation und der Bewertung trennen

Der Interviewer hat zwar die Inhalte bei den Ausführungen des Gesprächspartners nachzufassen, muss jedoch trennen zwischen

- *Wahrnehmung* (was er sieht und hört, die reine Beobachtung): zum Beispiel zögert der Gesprächspartner, runzelt die Stirn, hat den Mund offen;
- *Interpretation* (die Wahrnehmung wird subjektiv gedeutet, was der Interviewer aufgrund der Wahrnehmung vermutet): dem Gesprächspartner ist etwas peinlich, er muss überlegen, er will etwas sagen;
- *Wertung/Bewertung* (was dahinter stecken könnte): der Gesprächspartner will sich hervortun.

Der Interviewer muss die Wahrnehmungen beschreiben, ohne zu interpretieren oder zu werten. Fragen Sie lieber nach: »Ich habe den Eindruck, Sie zögern bei X (Wahrnehmung). Was sind die Gründe dafür?«.

Wenn der Gesprächspartner vom Thema abweicht

Grundsätzlich soll der Interviewer so wenig wie möglich in das Gespräch eingreifen. Es gibt jedoch eine Ausnahme. Manche Gesprächspartner haben die Neigung, unabhängig von Ihrer Frage von ihrem Lieblingsthema zu erzählen oder zu jammern, wie schlecht es ihnen geht und wie fürchterlich die Welt ist. Und zwar in aller Breite. Schweift Ihr Gesprächspartner derart vom Kernthema ab, um zu einem anderen Thema zu wechseln oder von für Ihre Gespräche unwichtigen Begebenheiten zu berichten, dann lassen Sie diese Abweichung einige Minuten zu und gehen auf dieses Thema ein. Holen Sie ihn dort ab, wo er steht. Ebenso kann es sein, dass der Gesprächspartner Ihnen zu Beginn eine komplette Unternehmenspräsentation vorführt. Sie erhalten häufig Informationen, die Sie zu einem späteren Zeitpunkt für weitere Produkte verwenden können. Wenn das vom Gesprächspartner gewählte Themengebiet auch zu seinen

Problemfeldern gehört, ist zu überlegen, in den nachfolgenden Gesprächen intensiver darauf einzugehen. Wertschätzen Sie die – aus der Sicht des Gesprächspartners wichtigen – vom Thema abweichenden Erzählungen. »Bügeln« Sie sein Thema nicht ab mit Aussagen wie »Nun wieder zurück zu …«, »Sie weichen vom Thema ab«, »Mich interessiert X. Können wir hier fortfahren?«. Sie signalisieren sonst: »Das, was du eben erzählt hast, ist mir unwichtig«. Dann blockt Ihr Gesprächspartner ab, da er sich nicht ernstgenommen fühlt. Sofern diese Erzählungen nicht Ihrem gesetzten Gesprächsziel dienen, sollten Sie Ihren Gesprächspartner jedoch sanft wieder auf das eigentliche Thema zurück bringen. Das gelingt Ihnen mit folgenden Methoden:

- Fassen Sie die Ausführungen des Gesprächspartners zusammen und stellen Sie darauf aufbauend wenige gezielte Fragen zur leichten Vertiefung. Fassen Sie anschließend die neuen Antworten kurz zusammen und leiten Sie mit einer Frage zum eigentlichen Thema: »Wenn ich Sie richtig verstanden habe, dann … (Ausführungen kurz zusammenfassen). Und wie sind Ihre Aufgaben im Bereich X?«. Sie müssen, wie im Unterkapitel »An den Gesprächspartner anpassen« beschrieben, die Abweichung würdigen und einige Schritte mit dem Gesprächspartner mitgehen (Pacing). Anschließend folgt das Leading zum eigentlichen Thema;
- leiten Sie dann zum eigentlichen Thema über, am besten mit einer Ich-Botschaft: »Ich habe ein Problem. Mir fehlen noch Ihre Ausführungen zu X«. Der Gesprächspartner kommt so wieder auf das Ursprungsthema zurück. Und zwar ohne dass der Interviewer das Abschweifen in Form von Kritik anspricht;
- haken Sie bei einer Unternehmenspräsentation des Gesprächspartners sofort ein, sobald ein passendes Stichwort fällt: »Darf ich Ihnen zu X einige Fragen stellen?«;
- setzen Sie die Stakkatofrage (eine sehr kurze Frage, die maximal aus drei Wörtern besteht) ein, um den Gesprächspartner wieder auf das Thema zurückzubringen. Setzen Sie diese ein, wenn der Vielredner gerade Luft holt und kündigen Sie diese mit Gestik und Mimik an;
- begehen Sie einen Rapportbruch (den Gleichklang unterbrechen), indem Sie zum Beispiel die Distanzzone unterschreiten, den Blickkontakt nicht mehr halten oder sich anders als der Gesprächspartner hinsetzen;
- stellen Sie mehr geschlossene Fragen und steuern Sie das Gespräch mehr. Führen Sie den Gesprächspartner somit an »einer kurzen Leine«.

tuwun® ist weder eine ganz freie Erzählung und Plauderei des Gesprächspartners, noch ein reines Frage-Antwort-Spiel. Um an die Beweggründe und somit an die tieferen Gesprächsebenen des Gesprächspartners zu gelangen, ist es notwendig, im Laufe des Gesprächs Konkretisierungsfragen zu stellen. So gelangen Sie auf den Boden der Tatsachen. Der Interviewer soll sich das Verhalten des Gesprächpartners nicht nur beschreiben lassen, sondern auch die dahinter liegenden Motive erfassen (Werte, Bedürfnisse, Wünsche, Probleme, Emotionen), um dessen Entscheidungen zu verstehen. Es sind nicht nur bevorzugte Merkmale eines Produkts zu erfahren (zum Beispiel lange Akku-Laufzeit, Robustheit), sondern auch die dahinterstehenden wahren Bedürfnisse, warum der Gesprächspartner dieses Merkmal wünscht (zum Beispiel Erreichbarkeit, Sicherheit).

Um diese Gesprächstiefe zu erzeugen, sind vertiefende Fragen zu stellen. Hinterfragen Sie hierzu die Ausführungen Ihres Gesprächpartners. Orientieren Sie sich jedoch immer an den Inhalten, die Ihnen vom Gesprächspartner geboten werden und bauen Sie Ihre Fragen darauf auf. Achten Sie darauf, auf welche Punkte er aufgrund Ihrer Fragen antwortet. Diese sind ihm wichtig und sollten im Gespräch vertieft werden. Lassen Sie sich von ihm die »Bälle« zuwerfen und geben Sie den »Pass« zurück, damit Ihr Gesprächspartner diese Punkte genauer ausführt. Zeigen Sie ihm, dass Ihnen bei den Punkten das Verständnis und Wissen fehlt (auch wenn Sie dieses haben sollten), und bitten Sie ihn beispielsweise mit folgender Aufforderung um weitere Erläuterungen: »Das ist mir neu. Das verstehe ich noch nicht. Können Sie das bitte näher beschreiben?«. Zum einen runden Sie damit die Informationssammlung komplett ab. Zum anderen klären Sie damit Begrifflichkeiten und können die vom Gesprächspartner vergessenen Informationen bei ihm aktivieren. Mit dem Nachfragen signalisieren Sie dem Gesprächspartner zusätzlich, dass Sie ihm zuhören und sich für ihn interessieren. Er fühlt sich aufgewertet und ist bereit, weitere Details zu erläutern.

Die Nachfragen des Interviewers werden entweder zwischen den Ausführungen des Gesprächspartners gestellt oder jeweils am Ende eines Gesprächsblocks. Um wirklich in die Tiefe zu gelangen, ist die erste Variante zu wählen. Mit folgenden Fragen können Sie eine Gesprächstiefe erzielen:

- »Sie haben X erwähnt. Welche weiteren gibt es noch?«. Fragen Sie nicht: »Gibt es weitere?«, denn dann wäre mit einem »nein« der Themenbereich abgeschlossen, obwohl es eventuell noch weitere Aspekte gibt;

- »Was bedeutet Ihnen X?«. Geben Sie vom Gesprächspartner genannte Schlüsselbegriffe wieder an ihn zurück;
- »Welche anderen gibt es noch?«
- »Wie war das?«
- »Und was bedeutet das für Sie?«
- »Was ist Ihnen bei X wichtig?«
- »Aus welchen Gründen ist X wichtig?«
- »Und was auch noch?«
- »Wie wissen Sie, dass …?«
- »Woher kommt das?«
- »Wie ist das bei Ihnen?«
- »Was meinen Sie damit?«
- »Woran liegt das?«
- »Wann genau?«
- »Was genau?«
- »Wo genau?«
- »Womit genau?«
- »Wie genau?«
- »Wie läuft das genau ab?«
- »Wie muss ich mir das genau vorstellen?«
- »Wie merken Sie, dass …?«
- »Welche?«
- »Wie ist X zu verstehen?«
- »Was bedeutet X genau?«

Vor den Fragen kann der Interviewer die aus der Frage basierende Aussage des Gesprächspartners noch einmal kurz zusammenfassen.

Nachfolgend ein gekürzter Gesprächsausschnitt als Beispiel:

Gesprächspartner: »Die Zeitplanung ist mir wichtig.«

Interviewer: »Was genau ist Ihnen wichtig?«

Gesprächspartner: »Dass ich frühzeitig fertig werde.«

Interviewer: »Aus welchen Gründen wollen Sie frühzeitig fertig werden?«

Um von den konkreten Inhalten auf die spezifische Bedeutung dieser Inhalte für den Gesprächspartner zu wechseln, werden Konkretisierungsfragen und Fragen nach der Bedeutung wechselseitig gestellt. Es wird laufend zwischen diesen beiden Abstraktionsebenen gewechselt. Die Konkretisierungsfragen und Fragen nach der Bedeutung werden jeweils zu den zu Beginn über Einstiegsfragen von dem Gesprächspartner genannten Informationen gestellt:

- Konkretisierungsfragen
  - »Wie/Was/Wo/Wann genau? Welche?«
  - »Was sehen Sie da?«
  - »Worin bestehen die einzelnen Abläufe?«
  - »Wer ist dabei?«
  - »Was sehen Sie im Umfeld?«
  - »Was genau ist da passiert?«
  - »Woher wissen Sie das?«
  - »Wie merken Sie das?«
- Fragen nach der Bedeutung
  - »Was hat X davon?«
  - »Wozu ist das gut?«
  - »Was bringt Ihnen das?«
  - »Was ist für Sie das Wichtigste daran?«
  - »Was ist Ihnen daran wichtig?«
  - »Was bedeutet Ihnen das?«

Die übliche Kommunikation der Menschen findet in der Oberflächenstruktur statt. Die Menschen tendieren in der Kommunikation dabei zu

- *Verallgemeinerungen/Generalisierungen:* Ein Ereignis wird auf alle Situationen übertragen. Wenn etwas gerade zweimal passiert, heißt es »immer«, wenn etwas einmal nicht passiert ist, heißt es »nie«. Zum Beispiel »Immer kommst du zu spät!« oder »Nie räumst du dein Zimmer auf!«;
- *Tilgungen:* Gelöscht werden Erlebnisse, die nicht in die Gedankenstruktur und Wertestruktur passen;
- *Verzerrungen:* Erlebnisse werden verzerrt wiedergegeben (beispielsweise »Früher war alles besser«);
- *Nominalisierungen:* Angleichung der Erfahrungen in einem Wort oder einem Satz. Die Erlebnisse werden in Nomen gepackt, die als Gegenstand physisch nicht existieren. Zum Beispiel »Freude«, »Schmerz«, »Dankbarkeit«, »Erfahrung« (»Diese Erfahrungen habe ich auch gemacht«). Die Nominalisierung ist ein Fall der Verzerrung.

Für normale Gespräche reicht eine Eisbergspitzen-Kommunikation an der Oberfläche aus, alles andere ist im Alltag zu umständlich. In den Marktgesprächen reicht diese Art der Kommunikation nicht, da nicht das Verhalten erfasst werden soll, sondern die Ursachen, die zu diesem Verhalten führen. Es ist somit im Gespräch zu beachten:

- Wo wird generalisiert/verallgemeinert?
- Wo wird getilgt? Darauf achten, was der Gesprächspartner sagt und was er nicht sagt. Was blendet er aus, weil er sich nicht mehr daran erinnert oder nicht mehr erinnern will?
- Wo wird verzerrt?
- Wo wird nominalisiert?

Der Satz »Früher waren Kleinwagen typische Frauenautos« ist komplett an der Oberfläche. Wann war »früher«, welche Autos genau sind »Kleinwagen«, was ist »typisch« und welche Wagen sind »Frauenautos«? Um bei Antworten von dieser Oberfläche in die Tiefenstruktur zu gelangen, gilt es zu hinterfragen, und so die Bedeutung, die hinter der Wortfolge steht, zu erfahren. Am besten gelingt das, wenn der Gesprächspartner durch die Fragen veranlasst wird »auf die Suche zu gehen« und anhand selbst erlebter, konkreter Beispiele berichtet. Fragen Sie mithilfe von Meta-Fragen nach bei:

- *Generalisierung:* mit »Wann denn immer?«, »War das schon immer so?«, »Wo war es mal nicht so?«, »Wann war das mal anders?«, »Was genau?«, »Wann genau?«, »In welchen Situationen?«, »Wer sagt das?«, »Welche Ausnahmen gibt es?«, »Welche anderen Varianten/Beispiele gibt es?«. Fragen Sie nach Ausnahmen oder wiederholen Sie nur die Verallgemeinerung im fragenden Ton: »Immer?« beziehungsweise »Nie?«;
- *Tilgungen:* Den Gesprächspartner in die Erfahrung zurück bringen und ihn noch einmal in das Erlebnis eintauchen und darüber erzählen lassen: »Erzählen Sie bitte ein Beispiel«, »Was haben Sie dabei erlebt?«, »An was denken Sie dabei?«, »Wann war das?«, »Wie war das?«, »An welche X denken Sie?«, »Welcher?«, »Wie merken Sie, dass …?«, »Welche Erfahrungen stehen dahinter?«.

So gelangt der Interviewer vom »Was« zum tieferen Beweggrund, an die Glaubenssätze und die Überzeugungen des Gesprächspartners, da diese sein Tun bestimmen. Nur so sind auch die Zusammenhänge unterschiedlicher Verhaltensweisen zu verstehen. Die Warum-Frage ist keine Meta-Frage, weil mit »Warum« eine Kausalität impliziert wird: »Ich mache X, damit Y«, »Wir schließen X, weil Y«. So erreicht der Interviewer nur Rechtfertigungsantworten an der Eisbergspitze. Es gilt jetzt, nach den tieferen Gründen und Abhängigkeiten von X und Y zu fragen. Die Meta-Fragen sind die typischen W-Fragen (»Wie«, »Was«, »Welche«, »Wann«): »Welche Gefühle löst X bei Ihnen aus?«, »Wie haben Sie das empfunden?«

Wenn der Gesprächspartner einige Themen nicht nennt

Grundsätzlich bestimmt der Gesprächspartner die Inhalte seiner Ausführungen. Nennt er jedoch von sich aus ein Thema nicht, über das Sie gerne Informationen von ihm hätten, weil es für Ihre Produktentwicklung von Interesse ist, so können Sie dieses zum Ende des Gesprächs von sich aus ansprechen. Notieren Sie in der Auswertung unbedingt, welche Themen Sie von sich aus angesprochen haben, um dieses später berücksichtigen zu können. Es besteht in der Bedürfnisstruktur Ihres Gesprächspartners ein großer Unterschied, ob er ein Thema von sich aus anspricht, oder Sie ihn auf dieses Thema bringen müssen. Letzteres kann daran liegen, dass Ihrem Gesprächspartner das Thema nicht bewusst ist oder ihn nicht betrifft.

Positiv formulieren

Insbesondere wenn der Gesprächspartner misstrauisch ist, sind positive Formulierungen zu wählen. Statt: »Wie vermeiden Sie X?« fragen Sie besser: »Wie kann man X?«, »Wie erreichen Sie X?«.

Kreativitätstechniken

Neben der verbalen Kommunikation können auch Kreativitätstechniken im Gespräch eingesetzt werden. Nachfolgend einige Varianten, die sich vor allem für Gruppendiskussionen eignen:

- Der Interviewer legt dem Gesprächspartner ein Bild vor und bittet ihn, dazu eine Geschichte zu erzählen;
- dem Gesprächspartner wird eine Bildergeschichte vorgelegt, bei der er die Sprechblasen der teilnehmenden Charaktere ganz oder teilweise ausfüllen soll;
- auch können dem Gesprächspartner einige Bilder aus unterschiedlichen Bereichen zur Auswahl vorgelegt werden und der Gesprächspartner wählt die Bilder aus, die zum Thema oder einem Produktvorschlag passen;
- es können auch Produkte mit Prominenten, Automarken oder Tieren charakterisiert werden;
- Vorlage von Lückentexten und Satzanfängen, die vom Gesprächspartner zu vollenden sind;

- der Gesprächspartner soll sich vorstellen, X (eine Situation, ein Produkt) wäre eine Person, ein Tier, eine Automarke und diese beschreiben (zum Beispiel: Wie tritt die Person auf (Kleidung, Aussehen, Alter, Geschlecht)? Wie verhält sie sich? Was für ein Auto fährt sie? Wohin fährt sie in den Urlaub?).

Was im Gespräch zu berücksichtigen ist

Neben den Methoden des Interviewers, das Gespräch am Laufen zu halten, gibt es auch Verhaltensweisen, die das Gespräch stören und bei denen sich der Gesprächspartner verschließt. Diese gilt es unbedingt zu vermeiden. Somit ist Folgendes zu berücksichtigen:

Der Gesprächspartner hat immer Recht

In der Produktentwicklung ist die Wirklichkeit der Kunden über die eigene zu stellen. Es ist alles daran zu setzen, diese Wirklichkeit zu erfahren. Der Gesprächspartner hat immer Recht – wirklich immer! Egal, was er sagt. Denn aus seiner Sicht sind seine Ausführungen richtig und wichtig. Dem Gesprächspartner muss vermittelt werden, dass der Interviewer von ihm lernt, nicht umgekehrt. Er ist der Fachexperte und erzählt aus seinem Umfeld, seinen Erfahrungen und seinem Wissen. Die größte Disziplin ist dann gefordert, wenn der Gesprächspartner etwas – aus der Sicht des Interviewers – fachlich Falsches erzählt. Dann gilt es, den Mund zu halten – nie korrigieren oder diskutieren, sondern die Aussagen als richtig hinzunehmen. Der Interviewer hat hier interessiert nachzufragen, um Details und Ursprung dieses Wissens zu erfragen und zu prüfen, ob der Gesprächspartner seine Aussage korrigiert oder bestärkt. Decken sich diese – falschen – Ansichten bei mehreren Gesprächen, ist zu überlegen, ob dieses im Rahmen der späteren Produktentwicklung richtiggestellt oder gar für die Produktentwicklung genutzt wird. Nicht zu vernachlässigen ist die Wahrscheinlichkeit, dass der Interviewer sich irrt und der Gesprächspartner doch Recht hat. Es wäre peinlich, wenn der Interviewer den Gesprächspartner zu Unrecht korrigieren würde. Ich kenne keinen Interviewer, der schon einmal ein Streitgespräch mit seinem Gesprächspartner gewonnen hat. Zwar ist gegebenenfalls der Kampf um Kompetenz und Kenntnisse zu gewinnen, doch der Gesprächspartner ist als Lieferant von Informationen verlorengegangen.

Es kann im Gespräch vorkommen, dass der Gesprächspartner sich widerspricht oder die Ausführungen nicht mit Informationen seiner Unternehmensbroschüre oder ähnlichen Informationsquellen übereinstimmen. Stellt der Interviewer die Widersprüche im Gespräch fest, so lässt er sich die Tatbestände dezent durch weitere Fragen bestätigen, ohne den Gesprächspartner auf den Widerspruch hinzuweisen. Sagen Sie bitte nicht: »Vorhin sagten Sie X, jetzt Y. Schließt das eine nicht das andere aus?«. Eine Belehrung würde sich kontraproduktiv auf das weitere Gespräch auswirken. Widersprüche können aus der Sicht des Gesprächspartners – und um dessen Sicht geht es – Sinn machen. Es geht im Gespräch nicht darum, nach Wahrheiten zu suchen (von der ja jede Person seine eigene definiert), sondern die Wahrheit aus der Sicht des Gesprächspartners sowie seine Einstellungen und Wünsche zu erfahren. Besser ist es auch hier mit Ich-Botschaften zu arbeiten: »Ich hatte Ihre Aussagen vorhin so verstanden, dass … Mir ist der Zusammenhang zu Ihrer Aussage Y nicht klar. Können Sie mir da bitte helfen?«. Somit gibt der Interviewer sein mangelndes Verständnis als Grund für den Widerspruch an.

Negativ belastete Begriffe wie zum Beispiel »Problem« vermeiden

Fragt der Interviewer den Gesprächspartner nach Problemen mit Kontrollinstanzen, Qualitätsmängeln in der Produktion oder Ähnlichem, so werden die meisten Gesprächspartner entgegnen, dass es hier keine Probleme gibt, denn eigene Probleme gibt keiner gerne zu. Das impliziert, dass der Gesprächspartner die Situationen noch nicht gelöst hat und gegebenenfalls nicht beherrscht. Daher gilt es, diese Probleme auf andere Personen zu neutralisieren oder eher von »Herausforderungen« oder »Hindernissen« statt von »Problemen« zu reden.

Minuswörter und Minusformulierungen vermeiden

Wie bereits mehrfach erwähnt, hängt der Erfolg des Gesprächs sehr davon ab, welchen Eindruck der Interviewer seinem Gesprächspartner vermittelt. Ordnet der Interviewer sich mit seinem Wissen unter und stärkt so das Selbstvertrauen seines Gesprächspartners? Manche Interviewer lassen jedoch gerne einfließen, dass eigentlich sie die wahren Experten sind und sowieso schon wissen, was die Kunden benötigen. Damit so ein Eindruck beim Gesprächspartner nie aufkommt, sollten unter anderem die sogenannten Minuswörter nicht verwendet werden. Schon die typische Redewendung »Da haben Sie mich falsch verstanden« bedeutet aus der Sicht des Gesprächspartners: »Passen Sie das nächste Mal besser auf. Dann werden Sie meine genialen Ausführungen verstehen«. Wie anders klingt für den Gesprächspartner der Satz: »Da habe ich mich missverständlich ausgedrückt«. Inhaltlich ändert sich nichts, doch der Gesprächspartner fühlt sich nicht schlecht behandelt. Es entscheidet immer Ihr Gegenüber, ob die Äußerungen bei ihm positiv oder negativ ankommen. Auch wenn die Ausführungen noch so wohlwollend gemeint sind, so können diese doch beim Gesprächspartner zu Verstimmungen führen und sind im Interesse eines vertraulichen Gesprächs auf jeden Fall zu vermeiden. Ein Minuswort bewirkt in der Regel noch nichts, die Addition von Minuswörtern führt jedoch meist zu Verstimmungen.

Die Botschaft entsteht beim Empfänger. Es zählt nicht, was der Sender sagen wollte, sondern nur das, was der Empfänger verstanden hat. Nachfolgend sind einige Minuswörter und Minusformulierungen des Interviewers aufgeführt. Die Tabelle zeigt, wie diese Wörter und Formulierungen beim Gesprächspartner ankommen und was er dabei denkt. Abschließend finden Sie Anregungen, wie es netter zu sagen wäre. Inhaltlich ändert sich nichts an Ihrer Aussage.

Die Liste entstand mit freundlicher Unterstützung von Rolf H. Ruhleder.

Tabelle 9: Minusformulierungen – und wie man es besser macht

Aussage des Interviewers	Das kommt beim Gesprächspartner an (»«) und das denkt er (GP)	Optimierte Aussage des Interviewers
»Damit bin ich nicht einverstanden«	GP: Macht auch nichts	»Damit komme ich nicht klar«
»Das stimmt nicht«, »Das entspricht nicht den Tatsachen«, »Das trifft auf keinen Fall zu«, »Das kann nicht sein«, »Ist das etwa Ihr Ernst?«, »Das gibt es doch gar nicht«, »Das glaube ich Ihnen nicht«, »Darf ich Sie korrigieren?«, »Nein, hier liegen Sie nicht richtig«	»Sie lügen«, »Sie haben keine Ahnung« GP: Doch. Mal sehen wer Recht hat. Glaubt er, er weiß es besser? Soll ich ein Trottel sein? Ich dachte, ich bin der Experte!	»Das verstehe ich nicht. Wie ...?«, »Das höre ich das erste Mal«, »Das ist für mich überraschend/neu«, »Mein Informationsstand ist, ...«

Aussage des Interviewers	Das kommt beim Gesprächspartner an (»«) und das denkt er (GP)	Optimierte Aussage des Interviewers
»Ganz einfach«, »Kein Problem«	GP: Hält der mich für dumm? Meint er, dass er es besser kann?	»Das mache ich gern für Sie«, »Ja, gern«
»Das ist doch logisch«	GP: Ich entscheide, was logisch ist. Heißt das, dass ich unlogisch argumentiere?	»Ich habe folgende Informationen: …« oder noch besser: Formulierung streichen
»Jetzt zu den konkreten Themen«, »Jetzt noch einige präzise/konkrete Fragen«	»Bis jetzt waren meine Fragen und Ihre Antworten wischi-waschi«	Formulierung streichen
»Das sagte ich vorhin«	»Sie Trottel, hören Sie bitte etwas besser zu«	Formulierung streichen
»Da haben Sie mich wohl falsch verstanden«	»Sie Trottel, hören Sie mir doch beim nächsten Mal etwas besser zu«	»Da habe ich mich missverständlich/undeutlich/ unklar ausgedrückt. Ich meine …«
»Da habe ich mich wohl/ vielleicht falsch ausgedrückt«, »Da haben wir aneinander vorbei geredet«	»50 Prozent der Schuld liegen bei mir, 50 Prozent bei Ihnen« GP: Nein. Sie haben mir nicht gesagt, was Sie eigentlich wollen	»Da habe ich mich missverständlich/undeutlich/ unklar ausgedrückt. Ich meine …«
»Aus der Sicht der Experten«, »Aus der Sicht derer, die aus der Praxis sind«	»Sie sind keines von beiden und haben keine Ahnung«	Formulierung streichen
»Darauf kommt es nicht an«, »Darum geht es nicht«	»Was Sie sagen, ist unwichtig«	»Aus meiner Sicht sind folgende Punkte wichtig«. Immer positiv ausdrücken, worauf es ankommt
»Ich wiederhole noch einmal«	»Sie Trottel, passen Sie doch das nächste Mal besser auf«	Formulierung streichen
»Einwand«	»Jetzt gibt es Druck«	»Damit komme ich nicht klar«, »Gestatten Sie mir bitte hierzu die Frage: …«

Aussage des Interviewers	Das kommt beim Gesprächspartner an (»«) und das denkt er (GP)	Optimierte Aussage des Interviewers
»Ich möchte Ihnen nicht zu nahe treten«, »Ich möchte Sie nicht kritisieren«. Genau das macht der Interviewer jedoch gerade	»Jetzt kommt Kritik«	Formulierung streichen
»Natürlich«, »Selbstverständlich«	»Sie Trottel«	Formulierung streichen, da sie überheblich wirkt
»Warum?«. Der Gesprächspartner fühlt sich angegriffen und denkt, er muss sich rechtfertigen	GP: Darum	»Aus welchen Gründen?« oder andere W-Fragen
»Ist mir egal«	GP: Mir auch	»Bitte entscheiden Sie«, »Da richte ich mich ganz nach Ihnen«. Den Gesprächspartner in den Mittelpunkt rücken
»Das sehe ich anders«	GP: Glaubt er, er weiß es besser?	Formulierung streichen, da die Meinung des Interviewers unwichtig ist
»So habe ich es nicht gemeint«	GP: Nun sagen Sie endlich, was Sie meinen	»Ich meine«
»Trotzdem«, »Dennoch«	GP: Das ist ein Prinzipienreiter	Formulierung streichen
»Na gut«, »Ja gut« und dann sofort weiterreden.	GP: An meiner Meinung ist der Interviewer anscheinend nicht interessiert	»Ja gern« oder Formulierung streichen
»Ich kann Ihnen Folgendes erzählen«	GP: Nimmt der sich wichtig	»Sie können Folgendes für sich verwenden«
»nicht«, »kein«	Der GP versteht genau das Gegenteil. Sagt der Interviewer: »Haben Sie keine Angst«, versteht der Gesprächspartner: »Haben Sie Angst«	Streichen und positiv ausdrücken. »Ich meine …«

Aussage des Interviewers	Das kommt beim Gesprächspartner an (»«) und das denkt er (GP)	Optimierte Aussage des Interviewers
»Sie müssen einsehen, dass ...«, »Sie müssen«	GP: Das werde ich nicht Muss ich nicht	»Bitte beachten/berücksichtigen Sie ...«, »Ich bitte um Verständnis«. Das Wort »müssen« können Sie zu 90 Prozent durch das Wort »bitte« ersetzen
»Aber«, »Ja, aber«. Zum Beispiel bei Aussagen des Gesprächspartners, die aus der Sicht des Interviewers falsch sind	GP: Will er mich korrigieren? Warum fragt er mich, wenn er alles besser weiß?	»Das verstehe ich nicht. Wie ...?«
»Nein«, »Das geht nicht«, »Das klappt nicht«	»Doch« GP: Dann eben nicht. Das können andere besser.	»Gerne, wenn ...«, »Das wäre/ist möglich, wenn ...«, »Das funktioniert, wenn? ...«, »Was halten Sie von ... Echte oder unechte Alternativen anbieten oder Formulierung streichen
»Sie müssen warten«	GP: Muss ich nicht	»Ich bitte Sie um Geduld«, »Sie erhalten X am Y«
»Ich kann Ihnen nicht versprechen, dass ...«	GP: Dann strengen Sie sich gefälligst an	»Ich kann Ihnen zusagen, wenn ...«, »Was halten Sie von ...«
»Sie sehen das falsch«	»Sie Trottel«	»Damit komme ich nicht klar«, »Folgendes verstehe ich noch nicht: ...«
»Ich kann Ihnen nicht sagen, ob ...«	GP: Warum nicht?	»Ich mache mich kundig«, »Lassen Sie mich bitte darüber nachdenken«, »Ich kann Ihnen bestätigen, dass ...«
»Spontan«	GP: Will er mich jetzt unter Druck setzen?	Formulierung streichen
»Zielgruppe«	GP: Werde ich jetzt erschossen?	»Kunden«
»Produkte«	GP: Er will doch wieder nur etwas verkaufen	Formulierung streichen

Aussage des Interviewers	Das kommt beim Gesprächspartner an (»«) und das denkt er (GP)	Optimierte Aussage des Interviewers
Fremdwörter	GP: Will er mir imponieren?	Erst verwenden, wenn der Interviewer sicher weiß, dass bestimmte Begriffe auch innerhalb des Marktsegments verwendet werden. Eher weniger verwenden, um sein Expertentum zurückzuhalten
»In der Theorie haben Sie Recht«	GP: Stempelt er mich als Theoretiker ab?	»Ich verstehe noch nicht, wie ...«
»Da haben Sie sich widersprochen«	GP: Er versteht mich nur nicht richtig	»Ich komme da nicht mit. Wie ...?«, »Ich habe das nicht verstanden. Bitte erläutern Sie X«
»Marktforschung«	GP: Bin ich ein Versuchsobjekt?	»Gespräche führen«
»Es ist bei Ihnen sehr unruhig«	GP: Das ist Ihr Problem	Stattdessen Ich-Botschaften bei Kritik. Wenn es im Gesprächsraum beispielsweise zugeht wie im Taubenschlag, sagen Sie: »Ich habe ein Konzentrationsproblem«

Nicht das eigene Wissen herausstellen

Rausgehängtes »Expertenwissen« des Interviewers blockiert den Gesprächspartner und er behält die benötigten tief greifenden Informationen für sich. Die eigene Eitelkeit ist aktiv zu unterdrücken. Bei Selbstdarstellung des Interviewers antwortet der Gesprächspartner ebenso mit Selbstdarstellung. Das bringt Sie nicht weiter. Und je mehr der Interviewer sein Wissen zeigt, desto gefährlicher ist er aus der Sicht des Gesprächspartners.

Nicht die Informationen des Gesprächspartners toppen

Bei den Aussagen des Gesprächspartners sind keine Verbindungen zu eigenen Erfahrungen oder Leistungen zu äußern. Wie leicht geht es uns doch über die Lippen, wenn unser Gegenüber von einem Beinaheunfall erzählt und wir seine Story mit unserem noch viel gefährlicheren Erlebnis zu toppen versuchen. Die schwierigsten Herausforderungen und größten Erfolge hat im Leben der Gesprächspartner – nicht der Interviewer!

Die Ausführungen des Gesprächspartners sind nicht zu bewerten – weder positiv noch negativ

Auch wenn es noch so naheliegend ist: Machen Sie im Gespräch keine Bewertungen des Gesagten – weder positiv noch negativ, weder verbal noch nonverbal. Somit sind Kopfschütteln, abwertende Handbewegungen oder Verdrehen der Augen tabu! Bei negativen Bemerkungen wird Ihr Gesprächspartner vorsichtiger mit seinen Äußerungen, er möchte ja nicht wieder etwas Falsches sagen. Bewerten Sie einige Äußerungen Ihres Gesprächspartners positiv, so werten Sie die anderen, nicht bewerteten Äußerungen damit ab. Es entsteht für Ihren Gesprächspartner der Eindruck, dass die anderen Äußerungen nicht gewünscht oder nicht richtig waren. Wenn ein Thema des Gesprächspartners interessant ist, sagen Sie nicht: »Das ist interessant«, »Das ist entscheidend«, »Da bin ich ganz Ihrer Meinung«, sondern »Darüber wüsste ich gern mehr«. Es gibt für den Interviewer im Gespräch kein »richtig« oder »falsch« der Ausführungen des Gesprächspartners. Alle Aussagen sind gleich wichtig und richtig.

Im Gespräch nicht nur die eigene Meinung bestätigen lassen wollen

Der Interviewer muss offen an das Gespräch herangehen und auch Ergebnisse akzeptieren, die seiner Meinung widersprechen. Gern werden die Ergebnisse für aussagekräftig und wahr gehalten, die die eigene Meinung untermauern. Und gerade diese Aussagen werden vom Interviewer unbewusst verstärkt wahrgenommen.

Bei zweideutigen Aussagen des Gesprächspartners nicht selbst deuten

Häufig gibt der Gesprächspartner Informationen, die unterschiedlich interpretiert werden können oder unvollständig sind. Automatisch ist der

Interviewer geneigt, diese Doppeldeutigkeit aufgrund seiner Kenntnisse zu lösen und die fehlenden Informationen im Kopf und bei der späteren Auswertung zu ergänzen. Das geschieht unbewusst und ist gefährlich. Der Interviewer glaubt, alles zu verstehen und ist in seiner Denkschiene gefangen. Menschen ergänzen in der Kommunikation laufend, da nicht jedes gesprochene Wort definiert wird und auch nicht definiert werden kann. Bringt der Kellner einer Gruppe im Restaurant das Essen und sagt »Schwein«, folgt meist die Äußerung eines Gastes »Ich«, »Hier« oder »Das bin ich«. Der Gast hat die Äußerung »Schwein« übersetzt in »Wer hat das Schweinefleisch bestellt?«. Wenn man ihn später fragt, ob der Kellner die vollständige Frage gestellt hat, wird er dies überzeugt bestätigen. Solange so ergänzt wird, wie der Gesprächspartner es gemeint hat, ist alles in Ordnung. Ein Kunde, der diese Übersetzung nicht nachvollzieht, kann beleidigt sein. Auch wird die Frage »Wer hatte das Schwein« beantwortet mit »Das hatte ich«, obwohl der Gast Schweinefleisch bestellt hat, jedoch es zu diesem Zeitpunkt noch nicht bekommen hat. Jeder ergänzt gemäß seiner Erfahrungen so, wie es in seine Welt passt, da er sich eine andere Definition gar nicht vorstellen kann. Doch das führt oft genug zu Missverständnissen. Je unähnlicher sich zwei Menschen sind, desto eher ergänzt der Zuhörer etwas ganz anders als dieser es gemeint hat. Um die falsche Ergänzung zu verhindern, hat der Interviewer bei jedem Anzeichen der Unklarheit nachzufragen oder die Ausführungen mit eigenen Worten wiederzugeben, damit der Gesprächspartner die Möglichkeit zur Korrektur hat.

Nicht die Fragen selbst beantworten

Der Interviewer hat dem Gesprächspartner nach der Frage keine Antwortvorschläge zu geben. Der Gesprächspartner soll frei antworten, ohne dass ihm eine Richtung vorgegeben wird. Beantwortet der Interviewer seine Fragen selbst beziehungsweise schlägt er Antworten vor, so deutet er damit an, an der Antwort des Gesprächspartners nicht interessiert zu sein. Das erzeugt Frust bei diesem. Wenn der Gesprächspartner nach selbst beantworteten Fragen des Interviewers keine Lust auf eine eigene Antwort hat, sagt er nur »ja, stimmt« und der Interviewer denkt, er sei seiner Meinung. Was für den Interviewer eine sachliche Hilfestellung oder Feststellung ist, kommt bei dem Gesprächspartner häufig als Belehrung an. Wenn der Interviewer unbedingt Alternativen anbieten will, ist es besser, erst diese zu nennen und dann die Frage zu stellen. Nie umgekehrt.

Eigene Annahmen lassen den Interviewer außerdem nur dort bleiben, wo er von seinem Wissen her ist. Es bringen jedoch nur die Ausführungen des Gesprächspartners neue Erkenntnisse. Ihre Aufgabe im Unternehmen ist auch das Stellen der richtigen Fragen, um das Unternehmen weiter zu entwickeln. Sie sind als Chef der Fragensteller und nicht allwissender Antwortengeber. Die Intelligenz und das Wissen stecken meist in Ihren Mitarbeitern, nicht in Ihnen als Vorgesetzten. Antworten und Feststellungen bedeuten Stillstand.

Keine Behauptungen oder Feststellungen einbringen

Der Gesprächspartner ist so wenig wie möglich zu beeinflussen. Verbinden Sie nicht Feststellungen mit einer Frage, wie »X ist doch das größte Thema. Wie gehen Sie damit um?« oder »Die Aufgabe könnte man nun nach der Methode X oder nach der Methode Y lösen. Wie lösen Sie die Aufgabe?«. Da auch hier der Gesprächspartner in eine Richtung »gedrängt« wird, sollte diese Form vermieden werden.

Nicht nach Lösungen fragen

Fragen Sie den Gesprächspartner nie nach Produktlösungen (»Was benötigen Sie?«), da er sich die für ihn optimale Lösung meist nicht vorstellen kann. Bei der Frage »Können Sie X gebrauchen?« oder »Würden Sie X kaufen?« vermutet er, dass der Interviewer gar nicht an seinen Ausführungen interessiert ist, sondern es sich um ein verstecktes Verkaufsgespräch handelt. Er fühlt sich getäuscht, macht zu und erzählt nicht mehr.

Auch bei Fragen nach Wünschen ist Vorsicht geboten, denn der Gesprächspartner nennt meist nur die Mittel zum Zweck und nicht den eigentlichen Wunsch. Sagt er beispielsweise: »Ich möchte eine Wohnung haben«, ist die Wohnung nur das Mittel zum Zweck der Unabhängigkeit. Hinter dem Wunsch »Ich möchte mich zur Führerscheinprüfung anmelden« steckt der Wunsch nach Mobilität.

Wenn der Kunde einen Wunsch äußert, ist vom Interviewer also immer herauszubekommen, welches Motiv dahinter steht (Was hat er davon?). So erfährt der Interviewer die wahren Wünsche. In der Produktentwicklung können daraufhin Lösungen erstellt werden, an die der Kunde gar nicht gedacht hat, die ihm jedoch den Wunsch viel besser erfüllen, als die von ihm vorgeschlagene Lösung.

Keine plötzlichen Themenwechsel

Dieses ist auch in einem Gespräch unter Freunden (und dieser Situation sollte das Marktgespräch ja sehr nahe kommen) ungewöhnlich. Wenn unbedingt ein Thema angesprochen werden soll, dann die Ausführungen des Gesprächspartners aufgreifen und auf dieser Basis zum neuen Thema überleiten. Dann kann der Gesprächspartner den Wechsel nachvollziehen und vermutet, dass seine interessanten Ausführungen der Grund für das neue Thema sind.

Es wird nur das gefragt, was noch nicht bekannt ist

Stellen Sie bitte keine Fragen – wie zum Beispiel nach dem Unternehmen –, wenn Sie die Antworten bereits wissen. Stellen Sie bitte auch keine Fragen, deren Antworten für die Produktentwicklung von vornherein nicht von Belang sind. Auch wenn die Gesprächspartner grundsätzlich auskunftsfreudig sind, so ist jedoch die Aufmerksamkeit begrenzt. Zu viele Fragen ermüden. Somit sinkt die Bereitschaft, die anschließenden wirklich wichtigen Fragen noch exakt zu beantworten.

Nicht negativ über Dritte reden

Der Interviewer redet in Gegenwart des Gesprächspartners nie negativ über Dritte. Auch dann nicht, wenn er vermutet, dass der Gesprächspartner ebenfalls negativ über diese Person denkt. Der Gesprächspartner kann gerade zu dieser Person einen guten Kontakt haben. Andere zu kritisieren dient nicht dazu, beim Gesprächspartner Vertrauen zu schaffen. Dieser fragt sich, ob der Interviewer an anderer Stelle auch schlecht über ihn redet.

Nicht schon während der Ausführungen des Gesprächspartners über die nächste Frage nachdenken

Wenn der Interviewer schon während der Ausführungen des Gesprächspartners über weitere Fragen nachdenkt, geht seine Konzentration nach innen, der Blickkontakt wird vernachlässigt und die Informationen des Gesprächspartners werden nicht komplett erfasst. Stattdessen hat der

Interviewer durch gute Vorbereitung ein so großes Repertoire an Fragen anzulegen, dass er spontan nach dem Ende der Ausführungen des Gesprächspartners die in der jeweiligen Situation richtige Frage parat hat. Nachfolgende Fragen sollen sich – nach Möglichkeit – ausschließlich auf die Informationen des Gesprächspartners beziehen.

Die Informationen vorheriger Gespräche werden nicht erzählt

Dem Gesprächspartner sind keine Informationen über vorherige Gespräche (Personen, Inhalte) zu geben, auch dann nicht, wenn sich Ihr Gesprächspartner noch so sehr dafür interessieren mag. Zum einen sind Sie zur Anonymität den anderen Gesprächspartnern gegenüber verpflichtet. Zum anderen erzeugt es im Inneren Ihres aktuellen Gesprächspartners Misstrauen, schließlich könnten Sie anderen auch von Ihrem Gespräch mit ihm berichten. Zusätzlich besteht die Gefahr, dass einer Ihrer Mitbewerber einen noch besseren Kontakt zum Gesprächspartner hat und dieser die Informationen an ihn weiterleitet.

Als Interviewer selbst keine Informationen, Ideen und eigene Meinungen in das Gespräch einbringen

Sie als Interviewer nehmen ausschließlich eine fragende Rolle ein, keine behauptende oder feststellende. Es gilt, den Gesprächspartner zum Erzählen zu bewegen. Mit der eigenen Meinung, dem eigenen Wissen und Beispielen aus dem eigenen Leben hat sich der Interviewer zurückzuhalten. Das fällt insbesondere extrovertierten Menschen, Personen mit einem hohen Wissensstand und stark lösungsorientierten Interviewern schwer. Halten Sie es aus, dass der Gesprächspartner Dinge äußert, bei denen Sie ganz anderer Meinung sind!

Die nachfolgende Liste soll bei der Vorbereitung als Erinnerung für den optimalen Gesprächsablauf dienen. Zusätzlich kann der Interviewer nach dem Gespräch selbstkritisch bewerten, in welchem Umfang die Umsetzung geglückt ist. Das ist insbesondere sinnvoll, wenn das Gespräch zu zweit geführt wurde.

	Voll umgesetzt	Teilweise umgesetzt	Nicht umgesetzt
Es werden nur wenige Fragen gestellt			
Der Gesprächspartner bestimmt die nächste Frage des Interviewers			
Den Gesprächspartner in Erlebnisse zurückversetzen			
Es wird gut zugehört			
Der Gesprächspartner wird in den Mittelpunkt gestellt			
Die Fragen sind verständlich			
Bei Unverständnis wird nachgefragt			
Nach den Fragen ist auf die Antworten des Gesprächspartners zu warten und keine Äußerungen nachzuschieben			
Heikle Themen sind zu neutralisieren			
Den Gesprächspartner ausreden lassen			
Der Gesprächspartner wird mit Namen angeredet			
Es werden überwiegend offene Fragen gestellt			
Es werden die Ausführungen des Gesprächspartners zwischendurch zusammengefasst			
Echotechnik wird eingesetzt			
Es werden Gesprächsbrücken eingesetzt			
Pausen werden ausgehalten			
Worte persönlicher Anerkennung fließen mit ein			
Blickkontakt wird gehalten			
Positive Gestik und Mimik			
Distanzzone wird eingehalten			

Eigenes Wissen wird zurückgehalten			
Es wird sich dem Gesprächspartner angepasst			
Wahrnehmung, Interpretation und Bewertung werden getrennt			
Der Gesprächspartner bleibt beim vorgesehenen Thema			
Eine Gesprächstiefe wird erreicht			
Es wird positiv formuliert			
Es wird dem Gesprächspartner immer Recht gegeben			
Negative Begriffe und Minusformulierungen werden vermieden			
Das eigene Wissen wird für sich behalten			
Die Ausführungen des Gesprächspartners werden nicht bewertet			
Bei nicht eindeutigen Ausführungen wird nachgefragt			
Fließende Themenwechsel werden erreicht			
Über Dritte wird nur positiv gesprochen			
Informationen vorheriger Gespräche behält der Interviewer für sich			

Die Reihenfolge der Gespräche

Die Gespräche sind in drei Sequenzen geteilt:

1. *Lebenswelt:* um einen ersten Eindruck über die Befindlichkeiten, Werte und Einstellungen des Gesprächspartners zu erhalten;
2. *Treiber, Tätigkeiten, Aufgaben, Probleme, Erfolgsfaktoren, Komplexität:* um an Informationen zum USP zu gelangen;
3. *Perspektiven:* um die benötigten Informationen für die Produkteigenschaften zu erfahren.

Meist reicht die Gesprächsdauer nicht aus, um in allen Bereichen in die Tiefe zu gehen. In den ersten Gesprächen ist das Thema Lebenswelt komplett zu behandeln, je nach Zeit können noch die Treiber angesprochen werden. In nachfolgenden Gesprächen mit denselben Gesprächspartnern oder weiteren Personen behandeln Sie die Treiber bis zur Komplexität komplett. Erst wenn der USP im Rohentwurf definiert wurde, folgen die Gespräche zu den Perspektiven.

Die Gespräche sollten in ihrer Grundstruktur immer »von außen nach innen« verlaufen. Es ist wie das Beruferaten bei »Was bin ich?«: Erst werden die übergreifenden Fragen gestellt, dann Detailfragen:

- freies Erzählen zum Thema sowie Nachfassen/Vertiefen/Konkretisieren zu den Ausführungen des Gesprächspartners: »Wo genau?«, »Was genau?«, »Wie war das?«, »Was kam danach?«. Lassen Sie den Gesprächspartner von seinen Erlebnissen erzählen;
- Frage nach weiteren Themen: »Welche X kennen Sie noch?«;
- weitere Themen, die der Gesprächspartner noch nicht erwähnt hat, werden vom Interviewer angesprochen: »Und was haben Sie wahrgenommen bei X?«, »Sie haben X noch nicht genannt, was halten Sie von X?«. Auch hier gegebenenfalls nachfassen;
- konkrete (hier gegebenenfalls auch geschlossene) Fragen einbringen, um Hypothesen zu prüfen: »Begegnet Ihnen X bei Y?«.

Zum Thema Lebenswelt soll die starke Tendenz zum freien Erzählen gegeben sein.

Lebenswelt erkunden

Zu Beginn sind dem Gesprächspartner Fragen zu stellen, die ihn in seiner Lebenswelt ansprechen und bei deren Beantwortung er viel von seinen Erlebnissen berichten kann. Er soll Themen nennen, die bei ihm eine große Bedeutung haben. Das fördert seinen Redefluss und der Interviewer muss nicht nach kurzen Ausführungen immer wieder mit weiteren Fragen das Gespräch am Laufen halten. Von Interesse sind vor allem die Themengebiete, die der Gesprächspartner von sich aus nennt, und nicht diejenigen, nach denen er gefragt wird. Die Einstiegsfrage ist somit von großer Bedeutung. Auch wenn der Interviewer einen Fragenkatalog im Kopf hat, sollte er sich in jedem Gespräch in den Gesprächspartner hineinversetzen und individuell überlegen, mit welcher Frage dieser sich am meisten angesprochen fühlt.

Der Gesprächspartner soll anhand von Erlebnissen und Beispielen von seinen Werten, Einstellungen, Gefühlen und Ängsten aus seiner Lebenswelt berichten. Er soll erzählen, wie er die Welt sieht und fühlt, denn das bestimmt weitgehend sein Verhalten und seinen Lebensstil. Das Ziel ist es, neben dem »Was« (seine Handlungen) auch das »Warum« (Motive) zu erfahren und zu verstehen. Sie sollten nicht nur seine Gefühle erfahren, sondern auch die Gründe dafür. Es geht hier weniger um detaillierte Informationen als um die Zusammenhänge. Es sind dabei beim Gesprächspartner wiederkehrende Muster zu entdecken.

Diese von Professor Franz Liebl und Olaf G. Rughase entwickelte Gesprächsstruktur wird auch als Storylistening bezeichnet. Es geht um das Zuhören und das Beobachten, nicht um das Ausfragen. Es ist hier noch ein völlig offenes Gespräch, kein offenes, zielgerichtetes. Einige Ausdrucksformen der Werte und Einstellungen des Gesprächspartners kann der Interviewer zusätzlich durch Beobachtungen erkennen: Kleidung, Einrichtung, Verhalten et cetera.

Beginnen Sie mit explorativen Fragen, die keine steuernde Funktion haben. Insbesondere die ersten Fragen müssen ganz offen sein, damit der Gesprächspartner frei aus seinem Leben und von dem, was ihn bewegt, erzählen kann. Denn nur so erfährt der Interviewer die wahre Welt des Gesprächspartners. Fragen Sie: »Was verbinden Sie mit X?«, »Was fällt Ihnen zu X ein?«, »Was haben Sie dabei erlebt?«.

Anschließend gilt es auch hier zu den Ausführungen des Gesprächspartners nachzufragen:

- »Welche Beispiele gibt es hierzu?«
- »Woran erinnert Sie das?«
- »Wie war das genau?«
- »Was kam danach?«
- »Wo genau?«
- »Was genau?«
- »Was haben Sie dabei gefühlt?«
- »Welche X kennen Sie noch?«

Storylistening ist nicht zu verwechseln mit Storytelling. Storytelling ist die Wiedergabe von Informationen in Form von Geschichten und wird häufig in der Werbung eingesetzt. Der Konsument wird in die Geschichte eingebunden, damit er diese besser versteht und sie für ihn glaubhafter ist. Er hört nicht nur die Informationen, sondern soll diese auch miterleben. Damit das auch tatsächlich erfolgt, muss dem Kunden erst einmal zugehört werden. Vor dem Telling kommt das Listening.

Der Weg zu den Informationen,
um den USP ableiten zu können

Es geht darum, den Kunden mit Ihren Produkten dabei zu helfen, ihre Aufgaben und Probleme zu lösen, und zwar die, deren Lösung einen Erfolgsfaktor darstellt und dessen Umsetzung für die Kunden zu komplex ist, als dass sie sie allein vornehmen könnten. Das ist Bedürfnisbefriedigung pur auf ihre wirkungsvollste Weise. Nun gilt es, in den offenen, zielgerichteten Interviews die notwendigen Informationen von den Gesprächspartnern zu bekommen. Ein reines Fragen nach Wunschprodukten führt, wie bereits erwähnt, nicht zum Ziel.

Um Informationen zu einem wirklich spitzen USP zu erhalten, ist es wichtig, den wirksamsten Ansatzpunkt bei der Problemlösung der Kunden herauszufinden. Erfahren Sie folgende Stufen[5] vom Gesprächspartner:

* Treiber/Rahmenbedingungen;
* Tätigkeiten;
* Aufgaben;
* Probleme;
* Erfolgsfaktoren;
* Komplexität.

Das Ziel ist es, die Zusammenhänge zwischen den Treibern/Rahmenbedingungen, Tätigkeiten, Aufgaben, Problemen, Erfolgsfaktoren und der Komplexität zu erkennen.

Nicht alle Tätigkeiten und Aufgaben bereiten den Kunden Probleme, nicht alle Probleme sind gleichzeitig Erfolgsfaktoren. Somit sind umgekehrt die Erfolgsfaktoren hoher Komplexität eine Teilmenge aller Probleme.

Da die eben aufgezählten Bereiche somit jeweils Schnittmengen der darunterliegenden sind, wird von unten begonnen. Zuerst fragen Sie Ihren Gesprächspartner nach seinen Tätigkeiten und lassen ihn frei erzählen.

Auch bei den Gesprächen zum USP kann sich der Gesprächspartner frei äußern, aber bei den jetzt folgenden offenen, zielgerichteten Gesprächen werden einzelne Bereiche »abgefragt« (jedoch so offen, dass der Gesprächspartner nicht bemerkt, dass Informationstöpfe zu füllen sind).

Das ist die große Herausforderung, die der Interviewer meistern muss: das Gespräch so zu gestalten, dass der Gesprächspartner von sich aus

---

5 Die Grundstruktur von Dr. Michael Schindl, die hier modifiziert und erweitert wurde.

Abbildung 2: Für die USP-Bildung zu erfahrende Stufen

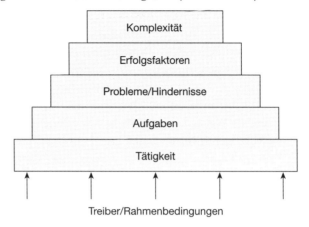

frei erzählt und nicht das Gefühl bekommt, ausgefragt zu werden. Auf der anderen Seite muss er den Gesprächspartner jedoch dazu bekommen, die »leeren Töpfe« (Treiber/Rahmenbedingungen, Tätigkeiten, Aufgaben et cetera) zu füllen, damit die für die Produktentwicklung notwendigen Informationen eingeholt werden. Die von Ihnen vorher erstellte Gesprächsstruktur sollte nur ein Anhaltspunkt sein, um keinen Bereich zu vergessen und einen inhaltlichen Leitfaden zu gewährleisten. Jedem fällt es schwer, unstrukturiert von einem Bereich in den anderen zu springen. Welche Fragen wann gestellt werden, um Ihre Themenblöcke zu behandeln, sollte dem jeweiligen Gesprächsverlauf angepasst werden. Kommt Ihr Gesprächspartner gleich auf seine Probleme zu sprechen, sollte das aufgegriffen werden. Ansonsten ist folgende Reihenfolge zu empfehlen: Tätigkeiten, Aufgaben, Probleme, Erfolgsfaktoren, Komplexität. Das Thema Treiber/Rahmenbedingungen ist zu Beginn einzubringen oder jeweils in den Stufen einfließen zu lassen.

Den Kern einkreisen

Die Gesprächstruktur ist wie ein Trichter. Zuerst werden alle Tätigkeiten erfasst, eine Schnittmenge davon sind die Aufgaben. Die Erfüllung einiger dieser Aufgaben bereitet Probleme, die anderer jedoch nicht. Die Aufgaben, die keine Probleme bereiten, bedürfen keinerlei Unterstützung von außen. Interessant sind hingegen die Aufgaben, deren Durchführung den Kunden schwerfällt. Bei den Problemen gibt es wiederum welche, die zwar vorhanden, aber nicht von großer Bedeutung für den Erfolg und das Wohlbefinden sind. Diese sind zu vernachlässigen. Bleiben zum Schluss noch die Probleme, deren Beherrschung und Behebung wirkliche Erfolgsfaktoren darstellen und die dem Gesprächspartner große Angst machen. An deren Erfüllung werden die Kunden gemessen beziehungsweise messen sich selber. Können die Kunden diese Erfolgsfaktoren wegen ihrer großen Komplexität nicht allein erreichen, werden sie für die Lösungen gern die Geldbörse öffnen. Hier kann mit dem USP angesetzt werden.

Abschließend wird die Machbarkeit (Lösung des Erfolgsfaktors mit einem herzustellenden Produkt unter technischen und finanziellen Faktoren) geprüft. Die Prüfung darf nicht vorher erfolgen, da der Interviewer sonst mit vorgefasster Meinung in die Gespräche geht.

Treiber und Rahmenbedingungen

Was treibt den Kunden an? Zu unterscheiden ist hier zwischen extrinsischen und intrinsischen Treibern.

Extrinsische Treiber

Das sind von dem Kunden nicht zu beeinflussende äußere Rahmenbedingungen, die jedoch Einfluss auf sein Leben haben. Das können beispielsweise rechtliche Anforderungen, Abgaben, Konjunktur/Ökonomie, Konkurrenz, Technik, Ökologie oder Erwartungen des Umfelds (zum Beispiel von den Kunden Ihrer Kunden, sozialer Druck) sein. Bewirken diese Treiber Sanktionen bei fehlender beziehungsweise fehlerhafter Umsetzung, werden sie als Aufgaben angegangen, um nicht zum Problem zu werden. Treiber, die nicht sanktioniert werden (zum Beispiel Anforderungen, deren Umsetzung nicht kontrolliert wird), haben keine Bedeutung, da die Umsetzung und Nichtumsetzung keine Konsequenzen hat.

Intrinsische Treiber

Hierunter fallen die menschlichen Grundbedürfnisse, das eigene Werteverständnis, die Familie, Hobbys, Urlaub, Zielerreichung und Wünsche. Diese Treiber motivieren ebenfalls zur Umsetzung.

In der ersten Stufe gilt es, insbesondere die extrinsischen Treiber zu identifizieren. Dies kann zusätzlich bereits vor den Gesprächen erfolgen, zum Beispiel durch sekundäre Marktforschung (Zeitschriften, Blogs/Foren, Rechtstexte et cetera). Hier ist zu prüfen, ob die Treiber kurz- oder langfristig wirken und in Zukunft zu- oder abnehmen. Ebenso ist es auch möglich, die Treiber anhand der Aufgaben herauszufinden.

Die nachfolgenden Stufen (Tätigkeiten, Aufgaben, Probleme, Erfolgsfaktoren und Komplexität) sind weitestgehend durch die Treiber bestimmt. Konzentrieren Sie Ihre Produktentwicklung dort, wo starke Treiber vorliegen.

Bei Änderung der Treiber und Rahmenbedingungen im Marktsegment sind erneut Gespräche zu führen, um die aus den Veränderungen resultierenden Probleme und Erfolgsfaktoren zu erfahren.

Tätigkeiten

Zusätzlich zur Informationsbeschaffung ist diese Stufe ein lockerer und für den Gesprächspartner unverfänglicher Einstieg in das Gespräch. Der Gesprächspartner wird gedanklich dort abgeholt, wo er gerade steht: bei seinem typischen Tagesablauf. Zu Beginn des Gesprächs gilt es, so viele Informationen wie möglich über den Tagesablauf des Gesprächspartners zu erhalten. Hierunter fallen sowohl wichtige Tätigkeiten als auch solche, deren Weglassen keinerlei Auswirkungen für ihn hätten.

Wenn das Gespräch und die Informationsbeschaffung bei der Erfassung der Tätigkeiten aufhören würden, würden Sie nur Produkte entwickeln, deren Notwendigkeit in der Nutzung nicht besteht.

Aufgaben

Im nächsten Schritt gilt es herauszufinden, welche Aufgaben durchgeführt werden und welche davon einen Treiber im Hintergrund haben und deshalb erledigt werden müssen. Sofern die Umsetzung der Aufgabe beim Gesprächspartner nicht zum gewünschten Ergebnis führt, kann daraus ein Problem entstehen. Die Hauptaufgabe im beruflichen Umfeld ist fast immer das Lösen von Problemen.

Wenn die Marktgespräche hier aufhören, erhalten Sie ganz breit ausgerichtete Produkte, unabhängig davon ob die Aufgabe wichtig ist und deren Ausführung Probleme bereitet.

Probleme und Hindernisse

Menschen suchen nach Produkten, die ihre Wünsche erfüllen, ihre Probleme lösen oder dafür sorgen, dass diese Probleme gar nicht erst auftreten. Deshalb ist es wichtig, in den Marktgesprächen herauszufinden, welche Aufgaben die Kunden haben, welche Probleme bei der Durchführung dieser Aufgaben auftreten oder wo im privaten Bereich große Wünsche vorhanden sind. Es gilt herauszufinden, in welchen Bereichen der Gesprächspartner bereits ausreichend Problemlösungen (Produkte, Dienstleistungen oder Wissen) hat, wo er glücklich ist und wo nicht. Nur wo noch Lösungsansätze fehlen, besteht der Bedarf an Produkten.

Voraussetzung ist, dass Ihrem Gesprächspartner das Problem beziehungsweise der Wunsch bekannt ist. Er muss nicht die Lösung kennen. Das ist Ihre Aufgabe. Es ist jedoch schwer, als Anbieter dem Kunden die Probleme bewusst machen zu wollen, von denen er noch gar keine Kenntnis hat. Der Ist-Zustand der Kunden muss bei Ihnen als Mangelzustand empfunden werden. Das Grundproblem beziehungsweise der grundlegende Wunsch muss vorhanden sein, zum Beispiel der Wunsch nach Spaß im Schnee. Dort kann der Anbieter neben dem Ski auch Snowboards anbieten. Hier wird deutlich, dass der Wunsch vorhanden ist, jedoch der Kunde nicht die Lösung vorgibt.

Fragen nach den Problemen/Herausforderungen sind erst sinnvoll, wenn der Gesprächspartner sich voll emotional in seine Aufgaben hineinversetzt hat. Arbeitsfelder, bei denen kein Problembewusstsein vorliegt, sind im Gespräch nicht zu vertiefen.

Hören die Marktgespräche auf dieser Stufe auf, werden zwar Probleme behandelt, jedoch losgelöst vom Umfeld des Gesprächspartners und von der Wichtigkeit.

Im Gespräch sind die Stufen Tätigkeiten, Aufgaben und Probleme mehrfach vertiefend zu erfragen, bevor Sie zur nächsten Stufe wechseln.

Erfolgsfaktoren

Welche von den Problemen sind Erfolgsfaktoren und welche sind ein zu vernachlässigendes »Problemchen«? Erstgenannte sind die Schlüsselfaktoren (die größten Stellhebel), mit denen der Gesprächspartner seinen

Zielen näherkommt. Was macht seinen Beruf und sein Leben aus? Was muss bei dem Gesprächspartner eintreten, was will er erreichen, um aus eigener Sicht erfolgreich zu sein? Werden diese Probleme des Gesprächspartners nicht gelöst, fallen Sanktionen an. Je größer die Angst und die Konsequenzen sind, das Problem nicht zu lösen oder gelöst zu bekommen, desto leichter lässt sich das Produkt, was dieses Problem löst, verkaufen.

Erfolgreiche Produkte sind an den Erfolgsfaktoren der Kunden ausgerichtet, die einen zwingenden Nutzen liefern. Das sind die Produkte, die nicht nur an einem oder mehreren Problemen ansetzen, sondern an einem Erfolgsfaktor. Diese Produkte führen zu starker Anziehungskraft auf Ihre Kunden und somit zu einer hohen Nachfrage. Problemlöser ist die eine Stufe, weitaus erfolgreicher ist die Lösung von Erfolgsfaktoren für Ihre Kunden. Sie müssen Ihren Kunden einen zwingenden Nutzen bieten. Die Kunden müssen einen spürbaren Nachteil haben, wenn sie Ihr Produkt nicht besitzen. Sofern die Mitbewerber ihre Produkte nicht danach ausrichten, liegt bei Ihnen ein Wettbewerbsvorteil vor, der bei richtiger Hervorhebung bis zu einer Alleinstellung im Markt reichen kann. Um diesen Erfolgsfaktor zu treffen, reichen ein bis maximal drei Differenzierungsmerkmale im Produkt. Die weiteren Merkmale sind zwar zur Abrundung auch zu berücksichtigen, jedoch für die Kaufentscheidung nur noch marginal von Bedeutung.

Bei jedem Menschen gibt es nur wenige Probleme, die gleichzeitig Erfolgsfaktoren sind. Wenn Sie innerhalb eines Gesprächs auf über fünf Erfolgsfaktoren kommen, dann reduzieren Sie diese bitte auf die wichtigsten, sodass am Ende maximal fünf übrig bleiben (besser sind drei, am besten einer). Die weiteren sind dann schon eher marginal.

Die Fragen nach den Erfolgsfaktoren erfolgen unabhängig davon, ob Ihr Unternehmen oder irgendein anderes diesen Erfolgsfaktor erfüllen kann. In den Gesprächen geht es ausschließlich um die Bedürfnisse und Wünsche der Gesprächspartner. Die Machbarkeit ist zu einem späteren Zeitpunkt zu prüfen.

Wenn die Produktentwicklung hier aufhört, werden zwar Kunden genau am wirksamsten Punkt angesprochen. Aber ob das Produkt auch wie maßgeschneidert zum gewohnten Tätigkeitsablauf passt, ist reine Glückssache. Dafür benötigen Sie noch die Antworten für die Perspektiven des Produkts.

Komplexität

Welche Erfolgsfaktoren sind aus der Sicht der Kunden komplex und zeitintensiv und nicht ohne Hilfe in den Griff zu bekommen? Welches sind die Erfolgsfaktoren, bei deren Problemlösung die Kunden große Angst haben, Fehler zu machen? Hierbei geht es um die Erfolgsfaktoren, deren Einhaltung für den Gesprächspartner aufgrund zu hoher Komplexität schwierig ist. Eine hohe Komplexität liegt vor, wenn:

- Ihr Gesprächspartner den Erfolg nur mit sehr großem Aufwand erreichen kann oder dafür fremde Hilfe benötigt;
- dem Gesprächspartner Kenntnisse, Fähigkeiten und Mittel zur Lösung des Problems fehlen;
- der Gesprächspartner häufig mit dem Problem konfrontiert wird;
- die Lösung des Problems zeitintensiv ist;
- mindestens ein Treiber vorhanden ist, sodass das Problem dauerhaft auftritt;
- keine alternativen Lösungen vorhanden sind.

Je größer der Erfolgsfaktor und je größer die Komplexität, desto einfacher sind Produkte zu verkaufen, die die Lösung versprechen und auch einhalten.

Zwei Gesprächsstrategien zur USP-Herleitung

Um die »Töpfe« der einzelnen Stufen zu füllen, gibt es zwei Reihenfolgen:

- *horizontale Gesprächsstrategie:* Es wird solange nach Tätigkeiten und Aufgaben gefragt, bis alle ans Tageslicht gekommen sind. Sofern der Interviewer noch weitere vermutet, spricht er diese konkret an. Erst wenn die ersten beiden Stufen komplett sind, kommt der Interviewer auf das Thema Probleme zu sprechen. Auch diese Stufe wird in der gesamten Breite besprochen. Erst danach werden die Themen vertieft, bei denen der Interviewer den größten Leidensdruck vermutet;
- *vertikale Gesprächsstrategie:* Bereits nach der ersten Nennung einer Tätigkeit beziehungsweise Aufgabe leitet der Interviewer das Gespräch zu den daraus resultierenden Problemen, Erfolgsfaktoren und der Komplexität. Erst danach wird nach weiteren Tätigkeiten und Aufgaben gefragt, die dann auch gleich bis zur Spitze der Pyramide besprochen werden.

Es ist sinnvoll, in den Gesprächen erst in der gesamten Breite alle Tätigkeiten und Aufgaben zu erfassen (horizontal) und anschließend die Top-Themen nacheinander in der Tiefe (Probleme et cetera) zu verengen. Wenn sich herausstellt, dass ein Thema doch nicht so bedeutend ist, wird ein

Abbildung 3: Horizontale und vertikale Gesprächsstrategie

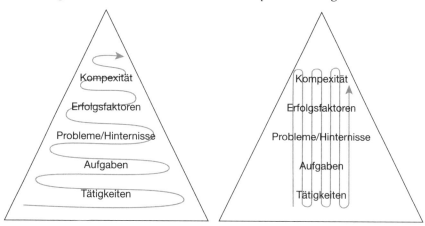

weiteres unter den Aufgaben genanntes gewählt und hier die Stufen ab »Probleme« besprochen. Denn wenn zu früh in die Tiefe gelenkt wird, fehlt gegebenenfalls die Zeit, danach alle Tätigkeiten und Aufgaben zu erfassen. Es besteht die Gefahr, dass das Top-Thema übersehen wird. Bei der horizontalen Variante erfährt der Interviewer Bereiche, an die er eventuell noch gar nicht gedacht hat und die bei der vertikalen Vorgehensweise nicht zu Sprache kommen.

Sofern bereits mehrere Gespräche zum USP geführt wurden, sind bei einer homogenen Gesprächsserie die Tätigkeiten und Aufgaben meist bekannt. Daher ist die horizontale Phase zu diesen beiden Stufen zu verkürzen. Das Ansprechen dieser Stufen dient zum einen dazu, ein Vertrauen beim Gesprächspartner zu erzeugen (denn Tätigkeiten und Aufgaben sind nicht verfänglich), zum anderen wird geprüft, ob nicht ein wichtiger Bereich bis jetzt übersehen wurde. Der Interviewer sollte danach die Zeit nutzen, bei dem vermuteten größten Leidensdruck in die Tiefe zu gehen. Da das zu vertiefende Thema mit größter Wahrscheinlichkeit in den ersten beiden Stufen genannt wurde, wird es herausgegriffen und hierzu die genauen Tätigkeiten und Aufgaben erfragt, anschließend die Probleme, die Erfolgsfaktoren und die Komplexität bei diesem Thema. Sollte es doch mal vorkommen, dass der Gesprächspartner das geplante Thema nicht nennt, so gibt es zwei Möglichkeiten: Entweder Sie vertiefen die vom Gesprächspartner genannten Themen leicht, um dann sanft auf das eigentliche Thema umzuschwenken. Oder Sie streichen das geplante Gesprächsthema und gehen bei dem vom Gesprächspartner genannten in die Tiefe. Eventuell ergeben sich hier Ansätze für eine weitere Produktidee.

Sie können die Gespräche auch nutzen, um die Anwendung Ihres Produkts oder das eines Mitbewerbers zu erfragen. Fangen Sie dann bei den Tätigkeiten an und fragen Sie: »Wie wenden Sie das Produkt an?«, »Bei welchen Gelegenheiten nutzen Sie das Produkt?«. Ebenso können Sie auch den Bereich Probleme erfragen: »Welche Hindernisse treten bei der Nutzung des Produkts auf?«, »Was hindert Sie daran, das Produkt öfter zu nutzen?«. Ihre Fragen zur Komplexität können lauten: »Wo holen Sie sich Unterstützung bei der Verwendung des Produkts?«, »In welchen Situationen benötigen Sie weitere Produkte?«.

Die vier Uhren des Kunden

Viele Tätigkeiten und Aufgaben der Kunden können zwar einen Großteil ihrer Zeit in Anspruch nehmen, sind jedoch nicht wichtig. Andererseits können wichtige Tätigkeiten auch solche sein, mit deren Ausführung der Kunde keine Probleme hat, die ihm leicht von der Hand gehen und bei denen er keine Unterstützung (gegebenenfalls durch Produkte) benötigt. Diese Tatsache bildet die Problemuhr ab: Gewichtet wird hier nicht nach der aufgewendeten Zeit, sondern nach der Größe der Probleme. Stellt die Lösung eines großen Problems auch noch einen Erfolgfaktor für ihn dar und muss er das Problem auf jeden Fall lösen, dann haben Sie einen guten Ansatz für ein erfolgreiches Produkt. Setzen Sie an der Problemuhr und Erfolgsfaktoruhr an. Der Kunde benötigt Lösungen für genau die Probleme, die hier eine große Bedeutung haben. Fassen Sie im Gespräch hier weiter nach.

Tabelle 11: Die vier Uhren des Kunden

Aufgaben-/ Tätigkeitsuhr (Terminkalender)	Wichtigkeitsuhr (Prioritätenliste)	Problemuhr (Problemkalender)	Erfolgsfaktoruhr (Gewichtung)
Was machen Ihre Kunden den ganzen Tag/die ganze Woche wie lange?	Was ist Ihren Kunden davon wie wichtig?	Die Durchführung welcher Aufgaben/ Tätigkeiten bereiten Ihren Kunden große Probleme?	Die Lösung welcher Probleme ist wie wichtig?

Nachfolgend ist an je einem Beispiel aus dem privaten und beruflichen Bereich die Aufgaben-/Tätigkeitsuhr der Problemuhr gegenübergestellt.

*Abbildung 4: Beispielhafte Gegenüberstellung von Aufgaben-/
Tätigkeitsuhr und Problemuhr im privaten Bereich*

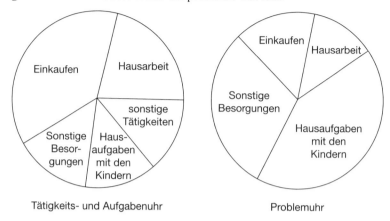

Tätigkeits- und Aufgabenuhr   Problemuhr

*Abbildung 5: Beispielhafte Gegenüberstellung von Aufgaben-/
Tätigkeitsuhr und Problemuhr im beruflichen Bereich*

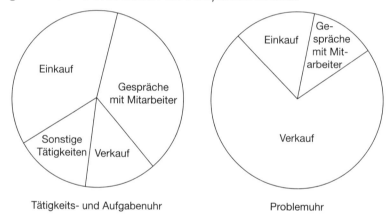

Tätigkeits- und Aufgabenuhr   Problemuhr

Gewichten

Da grundsätzlich die größten Bedürfnisse der Kunden befriedigt werden
sollen, ist dieses auch in den Gesprächen zu erfassen und zu dokumentieren. Fassen Sie also jeweils die Antworten der Gesprächspartner nach
den Tätigkeiten, Aufgaben, Problemen und Erfolgsfaktoren zusammen
und bitten Sie durch weitere Fragen um eine Gewichtung: Was steht an
Nummer eins, zwei und drei der zeitlich umfangreichsten Tätigkeiten/
Aufgaben, der größten Probleme/Herausforderungen, der größten Erfolgs-

faktoren und der größten Komplexität! Fragen Sie: »Vielen Dank für die Ausführung. Welche der von Ihnen genannten Herausforderungen stellt die größte dar, welches die zweitgrößte?« und so weiter. Nach der Durchführung der Gespräche erstellen Sie daraus ein abschließendes Ranking. Nun reicht es, die drei obersten Aussagen zu berücksichtigen; alles ab Position vier ist weniger von Bedeutung und kann vernachlässigt werden. Meist sind die vom Gesprächspartner zuerst genannten Probleme die wichtigsten.

Perspektiven

Nachdem die ersten Gespräche geführt und daraufhin der USP mit dem Nutzenversprechen entwickelt wurden, folgt der nächste Schritt. Es gilt, ein Produkt zu entwickeln, das in allen sechs Perspektiven das USP-Versprechen erfüllt.

Grundsätzlich ist ein strukturiertes Gespräch zu führen. Arbeiten Sie also nicht die sechs Felder durcheinander ab, sondern erfragen Sie erst ein Feld komplett, bevor Sie zum nächsten übergehen. So fühlen sich Ihre Gesprächspartner sicherer und die Antworten werden tief greifender.

Ergänzende Informationen

Sie benötigen neben den Informationen zur Lebenswelt, dem USP und den Perspektiven weitere für Ihre Produktentwicklung. Diese können Sie in allen Gesprächsabschnitten in Erfahrung bringen. Nachfolgend sind die wichtigsten zusammengefasst.

Die Vorstellungskraft des Kunden entscheidet alles

Das tollste Produkt, das wirklich hält, was es verspricht, bringt nichts, wenn die Kunden nicht an diese Lösung und das Funktionieren glauben. Dann haben Sie keine Chance, das Produkt an die Kunden zu verkaufen. Somit ist im Gespräch auch zu erfassen, an welche Lösungsvarianten der Kunde glaubt, wie Ihr Gesprächspartner zu diesen Glaubenssätzen und Vorstellungen gekommen ist und unter welchen Umständen er bereit ist, sich von diesen zu lösen. Denn Erfahrungen und Meinungen bestimmen weitgehend die Bereitschaft zur Akzeptanz anderer Lösungsmöglichkeiten. Sehr stark bestimmt werden diese auch vom sozialen Umfeld des Gesprächspartners. Wenn Sie die Glaubenssätze kennen, können Sie entsprechende Rückschlüsse auf die Produktentwicklung ziehen.

Nutzer, Zahler und Entscheider

Wer wird später damit arbeiten? Wer entscheidet über den Kauf? Wer zahlt? Lernen Sie in Gesprächen alle an der Kaufentscheidung beteiligten Personen kennen, da Sie später jeden begeistern müssen.

Frage nach weiteren möglichen Marktsegmenten

Häufig haben noch ganz andere Marktsegmente Probleme, die mit denen des Gesprächspartners vergleichbar sind. Das sind Gruppen, an die noch gar nicht gedacht wurde. Neben der eigenen Recherche kann Ihnen gegebenenfalls der Gesprächspartner diese Gruppen nennen. Bei Bedarf sind auch in diesen Gruppen Gespräche zu führen und gleiche oder angepasste Produkte anzubieten.

Die Feenfrage

Wie bereits erwähnt, können die Gesprächspartner meist keine Lösungen beschreiben und ihre Wünsche nur teilweise direkt formulieren. Trotzdem ist es sinnvoll, zum Ende des Gesprächs oder eines Gesprächsabschnitts die Wunschfrage beziehungsweise Feenfrage zu stellen (eine Spezialform der hypothetischen Frage). Dabei wird der Gesprächspartner gebeten, seine drei größten Wünsche zu nennen. Dieses kann je Gesprächsthema vom Interviewer auf bestimmte Bereiche eingeengt werden:

- »Ich stelle Ihnen jetzt eine auf den ersten Blick merkwürdige Frage: Stellen Sie sich bitte vor, eine gute Fee kommt vorbei und Sie hätten drei Wünsche frei. Welche wären das?«
- »Stellen Sie sich vor, morgen wäre hier alles optimal. Was wäre anders als heute?«
- »Stellen Sie sich vor, X wäre optimal. Wie wäre das?«

- »Sie legen sich schlafen, wachen morgens auf und ein Wunder ist geschehen. Alle Ihre Probleme wurden durch das Produkt X gelöst. X erfüllt alle Ihre Wünsche. Was wäre anders? Wie wäre X? Wie merken Sie, dass X alle Ihre Wünsche erfüllt? Wer außer Ihnen würde es noch bemerken?«
- »Stellen Sie sich vor, Sie sind Superman und können alle Probleme lösen. Welches würden Sie zuerst angehen?«
- Oder Sie lassen Ihren Gesprächspartner folgenden Satz vollenden: »Schön wäre, wenn ...«.

Lassen Sie Ihren Gesprächspartner beschreiben, wie die Welt für ihn morgen nach dem Aufwachen im Idealfall aussähe. Der Gesprächspartner nennt dabei keine Aufgaben oder Probleme, sondern echte Erfolgsfaktoren. Es ist jeweils zu betonen, dass der Gesprächspartner seine Wünsche frei äußern soll, unabhängig davon, wie unrealistisch sie aus seiner Sicht auch sein mögen. Für die Realisierung dieser Wünsche und Träume sind ja Sie mit Ihren Produkten zuständig. Nach der Nennung der Wünsche wird der Gesprächspartner gebeten, diese in die Reihenfolge der Bedeutung für ihn zu setzen.

Je nach Abstraktionsvermögen des Gesprächspartners fällt es ihm mehr oder weniger schwer, sich von der eigenen Realität zu lösen und wirklich zu träumen. Die oben genannten Fragen bringen die Gesprächspartner aus dem Problemzustand in den Lösungsraum.

Fragen zu bestehenden Produkten

Haben Sie oder Ihre Mitbewerber bereits Produkte auf dem Markt, so kann auch danach direkt gefragt werden:

- »Welche Eigenschaften sind bei anderen Produkten besser?«
- »Würden Sie sich wieder für das Produkt entscheiden? Aus welchen Gründen?«
- »Was vermissen Sie an dem Produkt?«

Leistungsfaktoren-Portfolio

Fragen zum Leistungsfaktoren-Portfolio sind bei bestehenden Produkten oder auch bei Eigenschaften von Produktideen sinnvoll. Erfragen Sie die Zufriedenheit mit den Produkteigenschaften und deren Wichtigkeit. Füllen

Abbildung 6: Leistungsfaktoren-Portfolio

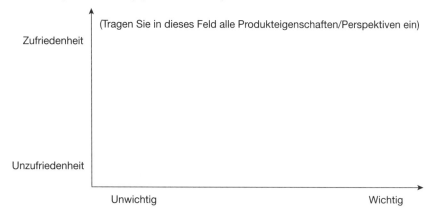

Sie Abbildung 6 aus und finden Sie so heraus, mit welcher Perspektive und Produkteigenschaft die Kunden zufrieden sind und welche am wichtigsten sind. Hier kann die größte Wirkung erzielt werden.

Kaufgewohnheiten und Bestellwege

In Ergänzung zu den Produktperspektiven sind auch die Beschaffungsgewohnheiten und die Beschaffungsvorlieben in Erfahrung zu bringen, um daraus die Vertriebswege und die Bezahlungsmodalitäten abzuleiten. Zu welchen Preisen hat der Gesprächspartner bereits Produkte erworben?

Auswertung während des Gesprächs

Das Gespräch startet mit der Auswertung. In jeder Phase reflektiert der Interviewer, was im Gespräch gerade passiert. Er wertet die Ausführungen des Gesprächspartners aus und reagiert über die flexible Wahl der nachfolgenden Fragen. Es ist laufend zu prüfen, was der Gesprächspartner mit seinen Aussagen gemeint haben könnte.

Neben den verbalen Ausführungen (was und wie etwas gesagt wird) hat der Interviewer auch auf die nonverbalen Signale des Gesprächspartners genau zu achten. Der Interviewer muss mehr »hören«, als der Gesprächspartner verbal äußert. Die Körpersprache ist das »Kleingedruckte«, und darauf kommt es häufig an. Hier werden Stimmungen und Empfindungen ausgedrückt. Dass ein häufiges Schauen auf die Uhr oder das nervöse Herumspielen mit dem Stift die Eile des Gesprächpartners zeigt, ist eindeutig. Jedoch auch Signale wie reduzierter Blickkontakt oder das Wegdrehen des Körpers nach hinten oder seitlich vom Interviewer, sollte berücksichtigt werden. Denn der Gesprächspartner ist gerade dabei, sich gedanklich aus dem Gespräch zu verabschieden. Nun gilt es, ihn wieder einzufangen oder das Gespräch zu beenden und an einem neuen Termin wieder anzuknüpfen. Insbesondere bei kritischen Themen ist auf Veränderungen der Mimik, der Betonung und der Sprechgeschwindigkeit, die Sitzhaltung und die Gestik des Gesprächspartners zu achten: Vermeidet er den Blickkontakt? Wendet er sich ab? Verschränkt er die Arme? Wie lange braucht er, um die Frage zu beantworten? Bei der Körpersprache geht es nur um Veränderungen. Ständig verschränkte Arme können nicht als Information verwertet werden.

Sofern der Gesprächspartner von den eigenen Erlebnissen berichtet, ist vom Interviewer zu beobachten, ob er wirklich in der damaligen Situation »drin« ist, oder ob er diese zwar erzählt, jedoch nicht emotional nachempfindet.

Hier wird noch einmal deutlich, dass der Interviewer aufgrund der großen Komplexität der Signale gar nicht alle auswerten kann und eine Gesprächsaufzeichnung unbedingt notwendig ist. Denn parallel zu der Gesprächsführung und Live-Auswertung sind schriftliche Aufzeichnungen praktisch unmöglich.

Neben der Auswertung der verbalen und nonverbalen Signale des Gesprächspartners muss der Interviewer auch das eigene Verhalten laufend selbst reflektieren und sich fragen: »Greife ich zu stark ein?«, »Gebe ich zu sehr die Richtung vor?«, »Mit welchen verbalen und nonverbalen Signalen ermuntere ich den Gesprächspartner zum Vertiefen seiner Äußerungen?«. Anschließend muss er entsprechend im laufenden Gespräch reagieren.

Kapitel 20

Das Ende eines persönlichen Marktgesprächs

Zum Gesprächsende hat sich der Interviewer so zu verabschieden, dass beide Seiten ein positives Gefühl haben. Auch der Gesprächspartner sollte als Gewinner aus dem Gespräch hervorgehen. Geben Sie ihm das Gefühl, etwas Gutes getan zu haben, indem er Ihnen geholfen hat.

Das Ziel ist es, mit einem positiven Gesprächsabschluss die Bereitschaft des Gesprächspartners zu erzeugen, für Nachfragen oder gar weitere Interviews zur Verfügung zu stehen. Aus Erstgesprächen kann sich auch eine weitere Zusammenarbeit ergeben (zum Beispiel Postkorbanalyse, Teilnahme an einer Gruppendiskussion). Somit ist das Ende des Gesprächs kein Abschluss, sondern vielleicht der Anfang einer langen Zusammenarbeit in der Produktentwicklung.

Geben Sie Ihrem Gesprächspartner zum Schluss noch die Möglichkeit zu Ergänzungen. Lassen Sie ihn das sagen, was er noch für wichtig hält: »Sie haben mir jetzt alle meine Fragen beantwortet. Haben sie noch Ergänzungen? Welche wichtigen Bereiche habe ich nicht angesprochen?«

Bei bestehenden Kunden

Grundsätzlich sind die Gespräche losgelöst von Ihren Produkten und Ihrem Unternehmen zu führen, um den Gedanken des Gesprächspartners freien Lauf zu lassen. Bei Ihren Kunden ist es teilweise sinnvoll, zum Ende noch Fragen zu stellen, die sich auf Ihr Angebot beziehen: »Was können wir für Sie in Zukunft noch besser machen?«, »Was hat Sie in der Vergangenheit an uns und unseren Produkten gestört?«, »Wie würden Sie einem Bekannten unsere Produkte beschreiben?«.

Nicht genannte Themen ansprechen

Nachdem Sie das Gespräch offen und zielgerichtet gestaltet haben, können Sie zum Ende jetzt auch konkrete Fragen stellen, zum Beispiel nach möglichen Problemen, die Ihr Gesprächspartner von sich aus nicht angesprochen hat. Würde diese Fragen schon zu Beginn gestellt, würde das den weiteren Verlauf und die Aussagen zu sehr steuern. Und das ist hinderlich, wenn Sie objektive Aussagen erhalten wollen.

Dank und Gesprächszusammenfassung

Bedanken Sie sich am Ende des Gesprächs beim Gesprächspartner. Erwähnen Sie hierbei so konkret wie möglich, welche neuen Erkenntnisse Sie in diesem Gespräch erlangt haben und wie dieses Ihnen geholfen hat. Die wichtigen Aussagen sind hier zu wiederholen. Diese Konkretisierung hat folgende Vorteile:

- Der Sinn des Gesprächs wird noch einmal deutlich. Der Gesprächspartner hat das gute Gefühl, dass er Ihnen geholfen hat;
- der Gesprächspartner merkt, dass Sie ihm interessiert zugehört haben. Dieses wertet ihn auf. »Vielen Dank. Unser Gespräch hat mir sehr geholfen. Jetzt habe ich verstanden, wie ...«. Das erzeugt einen besseren Eindruck als die oberflächliche Floskel: »Danke, Ihre Informationen haben uns viel gebracht«;
- Sie prüfen, ob Sie die Ausführungen richtig verstanden haben. Sofern Ihre Zusammenfassung nicht der Meinung des Gesprächspartners entspricht, wird dieser korrigieren;
- der Gesprächspartner wird veranlasst, noch die eine oder andere ergänzende Bemerkung zu liefern.

Zustimmung für ein späteres Telefonat einholen

Bei der Auswertung wird häufig festgestellt, dass einige Punkte offen geblieben sind. Es ist daher sinnvoll, die Zustimmung einzuholen, noch einmal nachfassen zu dürfen: »Eine Bitte habe ich noch: Darf ich Sie zu einem späteren Zeitpunkt noch einmal anrufen, falls ich noch Fragen habe?«. Diese Rückfragen sollten jedoch spätestens zwei Tage nach dem Gespräch erfolgen, damit der Gesprächspartner sich noch an die Gesprächsinhalte erinnert und Sie dort anknüpfen können.

Wenn das Gespräch sehr gut gelaufen ist, kann es sinnvoll sein, gleich einen weiteren Termin zu vereinbaren oder nach der Bereitschaft zur Teilnahme an einer Gruppendiskussion zu fragen.

Nach weiteren Gesprächspartnern fragen

Am Ende eines jeden Gesprächs ist zu fragen, welche (nicht ob!) weiteren Personen der Gesprächspartner für mögliche nachfolgende Gespräche nennen kann: »Welche weiteren Experten in Ihrem oder anderen Unternehmen können Sie mir nennen, die genau so hilfsbereit sind wie Sie und die ich nach einem Gespräch fragen kann?«, »Sie haben mehrfach auf das Thema X hingewiesen. Bitte nennen Sie mir weitere Personen innerhalb oder außerhalb Ihres Unternehmens, die mir helfen können«. Ihr Gesprächspartner kennt im privaten oder im beruflichen Umfeld meist viel mehr Personen als Sie, die mit ähnlichen Aufgaben und Herausforderungen zu tun haben und mit denen Sie Gespräche führen können. So kennt zum Beispiel eine Mutter mit Kleinkindern weitere Mütter mit Kleinkindern, ein Autoverkäufer kennt weitere Autoverkäufer. Durch diese Frage ist es meist möglich, mindestens fünf Kontakte zu erhalten. Die Frage nach weiteren kompetenten Gesprächspartnern wertet außerdem Ihren Gesprächspartner auf.

Versuchen Sie die Zustimmung Ihres Gesprächspartners zu erhalten, sich bei den nachfolgenden Terminvereinbarungen auf seine Empfehlung zu berufen. So könnte die nächste Terminvereinbarung starten mit: »Herr Meyer hat mir Ihre Telefonnummer gegeben. Ich soll Sie schön von ihm grüßen. Er sagte, Sie könnten mir helfen«. Sie haben so einen leichteren Einstieg bei der Terminvereinbarung, größere Chancen einen Termin zu erhalten und auch einen guten Einstieg für das spätere persönliche Gespräch. Optimal ist, wenn Ihr jetziger Gesprächspartner Ihren Anruf zur Terminabsprache bei diesen Personen vorab selbst ankündigt.

Heikle Themen nachfragen, da der Gesprächspartner jetzt entspannt ist

Da der Gesprächspartner am Ende ganz entspannt ist und sich sicher fühlt, weil er jetzt alles »überstanden« hat, können noch einmal heikle Themen angesprochen werden. Der von Vera F. Birkenbihl beschriebene Columbo-Effekt ist der Krimiserie entnommen. Beim Herausgehen dreht sich der Interviewer noch kurz um und stellt eine »beiläufige« Frage: »Eines habe ich noch vergessen ...«. Erfahrungsgemäß antwortet der Gesprächspartner offener als während des vorherigen Gesprächs und die Unterhaltung läuft noch häufig 15 Minuten weiter. Außerdem gehen Sie mit einer späten Ansprache heikler Themen der Gefahr aus dem Weg, das nachfolgende Gespräch dadurch negativ zu beeinflussen.

Nachbereitung

Es ist zu empfehlen, spätestens eine Woche nach dem Gespräch einen Dankesbrief an den Gesprächspartner zu senden. Das wertet diesen auf und stärkt die Bereitschaft zu weiteren Terminen. Gegebenenfalls kann dem Brief eine kleine Aufmerksamkeit beigefügt werden, insbesondere, wenn ein intensiver Kontakt aufgebaut werden soll. Denn jeder Mensch will sich für Gefälligkeiten revanchieren und so ist Ihr Gesprächspartner offener für Nachfragen, für weitere Termine, für die Nennung weiterer möglicher Gesprächspartner, für die Postkorbanalyse et cetera.

Kapitel 21

Die Gruppendiskussion

Grundsätzlich gilt bei den Gruppendiskussionen die gleiche Vorgehensweise wie bei den persönlichen Einzelgesprächen. Aus diesem Grunde werden nachfolgend nur die Besonderheiten beschrieben.

Moderator und Assistent

Wie auch bei den Einzelgesprächen sollte seitens des Veranstalters eine Gruppendiskussion zu zweit durchgeführt werden. Dieses ist hier noch wichtiger, da mit mehr Störungen zu rechnen und die Durchführung komplexer ist. Der Moderator sollte die gleichen Voraussetzungen haben wie der Interviewer bei einem Einzelgespräch. Hinzu kommen noch die methodischen Kenntnisse und Fähigkeiten zur Führung einer Gruppendiskussion. Der Assistent kann auch hier ein Mitarbeiter aus dem Produktentwicklungsteam sein, der den Moderator bei Bedarf fachlich unterstützt.

Aufgabe des Moderators

Der Moderator hat für eine gute Diskussion zum vorgesehenen Thema zu sorgen, damit die Ziele erreicht werden. Dieses gelingt, wenn die Teilnehmer sich in einer selbstlaufenden Unterhaltung zum Gesprächsthema austauschen. Es sollte möglichst zugehen wie bei einem privaten Gesprächsabend, denn auch dort gibt es keinen Moderator. Menschen haben in der Gruppe den Drang, von ihren Erlebnissen und Sorgen zu berichten. Genau diese Eigenschaft wird hier »ausgenutzt«.

Die Aufgaben des Moderators sind im Einzelnen:

- den zeitlichen Ablauf strukturieren;
- den Teilnehmern eine Orientierung geben (Regeln, Zeitrahmen, Sinn/Ziel der Gruppendiskussion sowie Prozess und Ablauf erläutern et cetera);
- den Teilnehmern das Gefühl der Vertrautheit geben, eventuell vorhandene Ängste beseitigen;
- dafür sorgen, dass die Teilnehmer nicht durcheinander reden, damit alle Teilnehmer sich wertgeschätzt fühlen und die nachträgliche Auswertung gelingt;
- das Thema und die grobe Gestalt der Diskussionsrunde vorgeben. Die Teilnehmer sollen jedoch das Gespräch so weit wie möglich selbst strukturieren und gestalten. Es ist die Mischung zwischen laufen lassen und lenken. Das Ziel ist es, dass die Teilnehmer selbstständig untereinander frei über das Thema diskutieren. Es sollte nicht der Dialog zwischen den Teilnehmern und dem Moderator angestrebt werden;
- die Teilnehmer veranlassen, bei dem Thema in die Tiefe zu gehen. Wie auch im Einzelgespräch gilt es hier, mit den Aussagen der Teilnehmer zu arbeiten und die genannten Punkte zu vertiefen. Nur kann bei verschiedenen Informationen nicht jedes genannte Thema vertieft werden. Hier ist die Erfahrung des Moderators gefragt, zu erkennen, welches Thema und welche Einzelpunkte bei der Mehrheit der Teilnehmer eine gravierende Rolle spielen;
- die geäußerten Informationen und den Diskussionsstand zwischendurch zusammenfassen (um Abschweifungen und zu große Detailtiefe zu vermeiden);
- die Gruppe bei Abschweifungen gegebenenfalls zum Thema zurück bringen;
- die Teilnehmer gegebenenfalls provozieren und mit Meinungen von außen konfrontieren;
- Themen einbringen, die behandelt werden sollen, auf die die Gruppe von sich aus nicht kommt;
- einen Themenwechsel initiieren, wenn sich die Ausführungen der Teilnehmer wiederholen;
- aus einer festgefahrenen Situation herausführen (zum Beispiel durch Pause, Übungen, Themenwechsel, neue Sitzordnung);
- das Klären von Fragen der Teilnehmer;
- Nachfragen bei Verallgemeinerungen und Unklarheiten. Der Moderator gibt sich auch hier als Laie aus. Auch wenn die Teilnehmer nach Meinung des Moderators Unsinn erzählen, muss er interessiert nachfragen. Ein Korrigieren ist auch hier tabu;

- dafür sorgen, dass alle Teilnehmer die Möglichkeit haben, sich mit ihren Erfahrungen und Ansichten gleichberechtigt einzubringen und dieses auch tun. Dafür sind alle Teilnehmer gleich zu behandeln und ihnen ist die gleiche Aufmerksamkeit zukommen zu lassen. Alle Aussagen der Teilnehmer sind gleich wichtig und gleich richtig. Jedoch muss sich nicht jeder Teilnehmer zu jedem Thema äußern;
- für Fairness der Teilnehmer untereinander sorgen. Die Teilnehmer vor verbalen Angriffen durch andere Teilnehmer schützen, Streite schlichten, die »Schwächeren« schützen;
- dafür sorgen, dass alle Teilnehmer ausreden können;
- die Vielredner und Meinungsbildner so »zurückdrängen«, dass sich alle Teilnehmer zu gleichen Anteilen (sowohl quantitativ als auch qualitativ) beteiligen und nicht ein oder wenige Teilnehmer die Diskussion prägen;
- alle Teilnehmer einbeziehen. Es gibt in jeder Gruppe immer einige Teilnehmer, die sich die Bälle zuschmeißen. Andere halten sich dann gern zurück oder fühlen sich nicht so qualifiziert. Diese Wenigredner sind zu Beiträgen zu ermutigen;
- die Stille aushalten, damit alle Teilnehmer die Möglichkeit zum Nachdenken haben;
- die Themenanregungen des Assistenten umsetzen;
- nach der Veranstaltung zusammen mit dem Assistenten eine erste Auswertung vornehmen.

Nicht zuständig und auch nicht verantwortlich ist der Moderator für die Gesprächsergebnisse. Er ist nur verantwortlich dafür, dass Ergebnisse möglich sind. Weil jede Gruppendiskussion anders verläuft, verschieben sich auch die Aufgaben des Moderators je nach Situation.

Aufgaben des Assistenten

Der Assistent hat folgende Aufgaben:

- zu spät eintreffende Teilnehmer kurz einweisen, damit der Diskussionsablauf nicht gestört wird;
- von den Teilnehmern beschriebene Karten an die Wand heften. Gegebenenfalls weitere Ergebnisse visualisieren. Der Moderator kann somit weiter moderieren. Es entsteht keine Pause;
- dem Moderator Stichworte auf Karten herüberschieben, die dieser in der Diskussion vertiefen soll. Diese Stichworte müssen auch nach 20 Minuten noch für den Moderator verständlich sein. Daher nicht

nur »Problem« notieren, sondern »Probleme mit den Lieferanten von Metallen«. Oder der Assistent greift einige Stichworte der Teilnehmer auf und heftet diese an die Pinnwand;

- bei Störungen von außen eingreifen (zum Beispiel Lärm im Nebenraum);
- allgemeine Assistenztätigkeiten (fehlende Utensilien beschaffen et cetera);
- sich auf die Ausführungen und nonverbalen Signale der Teilnehmer konzentrieren. Der Assistent kann anschließend viel mehr zur Auswertung beitragen, weil er sich während der Veranstaltung nicht auf den Ablauf und die gruppendynamischen Prozesse konzentrieren muss. Der Moderator nimmt während der Diskussionsrunde die Ausführungen der Teilnehmer nur selektiv wahr.

Das Ziel

Das Untersuchungsziel der Gruppendiskussion ist zu Beginn festzulegen, um dieses durch die entsprechende Vorbereitung, Durchführung und Auswertung auch zu erreichen.

Die Vorbereitung

Eine gute Organisation der Veranstaltung verbessert die Chance auf auswertbare Ergebnisse erheblich. Außerdem wird unnötiger Stress vermieden, weil immer noch genügend unvorhersehbare Dinge auftreten. Dann gibt die gute Vorbereitung den notwendigen Halt.

Marktsegmentierung

Die Homogenität der Teilnehmer hinsichtlich eines Bedürfnisses (Wunsch oder Problem) ist hier noch wichtiger als bei den nacheinander durchgeführten Einzelgesprächen. Bezüglich der Betroffenheit von dem Diskussionsthema muss eine Homogenität vorhanden sein, um über das Thema diskutieren zu können.

Eine einzige Gruppendiskussion reicht nicht

Bei den Einzelgesprächen reicht auch ein Termin nicht. Um die Ergebnisse von Gruppendiskussionen in die Produktentwicklung einfließen zu lassen, sind mindestens zwei Veranstaltungen zum gleichen Thema mit Teilnehmern aus dem gleichen Marktsegment durchzuführen. Wenn die Ergebnisse aus den Gruppen widersprüchlich sind, müssen weitere Veranstaltungen folgen. Sofern die Teilnehmer jedoch aus einem homogenen Marktsegment stammen, ist dieses nur sehr selten der Fall. Wird festgestellt, dass die Inhalte der zwei Diskussionen sich gleichen und auch nach einer eventuell dritten Veranstaltung keine neuen Inhalte mehr kommen, dann reicht dieses aus. Weitere Gruppendiskussionen sollten dann nur noch mit anderen Schwerpunkten durchgeführt werden (zum Beispiel die ersten drei Veranstaltungen zum USP, die nachfolgenden zu den Perspektiven).

Auswahl der Teilnehmer

Die Teilnehmer werden je nach der Zielsetzung ausgewählt. Es handelt sich meist um Personen aus dem ausgewählten Marktsegment. Um eine rege Interaktion und Gesprächstiefe zu gewährleisten, sollten die Teilnehmer bezüglich des Diskussionsthemas homogen sein. Es ist immer zu überlegen, welche Zusammensetzung das aktive Gespräch fördert und welche nicht. Welche Zusammensetzung kann sich sogar störend auswirken? Ist eine »scharfe« Diskussion erwünscht, so sollten bewusst konträre Personen in die Gruppe eingeladen werden. Diese Diskussionen bleiben jedoch eher an der Oberfläche.

Nicht alle gewünschten Homogenitätskriterien können vorab geprüft werden. So sind bei der Akquise der Teilnehmer Filterfragen zu stellen. Es bringt zum Beispiel wenig, zwischen fünf Teilnehmern aus Kleinunternehmen einen Teilnehmer aus einem Konzern zu haben, oder fünf Profis und einen Berufseinsteiger. Wenn der Angesprochene nicht dem Filter entspricht, jedoch generell zum Marktsegment gehört, dann sollte er gefragt werden, ob er für spätere Gruppendiskussionen zur Verfügung steht oder für ein Einzelgespräch noch einmal angerufen werden kann.

Optimal ist eine Gruppengröße von sechs Teilnehmern. Bei dieser Größe kann sich jeder Teilnehmer in die Gruppe einbringen und die Teilnehmer können sich gegenseitig mit ihren Redebeiträgen anregen. Unter vier Personen ist letztgenanntes nicht mehr möglich, zumal Sie immer damit rechnen müssen, dass Sie in der Gruppe einen Schweiger haben, der sich gar nicht oder nur sehr wenig einbringt. Auch fallen individuelle Meinungen in einer zu kleinen Gruppe zu sehr ins Gewicht. Bei über acht Teilnehmern kommen diese nicht mehr ausreichend zu Wort, eine Gesprächstiefe ist nicht mehr möglich, weil das Nachfragen entfällt und die Redezeit der einzelnen Teilnehmer zu gering wird. Der Moderator kann nicht mehr alle einbeziehen. Somit würden sich bei dieser Größe einige »ausklinken«, da sie nicht zu Wort kommen und nicht aktiv vom Moderator einbezogen werden, was das ganze Gefüge stören würde. Auch entstehen in einer zu großen Gruppe parallel laufende Teildiskussionen. Die Dauer der Runde kann bei höherer Teilnehmerzahl nicht entsprechend erhöht werden.

Es kann bei der Teilnehmerakquise vorkommen, dass Ihre gewünschte Person noch einen Kollegen aus dem Unternehmen mitnehmen will. Das ist meist ein Zeichen von Unsicherheit. Die Personen einer Gruppendiskussion sollten in keiner Beziehung zueinander stehen. Laden Sie also nicht zwei Personen aus ein und derselben Firma und auch keine anderen Teilnehmer aus deren prüfenden Berufsgenossenschaften und keine Teilnehmer aus unterschiedlichen Hierarchieebenen zur gleichen Gruppendiskussion ein. Sonst haben Sie ein so starkes Sozialgefüge, dass die Offenheit darunter leidet, weil jede Aussage auf die Kontrollinstanz oder den Vorgesetzten abgestimmt ist. Über berufliche Probleme wird ohne Anwesenheit des Vorgesetzten ganz anders gesprochen als unter Beobachtung. Bei zwei Teilnehmern aus einem Unternehmen traut sich jeweils nur der Ranghöhere zu Meinungsäußerungen. Versuchen Sie es bei der Akquise mit der Frage »Wir würden gern im kleinen Kreis über X sprechen. Wer von Ihnen hat die größte praktische Erfahrung?« herauszubekommen, wer der geeignete Teilnehmer wäre und laden Sie diesen gezielt ein. Wenn bei der Terminvereinbarung der Angesprochene nur kommt, wenn er einen Kollegen mitbringen darf, dann verzichten Sie lieber auf beide. Sofern zwei parallele Gruppen geplant sind, trennen Sie die beiden Teilnehmer in jeweils eine Gruppe. Die größte Offenheit erzielen Sie, wenn sich die Teilnehmer nicht kennen, denn bekannte Teilnehmer tauschen sich untereinander nicht mehr über grundlegende Themen aus, weil sie die Einstellungen untereinander bereits aus vorherigen Treffen gut kennen. Ein Vorteil einer Gruppendiskussion bei Teilnehmern, die sich nicht kennen ist, dass die Gruppe nach der Veranstaltung wieder auseinander geht, sodass nachfolgende Sanktionen aufgrund von Äußerungen ausgeschlossen sind.

Bezüglich der Zusammensetzung gibt es einige Variablen:

- regelmäßige Veranstaltungen mit verschiedenen Teilnehmern oder einem festen Panel. Letztgenanntes hat den Vorteil, dass die Phase der Fremdheit und Orientierung in der Veranstaltung weitaus kürzer ist und die nachfolgende Diskussion mehr in die Tiefe geht;
- regelmäßig die gleichen Gruppen zu unterschiedlichen Themen oder dem gleichen Thema einladen;
- Einmalaktionen für eine bestimmte Stufe in der Produktentwicklung oder regelmäßig, um auch Veränderungen innerhalb des Marktsegments abbilden zu können;
- Stand der Teilnehmer zum Unternehmen: Nichtkunden, Einmalkunden, Stammkunden, ehemalige Kunden, Kunden der Konkurrenz und so weiter. Diese verhalten sich in der Gruppe unterschiedlich. So fühlt sich ein Nichtkunde als Neuling, wenn die anderen Teilnehmer schon Stammkunden sind und zum Beispiel mehrfach an Gruppendiskussionen teilgenommen haben. Somit sollte auch hier eine Homogenität eingehalten werden. Stammkunden haben den Vorteil, dass die Wahrscheinlichkeit ihres Erscheinens weitaus höher ist, jedoch den Nachteil, dass sie gegebenenfalls schon in ihren Äußerungen zu vorgeformt sind.
- Es ist auch möglich, dass eine Person des Auftraggebers »verdeckt« als Teilnehmer bei der Veranstaltung mitdiskutiert. Die Aufgabe dieser Person ist es, die Diskussion seitens der Teilnehmer am Laufen zu halten und zum Beispiel bei zu großem Konsens in der Gruppe zu widersprechen.

Die Auswahl des Moderators

Auch hier sind die eigenen Mitarbeiter den Moderatoren einer Agentur vorzuziehen. Denn Fachkenntnis und das Reagieren auf die von den Teilnehmern genannten Informationen ist hier noch wichtiger als im Einzelgespräch. Der Moderator muss die Ausführungen der Teilnehmer inhaltlich verstehen, um entsprechend nachfragen zu können. Er sollte jedoch seine Sachkompetenz nicht nach außen tragen. Denn ein »unwissender« Moderator kann die Aussagen der Teilnehmer nicht sanktionieren und daher erzählen die Teilnehmer offener. Die Anforderungen an den Moderator sind aufgrund der zusätzlichen Gruppendynamik höher als beim Einzelgespräch.

Da das Verhalten und die Ausführungen des Moderators den Diskussionsverlauf und teilweise auch die Ergebnisse prägen, müssen hier die Kenntnisse und Fähigkeiten zur Führung dieser Veranstaltungen vorhanden sein. Er muss feststellen können, welche Prozesse in der Gruppe gerade ablaufen und abschätzen können, welche Entwicklung die Gruppe nimmt, um entsprechend agieren (nicht nur reagieren) zu können. Eine fachliche Neutralität gegenüber dem Ergebnis der Veranstaltung ist auch hier Voraussetzung für den Moderator.

Bezahlung der Teilnehmer

Je nach Teilnehmerkreis kann eine Bezahlung sinnvoll sein, zumal die Teilnehmer anreisen müssen. Als Faustregel gilt: 30 Euro für Veranstaltungen zu privaten Themen, 100 Euro für Facharbeiter und Angestellte und 150 bis 300 Euro für Spezialisten zu Business-Themen. Je nach Teilnehmerkreis ist auch ein Warengutschein oder ein Produktgeschenk interessant. Hier kann der Auftraggeber mehr spendieren, weil für ihn nur die Herstellungskosten anfallen.

Der Termin

Da die Teilnehmer eine Anfahrt haben, ist die Terminierung wichtiger als beim Einzelgespräch. Für Berufsgruppen sollten Zeiten direkt vor oder nach der Arbeitszeit oder am Wochenende gewählt werden. Gerade am Wochenende sind die Teilnehmer entspannter als nach einem langen Arbeitstag. Unter der Woche sind Dienstag, Mittwoch oder Donnerstag die empfohlenen Termine.

Die Dauer

Aufgrund der unten beschriebenen Phasen sollte die reine Diskussionsrunde mindestens 90 Minuten betragen, besser wären jedoch 150 Minuten. Zusätzlich ist eine Kennenlernphase vor dem Veranstaltungsraum einzuplanen.

Eine sehr angeregte Diskussion kann mitunter länger dauern. Aus Gründen der Höflichkeit sollte der Moderator in diesem Fall auf die verstrichene Zeit hinweisen und vorschlagen, noch etwas zu verlängern. Dieser Bitte wird meist sehr gern nachgekommen.

Der Veranstaltungsort

Auch wenn es günstig ist, so sollte eine Gruppendiskussion nicht in den unternehmenseigenen Räumen durchgeführt werden. Die von den Teilnehmern aufgenommenen Eindrücke würden die Runde beeinflussen. Besser sind neutrale Seminarräume in einem Hotel, denn die Teilnehmer sollen aus ihrem Umfeld berichten und nicht über den Veranstalter diskutierten. Ein Seminarraum im Hotel wertet die Veranstaltung außerdem auf. Die Räume im Hotel sind schriftlich zu buchen. Dabei ist die exakte Ausstattung des Raumes festzulegen, denn viele Seminarhotels bieten in ihren Räumen keine ausreichende Ausstattung an.

Den Ablauf vorbereiten und die Moderationskarten erstellen

Auch wenn sich die Diskussionsrunde wie ein Einzelgespräch so weit wie möglich an den Äußerungen der Teilnehmer orientieren soll, so hat die schriftlich auf Karten festgehaltene Grobstruktur für den Moderator mehrere Vorteile:

- Sie gibt dem Moderator Sicherheit;
- der Moderator kann sich besser auf die Antworten der Teilnehmer konzentrieren und damit »arbeiten«;
- der Moderator kann besser auf die gruppendynamischen Prozesse achten (zum Beispiel Streit unter den Teilnehmern) und kann den inhaltlichen roten Faden schnell wieder aufnehmen, wenn er es für richtig hält;
- wenn noch sehr wenige Informationen vorliegen, wird die Gruppendiskussion ganz offen gehalten. Liegen bereits Informationen vor, so werden nach einem offenen Einstieg doch schon festgelegte Themen angesprochen. Die anschließende Auswertung der Veranstaltungen untereinander ist umso einfacher, je »enger« die Struktur ist.

Je nach Verlauf der Diskussion ist es sinnvoll, mehr oder weniger vom geplanten Ablauf abzuweichen.

Die Teilnehmer einladen

Nach der Auswahl einer ausreichenden Menge an möglichen Teilnehmern sind diese circa vier Wochen vor der Veranstaltung einzuladen. Die

Einladung sollte möglichst telefonisch erfolgen, um gleich eine Zusage zu erhalten. Es sind auch hier die vom potenziellen Teilnehmer verbal oder innerlich gestellten Fragen zu beantworten (siehe Kapitel 16). Als zusätzlicher Anreiz im Vergleich zum Einzelgespräch ist die Möglichkeit zum Erfahrungsaustausch zwischen den Teilnehmern hervorzuheben, ebenso die Honorierung sowie ein nachfolgendes gemeinsames Essen. Das Thema ist maximal vage zu nennen, damit die Teilnehmer sich nicht auf die Gruppendiskussion vorbereiten und wirklich alle Teilnehmer auf dem gleichen Stand sind. Es ist vorab zu überlegen, ob den Teilnehmern das veranstaltende Unternehmen genannt wird oder nicht. Um die Verbindlichkeit zu erhöhen und die Bedeutung der Veranstaltung zu verdeutlichen, erhalten die zusagenden Personen eine schriftliche Teilnahmebestätigung mit der Angabe des Veranstaltungsorts und der Dauer. Ebenso wird in dem Brief der Nutzen für die Teilnehmer (Erfahrungsaustausch, da alle Teilnehmer aus dem Bereich X stammen) hervorgehoben sowie eventuelle Gratifikationen, das anschließende Essen, die Übernahme der Parkgebühr und so weiter. Diese Einladungsgespräche sollte der spätere Moderator oder Assistent führen, um mit dem Aufbau des Vertrauensverhältnisses zu beginnen.

Bereits bei der Akquise können Sie einschätzen, wie sich der Teilnehmer bei der Gruppendiskussion höchstwahrscheinlich verhalten wird. Stellen Sie ein bis zwei Fragen zu seinem beruflichen Umfeld und Sie erkennen, ob es sich gegebenenfalls um einen Schweiger oder Vielredner handelt. Sollte dieses Verhalten sehr ausgeprägt sein, so ist zu überlegen, ob diese jeweilige Person wirklich eingeladen wird.

Muster Teilnahmebestätigung

»Erfahrungsaustausch

Sehr geehrter Herr X,

vielen Dank für Ihr Interesse an unserem Erfahrungsaustausch zum Thema Y (maximal sehr vage beschreiben). Es werden zu dieser Gesprächsrunde noch weitere Teilnehmer (gemeinsamen Nenner der Teilnehmer erwähnen) anwesend sein. Somit haben Sie ausreichend Gelegenheit zu einem intensiven Erfahrungsaustausch. Außerdem würden wir in der Gesprächsrunde gern erfahren, welche Anforderungen zurzeit im Bereich Z auf Sie zukommen.
Daten zum Erfahrungsaustausch:

- Datum: (Wochentag, Tag/Monat/Jahr)
- Zeit: Anfangs- und Endzeit
- Ort: X. Eine Anfahrtsskizze haben wir diesem Schreiben für Sie beigefügt.

Für die Bewirtung sorgen wir, die Parkgebühren am Veranstaltungsort werden Ihnen selbstverständlich erstattet. Als kleines Dankeschön erhalten Sie (hier Beschreibung des Präsents einfügen). Direkt nach der Gesprächsrunde möchten wir Sie gern zum Essen einladen.
Für Fragen wenden Sie sich unter der Telefonnummer bitte direkt an mich.
Wir freuen uns, Sie am XX.XX.XXXX in XY zu begrüßen.

Mit freundlichen Grüßen
...«

Da im Gegensatz zum persönlichen Gespräch, bei dem der Interviewer zum Gesprächspartner fährt, hier der Teilnehmer aktiv sein muss, ist die Absagequote beziehungsweise das »unentschuldigte« Fehlen weitaus höher. Um diese Quote zu senken, sollte der Moderator die Teilnehmer noch einmal circa eine Woche vor dem Termin und erneut ein bis zwei Tage vorab an das Treffen erinnern. So ist eine Woche vorher eine schriftliche Erinnerung sinnvoll, zwei Tage vorher eine telefonische. Der Hinweis »Bitte unseren Termin nicht vergessen. Sie haben zugesagt« eignet sich nicht, weil so dem Teilnehmer unterstellt wird, dass er vergesslich sei. Stattdessen werden die Teilnehmer unter einem Vorwand kontaktiert, zum Beispiel, um ihm Hinweise zur Parkgarage oder der Raumnummer zukommen zu lassen. Im Brief könnte stehen: »Wie besprochen/vereinbart findet X am Y statt. Das ist für Sie interessant, weil viele Ihrer Kollegen anwesend sein und wir ... diskutieren werden.« Ein anschließend zugeschickter Parkschein kann die Wahrscheinlichkeit des Erscheinens erhöhen. Mit dem anschließenden Telefonat erfährt der Moderator, ob der eine oder andere Teilnehmer doch nicht erscheint.

Generell haben Sie eine weitaus höhere Zusagenquote, wenn die Teilnehmer ohnehin am Veranstaltungsort sind. Zum Beispiel wenn Sie die Gruppendiskussion am Rande einer Tagung mit einigen Teilnehmern durchführen. Wählen Sie grundsätzlich einen gut zu erreichenden Ort, um die Absagequote gering zu halten. Für Gruppendiskussionen mit Eltern könnte zum Beispiel eine Kinderbetreuung während der Veranstaltung hilfreich sein. Dann könnten sich die Teilnehmer ohne Zeitdruck voll auf Ihre Runde konzentrieren.

Kalkulieren Sie bei der Akquise bitte ein, mindestens doppelt so viele Zusagen einzuholen wie Sie tatsächlich Teilnehmer benötigen, weil man davon ausgehen kann, dass die Hälfte der Teilnehmer aus den unterschiedlichsten Gründen wieder abspringt. Es ist besser, zu viele Zusagen und einige Teilnehmer zu viel am Veranstaltungstag vor Ort zu haben, denn durch zu wenige Teilnehmer würde die Diskussion in der Gruppe gefährdet. Bei Panelmitgliedern oder Stammkunden ist die Ausfallquote deutlich geringer als bei Nichtkunden, die zu Ihnen und Ihrem Unternehmen noch keine Beziehung haben.

Wenn wider Erwarten zu viele Teilnehmer zur Gruppendiskussion erscheinen, sollte die Gruppe nach Möglichkeit geteilt und parallel eine zweite Diskussionsrunde durchgeführt werden. Für diesen Fall ist vorsorglich ein zweiter Raum vorzubereiten. Es wird dann so getan, als wenn ohnehin zwei Parallelveranstaltungen geplant waren. Ist dieses nicht möglich, so ist zu überlegen, vor Ort mit den »überschüssigen« Personen jeweils Einzelgespräche zu führen. Ist auch das nicht möglich, so erhalten diese Personen die Honorierung und können gehen. Bei den nicht erschienenen Personen ist nach der Veranstaltung telefonisch zu fragen, was zum Fernbleiben geführt hat. Diese Nachfrage kann dann der Einstieg für ein Einzelgespräch sein.

Die Aufzeichnungsart

Genauso wie Einzelgespräche sollten auch Gruppendiskussionen aufgezeichnet werden. Weil hier mehrere Personen reden, ist die Zuordnung schwieriger und die Aufnahme aller Teilnehmer mit einer Kamera noch wichtiger. Diese sollte möglichst einen Weitwinkel haben, damit alle Teilnehmer im Bild sind. Daneben sollte, für den Fall, dass die Kamera ausfällt, zusätzlich die Aufzeichnung mit Diktiergerät oder Ähnlichem erfolgen. Die Aufnahme muss den Teilnehmern spätestens zu Beginn der Diskussion angekündigt werden. Die Erwähnung der Aufzeichnung bei der Akquise kann die Bereitschaft zur Teilnahme senken und die Absagequote erhöhen.

Auf jeden Fall sind vor der Veranstaltung die Kamera und das Audiogerät intensiv zu testen (Strom, Lautstärke, Bild, Störgeräusche zum Beispiel durch die Klimaanlage, Verlängerungsschnur). Nichts ist ärgerlicher, als nach der Veranstaltung festzustellen, dass eines der Aufzeichnungsgeräte nicht funktioniert hat.

Diskussionsrunden in Marktforschungsinstituten werden häufig live durch Mitarbeiter des Auftraggebers im Nebenraum beobachtet. Die beiden Räume sind über eine Glasscheibe getrennt, die von der Teilnehmerseite ein Spiegel ist, vom Nebenraum aus eine durchsichtige Scheibe. Es ist schon mehrfach vorgekommen, dass bei dieser Konstellation der Moderator mehrfach in den Beobachtungsraum gewechselt ist, um nachzufragen, wo er vertiefen soll. Das verwirrt die Teilnehmer komplett, was zusätzlich gegen eine Durchführung bei einem Institut spricht.

Die Vorbereitung im Veranstaltungsraum

Planen Sie hierfür genügend Zeit ein (mindestens 1,5 Stunden). Es ist immer davon auszugehen, dass die Sitzordnung für die Veranstaltung zu ändern ist, nicht genügend Flipcharts vorhanden sind und der Moderatorenkoffer fast leer ist. Prüfen Sie insbesondere, ob genügend Karten, Nadeln, Klebepunkte, Scheren und so weiter vorhanden sind und ob die Stifte noch schreiben.

Namensschilder auf den Tischen vor den Teilnehmern ermöglichen, dass sich diese mit Namen ansprechen. Lassen Sie den Teilnehmern die freie Sitzplatzwahl. Feste Plätze erzeugen den Eindruck, als wenn alles strikt vorgegeben ist. Doch gerade das wollen Sie in der Diskussion nicht.

Die Sitzordnung ist so zu wählen, dass der Moderator alle Teilnehmer sehen kann und dass auch der Blickkontakt aller Teilnehmer untereinander möglich ist. Es bietet sich somit ein Oval oder Kreis an. So sind alle Teilnehmer gleichberechtigt. Wenn mit einer Tafel zum Anheften der Karten gearbeitet wird, ist die U-Form von Vorteil. Wichtig ist, dass der Moderator nicht am Kopfende sitzt, um nicht zu verdeutlichen, dass er die Leitung hat. Alle Personen (auch der Moderator und der Assistent) im Raum sollen von ihrer Sitzposition gleichberechtigt sein.

Weil vor der Gruppendiskussion noch nicht exakt bekannt ist, wie viele Teilnehmer wirklich erscheinen, sollte für weniger Personen eingedeckt werden als zugesagt haben. Nichts ist peinlicher, als eine Sitzordnung, bei der vorbereitete Plätze leer bleiben. Dann hätten die Teilnehmer gleich zu Beginn den Eindruck, dass die Organisation nicht gelungen ist. Sollten doch alle Teilnehmer erscheinen, können diese Plätze nachträglich schnell eingedeckt werden. Ist der Raum für die geplante Teilnehmerzahl zu groß, sollte ein Bereich mit Raumteilern abgetrennt werden.

Für Getränke und etwas zu Essen ist zu sorgen. Die Speisen sollten jedoch aus Keksen oder kleinen Happen bestehen, denn andernfalls sind die Teilnehmer mehr mit Brötchenhälften beschäftigt als mit der Diskussionsrunde. Wenn die Hände frei sind, wird auch bei schriftlichen Abschnitten viel mehr geschrieben.

Wenn für einzelne Diskussionsabschnitte bereits einiges auf dem Flipchart oder einer Pinnwand vorbereitet wurde, so sind diese zu Beginn umzudrehen, um die Teilnehmer nicht abzulenken.

Das Treffen vor dem Raum

Gerade wenn die Teilnehmer nicht schon wegen einer anderen Veranstaltung vor Ort sind, müssen Sie davon ausgehen, dass nicht alle pünktlich erscheinen. Um Störungen der später erscheinenden Personen zu reduzieren, sollten vor dem Raum auf Stehtischen Getränke und Kekse gestellt und so die ersten 15 Minuten überbrückt werden. Erst danach gehen alle Teilnehmer und der Moderator gemeinsam in den Raum. Ein weiterer Vorteil ist, dass sich die Teilnehmer untereinander schon zwanglos kennenlernen und so eine erste Vertrautheit entsteht. Auch kann der Moderator hier schon vermuten, welcher Teilnehmer wohl in der nachfolgenden Diskussion eher das »Alpha-Tier« ist und wer der Schweiger. Im b-to-b-Bereich können einschlägige Branchenzeitschriften auf den Stehtischen ausgelegt werden, um auf das Thema einzustimmen.

Auch wenn die Teilnehmer bereits den ganzen Tag wegen einer anderen Veranstaltung im Gebäude sind, sollten diese 15 Minuten zur Einstimmung stattfinden.

Checkliste 2: Vorbereitung Gruppendiskussion

Was?	Wer ist zuständig?	Bis wann zu erledigen?	Erledigt
Vorbereitung			
Marktsegment der Teilnehmer wählen			
Potenzielle Teilnehmer auflisten			
Moderator und Assistent bestimmen			
Termin festlegen			
Raum buchen			

Raumausstattung bestellen			
Themen und Ablauf festlegen			
Moderationskarten erstellen			
Teilnehmer einladen			
Bestätigungsbrief versenden			
Erinnerungsbrief versenden			
Erinnerungsanruf tätigen			
Aufgabenverteilung zwischen Moderator und Assistent festlegen			
Benötigte Utensilien zusammentragen			
Teilnehmerliste und Namensschilder erstellen			
Vorbereitung vor Ort			
Ausrüstung (Flipchart, Pinnwände, Inhalte des Moderatorenkoffers, Leinwand, Aufzeichnungsgeräte) testen			
Raum gestalten (Tische, Stühle, Hilfsmittel)			
Bandgerät und Kamera vorab testen und vor Eintreffen der ersten Teilnehmer einschalten			
Nach der Veranstaltung			
Kurzauswertung direkt nach der Gruppendiskussion			
Dankesbrief und Fragebogen an die Teilnehmer versenden			
Telefonisch bei Teilnehmern bezüglich des Fragebogens nachfragen			
Transkript erstellen lassen			
Auswertung des Transkripts und der Originalaufzeichnungen			

Der Ablauf

Wie der Moderator die Diskussion am Laufen hält und »steuert«

Wie beim Einzelgespräch gibt es auch hier verschiedene Techniken, um die Diskussion zwischen den Teilnehmern zu fördern. Maßnahmen des Moderators für die Gruppendiskussion sind unter anderem Folgende:

- Mit seinen Fragen das Gespräch und die Diskussion in Gang setzen;
- kurze Fragen ohne Erläuterung beziehungsweise Begründung einsetzen;
- Fragen immer an die gesamte Gruppe stellen, nicht an einzelne Teilnehmer. Sonst kommt es schnell zu einem Dialog zwischen einem Teilnehmer und dem Moderator, und die anderen Teilnehmer klinken sich aus;
- kritische Äußerungen neutralisieren: »Ich habe gehört, dass ...«, »In der Zeitung stand, dass ...«, »X hat behauptet, dass ...«;
- gegebenenfalls provozieren und ein Gegengewicht in die Gruppe bringen (zum Beispiel wenn er den Eindruck hat, dass nur noch sozial Erwünschtes gesagt wird) und so die Auseinandersetzung der Teilnehmer fördern;
- der Moderator stellt eine Frage und hat dabei seinen Körper nach vorn zur Gruppe gerichtet. Danach lehnt er sich leicht zurück, senkt leicht den Kopf und hält keinen Blickkontakt. Er nimmt sich so aus dem Kreis der Gruppe heraus und veranlasst die Teilnehmer, intensiver untereinander zu diskutieren. Dieses Herausnehmen ist so häufig wie möglich vorzunehmen, um die Diskussion zu fördern;
- durch Nachfragen ein Stocken der Diskussionsverlaufes aufheben;
- Pausen aushalten. Nicht zu früh nachfragen, sonst bekommt der Moderator die Rolle des Fragers. Andere Teilnehmer bitten, das Gesagte eines Teilnehmers zu kommentieren. Nicht zu schnell eine neue Frage stellen, sondern erst, wenn keiner mehr etwas sagt.

»Du« oder »Sie«?

Meist bleibt es in der Veranstaltung beim »Sie« zwischen den Teilnehmern. Wenn jedoch die Teilnehmer vereinzelt zum »du« übergehen, ist dieses offen anzusprechen und zu fragen, ob alle zum »du« wechseln möchten. Ist dieses der Fall, sollte auch der Moderator mitziehen, jedoch vorab erwähnen, dass er entsprechend wieder zum »Sie« wechselt, wenn ein Teilnehmer ihn mit »Sie« anspricht und somit signalisiert, dass er so angesprochen werden möchte.

Die vier Phasen der Gruppendiskussion

Jede neu zusammengesetzte Gruppe von Menschen durchläuft vier Phasen. Dieses Vier-Phasen-Modell nach Siegfried Lamnek wird im Folgenden beschrieben:

Phase 1: Fremdheit

- Die Fremdheit besteht gegenüber dem Moderator sowie bei den Teilnehmern untereinander. Auch die Veranstaltungsumgebung ist neu;
- die Teilnehmer beobachten die anderen (deren Verhalten, Aussagen et cetera) und äußern sich im Rahmen ihrer vermuteten sozialen Erwünschtheit;
- diese Phase ist auch zu beobachten, wenn sich die Teilnehmer zum Beispiel in einem Seminar bereits kennen, jedoch die Kleingruppe neu zusammengesetzt ist. Beginnen Sie daher immer mit einem Warm-up. Ein Nachteil des vorherigen Kennens ist, dass die Teilnehmer durch vorherige gemeinsame Erlebnisse und Gespräche bereits beeinflusst sind.

Phase 2: Orientierung

- Die Teilnehmer prüfen, welches Verhalten in der Gruppe akzeptiert wird. Zum Beispiel wird in der Vorstellungsrunde auf die Ausführungen der anderen Teilnehmer und die Reaktion des Moderators geachtet. Daraus wird abgeleitet, wie sie sich selber vorstellen;
- über die Vorstellung der Teilnehmer und die ersten offenen Fragen kann Sicherheit gegeben werden. So können die einzelnen Teilnehmer die anderen einschätzen um festzustellen, ob diese ihnen »gefährlich« werden können oder nicht. Werden hier zum Beispiel Hierarchieunterschiede unter den Teilnehmern deutlich, fallen die »Untergeordneten« wieder in die Stufe der Fremdheit zurück.

Phase 3: Vertrautheit

- Erst jetzt werden in der Geborgenheit der Gruppe Dinge genannt (kontroverse Diskussionen), die im Einzelgespräch nicht zur Sprache kämen. Ab dieser Phase ist die Gruppe »arbeitsfähig«;
- Durch das Vertrauen liegt Offenheit vor, was jedoch nicht gleichbedeutend mit Harmonie ist;
- frühestens in dieser Phase werden Geheimnisse verraten.

Phase 4: Konformität

- Diese Phase kann nach Phase 3 eintreten;
- die Teilnehmer verhalten sich so, dass sie die Harmonie nicht stören. Es kommt zu keinen neuen und kontroversen Aussagen mehr, sondern nur noch zu Wiederholungen und Bestätigungen. Die Teilnehmer versuchen, zu einer gemeinsamen Meinung zu gelangen. Diese Meinung ist nicht als Summe der Einzelmeinungen zu bewerten;
- Abstimmung in Gruppendiskussionen am Schluss führen daher meist zu einer einstimmigen Meinung. Um das zu vermeiden, sind diese Fragen eher kurz schriftlich von den Teilnehmern zu beantworten. Prüfen Sie bei der Auswertung, ob sich das Abstimmungsergebnis aus der gesamten Gruppendiskussion ergibt oder nur ein Ergebnis der Gruppendynamik ist;
- der Moderator sollte nicht versuchen, zum Ende alle Teilnehmer auf einen Nenner zu bringen. Es gilt stattdessen herauszufinden, aus welchen Gründen die unterschiedlichen Meinungen vorliegen. Es ist unwichtig, wie viele Teilnehmer welche Meinung haben;
- eine Gruppe mit älteren Teilnehmern sucht am Ende eher den Konsens als die Jüngeren. Männer haben häufig größeren Einfluss auf die abschließende Gruppenmeinung als Frauen.

Bei jedem Themenwechsel beginnt die Gruppe wieder mit Fremdheit und Orientierung, jedoch sind diese Phasen dann kürzer. Themenwechsel können auch gezielt eingesetzt werden, um die Konformität aufzubrechen.

Eine Gruppe benötigt zu Beginn circa 30 Minuten für die ersten beiden Phasen. Hier kann noch nicht von einer Gruppe, sondern nur von mehreren Einzelpersonen gesprochen werden. Der »richtige« Informationsaustausch findet noch nicht statt. Das Ziel für die Gruppendiskussion ist, die Phasen 1 und 2 so schnell wie möglich zu überwinden und die 3. Phase der Vertrautheit zu erreichen und so lange wie möglich zu halten. Folgende vertrauensbildende Maßnahmen dienen dazu, schnell die 3. Phase mit der gesprächsfördernden Atmosphäre zu erreichen:

- informelles Warm-up vor dem Seminarraum mit Getränken, Keksen, Zeitschriften. Verwickeln Sie die Teilnehmer in ein unverfängliches Gespräch. Der Moderator sollte bereits anwesend sein, um die Fremdheit ihm gegenüber abzubauen;
- Vorstellungsrunde für die Teilnehmer und den Moderator;
- Erläuterung des Moderators zum Verlauf und Sinn der Veranstaltung;
- Gemeinsamkeiten der Teilnehmer hervorheben: »Wir sind alle …«, »Wir haben alle …«, »Sie kommen alle aus …«;
- Rapport und Pacen vom Moderator bewusst einsetzen: Er sollte sich verbal und non-verbal den Teilnehmern anpassen;
- gegebenenfalls zusätzlich den Umgang miteinander regeln und damit die Orientierung für die Teilnehmer erleichtern. Zum Beispiel schreibt der Moderator die »Spielregeln« der Veranstaltung an ein Chart und erläutert diese. So fixiert er beispielsweise, dass unterschiedliche Meinungen akzeptiert werden und jede einzelne Meinung zählt. Mit Fragen wie: »Möchten Sie, dass in den nächsten zwei Stunden noch etwas geregelt wird?« oder »Sind Sie damit einverstanden?« werden aus den Teilnehmern, die vorher eher Betroffene waren, Beteiligte.

Hier wird auch deutlich, aus welchen Gründen die Gruppendiskussion mindestens zwei Stunden dauern sollte. Die ersten 30 Minuten können nicht zur Sammlung von Informationen genutzt werden.

Gruppenzusammensetzung nach R. Schindler

In jeder Gruppe bilden sich bestimmte Persönlichkeiten heraus, wobei die einzelnen Personen je nach Gruppenzusammensetzung unterschiedliche Charaktere einnehmen können. Auch können sich diese Rollen innerhalb einer Gruppendiskussion verschieben. Schon in der Warm-up-Phase vor dem Raum kann der Moderator erkennen, welcher der Teilnehmer zu welchem Typ tendiert. Diese Persönlichkeiten sind:

Alpha-Typ

- Er versucht alles, um der informelle Führer der Gruppe zu werden und während der gesamten Zeit zu bleiben;
- er fühlt sich verantwortlich für die Veranstaltung und für die Gruppe

und braucht eine Bühne zur Selbstdarstellung. Er möchte herausragen und über den Verlauf und die anderen Teilnehmer bestimmen. Er macht Äußerungen wie »Wir haben entschieden, dass …«;

- durch sein aktives Handeln (etwa Getränke verteilen) und viel lautes Reden versucht er, die Position zu erhalten und zu verteidigen.

Beta-Typ

- Er ist der Führer im Hintergrund und unterstützt den Alpha-Typ. Er bringt keine eigenen Ideen ein, hat kein Interesse »auf der Bühne zu stehen«. Dieser Typ ist meist der Fachmann.

Gamma-Typ

- Die anderen Gruppenteilnehmer, die meist den Alpha-Typ unterstützen.

Omega-Typ

- Der aus der Sicht der Gruppe schwächste Teilnehmer. Er ist der »Prügelknabe« der Gruppe;
- er ist häufig der Querschießer und Störer, verweigert die Übungen und redet zwischendurch.

Der Moderator sollte so auf die Gruppe einwirken, dass insbesondere der Alpha- und der Omega-Typ nicht zu sehr den Verlauf der Diskussion stören beziehungsweise prägen. Er kann etwa auf den Alpha-Typ reagieren, indem er ihn durch Pacing in seiner Alpha-Rolle würdigt: »Herr X, Sie haben die große Verantwortung« und ihn dann zum Beta-Typ machen, indem er ihm eine »belanglose« Verantwortung übergibt (beispielsweise Protokoll führen, auf die Zeit achten). So gibt der Moderator dem Alpha-Typen zwar eine Bühne, behält dabei aber die Führung des Alpha-Typen und der Gruppe in seiner eigenen Hand, da er die Bühne dem Alpha-Typen auch wieder entziehen kann. Der Moderator darf nie die Leitung der Veranstaltung aus den Händen geben. Andererseits soll der Moderator dem Alpha-Typ nicht zu deutlich zeigen, dass er selbst der alleinige Leiter der Gruppe ist, denn Druck erzeugt Gegendruck. Dann wird der Alpha- zum Omega-Typ.

Auf den Omega-Typ kann der Moderator reagieren, indem er dessen Anliegen wertschätzt.

Die Einführung

Die Einführung des Moderators, die kurz gehalten werden sollte, kann aus folgenden Abschnitten bestehen:

- Dank an die Teilnehmer für ihr Erscheinen. Bedeutung der Teilnehmer hervorheben;
- den Anlass und das Ziel der Veranstaltung erwähnen;
- den Nutzen des Erfahrungsaustauschs betonen. Um hier schon die Zugehörigkeit der einzelnen Teilnehmer zur Gruppe hervorzuheben, sind Gemeinsamkeiten der Teilnehmer zu nennen (zum Beispiel sind alle von einem bestimmten Thema betroffen);
- den Ablauf und die Form der Gruppendiskussion erläutern, ebenso die ungefähre Dauer sowie das anschließende gemeinsame Essen;
- Vorstellung des Moderators, des Assistenten und gegebenenfalls des Auftraggebers. Die eigene Vorstellung sollte ungefähr so lange dauern wie die der einzelnen Teilnehmer, denn der Moderator gilt als Vorbild;
- der Moderator stellt seine Rolle kurz vor (dass er nur Moderator ist und sich nicht an der Diskussion beteiligt), ebenso erläutert er die Aufgaben des Assistenten: »Damit alle Punkte behandelt werden, wird Herr X mir beizeiten Hinweise geben«. Es verunsichert die Teilnehmer, wenn der Assistent während der Gruppendiskussion dem Moderator beschriebene Karten zuschiebt und die Teilnehmer den Sinn nicht erkennen;
- Hinweise auf Audio- und Videoaufnahme. Wie auch beim Einzelgespräch sollte der Moderator dabei nicht um Erlaubnis fragen, weil das ein »nein« provoziert. Lediglich die Aufnahme für das eigene Training der Moderation erwähnen und gleich weiterreden, da die Aufnahme das Natürlichste der Welt ist. Eine Pause signalisiert auch hier Unsicherheit und würde die Teilnehmer zum Widerspruch auffordern. Sollte ein Teilnehmer partout etwas gegen die Aufnahme haben, wird er seine Meinung schon äußern;
- gegebenenfalls auf Beobachter im Nebenraum hinweisen;
- die Teilnehmer bitten, sich mit Getränken zu versorgen;
- die Regeln der Gruppendiskussion erläutern (nacheinander sprechen, Meinung anderer Teilnehmer akzeptieren, es gibt keine falschen Aussagen, sondern nur unterschiedliche Sichtweisen).

Die Vorstellung der Teilnehmer

Da die Teilnehmer sich untereinander nicht kennen und auch der Moderator nur wenige Informationen hat, sollte die Gruppendiskussion mit einer kurzen Vorstellungsrunde beginnen. Hierzu sind die Punkte vorab auf ein Flipchart zu schreiben, die in dieser Runde abzuhandeln sind. Meist sind dieses: Name, Unternehmen und Funktion (für Business), ein für die anschließende Diskussion wichtiges Kriterium sowie eine Einstiegsfrage (zum Beispiel nach den Haupttätigkeiten/Aufgaben). Dadurch, dass die Teilnehmer ihre Namen nennen, ist die nachfolgende Auswertung einfacher.

Bei der Vorstellungsrunde sollte der Moderator nicht in die Runde fragen, welcher Teilnehmer sich zuerst vorstellen möchte. Meist würden hierbei alle Teilnehmer mit der »Aktion Luftraumbeobachtung« reagieren und an die Decke schauen oder woanders hin, nur um aus dem Blickfeld des Moderators zu gelangen. Ebenso bewirkt die Frage an einen Teilnehmer »Wollen Sie beginnen?« teilweise ein »Nein«. Dann hat der Moderator Probleme. Besser ist es, einen Teilnehmer, der offen zu sein scheint, direkt anzusprechen und ihn um seine Vorstellung zu bitten.

Wie oben erwähnt, bestimmt die erste Vorstellung alle weiteren. Wenn der erste Teilnehmer sich nur kurz vorstellt und sich nicht zu allen auf dem Chart stehenden Bereichen äußert, passen sich alle nachfolgenden Teilnehmer dem an. Bei einer zu kurzen Vorstellung sollte daher der Moderator gleich beim ersten Teilnehmer nachfragen, damit dessen Vorstellung die gewünschte Ausführlichkeit hat.

Der Einstieg

Die Einstiegsfrage ist an alle Teilnehmer zu richten, sodass sich alle angesprochen fühlen, eine Antwort darauf zu geben. Es ist den Teilnehmern gleich zu zeigen, dass eine Gruppendiskussion kein Frage-Antwort-Spiel zwischen den einzelnen Teilnehmern und dem Moderator ist, sondern eine Diskussion der Teilnehmer untereinander.

Die Einstiegsfrage sollte auch leicht zu beantworten sein und zu längeren Ausführungen anregen. Das kann beispielsweise die Frage nach Tätigkeiten (dem Tagesablauf) oder den Aufgaben sein. Auch kann der Moderator ein aktuelles Zitat in den Raum stellen und um Meinungen dazu bitten. Spezielle Themen, zu denen der Moderator im Notfall sanft hinlenken darf, werden erst im Laufe der Gruppendiskussion angesprochen.

Wenn die Teilnehmer aktuell aufgrund von Gegebenheiten in der Branche frustriert sind, kann gefragt werden: »Welche Themen beschäftigen Sie?«. So kann zu Beginn erst einmal der Frust abgelassen werden, bevor mit der eigentlichen Gruppendiskussion begonnen wird. Denn erst nach dem Frustablassen sind die Teilnehmer offen für andere Themen. Bei einem »heißen« Thema kann die Diskussion mit einem Zitat in Gang gebracht werden.

Die Arbeitsphase

Nachfolgend werden mögliche Vorgehensweisen in der Arbeitsphase beschrieben, wie gezielt Informationen in der Gruppendiskussion zu erfahren sind. Bei allen Übungen und methodischen Varianten ist den Teilnehmern zu erläutern, aus welchen Gründen diese gemacht werden. Die Teilnehmer wollen Transparenz.

Da es sich um eine offene Gesprächsstruktur handelt, können in der Regel nur ein bis maximal drei Themen besprochen werden, sofern auch eine Gesprächstiefe zu erzielen ist.

Tätigkeiten, Aufgaben, Probleme und Leidensdruck

Hierfür ist insbesondere die offene Diskussion geeignet. Die eingesetzten Methoden entsprechen denen des Einzelgesprächs.

Meinungen testen

Hier sollten viele Meinungen aufeinanderprallen. Es eignen sich offene Fragen ohne Bewertung durch den Moderator. Der Moderator bringt dafür Zitate beziehungsweise Meinungen externer Personen in die Runde und versucht so zu polarisieren (»Manche sagen X. Was ist Ihre Erfahrung?«). Es kann auch ein kurzer Fragebogen eingesetzt werden, den die Teilnehmer ausfüllen. Anschließend ist über die Ergebnisse zu diskutieren. Entweder verbleiben die ausgefüllten Bögen zur Diskussion bei den Teilnehmern oder der Assistent wertet sie schnell aus, trägt die Ergebnisse zusammen und schreibt diese ohne Namenszuordnung auf das Flipchart. Eine Zuordnung, wer was ausgefüllt hat, sollte nicht mehr erkennbar sein, sondern nur die Gesamtmeinung der Gruppe.

Herausbildung von Schwerpunktthemen

Es soll Unwesentliches und Wesentliches herausgearbeitet und so die Relevanz eines Themas erkannt werden. Hierzu eignet sich die Metaplantechnik mit der Gewichtung der Stichworte auf Karten mit Klebepunkten.

Dabei werden die Teilnehmer gebeten, ihre Aufgaben in Einzelarbeit auf Karten zu schreiben (pro Karte eine Aufgabe). Diese Karten werden vom Assistenten für alle Teilnehmer sichtbar an die Pinnwand geheftet und dabei nach Themen sortiert. Auch doppelte Karten werden angeheftet, damit allen Teilnehmern die Wertschätzung ihrer Mitarbeit gezeigt wird. Bei zäh fließenden Diskussionen werden die Teilnehmer gebeten, die Karten selbst anzuheften, gegebenenfalls auch ihre eigenen Karten zu präsentieren, damit der Ablauf gelockert wird. Zu diesen Karten stellt der Moderator Verständnisfragen sowie Fragen zur Vertiefung des Themas (»Was heißt das für Sie?«, »Was bedeutet das?«, »Was ist genau darunter zu verstehen?«). Auf der Basis dieser Karten werden die Teilnehmer gebeten, noch einmal zu prüfen, welche weiteren Aufgaben sie haben, um auch diese auf Karten festzuhalten. So werden alle Teilnehmer mit einbezogen. Der Moderator sollte sich so schnell wie möglich wieder setzen, damit es wieder zu einer Diskussion zwischen den Teilnehmern kommt. Solange er steht, kommt es nur zu einem Frage-Antwort-Ablauf.

Anschließend erhalten die Teilnehmer Klebepunkte (circa halb so viele wie Themen mit den Karten gebildet wurden) und werden gebeten, diese bei den Themen anzuheften, bei denen im Alltag Hindernisse/Probleme auftreten. Die Bereiche mit den meisten Punkten werden in der Gruppe durch weitere Fragen des Moderators vertieft. Dabei werden die Teilnehmer gebeten, das Ergebnis zu interpretieren, noch fehlende Inhalte zu ergänzen und so weiter. Auch hier sollte der Moderator so wenig wie möglich Fragen stellen, sondern die Teilnehmer dazu führen, untereinander zu diskutieren. Erst wenn eine zu große Pause entsteht, gibt der Moderator den nächsten Anstoß. Die Methode der Metaplantechnik lockert auch die Diskussionsrunde auf.

Es ist auch möglich, dass der Assistent von den Teilnehmern genannte Stichworte auf Karten schreibt und diese für alle Teilnehmer sichtbar an die Pinnwand heftet. Die Karten werden chronologisch angeordnet oder nach Themen sortiert.

Abstimmungen sollten in der Gruppendiskussion nicht am Schluss erfolgen, da in dieser Phase die Konformität zu sehr ausgeprägt ist und unterschiedliche Meinungen nur noch sehr selten vorkommen. Auch tendieren die Teilnehmer insbesondere am Ende zu Antworten im Bereich der sozialen Erwünschtheit. Für Abstimmungen am Ende der Veranstaltung ist es vorteilhaft, wenn die Teilnehmer ihre Meinung zuerst schriftlich für sich festhalten und erst dann präsentieren.

Wünsche und Träume erfahren

Hierfür eignet sich unter anderem die Feenfrage: Die Teilnehmer sollen ihre Wünsche unabhängig von der möglichen Realisierung nennen. Auch sollten keine Produktideen genannt werden, sondern lediglich der Zielzustand.

Ein weiterer Zugang zu Wünschen sind Kreativübungen. Zum Beispiel werden die Teilnehmer in zwei Kleingruppen gebeten, aus einer Vielzahl von Gegenständen, Fotos und Zeitungsausschnitten Collagen zu erstellen, die ihren Gedanken, ihren Gefühlen, ihrem Wunschbild entsprechen, ihre Lebenswelt darstellen oder das Thema am besten beschreiben. Es können auch Tiere und Automarken zugeordnet werden, die einem Produkt am besten oder am wenigsten entsprechen (»Wäre das Produkt X ein Tier, welches wäre es?«). Was nicht an Materialien gefunden wird, ist per Handzeichnung zu ergänzen. Die Teilnehmer präsentieren ihre Collage in der Gruppe und erläutern, was sie mit ihr ausdrücken wollen. Auch können aus einer Vielzahl von Begriffen auf Karten neue Wortkombinationen erschaffen werden, die zu einem Thema beziehungsweise den Gefühlen der Teilnehmer passen. Damit die Teilnehmer ganz offen an diese Arbeit herangehen, ist diese zu Beginn der Phase der Vertrautheit zu setzen. Die Teilnehmer werden während der Erstellung von dem Moderator und dem Assistenten beobachtet: Wie gehen die Teilnehmer an das Thema heran? Wie wird über das Thema in der Gruppe gesprochen?

Herangehensweise der Teilnehmer an ein Problem beziehungsweise an die Lösung

Es ist im Gespräch zu erfahren, ob die Teilnehmer die analytische oder spontane Vorgehensweise bevorzugen. Daraus kann später die Struktur des Produkts abgeleitet werden. Hier gilt es, sich die einzelnen Schritte ausführlich beschreiben zu lassen, gegebenenfalls Lösungswege vorschlagen zu lassen und diese in der Gruppe zu diskutieren (»Was halten Sie davon?«).

Informationen für die Ansprache

Über die verwendeten Wörter, verwendeten Sätze sowie den Sprachstil der Teilnehmer können Hinweise für die Ansprache des Produkts gesammelt werden. Hier gilt es, den gesamten Diskussionsverlauf zu analysieren, insbesondere die Passagen, in denen die Teilnehmer untereinander diskutieren.

Stellen Sie hierzu den Teilnehmern unter anderem einen Prototypen vor und fragen Sie, was das Produkt ausstrahlt, wo es eingesetzt wird und so weiter. Ebenfalls können die Teilnehmer gebeten werden, einen Prospekt zu entwerfen.

Erwartungen an das Produkt

Es wird die Produktidee (nicht das Produkt) vorgestellt. Hierbei sollten den Teilnehmern nur der Produktname, der USP sowie gegebenenfalls zusätzlich einige Werbeargumente genannt werden. Sofern bereits erstellt, kann auch ein Prospekt des Produkts gezeigt werden. Die Teilnehmer diskutieren in der Runde, welche Erwartungen sie an das Produkt haben. Mögliche Fragen des Moderators in die Runde können, neben den weiteren Fragen zu den sechs Perspektiven, sein:

- »Was fällt Ihnen als erstes dazu ein?«
- »An was denken Sie bei X?«
- »Was erwarten Sie/erwarten Sie nicht bei X?«
- »Was muss so ein Produkt leisten/nicht leisten?«
- »Welche Funktionen muss das Produkt haben/nicht haben?«

Die Verpackung und das Beta-Produkt testen

Über Beobachtung und anschließender Diskussion ist zu erfahren, wie die Kunden an das Produkt herangehen. Dieser Schritt wird meist mit dem vorher erwähnten kombiniert. Nachdem die Erwartungen an ein Produkt genannt wurden, wird das Produkt jedem Teilnehmer zur Verfügung gestellt. Die Teilnehmer werden gebeten, das Produkt auszupacken und zu benutzen, um die Nutzungsfreundlichkeit des Produkts zu überprüfen. Es bringt nichts, das Produkt den Teilnehmern vorab zu senden, da diese Vorgehensweise nicht der Kundenrealität zur Bewertung eines Produkts entspricht. Es wäre so nicht greifbar, wie die Meinung des Teilnehmers entstanden ist. Denn der spätere Kunde entscheidet in der Realität auch schnell, ob er das Produkt behält oder nicht. Dieser spontane Eindruck ist in der Gruppendiskussion herauszufinden.

Nach der Nutzung in der Gruppendiskussion werden die Teilnehmer gebeten, einen Fragebogen auszufüllen. Nachfolgend finden Sie mögliche Fragen:

- »Was ist Ihr Gesamteindruck?«
- »Was strahlt das Produkt aus?«
- »Was haben Sie mit dem Produkt zuerst gemacht?«, »Wo haben Sie zuerst hingesehen?«
- »Was ist Ihnen als erstes aufgefallen?«
- »Wonach haben Sie gesucht?«
- »Welche Produkteigenschaften sind Ihnen besonders wichtig?«
- »In welchem Umfang wurden Ihre Erwartungen erfüllt?«
- »Welche Ihrer Erwartungen wurden nicht erfüllt?«
- »Inwieweit spricht Sie das Produkt an?«
- »Was gefällt Ihnen gut?«
- »Was gefällt Ihnen nicht?«
- »Welche Eigenschaften sind Ihnen aufgefallen?«
- »Welche Funktion haben Sie genutzt?«
- »Was fehlt Ihnen?«
- »Was hätten Sie sich gewünscht?«
- »Welche Funktionen sind zu viel?«
- »Was könnte dafür/dagegen sprechen, ein solches Produkt zu nutzen?«

Auch eine Skalenabfrage einzelner Produkteigenschaften von »sehr gut« bis »unbrauchbar« ist möglich. Diese Fragen können ebenfalls im Plenum gestellt und die Antworten auf dem Flipchart notiert werden. Moderator und Assistenz beobachten die Teilnehmer beim Auspacken und bei der Nutzung: Woran haben sich die Teilnehmer orientiert, wohin zuerst gesehen, wonach gesucht? Insbesondere ist zu beachten, wo Probleme auftreten und welche Funktionen eingesetzt werden.

Die Wirkung von Werbematerialien testen

Ob mit oder ohne Vorstellung der Prototypen können Werbematerialien (zum Beispiel Prospekte) in der Gruppe diskutiert werden, entweder in Einzelarbeit oder in der Gruppe. Zu besprechen sind unter anderem folgende Bestandteile:

- Allgemeiner Eindruck;
- Headline/Slogan;
- Name des Produkts;
- Beschreibung;
- Nutzenhervorhebung;
- Bestellmöglichkeit;
- Bewertung der einzelnen Bestandteile;

- Preis;
- »Was spricht an/nicht an?«;
- »Welche Änderungen sind notwendig, damit die Werbung mehr anspricht? Was würde mehr ansprechen?«.

Kurze Pause

Wenn die gesamte Diskussionsrunde länger dauert oder die Teilnehmer müde sind, ist eine kurze Pause sinnvoll. Vor der Pause fasst der Moderator die bis zu diesem Zeitpunkt erzielten Ergebnisse zusammen, damit den Teilnehmern verdeutlicht wird, was alles erreicht wurde und sie nach der Pause motiviert wieder einsteigen. Außerdem ist anzukündigen, welche Aspekte nach der Pause aufgenommen werden.

Das sollte der Moderator vermeiden

Wie im Einzelgespräch gibt es auch bei der Gruppendiskussion einige Dinge, die den Ablauf stören. So sollte der Moderator

- die Ausführungen der Teilnehmer nicht bewerten beziehungsweise hervorheben (weder positiv noch negativ). Bei negativen Bewertungen steigen sowohl der Teilnehmer aus, dessen Ausführungen kommentiert wurden, als auch die anderen Teilnehmer, da sie negative Bewertungen ihrer eigenen Ausführungen befürchten. Positive Bewertungen der Aussagen eines Teilnehmers stoßen bei den anderen negativ auf, wenn ihre Ausführungen nicht genauso positiv bewertet worden sind. Ebenfalls, wenn sie genau anderer Meinung sind. Ein Pauschallob an die ganze Gruppe ist jedoch möglich und auch sinnvoll;
- keine Ausführungen aus vorherigen Gruppendiskussionen wiedergeben. Dann werden Teilnehmer verschlossen, da sie befürchten, dass auch ihre Äußerungen in nachfolgenden Veranstaltungen diskutiert werden;
- die erhaltenen Informationen aus der einen Gruppendiskussion nicht in die nächste mitnehmen und als Meinung der nächsten Gruppe voraussetzen.

Was alles passieren kann

Heiße Diskussion

Eine kontroverse Diskussion, bei der auch die Teilnehmer bei ihrer Meinung bleiben, ist ausdrücklich gewünscht. Unterschiedliche Meinungen können zum Streit zwischen den Teilnehmern führen. Wenn zwei Teilnehmer sich streiten, sollte der Moderator die physische Kommunikationslinie der beiden brechen, indem er sich in die Sichtlinie der Kontrahenten stellt. Das ist bei einer U-förmigen Tischanordnung gut möglich, da in der Mitte eine Lücke ist. Der Moderator versucht außerdem durch seine stehende Position die Aufmerksamkeit auf sich zu lenken. Verbal kann er eingreifen mit: »Wenn ich Sie beide ganz kurz unterbrechen darf, … (die Meinungen der Kontrahenten mit eigenen Worten wiedergeben)«.

Der Moderator kann den Konflikt auch externalisieren und dieses Thema an ein Flipchart schreiben. Er sammelt dann die Pro- und Kontra-Argumente für beide Meinungen und schreibt diese auf. Dann sind das Thema und die Argumente weg von den Personen, sondern jetzt neutral am Flipchart und so der Konflikt aus der Gruppe raus. Wenn das alles nicht hilft, bleibt nur eine Pause und ein kurzes Einzelgespräch mit den jeweiligen Kontrahenten.

Der Schweiger

Es gibt viele Gründe, warum ein Teilnehmer sich komplett zurückhält. Diese sind unter anderem:

- Er hat Angst, sich mit seinen Äußerungen zu blamieren, da andere Teilnehmer vorbereitet sind und er sie so einschätzt, dass sie ein größeres Wissen haben;
- er identifiziert sich nicht mit der Gruppe und möchte mit den anderen Teilnehmern nichts zu tun haben;
- er ist unkonzentriert, hat andere Sorgen;
- er stimmt den Ausführungen der anderen Teilnehmer voll zu und hat nichts zu ergänzen;
- er hat den ganzen Tag gearbeitet, ist geschafft und müde oder krank;
- er kann inhaltlich nichts dazu sagen, da er zu geringe Kenntnisse zum Thema hat;
- das Thema ist ihm egal, er ist nicht betroffen;

- er ist nur wegen der Bezahlung beziehungsweise dem Sachgeschenk gekommen.

Der Moderator muss während der Diskussionsrunde herausfinden, was der Anlass für das Schweigen dieser Person ist und versuchen, dieses Verhalten »aufzubrechen«. So ist zuerst ein ausgeprägter Blickkontakt mit dem Schweiger zu halten und zu versuchen, ihn so zu seiner Meinungsäußerung zu bewegen. Wenn der Moderator den Schweiger nicht zu langen Ausführungen motivieren kann, sind geschlossene Fragen einzusetzen. Häufig kann das Eis so gebrochen und anschließend wieder auf offene Fragen umgestiegen werden. Auch die Aufteilung in Klein- oder gar Zweiergruppen kann den Schweiger zum Reden bringen, da er bei so wenigen Personen nicht untertauchen kann. Ebenfalls können alle Teilnehmer ausnahmsweise reihum um ihre Meinung zu einem Thema gefragt oder der Schweiger direkt mit Namen angesprochen werden: »Wie ist das speziell bei Ihnen?«, »Und wie ist es Ihnen, Herr X, gelungen, dieses Thema zu lösen?«. Letztgenanntes ist etwas riskant, wenn es sich nicht nur um einen Schweiger, sondern um einen Verweigerer handelt. Liegt der letztgenannte Typ vor, dann drängen Sie ihn als Moderator nicht zu Äußerungen sondern fragen, was die Voraussetzung sein müsste, damit er in die Gruppe einsteigt (offene Frage). Das heißt, der Moderator geht auf sein Problem ein. Dabei sind nicht »Warum«-Fragen zu stellen, weil dann der Verweigerer noch mehr zumacht. Oder es sind Karten schreiben zu lassen (somit immer einige Übungen als Interventionstechnik auf Lager haben) beziehungsweise ist eine Blitzlichtrunde durchzuführen. Dabei werden die Teilnehmer in der Reihenfolge ihrer Sitzposition gebeten, sich kurz zu einem Thema zu äußern.

Der Vielredner

Es gibt auch immer wieder den ein oder anderen Teilnehmer unter den Alpha-Typen, der ununterbrochen redet. Gründe hierfür können sein:

- Er ist unsicher und versucht dieses durch Vielreden zu vertuschen;
- er hält seine Meinung für die beste;
- er hält sich gegenüber den anderen Teilnehmern für überlegen;
- er will zeigen, dass er der Beste ist.

Die Redezeit ist ein Nullsummenspiel. Was der Vielredner gewinnt, verlieren die Schweiger und Sie als Veranstalter, da nur eine begrenzte Redezeit zur Verfügung steht. Außerdem schüchtern diese Vielredner meist die anderen Teilnehmer ein.

Ein Vielredner beansprucht übermäßig viel Redezeit für sich. Der Moderator kann darauf mit einem Rapportbruch als Intervention reagieren, zum Beispiel mit Abbruch des Blickkontakts. Oder der Moderator steht auf, lenkt die Aufmerksamkeit auf sich und verdeutlicht so, dass er jetzt »Chef im Ring« ist. Zusätzlich kann der Moderator aus der Blickrichtung des Vielredners gehen oder ihn unterbrechen. Die Unterbrechung kann auch so gestaltet werden, dass der Moderator die Aussage mit Blickkontakt zum nächsten Teilnehmer zusammenfasst und diesem dann eine direkte Frage stellt (»Das ist ein sehr interessanter Gedanke. Was meinen Sie dazu, Herr X?«). Er kann auch aktiv alle anderen Teilnehmer fragen, ob es darüber hinaus noch einen Punkt gibt, der zum Thema genannt werden könnte. Die oben beim Schweiger genannten Methoden der Kleingruppenarbeit sowie die Blitzlichtrunde eignen sich ebenfalls.

Es kommt auch vor, dass ein Vielredner die Gruppe mit extremen Behauptungen konfrontiert. Der Moderator kann darauf reagieren, indem er zusammenfasst, was gesagt wurde, und das Gesagte dabei abmildert oder neutralisiert. Anschließend werden direkt andere Teilnehmer zu ihrer Ansicht dazu gefragt. So werden »radikale« Meinungen abgefangen, um weitere Äußerungen zu bekommen: »Herr X hat uns darauf hingewiesen, dass man es so sehen kann. Da gibt es wahrscheinlich noch andere Sichtweisen. Wie sehen Sie das?«.

Wenn der Vielredner andere Teilnehmer laufend unterbricht oder die Moderation übernimmt, sollte der Moderator diplomatisch verdeutlichen, dass die anderen Teilnehmer ausreden dürfen.

Spricht der Vielredner über alles, nur nicht über das Thema der Gruppendiskussion, sollte der Moderator kurz auf das Thema eingehen und dann zu dem eigentlichen Thema zurückkehren.

Ein Teilnehmer will sich profilieren

Es kann auch vorkommen, dass ein Teilnehmer querschießt. Hier sollte der Moderator diese Person nicht ausschließen, sondern immer versuchen, sie zu integrieren. Wenn es zu einem Konflikt zwischen einem Teilnehmer und dem Moderator kommt, sind automatisch auch die anderen Teilnehmer mit einbezogen. Da kann es sehr schnell passieren, dass sich die Teilnehmer plötzlich mit dem Provokateur solidarisieren.

Die Gruppe weicht vom Thema ab

Der Moderator sollte wie im Einzelgespräch das neue Thema kurz »zulassen« und dann zum eigentlichen Thema zurückleiten. Sofern eine Überleitung nicht möglich ist, sind Ich-Botschaften einzusetzen, etwa: »Ich habe ein Zeitproblem«, anstatt »Bitte lassen Sie uns zum Thema zurückkommen«. Die letztgenannte Äußerung würde von den Teilnehmern als Kritik aufgenommen werden.

Zwei Teilnehmer unterhalten sich untereinander

Je nach Verlauf der Gruppendiskussion kann es vorkommen, dass zwei Teilnehmer sich aus der Gruppe »ausklinken« und Privatgespräche führen. Um dieses zu unterbinden, gibt es mehrere Möglichkeiten. So kann der Moderator beispielsweise aufstehen und somit die Aufmerksamkeit wieder auf sich lenken. Wenn das nicht wirkt, bewegt er sich in die Nähe oder hinter die sich unterhaltenden Teilnehmer. Der Moderator sollte die beiden Teilnehmer nicht mit dem Hinweis, dass sie die Gruppe stören, kritisieren, weil das wie eine Belehrung wirkt. Angebrachter sind auch hier Ich-Botschaften wie: »Habe ich etwas vergessen?«, »Habe ich etwas falsch ausgedrückt?« (was übrigens auch der Anlass für das Zweiergespräch sein kann) oder »Ich habe ein Konzentrationsproblem«. Häufig reagieren die zwei Teilnehmer mit: »Wir haben nur noch etwas besprochen«. Da wäre der Moderator ja nie drauf gekommen. Doch es ist etwas anderes, wenn die beiden Teilnehmer es von sich aus sagen, als wenn der Moderator sie maßregelt. Ich-Botschaften sind auch Kritik, aber freundlich verpackt. Nur wenn diese Form der Ich-Botschaften einmal nicht hilft, sollte der Moderator auf Sie-Botschaften umstellen. In über 90 Prozent der Fälle reichen die Ich-Botschaften aus.

Um die private Unterhaltung zu stoppen, kann der Moderator auch zu einem neuen Thema überleiten, eine Runde mit Moderationskarten einschieben oder die Teilnehmer kurz an das Flipchart bitten.

Die Diskussion ist festgefahren

Wenn der Moderator merkt, dass etwas in der Gruppe nicht klappt, sollte er wie im Einzelgespräch auf die Meta-Ebene wechseln und die Situation der Gruppe und des Moderators als Unbeteiligter »von außen« bewerten. Bei der Gruppendiskussion hat er den Vorteil, dass er sich wirklich kurz ausklinken kann, indem er die Teilnehmer zum Beispiel Karten oder einen

Fragebogen ausfüllen lässt. So kann der Moderator Zeit gewinnen. Zum Stressabbau eignet sich auch, kurz aufzustehen.

Frage nach Anregungen

Kurz vor dem Ende der Diskussionsrunde werden die Teilnehmer gebeten, frei Anregungen zu nennen, die sie für die Produkte oder das Unternehmen haben. So können noch unabhängig vom Thema der Veranstaltung Anregungen gesammelt werden. Der Moderator sollte sich nicht irritieren lassen, wenn die Teilnehmer äußern: »Die Produkte sind zu teuer«. Das ist eine häufige Äußerung, unabhängig von den Preisen.

Abschluss

Der letzte Punkt ist dann der Dank und Lob an die Teilnehmer, wobei die Ergebnisse kurz zusammengefasst werden und die Bedeutung der Informationen hervorgehoben wird. Die Präsente sind zu verteilen beziehungsweise das Honorar in einem Briefumschlag auszuhändigen.

Das gemeinsame Abendessen

Direkt nach der Veranstaltung bietet sich ein gemeinsames Abendessen auf Kosten des Veranstalters an. Zum einen ist es ein Zeichen der Anerkennung, zum anderen wird häufig weiter ungezwungen über das Thema der Veranstaltung geredet – oder über ganz andere Themen, die die Teilnehmer bedrücken. Das sind alles interessante Informationen für die Produktentwicklung.

Auswertung

Eine erste Auswertung erfolgt direkt nach der Veranstaltung zwischen Moderator, Assistent und gegebenenfalls mit den Personen, die die Diskussion hinter der verspiegelten Scheibe mitverfolgt haben. Auszuwerten sind die Bereiche Inhalt, Ablauf und Organisation. Nachfolgend sind die Karten, Punktwertungen und Flipchartinhalte zu erfassen und mittels der digitalen Aufzeichnungen ein Transkript zu erstellen.

Nachbereitung

Innerhalb einer Woche nach der Veranstaltung sollte ein schriftlicher Dankesbrief und ein Fragebogen an die Teilnehmer verschickt werden. Hier geht es weniger um inhaltliche Fragen, sondern mehr um ein Feedback zum Ablauf und zu dem Geschenk (sofern es sich um ein Produkt des eigenen Unternehmens handelt). Diese Befragung kann auch telefonisch erfolgen. Auf diesem Wege kann nachgefragt werden, zu welchen Gesprächsformen die Teilnehmer weiterhin zur Verfügung stehen. Bei aktiven Teilnehmern wird auch die Aufnahme in ein Panel oder der Einsatz zur Postkorbanalyse empfohlen. Ebenfalls anzufügen ist die Frage nach weiteren Personen aus dem Umfeld, die ebenfalls für Gruppendiskussionen angesprochen werden können.

Formblatt 16: Feedbackfragen

Frage 1: Wie war Ihr Eindruck von der Veranstaltung?

Frage 2: Was hat Ihnen gefallen?

Frage 3: Was hat Ihnen nicht gefallen?

Frage 4: Wie interessant war das Thema für Sie?

Frage 5: Wie empfanden Sie die Moderation?

Frage 6: Wie bewerten Sie die Organisation mit den Räumlichkeiten und der Bewirtung?

Frage 7: Was können wir in späteren Diskussionsrunden verbessern?

Frage 8: Hätten Sie Interesse, noch einmal an einer Gruppendiskussion teilzunehmen?

Stellen Sie anschließend einige Fragen zum Geschenk, sofern es ein Produkt aus dem eigenen Haus war.

Die zur Veranstaltung nicht erschienenen Personen sollten Sie anrufen. Zum einen ist nach dem Grund für das Fernbleiben zu fragen, zum anderen nach der Bereitschaft zu einem neuen Termin beziehungsweise einem persönlichen Gespräch.

Kapitel 22

Die Gesprächsauswertung

Genau so wichtig wie die Vorbereitung und die Durchführung ist die anschließende Auswertung der Gespräche. Gerade wenn vorher viel Energie und Zeit hineingesteckt wurde, ist in dieser Phase Professionalität geboten.

Die Auswertung direkt nach dem Gespräch

Die erste Auswertung des Gesprächs erfolgt in einem Kurzprotokoll direkt nach dem Gespräch, auch wenn eine digitale Aufzeichnung erfolgte. Der erste Eindruck ist meist auch in den Aufzeichnungen später nicht mehr nachvollziehbar und somit sofort festzuhalten. Folgende Ebenen werden ausgewertet:

- Inhaltlich
  - Was der Gesprächspartner gesagt hat und wie er es gesagt hat. Spontane Eindrücke/Assoziationen/Vermutungen direkt nach dem Gespräch ergänzen;
  - die während des Gesprächs gemachten Notizen ergänzen.
- Organisatorisch
  - Selbstkritisch hinterfragen, was geplant war, was gut lief und wie die Organisation hätte besser laufen können.
- Methodisch
  - Selbstkritisch hinterfragen, was geplant war, was gut lief und wie das Gespräch hätte besser laufen können. Auflisten, was bei den nächsten Gesprächen zu beachten ist (beispielsweise welche Fragen der Gesprächspartner nicht verstanden hat, wo der Interviewer zu stark in das Gespräch eingegriffen hat).

Formblatt 17: Kurzauswertung

- Inhalt kurz zusammengefasst

- Organisatorisch
  - Was lief gut?
  - Was ist beim nächsten Gespräch zu optimieren?

- Methodisch
  - Der Gesprächspartner war offen
  - Der Gesprächspartner hat die Fragen verstanden
  - Es mussten seitens des Interviewers nur wenige Fragen gestellt werden
  - Zu welchem Zeitpunkt war der Gesprächsfluss gut und wodurch wurde dieses gefördert?
  - Zu welchem Zeitpunkt stockte der Gesprächsfluss? Was hat dazu geführt?
  - Wo hat der Interviewer durch seine Äußerungen (verbal und nonverbal) zu sehr das Gespräch beeinflusst?

Erfassung der digitalen Aufzeichnungen

Zur Auswertung von Videobändern eignet sich am besten ein Transkript (vollständige Erfassung der Inhalte inklusiver nonverbaler Signale). So kann der Inhalt ungefiltert ausgewertet werden. Das enthebt jedoch nicht von der Notwendigkeit, sich das Band bezüglich Modulation et cetera anzuhören. Tipps für das Transkript:

- Aussagen und Laute in Gruppendiskussionen den anwesenden Personen zuordnen;
- bei nicht ganz genau zuzuordnenden oder nicht exakt verstandenen Aussagen die vermutete Zuordnung beziehungsweise Aussage als solche markieren und in Klammern setzen;
- Erfassung der Originalaussagen. Keine Anpassung an die geltende Grammatik oder Ähnliches;
- die Gesprächslautstärke sollte mithilfe von Symbolen im Transkript vermerkt werden;
- nicht nur was erzählt wird, sondern auch wie es erzählt wird, ist wichtig. Paralinguistische Elemente wie Räuspern, Stöhnen, Lachen, Husten und Zwischenlaute (zum Beispiel das berühmte »Ähm«) sind ebenfalls mit aufzunehmen, genauso wie Pausen während der Ausführungen des Gesprächspartners oder nach den vom Interviewer gestellten Fragen. Gleiches gilt für die Sprechgeschwindigkeit;

- nachträgliche Anmerkungen des Interviewers sind in eckige Klammern zu setzen;
- eine Zeilennummerierung anfügen, damit die spätere Interpretation erleichtert ist;
- deutlich betonte Aussagen fett markieren;
- nur maximal 2/3 der Satzspiegelbreite nutzen, zweizeiliger Abstand. So können später Bemerkungen eingetragen werden;
- auch Aussagen/Fragen des Interviewers mit aufzeichnen, um die Aussagen des Gesprächspartners besser deuten zu können;
- bei Videos ist zusätzlich noch die jeweilige Körpersprache im Transkript aufzunehmen.

Wer sollte auswerten?

Zuerst einmal sollten der Interviewer und der Assistent die Auswertung vornehmen, da sie bei dem Gespräch dabei waren und somit viel mehr Informationen aufgesogen haben als über die schriftliche und digitale Aufzeichnung dokumentiert werden kann.

Interpretation und Bewertungen sind subjektiv. Es ist von der auszuwertenden Person abhängig, welche Inhalte sie aus dem Transkript extrahiert. Es ist jedoch, genauso wie während der Gesprächsführung, bei der Auswertung ein Höchstmaß an Objektivität anzustreben. Um Objektivität zu gewährleisten, sollten mehrere Personen unabhängig voneinander die Gespräche (Originalaufzeichnungen und Transkripte) auswerten. Dieses sollten »neutrale« Personen sein, die kein Interesse an den Inhalten und den Auswertungsergebnissen haben. Der Interviewer steht nach den Gesprächen immer unter dem Druck, dass etwas »Brauchbares« heraus kommen muss, um den Aufwand zu rechtfertigen. Da wird schnell etwas als Ergebnis präsentiert, was in dieser Deutlichkeit gar nicht so vom Gesprächspartner gesagt wurde. Die auswertenden Personen sollten möglichst nicht zu einer homogenen Gruppe gehören, damit das gleiche Vorwissen die Interpretation nicht zu sehr beeinflusst. Ist die Auswertung durch mehrere Personen aus Kapazitätsgründen nicht möglich, sollte eine Person einen Teil der Gespräche auswerten, eine andere Person die anderen Gespräche.

Menschen können gleichzeitig nur circa sieben Informationen und Eindrücke gleichzeitig aufnehmen. Deshalb sollten Sie das Video von der Gruppendiskussion mehrfach ansehen und jedes Mal auf unterschiedliche Dinge achten (Inhalt, Art der Kommunikation et cetera).

Auszuwerten ist das Originalmaterial (Bandaufzeichnungen, Original-mitschriften). Nachdem jeder selbständig seine eigene Interpretation verfasst hat, sind diese in einer größeren Runde miteinander abzugleichen.

Die schriftliche lineare Aufzeichnung

Die Gesprächsinhalte sind in der Auswertung in eine feste Struktur zu bringen, um die Inhalte vergleichen zu können und abschließend eine Zusammenfassung mehrerer Gespräche zu erstellen. Die Inhalte sind zu strukturieren in:

- Lebenswelt;
- Treiber/Rahmenbedingungen;
- Tätigkeiten;
- Aufgaben;
- Probleme;
- Erfolgsfaktoren;
- Komplexität;
- Informationen, aus denen die Perspektiven abgeleitet werden
  - Funktion;
  - Struktur;
  - Ansprache;
  - Produktart;
  - Emotion;
  - Design.

Es ist zu vermerken, wenn Themenkomplexe vom Interviewer angesprochen werden und nicht vom Gesprächspartner. Zitate des Gesprächspartners sind in Anführungszeichen zu setzen.

Längs- und Querschnittanalyse

Zuerst erfolgt die Längsschnittanalyse, dann die Querschnittsanalyse.
Längsschnittanalyse (vertikale Analyse):

- Es wird ein Gespräch über alle Themen hinweg ausgewertet;
- der Verlauf des Gesprächs (Gesprächsprozess) wird hinterfragt;

- welche Aussage steht hinter dem Inhalt? Welche Aussage wurde in welcher Reihenfolge und in welchem Zusammenhang gemacht? Verbal identische Äußerungen können in unterschiedlichen Zusammenhängen eine differenzierende Bedeutung haben, daher muss nicht nur der Inhalt, sondern auch der Entstehungsprozess erklärt werden. Bei den Hauptaussagen sammeln Sie alle Interpretationen, die in der Situation möglich sind, auch wenn diese unwahrscheinlich sind. Diese Interpretationen vergleichen Sie dann mit dem Gesamtkontext des Gesprächs sowie den Ausführungen anderer Gespräche. Zum Beispiel können auch Äußerungen wie »witzig« unterschiedliche Bedeutungen haben (originell, lächerlich, ablehnend). Prüfen Sie alle Interpretationsmöglichkeiten;
- wie wurde über welche Inhalte gesprochen (Kommunikationsanalyse): emotional, sarkastisch, ironisch, in welcher Tonalität? Ein entscheidendes Kriterium, ob ein Thema wichtig ist, ist häufig nicht die Anzahl der Nennungen des Inhalts, sondern die Art, wie es genannt wurde. Auch ein Nichterwähnen bestimmter Inhalte kann eine Bedeutung haben (Tabu-Thema, es fehlte im Gespräch die Zeit, der Gesprächspartner meinte, das Thema wäre nicht wichtig);
- auch bei der Körpersprache gibt es verschiedene Lesarten und dieselben körpersprachlichen Signale können unterschiedliche Ursachen haben. Die Signale sind immer im Zusammenhang mit dem Gesprächsablauf und den verbalen Äußerungen zu bewerten;
- Auswertung der individuellen Aussagen
  - Inhalt, Tonalität, Emotionen:
    - Was wurde gesagt?;
    - Aussagen/Emotionen im Kontext prüfen;
    - Kernsätze (als Zitate) und Hauptinhalte herausschreiben. Widersprüche markieren;
    - Unwichtiges löschen, Mehrfachnennungen zusammenfassen;
    - Inhalte strukturieren (Grob- und Feingliederung);
    - Sinnzusammenhänge verdeutlichen (zum Beispiel über Landkarte, Notationstechnik);
    - Wertung: Was steckt hinter den Aussagen? Was war der Grund für diese Aussagen? Wo sind Widersprüche innerhalb des Gesprächs?;
    - nicht nur beschreiben, sondern Entstehungsprozesse erklären.
  - Nonverbale/paraverbale Signale des Gesprächspartners.

Querschnittanalyse (horizontale Analyse):

- Es werden einzelne Themen über alle Gesprächspartner hinweg ausgewertet;

- ähnliche Aussagen zu Themen werden gesammelt;
- welche Aussagen sind zu verallgemeinern, wo sind Unterschiede?;
- Kernsätze/Inhalte in Summe nach Themen auflisten und daneben in eine Tabelle eintragen, welcher Gesprächspartner sie genannt hat;
- prüfen, ob die Homogenität vorhanden war. Wenn nicht, mehrere Zusammenfassungen erstellen;
- wann die Inhalte in welchem Zusammenhang genannt wurden, wird hier vernachlässigt.

Bei unterschiedlichen Gewichtungen sollte nicht der Durchschnitt genommen werden. Wenn einige Gesprächspartner etwas sehr gut finden und andere sehr schlecht, kann nicht von einer durchschnittlichen Bedeutung ausgegangen werden.

Zwischenauswertung nach jeweils fünf Gesprächen zur Lebenswelt und zum USP

Jeweils nach circa fünf Gesprächen erfolgt mit Kollegen eine kurze Auswertung, um zu prüfen, ob der »Fragenkatalog« für die nachfolgenden Gespräche zu modifizieren ist, um weitere Informationen einzuholen. Nichts ist ärgerlicher, als nach 20 Gesprächen festzustellen, dass eine wichtige Information noch fehlt. Falls nach Abschluss der Gespräche doch noch eine Information fehlt, sollten sofort die Gesprächspartner aus den letzten Terminen angerufen werden. Diese Zwischenauswertung ist so oft vorzunehmen, bis bei weiteren Gesprächen keine neuen Erkenntnisse mehr eingeholt werden. Widersprüche sind herauszufiltern, um diese in nachfolgenden Gesprächen zu klären.

Ebenfalls ist zu prüfen, ob die Segmentierung nach Homogenität eines Bedürfnisses gegeben ist oder ob die Segmentierung zu modifizieren ist. Schnell wird in den ersten Gesprächen deutlich, ob die Gesprächspartner wirklich zu einer homogenen Gruppe gehören. Wenn Homogenität besteht, sind weitere Gespräche für die erste Stufe (Lebenswelt) zu vereinbaren. Sollte sich herausstellen, dass die Personen bezüglich Problemen und insbesondere Erfolgsfaktoren keine Gemeinsamkeiten haben, gibt es nur einen Weg, um mit dem Neuprodukt eine Punktlandung zu schaffen: die bestehende Kundengruppe in weitere homogene Teile zu segmentieren. Bei den bereits erfolgten Gesprächen sind nur die Inhalte je homogener Gruppe zusammenzufassen. Bei den einzelnen Bedürfnisgruppen ist zu prüfen, wo noch weitere Gespräche erfolgen sollen und bei welchem Bedürfnis vertiefte Gespräche anzuschließen sind. Wenn in der Auswertung festgestellt wird, dass nachfolgende Gespräche im homogenen Marktsegment keine neuen Erkenntnisse mehr bringen, ist diese Serie abzuschließen. Diese Zwischenauswertung sollte ebenfalls nach jeweils fünf Gesprächen zum USP sowie nach fünf Gesprächen zu den Perspektiven erfolgen.

Die Gespräche der ersten Stufe (Lebenswelt) werden so weit fortgesetzt, bis die Ergebnisse sich stabilisieren und weitere Gespräche keine neuen Erkenntnisse mehr bringen beziehungsweise der Aufwand weiterer Gespräche die daraus gewonnenen ergänzenden Erkenntnisse weit übersteigen würde. Erfahrungsgemäß reichen zehn Gespräche, um die Lebenswelt zu erfassen, sofern die Gesprächspartner aus einer homogenen Gruppe stammen. Es folgen dann die Gespräche zur zweiten Stufe (USP). Wenn auch die dort durchgeführten Gespräche keine weiteren Informationen mehr bringen, werden die Gespräche zur dritten Stufe (Perspektiven) geführt. Die Informationen der einzelnen Stufen bilden die Basis für die nachfolgenden Stufen und können somit nicht übersprungen werden. Somit sollte jede Stufe mit großer Sorgfalt abgeschlossen werden.

Nur die Gespräche je Stufe und je Interviewer zusammenfassen

Wichtig ist, dass zu Beginn der Auswertung immer nur Gespräche eines Interviewers zusammengefasst werden. Auch wenn die Interviewer sich noch so sehr um Neutralität bemühen, so haben sie mit ihrer verbalen und nonverbalen Kommunikation einen Einfluss auf die Antworten des Gesprächspartners im persönlichen Gespräch. Das kann nur bei standardisierten Fragebögen ausgeschaltet werden, die den Befragten per Post oder im Internet zugesandt werden. Bei allen Vorteilen, die das persönliche, offene, zielgerichtete Interview bietet, ist dieser Nachteil vorhanden und zu berücksichtigen.

Es ist interessant, die Zusammenfassungen der einzelnen Phasen der Interviewer zu vergleichen. Je besser die Interviewer geschult sind, desto mehr sollten diese Zusammenfassungen übereinstimmen. Fällt die Zusammenfassung eines Interviewers heraus, sind die Ursachen zu finden. Grund für dieses Herausfallen kann entweder ein großer Zufall sein, oder die Gesprächspartner waren nicht homogen zu den Gesprächspartnern der anderen Interviewer. Es ist auch möglich, dass dieser eine Interviewer mit einer vorgefassten Meinung in das Gespräch ging und seine Ansicht bestätigt haben wollte. Schon durch bloßes Zuhören ist jeder Interviewer am Gespräch beteiligt.

Die Verdichtung/Zusammenfassung mehrerer Gesprächsaufzeichnungen einer Serie und einer Stufe

Nachdem Längsschnitt- und Querschnittanalysen von mindestens zehn Gesprächen je Stufe gemacht wurden, folgt die Verdichtung jeder Stufe einer Serie zu einem Protokoll. Gespräche, bei denen sich herausstellt, dass der Gesprächspartner nicht zur homogenen Gruppe gehört, sind hier nicht einzubeziehen. Die Zusammenfassung erfolgt nur pro homogener Gruppe.

Sofern festgestellt wird, dass innerhalb einer Gruppendiskussion keine Homogenität bezüglich des Bedürfnisses vorhanden ist (zum Beispiel da ein Kriterium bei der Zusammensetzung nicht bedacht wurde), werden die Ergebnisse nicht als ein Ergebnis zusammengefasst, sondern jeweils die Aussagen der jeweils homogenen Teilnehmergruppen zu je einem Ergebnis. Es wird alles gestrichen, was für die jetzige Gesprächsserie unwichtig ist. Seltene Aussagen, die auch für die Gesprächspartner nicht von Bedeutung sind, werden vernachlässigt, die häufigen Aussagen nach Häufigkeit der Nennung und Bedeutung aus der Sicht der Gesprächspartner aufgelistet. Für die nachfolgende Umsetzung im Produkt ist von oben anzufangen und die jeweiligen drei wichtigsten Nennungen zu berücksichtigen. Die Einzelausführungen rutschen nach unten beziehungsweise fallen ganz weg.

Die Zitate und die Kernsätze der Gesprächspartner werden als solche gelistet und die wiederkehrenden Muster und die Zusammenhänge der Gesprächsinhalte aufgezeigt. Widersprüchliche Aussagen in einem Gespräch oder unter den Gesprächen sind hervorzuheben.

Um ein Maximum an Objektivität zu erreichen, sind folgende Auswertungsschritte zu trennen: Wahrnehmung, Interpretation, Bewertung (siehe dazu Kapitel 19).

Nach dem Verdichten der Stufen bleiben drei Landkarten beziehungsweise lineare Aufzeichnungen übrig. Jetzt werden die Kernaussagen jeweils den Töpfen zugeordnet. So entsteht aus den Informationen aller Gespräche je homogener Gruppe ein Mustergesprächspartner mit den für die Produktentwicklung wichtigen Parametern:

1. Karte
   - Lebenswelt

2. Karte
   - Treiber/Rahmenbedingungen;
   - Tätigkeiten;
   - Aufgabe;
   - Probleme;
   - Erfolgsfaktoren;
   - Komplexität.

3. Karte mit Informationen zu
   - Funktion;
   - Struktur;
   - Ansprache;
   - Produktart;
   - Emotion;
   - Design.

Als Anhang werden die Originalprotokolle angefügt.

Die Auswertung der zusätzlichen Informationen

Hierzu zählen die insbesondere in Gruppendiskussionen beschriebenen Karten durch die Teilnehmer, die ausgeteilten Fragebögen und Clusterungen sowie die Ergebnisse der Punktabfragen.

Die Archivierung der Mitschriften und Auswertungen

Kein Mitarbeiter darf die Kontrolle über die Kundeninformationen haben. Dieses Wissen ist Allgemeingut. Ermöglichen Sie allen Mitarbeitern in der Produktentwicklung, im Marketing, Vertrieb und Kundenservice den Zugang zu den Gesprächsaufzeichnungen, Protokollen und Ergebnissen. Was nur in den Köpfen der Interviewer ist, bringt wenig. Erst wenn die Informationen allen verständlich und zugänglich gemacht werden, sind sie wertvoll. Erstellen Sie mit diesen Aufzeichnungen eine Gesprächsdatenbank, in der Sie neben den Gesprächsaufzeichnungen auch die in der Gesprächsvorbereitung eingeholten Informationen archivieren.

Es sind neben den Informationen aus den Marktgesprächen im Unternehmen viel mehr Informationen über die Kunden vorhanden als angenommen. Aber diese sind weit verstreut:

- *Service-Mitarbeiter vor Ort:* Sie kennen die Ausstattung des Kunden, die genutzten Produkte der Konkurrenz et cetera;
- *Buchhaltung:* kennt das Zahlungsverhalten, Zahlungswege, Kaufhistorie;
- *Vertrieb:* kennt die Bedürfnisse, die Einstellung zum Preis, die Kenntnisse der Konkurrenzprodukte et cetera und hat Kenntnisse über Nutzer, Entscheider und Zahler;
- *Kundenservice:* kennt die Fragen und Probleme, die der Kunde hat. Auch hier sind alle Informationen allen Beteiligten zugänglich zu machen.

Alles ist schriftlich festzuhalten, damit bei einem Mitarbeiterwechsel wichtige Informationen erhalten bleiben.

Hier gilt: mehr ist mehr

Die Videos sollten mehrfach angesehen werden, wobei auf unterschiedliche Dinge zu achten ist. Es empfiehlt sich, regelmäßig auch alte Aufzeichnungen durchzusehen. Diese wurden zuerst unter einem anderen Fokus ausgewertet. Meist enthalten diese Aufzeichnungen auch wichtige Informationen für die aktuelle Studie.

Nachbereitung

Nach dem Gespräch ist vor dem Gespräch. Geben Sie dem Gespräch nachträglich eine besondere Bedeutung und ebnen Sie so den Weg für Nachfragen, weitere Empfehlungen sowie vertiefende Gespräche. Als Minimum schreiben Sie Ihrem Gesprächspartner einen Dankesbrief und fassen dort die von ihm genannten Erkenntnisse kurz zusammen (nur die Aussagen des Gesprächspartners, nicht Ihre Interpretation). So verdeutlichen Sie Ihrem Gesprächspartner, wie wichtig Ihnen das Gespräch war und dass Sie seine Ausführungen ernstgenommen haben. Sie erleichtern sich so die

Möglichkeit einer erneuten Kontaktaufnahme, zum Beispiel für einen vertiefenden Termin oder für Nachfragen zu Empfehlungen. Der Brief muss jedoch spätestens am Tag nach dem Gespräch zur Post. Das wertet weiter auf.

Bei der Gesprächsauswertung fallen immer noch Dinge an, die im Gespräch nicht abschließend geklärt wurden. Hier lohnt es sich, beim Gesprächspartner noch einmal nachzufragen. Sofern dieses innerhalb einer Woche nach dem Termin ist, kann Ihr Gesprächspartner sich auch noch an das Gespräch und die Inhalte erinnern und dort wieder anknüpfen. Wenn Sie zu Beginn des Gesprächs erwähnen, was Ihnen die Ausführungen gebracht haben, ist meist wieder eine schnelle Offenheit gegeben. Es macht auch bei einem weiteren Gespräch einen guten Eindruck, wenn Sie sich noch an einige Inhalte des letzten Gesprächs erinnern und diese in das zweite Gespräch einfließen lassen.

Die Besonderheiten bei Gruppendiskussionen

Eine Gruppendiskussion ist eine Einheit an sich und nicht die Summe der Einzelgespräche. Ein Konsens in der Gruppe ist nicht die Summe aller Einzelmeinungen. Zum Ende einer Gruppendiskussion passen sich die Meinungen der Teilnehmer an. Das heißt die Meinung der Gruppe kann nicht als Anzahl der Meinungen der Teilnehmer gewertet werden. Quantitative Aussagen innerhalb der Gruppe sind nicht möglich, da sich die Teilnehmer untereinander beeinflussen.

In einer Gruppendiskussion sind nicht nur die Inhalte auszuwerten, sondern auch, wie über die Inhalte gesprochen wurde und wie die anderen Teilnehmer auf die Aussage eines Einzelnen reagiert haben (verbal und nonverbal):

- Fallen Sie sich ins Wort? Wo entstehen Spannungen und Konflikte in der Gruppe?
- Wo reagieren die Teilnehmer gelangweilt?
- Wo wird heftig diskutiert?
- Wo bestätigen sich die Teilnehmer aktiv gegenseitig, wo reagieren sie neutral, wo erfolgt Widerspruch?
- Wo wird nur auf Fragen des Moderators geantwortet, wo entwickelt sich ein Gespräch zwischen den Teilnehmern, wo wird heftig diskutiert?

Der Übergang zum Produkt

Sind alle Gespräche abgeschlossen, so setzen Sie die Hauptaussagen (die jeweils drei häufigsten oder emotional intensivsten Nennungen aus den Gesprächen, um am größten Stellhebel anzusetzen) in Produktmerkmale um; angefangen von den Problemen und Erfolgsfaktoren, die mit dem Produkt gelöst werden sollen, bis hin zu den Anforderungen an die Perspektiven. Welche Funktionen, Struktur und so weiter hätte das Idealprodukt, ohne Rücksicht auf technische Möglichkeiten, eigene Kernkompetenzen und finanzielle Aspekte? Wichtig dabei sind ausschließlich die vom Kunden später bewusst und unbewusst wahrgenommenen und kaufentscheidenden Produkteigenschaften. Weitere »Spielereien« stören nur das Gesamtbild, auch wenn manch ein Produktentwickler sich gern mit einem Merkmal im Produkt verewigt haben möchte. Gehen Sie in diesem Stadium davon aus, dass alles möglich wäre. Erst wenn der Entwurf fertig ist, geht es an die Machbarkeit. Wenn Sie in Ihrem Unternehmen die Lösung nicht umsetzen können, dann prüfen Sie verschiedene Möglichkeiten der Kooperationen.

Formblatt 18: Auswertung Lebenswelt und Tätigkeiten bis Komplexität

	Aussagen Gesprächs- partner 1	Aussagen Gesprächs- partner 2	...	Zusammenfassung	USP- Ansatz
Lebenswelt					
Tätigkeiten					
Aufgaben					
Probleme					
Erfolgsfaktoren					
Komplexität					

Formblatt 19: Perspektiven

	Aussagen Gesprächs- partner 1	Aussagen Gesprächs- partner 2	...	Zusammenfassung	Produkt- ansätze
Funktion					
Struktur					
Ansprache					
Produktart					
Emotion					
Design					

Kreativität in der Auswertung

Nachfolgend sind einige Kreativitätstechniken kurz beschrieben. Diese dienen dazu, aus den Produktansätzen möglichst viele Ideen zu generieren, um dann – nach Möglichkeit wieder mit Gesprächspartnern in Einzelgesprächen und/oder in Gruppendiskussionen – die erfolgversprechenden auszuwählen.

Osborn-Methode (entwickelt von Alexander Osborn)

Mittels Fragen werden hier – wie beim Brainstorming – kritiklos so viele Antworten wie möglich gesammelt. Erst anschließend erfolgt die Bewertung. Basis sind hier die Aussagen der Gesprächspartner.

- *Frage 1* (»Verwendung«): Wofür kann das Produkt noch eingesetzt werden beziehungsweise was kann noch verwendet werden, um das gewünschte Ergebnis zu erzielen?
- *Frage 2* (»Kombinieren«): Womit kann das Produkt kombiniert werden? Hier wird gesammelt, welche Eigenschaften aus unterschiedlichen Produkten miteinander kombiniert werden können.
- *Frage 3* (»Anpassen«): Wie kann es angepasst werden?
- *Frage 4* (»Vergrößern beziehungsweise etwas ergänzen«): Was kann hinzugefügt werden?

- *Frage 5* (»Verändern«): Was kann verändert werden? Hier ist zu überlegen, welche Modifikationen den Nutzen weiter steigern.
- *Frage 6* (»Verkleinern beziehungsweise etwas weglassen«): Was kann reduziert oder eliminiert werden, um die Komplexität und die Produktionskosten zu verringern?
- *Frage 7* (»Umgruppieren oder neu anordnen/strukturieren«): Wie kann der Nutzungsablauf den Gewohnheiten der Kunden angepasst werden?
- *Frage 8* (»Umkehren«): Was kann genau in die entgegengesetzte Richtung verändert werden?
- *Frage 9* (»Ersetzen«): Welche Produkteigenschaft kann durch eine bessere Produkteigenschaft ersetzt werden?

Morphologischer Kasten (nach Fritz Zwicky)

Zu jedem Merkmal werden viele Lösungsvarianten, die den Kundenwünschen entsprechen, aufgelistet. An die Produktentwicklung angepasst, werden zu jeder Perspektive viele Varianten aufgelistet, die aus der Gesprächsauswertung den Kundenwünschen entsprechen. Anschließend werden diese voneinander weitgehend unabhängigen Varianten miteinander kombiniert. Hieraus entsteht eine Vielzahl von Alternativen – häufig auch solche, auf die man bei linearem Nachdenken nicht kommt. Diese können dann in anschließenden Gesprächen wieder bewertet werden. Eine weitere Variante ist, die Kombinationen per Zufall auszuwählen. Da alle Lösungsvarianten den Kundenwünschen entsprechen, entstehen so vielleicht Kombinationen, die den Kundennerv am besten treffen.

Tabelle 12: Morphologischer Kasten

Merkmal	Lösungsvarianten						
USP							
Funktion							
Struktur							
Ansprache							
Produktart							
Emotion							
Design							

Weitermachen oder abbrechen?

Bereits jetzt wird die Grundstruktur des optimalen Produkts sichtbar. Um gegebenenfalls unnötigen Aufwand zu vermeiden, ist zu prüfen, welche Lösungen bereits auf dem Markt existieren. Sind die Bedürfnisse bereits durch eigene Produkte oder die der Konkurrenz abgedeckt? Sofern Bedürfnisse durch eigene Produkte abgedeckt sind, sollten Sie sich fragen, was daran zu optimieren sein könnte. Sofern Bedürfnisse durch den Wettbewerb abgedeckt sind, fragen Sie sich: Gibt es die Möglichkeit, das Bedürfnis weitaus besser zu befriedigen? Erkennt der Kunde diese Optimierung? Wenn ja, dann lohnt sich die Weiterentwicklung. Sofern einige Bedürfnisse bereits optimal abgedeckt sind, prüfen Sie, ob die noch freien Bedürfnisse einen so großen Leidensdruck auslösen, dass die Kunden für die Lösung Geld ausgeben würden. Oder prüfen Sie, welche neuen Bedürfnisse vor und nach der Nutzung der bestehenden Produkte auftreten.

Kapitel 23

Die Patenschaften

Der Begriff »Konkurrenzbeobachtung« ist zu einseitig und zu schwach. Es geht hier nicht nur darum, sich zu informieren, sondern darum, den »Patenkindern« etwas Gutes zu tun, nämlich ihnen im Wettbewerb aus dem Wege zu gehen. Und zwar durch regelmäßige Fürsorge, indem Sie sich über sie informieren. Somit übernehmen Sie und Ihre Mitarbeiter Patenschaften. Durch Patenschaften erfahren Sie frühzeitig etwas über neue Produkte der Konkurrenz. So können Sie schnell reagieren beziehungsweise im frühen Stadium noch agieren.

Marktgespräche sind der wesentliche Teil erfolgreicher Produktentwicklung, aber sie sind nicht alles. Die kompletten Kenntnisse über Ihre heutigen Wettbewerber und auch der möglichen zukünftigen Wettbewerber sind notwendig. Die Konkurrenzbeobachtung ist Pflicht, ersetzt jedoch keine Marktgespräche.

»Wir sind besser als die Konkurrenz«, sagte der Mitarbeiter und der Kunde kaufte woanders. Konkurrenten sind auf dem Markt, weil sie den Kunden einen Nutzen bieten und ihre Produkte gekauft werden. Glauben Sie nie den Satz von Ihren Mitarbeitern, dass die Wettbewerber schlecht oder schlechter sind.

Die Grenzen von Benchmarking in der eigenen Branche

In der Schule wurden wir darauf trainiert, das zu verbessern, worin wir am schlechtesten waren. Das Ergebnis war, dass wir mit viel Anstrengung dort gerade mal bis zum Mittelmaß kamen. Größere Sprünge wären viel leichter zu erreichen, wenn sich der Schüler auf seine besten Fächer konzentriert. Konzentration auf die Schwächen wird im Unternehmen Benchmarking genannt.

Benchmarking hat das Ziel, in fünf Jahren so gut zu sein wie der Branchenbeste vor fünf Jahren bereits war. So läuft das Unternehmen weiter hinterher. Die eigenen Stärken werden dabei zwangsläufig vernachlässigt und nähern sich lediglich dem Mittelmaß. So kann nie eine Spitzenposition erreicht werden, weil der Blick auf etwas gerichtet ist, was schon existiert. Die Unternehmen entwickeln so die gleichen Produkte, nutzen die gleichen Werbeargumente und haben als Differenzierungsmerkmal nur noch den Preis. Wenn Sie nur den Nutzen bieten, den alle bieten, dann werden Sie auch nur das bekommen, was alle bekommen. Und das ist sehr wenig. Benchmarking in der eigenen Branche lohnt sich – wenn überhaupt –, wenn Sie an letzter Stelle sind und erst einmal aufholen müssen.

Der Marktführer behält meist seine Position so lange, bis ein Anbieter kommt, der die Regeln des Marktes neu schreibt. Die Nachahmer haben meist keine Chance. Eine neue Café-Kette nach dem Starbucks-Modell oder Fastfood wie McDonald's sind zum Scheitern verurteilt. Hier sind die Märkte zu. Diese Erfolgsfaktoren haben gestern zum Erfolg geführt, morgen nicht mehr.

Sollte Ihre Branche gerade in einer Krise stecken, bringt es Ihrem Unternehmen auch nichts, wenn Sie an den Branchenprimus heran kommen. So würden sie maximal das Mittelmaß erreichen.

Blicken Sie über den Tellerrand

Gehen Sie nicht dort hin, wo andere schon sind. Setzen Sie selbst die Maßstäbe, denen andere hinterher jagen. Wenn Sie immer nur in die Fußstapfen der anderen treten, können Sie nie überholen. Erfinden Sie Ihr Unternehmen und Ihre Produkte immer wieder neu. Alles, was ein Unternehmen nach vorn bringt, findet es außerhalb der eigenen Branche und natürlich bei den eigenen Kunden. Prozessmusterwechsel sind nicht mit Benchmarking in der eigenen Branche möglich. Marktführer wurden Marktführer, weil sie in der Vergangenheit den Kunden etwas Besonderes geliefert und die Marktregeln neu geschrieben haben.

Interessieren Sie sich dafür, wie die Dinge außerhalb Ihrer Branche funktionieren, insbesondere wie dort die Kundenbedürfnisse erfüllt werden. Wo treten mit Ihrer Branche vergleichbare Probleme bei den Kunden auf und wie wurden diese durch Produkte gelöst? Je weiter Sie sich von Ihrer Branche wegbewegen, desto besser ist es. Sie kommen so auf Ideen, an die Sie vorher nie gedacht haben. Messen Sie sich mit den Besten. Schauen Sie sich als Lieferant von Baustoffen vielleicht in der Modebranche um, als Luxusanbieter bei Aldi, als Kühlschrankhersteller in einer Kunstgalerie und so weiter. Lassen Sie sich durch die Spielregeln in anderen Branchen inspirieren.

Suchen Sie nach den kreativen Ideen und Erfolgsstrategien der Leader anderer Branchen. Was ist es, das diesen Unternehmen zu Spitzenpositionen verhilft? Insbesondere ganz andere Zweige geben meist die Ideen, die in Ihrer Branche neu sind und so – sofern dadurch der Nutzen für den Kunden erhöht wird – einen Wettbewerbsvorsprung bewirken. Die Ideen aus anderen Branchen zu übernehmen ist kein Kopieren, sondern kreatives Imitieren.

Auch zum Beispiel für das Beichtmobil wurde eine Idee aus einer anderen Branche übernommen: Kunden, die nicht zum Einkaufen in den Supermarkt können oder wollen, bestellen Essen auf Rädern beziehungsweise nutzen Marktwagen, die in die Straße kommen. Da immer weniger Menschen in die Kirche zur Beichte gehen, kommt das Beichtmobil zu ihnen (http://www.kirche-in-not.de/was-wir-tun/beichtmobil).

Die Vorgehensweise zur Patenschaft

Ziehen Sie die Schuhe des Kunden an, schlüpfen Sie in seine Rolle, kaufen und nutzen Sie die Produkte. Welche Wünsche werden von der Konkurrenz erfüllt und welche nicht? Nachfolgend sind die Schritte zur Patenschaft beschrieben.

1. Auswahl der »Patenkinder«

Wer sind Ihre Konkurrenten?

Als erstes gilt es herauszufinden, welche Anbieter Ihre Wettbewerber sind. Konkurrenz von Kinos sind nicht nur andere Kinos und Theater, sondern alle Formen der Freizeitbeschäftigung: Restaurantbesuche, Gesellschaftsspiele, Fernsehabende, Sportevents, Internetangebote und so weiter. Konkurrenz von Supermärkten sind nicht nur andere Supermärkte, sondern auch Restaurants oder Lieferservice. Seminare konkurrieren nicht nur mit anderen Seminaren, sondern auch mit Beratern, Softwarelösungen und Fachliteratur, um den Bedarf einer Unterstützung im Beruf zu befriedigen. Tanzschulen und Diskotheken konkurrieren bezüglich des Bedarfs an Kontakten und Kommunikation mit dem Internet. Viel Konkurrenz lauert also jenseits der Branche. Auch Ihre Produkte konkurrieren nicht nur mit den Produkten Ihrer Branche, sondern auch mit alternativen Produkten, die jedoch den gleichen Nutzen liefern und zur Befriedigung der gleichen Bedürfnisse eingesetzt werden. Sowohl in der Form, der Funktion und des Mediums können sich diese konkurrierenden Produkte komplett unterscheiden.

Segmentieren Sie Ihre Konkurrenz nicht nach der verwendeten Technologie beziehungsweise nach dem Produkt, sondern suchen Sie immer nach Anbietern, die Ihren Kunden den gleichen Nutzen bieten. Die Alternativkonkurrenz sollten Sie kennen, denn Sie können durch diese überrollt werden. Gerade wenn diese Alternativen genau die Erfolgsfaktoren Ihrer Kunden treffen, sind diese für Sie äußerst gefährlich.

Konkurrenzbranchen zu beobachten ist schwieriger, als nur den Blick in die eigene Branche zu werfen, denn letztgenannte sind bekannt. Die Konkurrenten aus anderen Branchen setzen andere Technologien ein, lösen das Problem auf eine ganz andere Art und Weise und sind somit schwerer zu erkennen.

Wählen Sie Ihre »Patenkinder« aus vier Gruppen

- Unternehmen der eigenen Branche (ähnliche Produktmerkmale, Funktionen);
- Unternehmen aus anderen Branchen, deren Produkte das gleiche Bedürfnis Ihrer Kunden befriedigen wie Ihre Produkte;
- Unternehmen aus ganz anderen Branchen, die nicht zu Ihren Konkurrenten zählen, jedoch in ihrer Innovationskraft seit Jahren Marktführer sind. Vergleichen Sie Ihren Versand mit FedEx, den Einkauf mit Wal-Mart, die Lagerhaltung mit Dell, Ihr Innovationspotenzial mit dem von 3M, Ihr Design mit Apple, Ihren Kundenservice mit Landsend/Nordstrom und so weiter. Bestellen Sie Kleidung bei Nordstrom und reklamieren Sie. Wenn Sie die Reklamationsbereitschaft begeistert, dann prüfen Sie, wie Sie diese Vorgehensweise auf Ihr Unternehmen übertragen können – egal, ob Sie in der Bekleidungsbranche tätig sind oder nicht;
- Unternehmen, bei denen Sie die Gefahr sehen, dass diese als Quereinsteiger in der Zukunft Ihren Markt angreifen. Diese werden häufig übersehen – bis es zu spät ist.

Auch hier gilt: Weniger ist mehr! Konzentrieren Sie Ihre Patenschaft auf einige wenige Unternehmen. Durchleuchten Sie diese jedoch komplett.

2. Vergeben Sie Patenschaften

Jeder Mitarbeiter wird Pate: Jeder Mitarbeiter in der Produktentwicklung, die Führungskräfte und auch der Chef. Sam Walton kroch damals selbst in die Regale und Schubladen der Konkurrenz, um zu sehen, wie groß deren Lagerbestände waren. Auch das eigene Topmanagement übernimmt eine Patenschaft, um den Bezug zur Basis zu bekommen beziehungsweise zu halten.

3. Holen Sie vorab so viele Informationen wie möglich ein

Mögliche Quellen hierfür sind:

- Google;
- Google alerts;
- Homepages der Unternehmen;
- Foren/Blogs (des Wettbewerbers und neutrale Foren);
- Besuche bei dem Mitbewerber;
- Lieferanten Ihrer Mitbewerber;
- Informationsmaterial/Werbung (Katalog, Preisliste, Muster). Lassen Sie sich in den Werbeverteiler aufnehmen;
- Verbände;
- Kreditreform/Schimmelpfennig: um einschätzen zu können, wozu die Mitbewerber zu investieren in der Lage wären, wo ein möglicher Verkauf vorbereitet wird et cetera. So sind beobachtete Aktionen besser zu verstehen;
- Handelsregister;
- Bundesanzeigerverlag;
- Pressekonferenzen;
- Tag der offenen Tür;
- Messestände Ihrer Konkurrenz;
- fragen Sie ehemalige Mitarbeiter Ihrer Konkurrenz;
- fragen Sie Ihre neuen Mitarbeiter, die bis gestern noch Einblick in andere Unternehmen hatten;
- fragen Sie die Kunden der Konkurrenz;
- kaufen Sie Aktien Ihrer Konkurrenz. Als Aktionär erhalten Sie weitere Informationen
- Openpr (www.openpr.de);
- Presseberichte in Zeitungen, Zeitschriften;

- Kongresse der Konkurrenz;
- Unternehmensberichte;
- Patente;
- eigene Kunden (die auch die Produkte des Wettbewerbers nutzen).

Achtung: Bei Befragungen von Lieferanten, ehemaligen Mitarbeitern und Kunden sollten Sie diese nicht zu Informationen drängen und rechtliche sowie moralische Grenzen beachten. Wenn Ihnen jedoch die Lieferanten freimütig Detailinformationen liefern, dann wissen Sie auch gleich, wie »dicht« Ihre Lieferanten mit Informationen zu Ihrem Unternehmen sind. Sie sollten sich die Verschwiegenheit über AGBs und Verträge sichern.

4. Werden Sie Kunde Ihrer Konkurrenz

Bestellen Sie Produkte, besuchen Sie Veranstaltungen, reklamieren Sie, zahlen Sie später – tun Sie alles, was ein Kunde üblicherweise tun könnte. Um wirklich als Kunde behandelt zu werden, sollten Sie diese Dinge über Ihre Privatanschrift laufen lassen oder einen Bekannten bitten, den Kontakt in seinem Namen für Sie aufzubauen. Sammeln Sie Informationen all Ihrer »Patenkinder« zu folgenden Bereichen:

Formblatt 20: Patenschaft

Unternehmen

- Name
- Anschrift
- Telefonnummer
- Fax-Nummer
- E-Mail-Adresse
- Homepage
- Eigentümer
- Betreibermotiv/Unternehmensziel.

Um die Maßnahmen Ihrer Wettbewerber verstehen zu können, muss Ihnen deren Betreibermotiv bekannt sein. Ist es zum Beispiel ein unternehmergeführter Betrieb mit geringer Kapitaldecke? Oder dient das ganze Unternehmen lediglich der Steuerabschreibung? Ist ein Verkauf geplant oder steht ein großer Investor dahinter? Erst mit Kenntnis dieser Fakten sind Sie in der Lage, zum Beispiel die Preispolitik und die Investitionstätigkeiten zu verstehen und für Ihr Unternehmen die richtigen Schlüsse zu ziehen

- Branche
- Produkte
- Image
- Stärken
- Schwächen
- Marktanteil
- Werbestrategie/Werbewege
- Vertriebswege
- Preisstrategie
  - Preis
  - Rabatte/Sonderpreise
  - Händlerkonditionen
  - Zahlungsbedingungen
- Bilanz
- Umsatz
- Wareneinsatz absolut und in Prozent
- Geschäftsergebnis
- Anzahl der Mitarbeiter
- Mitarbeiter in den Schlüsselpositionen (inklusive deren qualitativer Einschätzung). Wie schnell kommt es, dass Sie einen neuen Mitarbeiter benötigen? Ein schneller Weg zur qualifizierten Neubesetzung ist ein Abwerben von einem Mitbewerber. Je mehr Informationen Sie bereits in der Schublade haben, desto schneller und gezielter können Sie agieren
- Wege der Produktentwicklung
- Lieferanten (inklusive deren Konditionen)
- Zwischenhändler
- Mögliche Bestellwege (persönlich, telefonisch, Internet et cetera)

Bestelltes Produkt 1

- Zur Bestellung
  - Welche Kundendaten werden eingefordert?
  - Gewählter Bestellweg
- Zum Produkt (Beschreibung)
  - USP
  - Funktionen
  - Struktur
  - Ansprache
  - Produktart
  - Emotion
  - Design
  - Preis
- Zur Lieferung
  - Lieferzeit

- ○ Anschreiben bei der Lieferung: ja/nein?
- ○ Rechnungsform
- ○ Worüber geliefert (Post, UPS et cetera)?
- ○ Kostenlose Beigaben (lag der Lieferung etwas bei?)
- Servicetest
  - ○ War die Beratung fachkundig?
  - ○ Reklamationsverhalten (etwas reklamieren und prüfen, wie reagiert wird)
  - ○ Frage nach Rabatten (wie wird seitens des Anbieters darauf reagiert?)

Bestelltes Produkt 2

- …

Anschließend stellen Sie Ihre Ideen und Ihre bestehenden Produkte den Ergebnissen aus der Bestellung bei den Konkurrenten gegenüber und prüfen, wo Sie die Bedürfnisse Ihrer Kunden noch besser erfüllen können.

5. Werden Sie selbst Kunde Ihrer Produkte

Die interessanteste Patenschaft ist immer noch die des eigenen Unternehmens. In der Hotelbranche ist eine Variante davon der Mystery Guest: ein externes Unternehmen wird damit beauftragt, einen oder mehrere ihrer Mitarbeiter als Gast in das Hotel einzubuchen. Neben dem Erfassen von Eindrücken werden die Hotelangestellten vor fingierte Probleme gestellt und die Reaktion wird später ausgewertet. Auch wenn der einzelne Mystery Guest ohne Ankündigung und unerkannt im Unternehmen als Kunde agiert, sollte den Mitarbeitern dieses Verfahren generell erläutert und angekündigt werden. Denn bei fairer Auswertung können alle davon lernen. Nach diesem Modell sollten Sie nicht nur die Patenschaften Ihrer Mitbewerber auf einzelne Mitarbeiter verteilen, sondern auch einen Mitarbeiter oder eine Gruppe auf Ihr Unternehmen »ansetzen« – und zwar inkognito, um wie ein normaler Kunde behandelt zu werden. Übernehmen Sie oder einer Ihrer Mitarbeiter die Patenschaft für Ihr eigenes Unternehmen und durchleuchten es kräftig und objektiv aus Kundensicht. Greifen Sie zusätzlich auf Unterstützung von Bekannten zurück, lassen Sie diese bestellen und Ihre Produkte nutzen. Dann wird aus der inneren Perspektive eine Außenansicht. Sie bekommen mit, was die Kunden alles mit Ihrem Unternehmen erleben. Erst dann können Sie alle Mitbewerber und Ihr eigenes Unternehmen miteinander vergleichen. Es ist einfacher, die Angebote der Mitbewerber zu sichten und anschließend aufzulisten, was daran alles schlecht ist. Interessant ist jedoch insbesondere die Leistung des eigenen Unternehmens.

Die so erhaltenen Informationen sind ausschließlich dafür zu nutzen, Verbesserungen einzubringen, und nicht, um die Mitarbeiter zu kritisieren. Denn werden Kunden schlecht behandelt und entsprechen die Produkte nicht den Kundenerwartungen, ist es die Schuld aller Mitarbeiter.

6. Tauschen Sie sich mit anderen Branchen aus

Menschen erzählen gern, insbesondere ihre Erfolgsgeschichten. Wenn Sie nicht gerade direkte Konkurrenten sind, suchen Sie den Kontakt zu Mitarbeitern in anderen Unternehmen. Fragen Sie nach deren Methoden in der Produktentwicklung, Logistik, Preisgestaltung. Bieten Sie im Gegenzug auch etwas von Ihrem Know-how an.

7. Auswertung

Eine aus Kundensicht positive Abgrenzung zu den Mitbewerbern können Sie nur erreichen, wenn Ihnen alle Informationen über diese Unternehmen bekannt sind.

Wenn Sie feststellen, dass Ihre Produkte sich positiv von denen Ihrer Mitbewerber abheben: super, herzlichen Glückwunsch! Wenn sich Ihre heutigen Produkte jedoch mit denen der Mitbewerber überschneiden, dann sollten Sie Ihr Angebot optimieren. Nutzen Sie dabei die sechs Perspektiven des Produkts und prüfen Sie jede Perspektive: Wo können Sie sich positiv – und merkbar für den Kunden – abgrenzen?

Stellen Sie die kaufentscheidenen Eigenschaften Ihrer Produkte denen der Konkurrenz gegenüber. Oder reduzieren Sie Ihr Produkt und das der Mitbewerber auf zwei Parameter auf einem Positionierungskreuz, zum Beispiel hoher/niedriger Preis auf der einen Achse, hohe/niedrige Produktindividualität auf der anderen Achse.

Bei mehreren Parametern eignet sich eine Positionierungsspinne, deren Achsen mit den wichtigen Eigenschaften benannt werden und in die die Ausprägung der jeweiligen Produkte von innen (Stufe 0 = niedrig) bis außen (Stufe 10 = hoch) grafisch einzutragen sind. Ein Wert von 10 bedeutet, dass der Kundennutzen dieser Eigenschaft des Produkts maximal ist.

Abbildung 7: Positionierungskreuz

Abbildung 8: Beispielhafter Vergleich der kaufentscheidenen Produkt-eigenschaften mehrerer Produkte

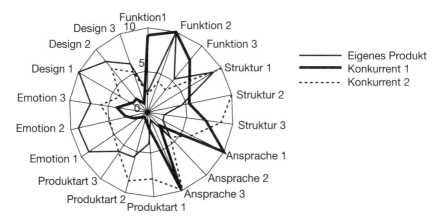

Zusatzeffekte von Patenschaften

Nur wenn Sie genau wissen, welche Kunden auf welche ihrer Bedürfnisse von den Wettbewerbern wie angesprochen werden, können Sie es anders machen und sich dadurch abgrenzen. So greifen Sie die Wettbewerber nicht in ihren Stärken an, sondern positionieren sich eindeutig daneben und konzentrieren Ihre eigene Kraft auf die Schwächen Ihrer Wettbewerber.

Außerdem fallen den eigenen Mitarbeitern Dinge bei Ihren Mitbewerbern auf, die sie aus Kundensicht stören. Häufig sind es jedoch Dinge, die den eigenen Kunden in Ihrem Unternehmen auch entgegentreten. So können diese im eigenen Unternehmen sofort behoben werden.

So bitte nicht

Was nicht angestrebt werden soll, sind Unternehmen, die nur nach Möglichkeiten suchen, den Unternehmen der Konkurrenz durch juristische Möglichkeiten zu schaden und sie zu stoppen. Diese Auswüchse sind ein Eingeständnis geistiger Windstille in der Produktentwicklung. Vergeuden Sie hier bitte keine Energie.

Die Grenzen: kapieren statt kopieren

Je mehr Kenntnisse vom Wettbewerber vorhanden sind, desto größer ist die Versuchung, Produkteigenschaften oder gar ganze Produkte 1 zu 1 zu übernehmen. Tun Sie das bitte nicht. Gehen sie nicht davon aus, dass Ihr Mitbewerber alles besser weiß. Wer nur imitiert, verliert. Sie werden dadurch nur austauschbar und verlieren den Fokus auf die wichtigste Gruppe: Ihre Kunden. Sie können nicht die Verantwortung für Ihre Produktentwicklung abgeben, indem Sie »fertige« Ideen nur kopieren. Glauben Sie bitte auch nicht, dass alle Produkte Ihrer Mitbewerber erfolgreich sind, auch wenn diese nach außen den Anschein erwecken. Nutzen Sie die Wettbewerber nur als Ideenquelle. Und wenn Sie das intensiv betreiben, erhalten Sie sehr viele Anregungen. Machen Sie Ihr Produkt dann anders: besser. Mit dem Wissen, das Ihnen durch die Patenschaften und insbesondere durch die Gespräche mit den Kunden vorliegt, haben Sie die besten Voraussetzungen, sich positiv von Ihren Mitbewerbern zu differenzieren.

Vermeiden Sie passive Imitation (Kopieren des Marktbesten der eigenen Branche), konzentrieren Sie sich mehr auf kreative Imitation (Anregungen aus anderen Branchen).

Kapitel 24

Die Schritte zur USP-Definition

Der USP ist ein Ausschnitt aus den größten Problemen und Erfolgsfaktoren der Gesprächspartner und beschreibt den Leistungsbereich des geplanten Produkts. Er ist ein klares Lösungsversprechen. Nachfolgend ist der Weg zum USP beschrieben:

1. Schritt

Mit Kunden aus dem Marktsegment Gespräche zu den Bereichen Rahmenbedingungen/Treiber und Tätigkeiten bis zur Komplexität führen.

2. Schritt

Präsentation der Gesprächsergebnisse vor den Kollegen. Tipp: die Rahmenbedingungen/Treiber und Tätigkeiten/Aufgaben/Probleme/Erfolgsfaktoren/Komplexität auf einzelne Karten schreiben und anpinnen, damit in der Diskussion noch ergänzt und verschoben werden kann.

3. Schritt

Die Erfolgfaktoren (EF) in ein X/Y-Diagramm eintragen, das aus vier Feldern besteht. Dabei auf der X-Achse die Bedeutung des Erfolgsfaktors eintragen, wenn dieses gut gelöst wird. Auf der Y-Achse die Komplexität der Problemlösung für die Kunden eintragen.

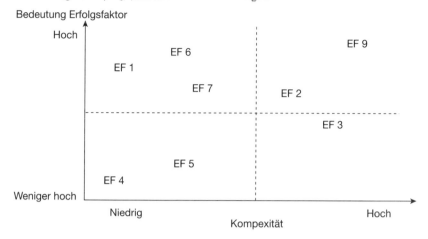

Abbildung 9: Erfolgsfaktoren im X/Y-Diagramm

4. Schritt

Die Erfolgsfaktoren löschen, für die die Kunden bereits heute gute Lösungen haben.

5. Schritt

Die im oberen rechten Feld eingetragenen verbleibenden Erfolgsfaktoren (bedeutender Erfolgsfaktor mit gleichzeitig hoher Komplexität) geben erste Ansätze für den USP. Einer der dort eingetragenen Erfolgsfaktoren (möglichst der mit den stärksten und langfristig drückenden Treibern und ohne alternative Lösungen für die Kunden) wird ausgewählt.

6. Schritt

Die aus dem ausgewählten Erfolgsfaktor und dessen Lösung resultierenden Wünsche und Bedürfnisse der Kunden werden formuliert: »Schön/Ideal wäre, wenn ...«. Listen Sie hier die Antworten aus den Marktgesprächen auf, fügen Sie sie in Themengruppen zusammen und formulieren Sie je Gruppe eine Überschrift. Es zählen hier keine Produkteigenschaften, sondern ausschließlich der Produktnutzen. Und zwar der einzigartige, der von Ihren Mitbewerbern noch nicht verwendet wird.

7. Schritt

Aus diesen Überschriften eine Liste (Ranking) erstellen: Die Überschrift, deren Inhalt am häufigsten in den Gesprächen von den Gesprächspartnern genannt wurde und das größte Verlangen ausdrückt, steht ganz oben und so weiter. Hier ist der größte Erfolgsfaktor verbunden mit der größten Komplexität gegeben.

8. Schritt

Die in Schritt 7 als zuerst aufgelistete Überschrift herausgreifen und die Machbarkeit der Umsetzung prüfen.

9. Schritt

Ist die Machbarkeit gegeben, ist durch ein Brainstorming oder Brainwriting mit den Mitarbeitern die ausgewählte Überschrift treffend als USP zu formulieren. Ist die Machbarkeit nicht gegeben, ist zu prüfen, wie dieser USP gegebenenfalls mit der Unterstützung anderer Unternehmen umgesetzt werden kann. Es gilt, die allgemeine Machbarkeit der Erstellung der Problemlösung als Maßstab zu nehmen, nicht die Möglichkeiten der Umsetzung im eigenen Unternehmen. Ist die Machbarkeit auch mittels Kooperationen nicht möglich, wird auf die in Schritt 7 an zweiter Stelle aufgelistete Überschrift zurückgegriffen und hier eine treffende Überschrift formuliert.

Bei der Formulierung kann – muss jedoch nicht – das erste Mal die Werbeabteilung eingeschaltet werden. Die Inhalte werden, wie bereits erwähnt, ausschließlich von den Mitarbeitern der Produktentwicklung auf der Basis von Marktgesprächen festgelegt, für die Formulierung können kreative Köpfe herangezogen werden. Hierzu die Sätze oder nur einzelne Kernbegriffe aus Schritt 6 heranziehen. Eventuell aus den bedeutendsten Sätzen der Kunden einzelne Worte entnehmen und neu zusammensetzen.

10. Schritt

Nun haben Sie erst den ersten Teil des USPs: den Bereich der Bedürfnisse, die einen Erfolgsfaktor darstellen. Jetzt fehlt noch der zweite Teil: eine herausragende Produkteigenschaft. Diese erhalten Sie, indem Sie auf der Basis der jetzt vorliegenden Teilformulierung des USPs in vertiefenden Gesprächen Informationen zu den Perspektiven erfahren. Es ist über Folgegespräche herauszubekommen, was dieser USP für die Perspektiven bedeutet und welche Produkteigenschaften (auf der Basis der Perspektiven) das Produkt haben muss, um den ausgewählten Wunsch genau zu erfüllen.

11. Schritt

Nachdem die Marktgespräche zu den Perspektiven abgeschlossen sind, sind die Haupteigenschaften sortiert nach den sechs Perspektiven aufzulisten und je Perspektive ein Ranking der wichtigsten Eigenschaften aus Kundensicht zu erstellen.

12. Schritt

Verbinden und formulieren Sie nun die jeweilige Nummer eins jeder Perspektive mit dem ersten Teil des USPs aus Schritt 7, also die begehrteste Produkteigenschaft mit dem Nutzenteil des USPs.

13. Schritt

Die endgültige Formulierung erfolgt in folgenden Schritten:

1. Alles streichen, was wirkungslos und somit überflüssig ist. Auf wenige Worte verdichten;
2. Produktvorteile streichen, die der Kunde subjektiv nicht als Nutzen empfindet;
3. alles streichen, was Ihr Produkt nicht von denen der Konkurrenz abhebt oder Inhalte, die die Wettbewerber bereits verwenden;
4. Produktvorteile streichen, die der Kunde nicht glaubt beziehungsweise die erst durch aufwändige Untersuchungen belegt werden können, auf Stichworte reduzieren;
5. gegebenenfalls vorhandene Fremdworte ersetzen;
6. Substantive durch Verben ersetzen;
7. daraus einen Satz beziehungsweise ein Wort selektieren;

8. prüfen, ob das Produkt das wirklich leisten kann und wie Sie das den Kunden beweisen können.

14. Schritt

Erfahren Sie in nachfolgenden Gesprächen mit Personen des Marktsegments, welche der sechs Formulierungen (USP jeweils verbunden mit einer Perspektive) sie am ehesten anspricht und wählen Sie diese abschließend aus.

15. Schritt

Alles ist möglich? Nein! Nach all diesen Schritten wird erneut geprüft, ob dieses USP-Versprechen auch durch ein vom Unternehmen angebotenes Produkt erfüllt werden kann. Versprochen werden kann viel, gehalten schon weniger.

Ursachen für eine fehlende Machbarkeit können vielfältig sein. So kann es etwa sein, dass es für das Problem heute noch keine Lösung gibt. Den Wunsch nach einem Olympiasieg im 100-Meter-Lauf mit einer Zeit von unter 10 Sekunden kann kein Produkt einem 100-Jährigen erfüllen. Eine andere Ursache ist die, dass die Lösung des Problems mit einem Produkt machbar ist, jedoch für die Herstellung das technische Know-how, die benötigten finanziellen Mittel oder die organisatorischen Möglichkeiten fehlen. Zuletzt kann es sein, dass mit diesem Produkt kein Gewinn zu erwirtschaften ist.

Nur leider ist es Ihren Kunden egal, ob Sie ihren Wunsch umsetzen können oder nicht. Wenn nicht Sie, wird es sicherlich in nächster Zeit ein Mitbewerber tun. Somit wäre es fatal, an diesem Punkt die Idee fallen zu lassen. Es stellt sich nicht die Frage, *ob* der Kundenwunsch von Ihnen erfüllt werden kann, sondern nur *wie* Sie den Wunsch erfüllen können. Sofern Sie die Umsetzung nicht in Eigenproduktion leisten können, ist über mögliche Kooperationen nachzudenken. Sollten auch andere Unternehmen das Idealprodukt nicht herstellen können, ist das Erfolgsversprechen so zu modifizieren, dass es für die Kunden immer noch einen herausragenden Nutzen liefert, dieser jedoch umsetzbar ist.

16. Schritt

Dieser gehört bereits zur Umsetzung im Produkt: Es ist aufzulisten, was die einzelnen Wörter des USPs für die Umsetzung in den sechs Perspektiven bedeuten. Und dieses ist in den Perspektiven umzusetzen.

Kapitel 25

Das Produktkonzept

Das Konzept steht als Bindeglied zwischen der Idee und den Marktgesprächen auf der einen Seite und der Produktion auf der anderen Seite. Es gewährleistet, dass alle benötigten Informationen erfasst werden. Erst mit einem klaren Konzept ist festgeschrieben, wie das Produkt auszusehen hat und warum es genau so auszusehen hat. Es ist somit eine detaillierte Arbeitsanweisung für die Herstellung. Sodann ist es möglich, all diese umfassenden Informationen in der Produktion zu berücksichtigen, damit das fertige Produkt die Bedürfnisse der Kunden erfüllt und so ein Volltreffer wird. Das Konzept dient zusätzlich auch zur Vorstellung Ihrer Angebotsidee vor der Geschäftsführung, Kollegen aus anderen Abteilungen, Geschäftspartnern und weiteren Personen.

Die Kundenbedürfnisse wurden bereits in den Marktgesprächen erfasst und werden hier zusammengetragen. Die Fragen aus dem Konzept sind unbedingt vor den Marktgesprächen durchzusehen. Nichts ist schlimmer, als nach vielen Gesprächen festzustellen, dass ein Kriterium in den Gesprächen nicht erfasst wurde.

Die folgenden vier Phänomene können einen Produkterfolg unmöglich machen:

- Eine Konzeption liegt nicht vor. Jeder Mitarbeiter hat nur eine vage Vorstellung und das Ganze ist aus dem Bauch heraus entstanden;
- die Konzeption ist unvollständig und berücksichtigt fast ausschließlich die technische Produktseite. Die Kundenwünsche werden vernachlässigt oder fehlen ganz (beispielsweise ein Konzept, das nur die 4 P enthält);
- das Konzept wird erst zu einem zu späten Zeitpunkt erstellt. Es wird praktisch rückwärtig an das in den Köpfen fertige Produkt angepasst;
- nicht alle am Produkt beteiligten Mitarbeiter werden einbezogen. Auch wenn die Kundenseite die wichtigste ist, müssen die Bereiche Produktion, Vertrieb und Verkauf voll einbezogen sein. Denn zum Beispiel muss auch das tollste Produkt irgendwie – möglichst unversehrt und bezahlbar – den Weg zum Kunden finden.

Die nachfolgende Konzeptgliederung umfasst alle relevanten Bereiche Ihres geplanten Angebots aus Kundensicht, von den Funktionen, der Struktur bis hin zur Werbung und dem Verkauf. Somit sind in der Konzepterstellung alle Abteilungen in Ihrem Unternehmen einzubeziehen. Das Modell »die Produktion produziert und die anderen Abteilungen müssen zusehen, wie sie das Angebot lagern und verkaufen« schadet dem Produkt, dem Ertrag und es kommt zwangsläufig zu Spannungen innerhalb Ihres Betriebs.

Bitte beachten Sie: Das Konzept ist kein Selbstzweck. Sklavisch alle Fragen zu beantworten hat mit dem Sinn dieser Gliederung nichts gemein. Es geht darum, die Anleitung für die Erstellung eines Produkts zu erstellen, das voll auf die Bedürfnisse der Kunden ausgerichtet ist. Passen Sie Ihre Konzeptgliederung für Ihr jeweiliges Produktvorhaben an. Nachfolgend aufgelistet sind die wesentlichen Aspekte, die fast immer zu berücksichtigen sind und somit im Konzept beantwortet werden müssen:

1. Die Produktidee

Fassen Sie in einem Satz mit maximal 20 Wörtern zusammen, was für wen mit welchem Nutzen angeboten werden soll.

2. Der Produktlebenszyklus

Handelt es sich um eine Neuproduktentwicklung, eine Produktweiterentwicklung oder komplette Neugestaltung eines bestehenden Produkts?

3. Der Hauptkunde

Die Anbieter können nicht an alle verkaufen. Es sind Fokussierungen hinsichtlich der Geografie, der Finanzkraft, der Bedürfnisse et cetera notwendig. Wobei der entscheidende Faktor hier die Abgrenzung nach den Bedürfnissen ist. Ein Produkt nach dem Motto »Alle bekommen alles« lässt sich nicht mit einem fokussierten USP verkaufen. Dafür sind die Kunden zu verschieden. Da das Produkt ein Bedürfnis befriedigen muss – sonst wird es gar nicht erst gekauft – ist die Segmentierung so vorzunehmen, dass die potenziellen Kunden hinsichtlich des Produkts die gleichen Bedürfnisse haben. Listen Sie erst einmal alle in Frage kommenden Gruppen auf (je mehr desto besser). Anschließend ist konsequent zu fokussieren, bis Sie seitens der Bedürfnisstruktur eine homogene Gruppe haben. Daraus können Sie in späteren Schritten ein Produkt als Lösung ableiten. Dann wird Ihre Lösung »individuell« (aus der Sicht der Interessenten), obwohl Sie ein Massenprodukt herstellen.

Unternehmen und Familien kaufen keine Produkte. Es sind die Menschen, die sich für ein Produkt entscheiden oder ein anderes bevorzugen. Somit kann der Hauptkunde nie ein Unternehmen oder eine Familie sein, sondern nur die Mitarbeiter beziehungsweise einzelne Familienmitglieder. Und da beginnt die Herausforderung: Wer im Unternehmen beziehungsweise in der Familie soll angesprochen werden? Der Geschäftsführer, der Abteilungsleiter, der Angestellte? Der Vater, die Mutter, die Kinder? Alle haben grundsätzlich als Ziel das Wohl des Unternehmens beziehungsweise der Familie. Hier überschneiden sich die Interessen, jedoch hat jede Person immer noch ihre damit verbundenen individuellen Interessen. Somit unterscheiden sich auch die Bedürfnisse und Interessen im Einzelnen enorm. Es reicht nicht – es ist sogar unbedeutend –, wenn Sie das Unternehmen beziehungsweise die Familie Ihres Kunden mit Ihren Produkten erfolgreich machen. Was zählt ist, ob der Entscheider, der Zahler und der Nutzer Ihres Produkts einen Nutzen davon haben. Somit sind hier die einzelnen Kunden anzugeben.

3.1 Zur Person

- Die Größe der Kundengruppe;
- das Adressenpotenzial/der Zugang zu den Adressen;
- die Erreichbarkeit mit Werbung, Produktpräsentation und Lieferung;
- die Fluktuation innerhalb der Gruppe (zum Beispiel Personalwechsel im b-to-b-Bereich);
- die Personenbeschreibung
  - Alter;
  - Geschlecht;
  - Sprache;
  - Nationalität;
  - (alle anderen Parameter, die für die jeweilige Produktidee von Bedeutung sind).

Bei stark differierenden Typen und der Hauptkundengruppe können diese mit den bekannten Modellen wie DISG oder nach Maslow beziehungsweise Professor Correll weiter klassifiziert werden. Wenn die Bedürfnisse dieser unterschiedlichen Typen sich sehr unterscheiden, dann sollte im Rahmen der Marktsegmentierung ein Typ ausgewählt werden, damit die Homogenität erhalten bleibt

- Berufliches Umfeld
  - Betrieb/Arbeitgeber
    - Branche/Wirtschaftszweig;
    - Beschäftigungszahl;
    - Umsatzgröße;
    - Ort;
    - Rechtsform;
  - Beschäftigung
    - Art der Beschäftigung: angestellt, selbstständig;
    - Abteilung;
    - Funktion;
    - Position im Organigramm;
    - Status;
    - Kaufkraft/Entscheidungsrahmen;
    - Erlernter Beruf/Ausbildung, Wissensstand, Qualifikation;
    - Fähigkeiten/Kenntnisse;
    - Befugnisse/Entscheidungsraum.
  - Ausstattung
    - Einrichtung;
    - Hard- und Software.
- Privates Umfeld
  - Familienstand;
  - Unterbringung/wohnhaft
    - Ort: Großstadt, Kleinstadt, ländlicher Raum;
    - Art: Haus, Wohnung;
    - Wohnfläche;
    - Besitzverhältnis: eigen, gemietet, gepachtet;
    - Ausstattung/Einrichtung.
  - Einkommen;
  - verfügbares Guthaben;
  - Art der Investition (Sparbuch, Aktien, Immobilie);
  - Besitz;
  - Kaufkraft, finanzielle Möglichkeiten. Hat der Kunde finanziell die

Möglichkeit, X Euro für Produkte zu zahlen oder nicht? Bitte unterscheiden Sie hier zwischen Einwand und Vorwand. Häufig hören Verkäufer: »Das ist zu teuer. So viel Geld habe ich nicht«. Häufig ist dieser Satz nur eine Umschreibung von »So viel Geld ist mir das Produkt nicht wert«. Als Kriterium zählt hier nur die zur Verfügung stehende Finanzkraft. Es ist zu prüfen, wofür der Kunde sonst wie viel Geld ausgibt;

- ○ Wissensstand/Fertigkeiten (entspricht der Qualifizierung im beruflichen Bereich);
- ○ Status, Zugehörigkeit zu Gruppen;
- ○ Statussymbole (Gegenstände, Ausdrucksweise, Kleidung, Zugehörigkeit);
- ○ technische Ausstattung;
- ○ Mitgliedschaften (Vereine et cetera).
- • Rolle des Hauptkunden im Entscheidungsprozess. Wer ist
- ○ Zahler;
- ○ Entscheider;
- ○ Nutzer;
- ○ Empfehler;
- ○ Zwischenhändler.

3.2 Die Lebenswelt des Hauptkunden

- • Werte, Grundmotive, Faszination, Leidenschaft, Denkmuster, Grundhaltungen (innovativ, konservativ), was sie achten/bewundern;
- • Innovationsfreude/Veränderungsfreude/Traditionsbewusstsein;
- • Wie sehen sich die Kunden selbst? Wie wollen sie gesehen werden? Wie ist das sich selbst gegebene Image?;
- • Glaubenssätze;
- • Emotionen/Befindlichkeiten;
- • Prägungen (Kindheit, Umfeld, Ereignisse);
- • Empfindungen/Gefühle;
- • politische Einstellung.

3.3 Die Rahmenbedingungen/Treiber im Umfeld der Hauptkunden

- Staat/Politik;
- rechtlicher Rahmen (ist nur wichtig, wenn den Kunden dieses auch bewusst ist oder in Zukunft bewusst sein wird)
  - Was?;
  - welche Konsequenzen?;
  - kurzfristig oder langfristig?;
  - zunehmend oder abnehmend?.
- Konkurrenz
  - Was?;
  - welche Konsequenzen?;
  - kurzfristig oder langfristig?;
  - zunehmend oder abnehmend?.
- Trends/Moden.

3.4 Die Tätigkeiten (je nach Produkt im beruflichen oder privaten Rahmen)

- Arbeitsabläufe/Tagesabläufe;
- Lebensweisen/Lebensstile/Gewohnheiten;
- Arbeitsweisen/Arbeitsstile;
- Aufenthaltsorte;
- Was wird gerne/nicht gerne gemacht?;
- Kontaktpersonen und Verhältnis zu ihnen;
- Was wird gelesen?;
- Freizeitverhalten (Reisen, Hobbys et cetera);
- Arbeitsmethoden/Arbeitstechniken;
- Technikverhalten;
- Gewohnheiten;
- Was ist eingefahren (kann nicht geändert werden)?;
- Wettbewerbsprodukte werden wie genutzt?;
- Wie wird sich der Alltag verändern?;
- Beschaffungsverhalten/Kaufverhalten von Produkten
  - Welche Produkte werden üblicherweise erworben und eingesetzt?;
  - Welche Marken werden verwendet? Welche Marken sind angesagt und aus welchen Gründen angesagt?;
  - Motive für den Kauf (»nice to have« versus »must to have«);

- ○ Wofür wird wie viel Geld ausgegeben? Die finanziellen Möglichkeiten reichen nicht, es muss auch die Bereitschaft vorhanden sein, für bestimmte Produkte Geld zu investieren;
  - ○ Kaufzeitpunkte;
  - ○ Kaufmenge, Kaufzyklus.
- Kaufverhalten
  - ○ Beschaffungswege/Kaufvorlieben (Versand, Einzelhandel, telefonisch, Internet);
  - ○ Zahlungsmoral;
  - ○ Preissensibilität, Preisgrenzen.
- Nutzungsverhalten von Produkten (allgemein, nicht nur auf die Produktidee bezogen)
  - ○ Mit welchem Ziel genutzt? Es geht hier um die Erwartungen an die Produkte. Je nach Einsatzbereich bei den Kunden muss das Produkt ganz andere Eigenschaften haben. Eine Bohrmaschine für den Single mit zwei linken Händen erfüllt nicht die Ansprüche eines Hobbyheimwerkers, der seine Holzbank und einige Möbel selbst zusammenbaut. Professionelle Handwerker wiederum stellen noch andere Anforderungen an das Werkzeug. Eine entsprechende Aufteilung gibt es in fast allen Bereichen. Diese unterschiedlichen Kriterien beeinflussen den USP sowie alle sechs Perspektiven;
  - ○ Welche alternativen Lösungen stehen zur Verfügung?;
  - ○ Welche alternativen Lösungen werden genutzt?;
  - ○ Wie wird es genutzt?;
  - ○ Bei welchen Tätigkeiten/Anforderungen werden die Produkte eingesetzt? Nutzungsanlass;
  - ○ Nutzungshäufigkeit;
  - ○ Nutzungsintensität (nebenbei oder intensiv);
  - ○ Nutzungsort;
  - ○ bevorzugtes Lösungsverhalten;
  - ○ Vorgehensweise bei der Nutzung.

3.5 Die Aufgaben (teilweise Überschneidungen zu Tätigkeiten)

- Was muss getan werden?;
- Über- und Unterforderungen;
- Befugnisse;
- Verantwortung;

- Haftung;
- Gewohnheiten.

3.6 Die Probleme/Erfolgsfaktoren

- Herausforderungen/Probleme (in der Reihenfolge der Bedeutung);
- Zwänge/Ängste;
- Unzufriedenheit;
- Freude/Ärger;
- Lust/Unlust;
- Überforderungen/Unterforderungen;
- Feinde/Freunde;
- Woran misst sich der Kunde?
- Woran wird der Kunde von Anderen gemessen/beurteilt?
- Wie oft tritt das Problem auf?
- Wie tritt das Problem auf (plötzlich oder planbar)?
- Wo tritt das Problem auf?
- Mit was wird das Problem bis jetzt wie gelöst?
- Wozu werden welche Lösungen benötigt?
- Was darf auf keinen Fall passieren?
- Folgen bei ausbleibender Lösung des Problems.

3.7 Die Wünsche/Interessen (materiell und emotional)

- Sehnsüchte;
- Träume;
- Ziele (materiell und immateriell; jeweils Reihenfolge listen).

3.8 Die Komplexität

- Was löst der Kunde allein?
- Was kann der Kunde allein lösen?
- Welche Hilfe holt er hinzu?

3.9 Der typische Kunde

Um aus den vielen Informationen ein »spitzes« Produkt zu entwickeln, ist es sinnvoll, die oben aufgelisteten Erkenntnisse zu einem Musterkunden zusammenzufassen. Seien Sie hierbei so konkret wie möglich: Der typische Kunde ist Heiner Mustermann, wohnhaft in X, er arbeitet in Y als Z und so weiter.

3.10 Die Veränderungen im Umfeld der Kunden im nächsten Jahr und in den nächsten drei Jahren

Listen Sie diese ebenfalls anhand der oben aufgelisteten Kriterien und der Beschreibung des typischen Kunden auf. Die zukünftigen Probleme können zum Beispiel durch Änderung der Rahmenbedingungen, Trends (zum Beispiel demografische Entwicklung) und neue Technologien entstehen. Somit müssen neben den gegenwärtigen auch die zukünftigen Probleme bekannt sein.

Sofern auch Nebenkundengruppen und Randgruppen mit dem Produkt angesprochen werden sollen und/oder das Produkt über Zwischenhändler vertrieben wird, sind die oben genannten Punkte – wenn auch in gekürzter Form – ebenfalls für diese Gruppen abzuhandeln.

4. Die Beschreibung des neuen Produkts

Erst jetzt kommen wir zum Produkt, das das Bedürfnis befriedigen soll. Somit ist zum Zeitpunkt der Marktgespräche auch noch nicht in Produktkategorien zu denken. Denn erst, wenn alle Informationen vorliegen, kann festgelegt werden, wie das Produkt mit seinen Perspektiven gestaltet sein muss. Gehen Sie hier auch mal neue Wege und bleiben Sie nicht an alt eingefahrenen Produktmustern kleben. Vielleicht eignet sich ein ganz anderes Material als Träger, neue Funktionen müssen dazu oder – was häufig der Kundenwunsch ist – viele Funktionen sind überflüssig und können zugunsten der Übersichtlichkeit gestrichen werden. Die Antworten Ihrer Kunden sowie Ihre Beobachtungen und die daraus resultierenden Erkenntnisse bestimmen ausschließlich die Perspektiven sowie alle Produkteigenschaften.

Das einzigartige Verkaufsargument sowie die drei weiteren Hauptnutzen sind hier aufzuführen. Listen Sie bei letztgenannten keine Produkteigenschaften, sondern den Nutzen auf. Denn die Produkteigenschaften sind nur Mittel zum Zweck. Und die Kunden sind nicht bereit und häufig nicht in der Lage, sich den Nutzen aus den Produkteigenschaften (zum Beispiel Funktionen) selbst abzuleiten. Wenn die Mitarbeiter geneigt sind, noch in Eigenschaften zu denken, dann lassen Sie die wichtigsten auflisten und setzen am jeweiligen Satzende ein Komma sowie das Wort »damit«. Ausschließlich das, was danach genannt wird, ist der Nutzen und wird später als Leitlinie für die Perspektiven verwendet. Es zählt, was der Kunde anschließend besser oder leichter kann und das, wovon er mehr hat. Zusätzlich ist noch der Barhockertest auszuführen: Wie würden Kunden einem Freund das Produkt beschreiben?

Listen Sie ebenfalls auf, was das Produkt genau nicht leistet und was einige Kundengruppen davon abhalten könnte, es zu kaufen. Das dient der eindeutigen Abgrenzung von den Konkurrenzprodukten.

Sind mehrere Personen am Produktkauf beteiligt (Entscheider, Nutzer, Zahler), so ist zu prüfen, ob auch wirklich jede Gruppe vom USP angesprochen wird. Wenn nicht, ist die Werbung mit den Argumenten so zu gestalten, dass jede Gruppe »etwas für sich findet«.

Klären Sie außerdem Folgendes:

- *Funktionen:* Was ist enthalten?
- *Struktur:* Wie sind die Funktionen umgesetzt?
- *Ansprache:* Wie werden die Funktionen und die Produktbeschreibung aufbereitet?
- *Produktart:* Woraus bestehen die Funktionen (Material)? Wie sind Größe, Gewicht et cetera des Produkts? Welches sind die jeweiligen Angebotsmodelle?
- *Emotion:* Welche Gefühle sollen mit dem Produkt wie ausgelöst werden?
- *Design:* Welche Form/Gestaltung hat das Produkt?
- *Preis/Konditionen:* Wie viel erhält der Kunde wofür? Wenn das Produkt für den Kunden nicht bezahlbar ist, prüfen Sie, ob ein anderes Marktsegment sinnvoller ist oder der Preis bei gleichzeitiger Reduktion der Herstellungskosten gesenkt werden kann. Klären Sie die Einheit der Preisangabe (brutto oder netto). Welches sind die Preismodelle (Kombipreis/Paketpreis, Konditionen für Mittler, Empfehler et cetera, Sub-

skriptionspreis/Einstiegspreis, Preis je Stück, Zeitraummiete, Preis nach Zeitspanne der Nutzung). Was sind die Garantieleistungen? Welche Formen des Rückgaberechts gibt es? Wie kommt der Kauf zustande (telefonisch, schriftlich)?

4.2 Die entscheidende »Killerfrage«

Der Chefredakteur vom *Stern*, Thomas Osterkorn, stellte immer eine Frage an seine Journalisten, die ihren Beitrag unbedingt in der nächsten Ausgabe haben wollten: »Und warum soll ich das jetzt lesen?«. Wenn darauf kein treffender Grund genannt werden konnte, war dieser Beitrag auch nicht interessant für die Leser und der Artikel wurde nicht veröffentlicht. Stellen Sie sich immer vor, Ihre Kunden stellen Ihnen die »Killerfrage«: »Und warum soll ich das jetzt kaufen?«. Diese Frage muss konkret beantwortet werden. Lassen Sie hier keine Antworten zu wie: »Damit Sie sich besser fühlen«, »Das Produkt ist das einzige, das …«, »Weil wir die Billigsten sind«. Nennen Sie auch keine Liste von Produkteigenschaften.

Die »Killerfrage« stellt sich der Kunde bei jeder seiner Kaufentscheidungen. Wird ihm keine Antwort gegeben oder reicht ihm der Nutzen und der Nutzenvorteil gegenüber Alternativlösungen nicht aus, so behält er sein Geld lieber in der Tasche. Auch wenn ein Produkt der Konkurrenz besser ist als Ihr geplantes, müssen Sie etwas ändern – und zwar vor der Produktion. Sie benötigen mindestens einen aus Kundensicht entscheidenden Mehrwert, bei dem die Konkurrenzprodukte nicht mithalten können. Diese Frage ist die Grundlage allen wirtschaftlichen Handelns. Leider wurde diese Frage in der New Economy nicht berücksichtigt. Es wurde entwickelt, was das Zeug hergab und was die Technik möglich machte. Genügend Interessenten, die einen angemessenen Preis dafür zu zahlen bereit waren, wurden vorausgesetzt. Das war ein folgenschwerer Irrtum.

Entweder das geplante Produkt hat ein Alleinstellungsmerkmal, das den Kunden wichtig ist, oder es wird nicht produziert. Die Chefs werden auch dafür bezahlt, »nein« zu sagen, insbesondere, wenn eine Produktidee eine hohe Flopwahrscheinlichkeit hat.

Nach der ersten Antwort auf die »Killerfrage« ist die Antwort auch wieder mit »Warum?« zu hinterfragen. Und zwar die jeweilige Antwort mindestens fünfmal. Erst so gelangen Sie in die Tiefe und an die wirklichen Bedürfnisse und den Nutzen des Produkts. Sofern Ihre Produktentwickler schon vorher keine Antwort mehr wissen, wird deutlich, dass es nur vordergründige Antworten sind und der Nutzen die Kunden nicht wirklich zum Kauf animiert.

Nachfolgende vier Fragen ergänzen die »Killerfrage«:

- »Welchen herausragenden Nutzen bietet das Produkt?«
- »Was ist der herausragende Vorteil, den andere Produkte nicht haben?« Hiermit ist nicht der Unterschied, sondern der Vorteil gegenüber Wettbewerbsprodukten gemeint.
- »Was behaupten die Wettbewerber von ihren Produkten?«
- »Wie können wir den Kunden die Vorteile des eigenen Produkts beweisen?« Kunden lassen sich immer weniger von Werbeversprechen und Verkaufsrhetorik verführen, es zählen Beweise.

5. Werbung

Hier sind zunächst Produktname und Serienname/Dachmarke wichtig. Außerdem natürlich Slogan und Werbeargumente. Listen Sie den Nutzen je Perspektive auf. Es ist später zu entscheiden, welche Argumente verwendet werden. Listen Sie latente/typische Fragen der Kunden auf und beantworten Sie diese in der Werbung. Fragen Sie sich außerdem, wer der/die »trusted advisors« (eine oder mehrere Personen beziehungsweise eine Institution, zu denen Ihre Kunden großes Vertrauen haben und an die sie sofort denken, wenn ein Problem auftritt) sind. Bei einer Autopanne könnte das beispielsweise der ADAC sein, bei Testberichten die Stiftung Warentest. Bauen Sie diese möglichst als Testimonial in die Werbung ein.

Bei der Werbung sind zudem folgende Parameter wichtig: Adressat der Werbung (Nutzer/Entscheider/Zahler/Zwischenhändler: Hier sind meist jeweils unterschiedliche Ansprachen notwendig), Werbewege, Werbeträger, Werbezyklus, Werbezeitpunkt und Werbeansprache (rational oder emotional).

6. Logistik/Distribution

Klären Sie die Vertriebswege. Soll das Produkt direkt per Post/UPS, online, über das eigene Geschäft oder Veranstaltungen vertrieben werden, oder über Groß-/Einzelhandel, Vertreter et cetera? Gibt es eine einmalige Lieferung oder erfolgt sie laufend (Zyklus)?

Bestimmen Sie den Lieferinhalt (Ware, Zusatzangebote, Rechnung, Werbung) und klären Sie die Rechnungsstellung/Bezahlung (vor/mit/nach der Lieferung?). Außerdem sind die Bezahlungswege (Bar, Überweisung, Kreditkarte, Abbuchung) anzugeben und die Platzierung des Produkts (bei welchem Händler ist das Produkt im Angebot?) festzulegen.

7. Die Mitbewerber

Stellen Sie die Produkte gegenüber, die in der Hauptkundengruppe das gleiche Bedürfnis befriedigen. Hierbei sind jeweils alle Produkteigenschaften gegenüberzustellen, um zu prüfen, ob das Produkt sich wirklich deutlich abhebt.

Tabelle 13: Gegenüberstellung verschiedener Produkte, die in den Hauptkundengruppen das gleiche Bedürfnis befriedigen

Eigen-schaften	Produkt-idee	Mit-bewerber 1	Mit-bewerber 2	...	Vergleich
USP					
Haupt-nutzen 1 – 3					
Funktion					
Struktur					
Ansprache					
Produktart					
Emotion					
Design					
Preis					
Vertriebswege					

Ein rein quantitatives Auflisten der Mitbewerber bringt fast nichts. Durchleuchten Sie lieber die Hauptbewerber intensiver und prüfen Sie, wo sich das eigene Angebot aus Kundensicht positiv von denen der Mitbewerber abhebt. Ziehen Sie unbedingt branchenübergreifende Produkte heran (andere Funktion, Produktart), die das gleiche Bedürfnis befriedigen (beispielsweise Ski und Snowboard; Schallplatten, CDs und Musik-Download et cetera). Bei einer Produktoptimierung stellen Sie der Produktidee zusätzlich das bestehende eigene Produkt gegenüber, um zu prüfen, ob der Vorteil für den Kunden durch das geplante Produkt wirklich gravierend ist.

8. Die Kalkulation

Bei allem Kundennutzen ist zu beachten, dass der Ertrag den Aufwand der Erstellung übersteigen muss. Das heißt, was zählt, ist der Gewinn. Nur dann sind die Arbeitsplätze gesichert, die Eigentümer zufrieden und das Unternehmen kann weiterhin bestehen. Werden die Wünsche der Kunden zwar erfüllt, der Aufwand (Herstellungskosten) steigt jedoch ins Unermessliche, dann ist schon aus Gründen der Vernunft die Idee in die Schublade zu legen oder so zu modifizieren (die Funktionen reduzieren beziehungsweise eliminieren, welche den Nutzenwert nicht beeinflussen), dass das Produkt einen Ertrag erwirtschaftet. Es sind jeweils drei Kalkulationen aufzustellen, und zwar Best Case, Middle Case und Worst Case, um nicht später böse überrascht zu werden.

Neben dem mittel- und langfristigen Ziel der Gewinnerwirtschaftung können auch kurzfristig Teilziele wie Markterschließung, Portfolioabrundung und die Erhöhung der Eintrittsbarriere für Mitbewerber zählen. All diese bewusst untergeordneten Teilziele dienen letztendlich der Erzeugung von Gewinnen. Ein Unternehmer sollte nie auf die an ihn herangetragenen Ideen hereinfallen, die keinen Gewinn bringen. Solche Ideen laufen unter den Synonymen »Imagegewinn«, »Prestige«, »Investition in die Zukunft«. Produktideen mit der Begründung »Investition« kommen häufig von den Mitarbeitern, die von ihrer Idee begeistert sind. Meist rechnen sich solche Produkte nicht. Teure Ideen kommen meist von mittelmäßigen Mitarbeitern. Und eine Produktidee mit dem Pseudonym der »Investition« zu begründen ist eine sehr teure Idee. Diese wird schnell zur »Subvention«. Generell gilt: Wenn ein Produkt genau die Bedürfnisse der Kunden trifft, wird es ein positives Ergebnis erwirtschaften. Anders herum: Wenn schon bei der Planung – in der immer eine große Portion Hoffnung steckt – rote Zahlen herauskommen, ist entweder das Kostengefüge noch zu überarbeiten oder das Produkt, weil die Kunden nicht bereit oder in der Lage sind, einen entsprechenden Preis dafür zu bezahlen.

9. Terminplan

Halten Sie fest, welche der im Konzept aufgeführten Schritte sowie Werbetest, Produktionsentscheidung und Produktion bis wann zu erfolgen haben.

10. Anhang

10.1 Marktsegmentierung

Hier sind Kriterien für die Marktsegmentierung einzutragen.

10.2 Marktgespräche

- Auswahl der Methoden;
- Protokolle der Marktgespräche;
- Auswertung der Marktgespräche.

10.3 Patenschaften

Beachten Sie bei den Patenschaften auch die Werbematerialien der Mitbewerber.

Kapitel 26

Die Konzeptpräsentation

Das Konzept wird vom Produktentwickler vor den beteiligten Mitarbeitern im Betrieb (Geschäftsführung, Marketing/Vertrieb, Herstellung, Logistik) präsentiert und anschließend diskutiert. So muss er zu seiner Idee stehen und kann sich nicht hinter hochgestochenen Formulierungen verschanzen.

Da das Konzept mindestens eine Woche vor dem Termin vorliegt, wird nicht dieses präsentiert, sondern nur die Eckpunkte. Nachfolgend eine mögliche Reihenfolge der Folien:

- Produktidee;
- Hauptkunden
  - Lebenswelt;
  - Rahmenbedingungen/Treiber;
  - Tätigkeiten;
  - Aufgaben;
  - Probleme/Erfolgsfaktoren;
  - Wünsche/Interessen;
  - Komplexität;
  - Veränderungen in den nächsten Jahren.
- Produkt
  - USP und Hauptnutzen;
  - Funktion;
  - Struktur;
  - Ansprache;
  - Produktart;
  - Emotion;
  - Design;
  - Preis.
- Antwort auf die »Killerfrage«;
- Werbung;
- Logistik/Distribution;

- Mitbewerber;
- Kalkulation;
- Terminplan.

Anschließend wird kritisch hinterfragt, ob das Produkt wirklich den versprochenen Nutzen liefert. Wenn Sie ein sehr kritisches Auditorium wollen, dann laden Sie einige Ihrer Kunden zu der Präsentation ein. Oder veranstalten Sie eine zweite Präsentation nur mit einigen Ihrer Kunden. Die Kalkulation ist in dieser Präsentation wegzulassen.

Kapitel 27

Der Werbetest

Fragen reicht nicht

So gut die Marktgespräche zur erfolgreichen Produktentwicklung auch sind, es bleibt immer noch ein kleines Restrisiko zum Flop. Dieses Risiko gilt es mit einem Realtest auszuschalten. Bei allen Marktforschungserhebungen kann die eigene Hoffnung bewusst oder unbewusst zu einem großen Einfluss auf die Interpretation und die daraus resultierenden Maßnahmen führen. Der Produktentwickler ist so von seiner Idee begeistert, dass er die positiven Signale aus dem Markt verstärkt aufnimmt, die negativen sehr schnell verdrängt. Somit ist die eigene Begeisterung für das Produkt häufig größer als bei den späteren Kunden.

Die Fragen an den Kunden: »Würden Sie das Produkt kaufen?« oder »Können Sie sich vorstellen, dieses Produkt zu kaufen?« sind wertlos beziehungsweise nur unter größter Einschränkung auszuwerten. Ebenso bringt es keine Hinweise auf den späteren Markterfolg, den Kunden zehn Produktvarianten vorzulegen mit der Frage »Welche würden Sie kaufen?«. Erfragen können Sie in Gesprächen die Erwartungen, die an Produkte gestellt werden, jedoch nie die Kaufwahrscheinlichkeit. Werden Personen gefragt, ob sie ein Produkt kaufen würden, sagen die Antworten noch nichts über einen späteren realen Kauf aus. Je nach Sympathie wird der Gesprächspartner diese Frage tendenziell mit »ja« beantworten, da er noch keine Verpflichtung eingeht und nur eine unverbindliche Aussage macht. Dieses Verhalten ist auch bei Stammkunden zu beobachten. Wird nach der positiven Antwort das Produkt sofort vorgelegt und der Kaufpreis verlangt beziehungsweise ein verbindlicher Bestellschein zur Unterschrift vorgelegt, so machen viele wieder einen Rückzieher und die Geldbörse bleibt geschlossen.

Bieten Sie ein Produkt mit der Aufforderung »Bestellen Sie jetzt« an, sodass der Interessent aktiv bestellen muss, können Sie dies anschließend auswerten. Das sind harte Fakten. Am Point of Sale kommt die Stunde der Wahrheit. Alle Vorabversprechen sind wertlose Lippenbekenntnisse.

Um vorab zu erfahren, ob und wie häufig das Produkt gekauft wird, bleibt nur der Test. Testen Sie die Reaktion der Kunden aus dem Marktsegment, bevor Sie Geld in die Produktion eines Produkts stecken. Bei dem Test wird das Produkt beworben, als wäre es bereits lieferbar, und die Kunden werden aufgefordert zu bestellen. Somit testen Sie die Akzeptanz und das Bestellverhalten und erhalten eine realistische Aussage über die tatsächliche Produktakzeptanz. Es wird der Eindruck einer verbindlichen Bestellung erzeugt. Auf ein Rückgaberecht sollte nur hingewiesen werden, wenn dieses rechtlich vorgeschrieben ist. Dieses sollte jedoch nicht hervorgehoben werden. Denn »Bestellen Sie jetzt, Sie können es auch wieder zurückgeben« lässt nur auf die Bruttobestellungen schließen, aber nicht auf den Anteil der Kunden, die das Produkt später auch behalten und es bezahlen. Einen großen Plasma-Fernseher kurz vor der Fußball-WM vier Wochen zum Testen würden viele mit Rückgaberecht bestellen, auch wenn zu Beginn feststeht, dass dieser wieder zurückgesendet wird. Die härteste Variante ist, dass der Kunde das Produkt bereits vor Erhalt bezahlt. Hierbei ist jedoch vorab die aktuelle Rechtslage zu prüfen, in welchen Fällen dieses für einen Test möglich ist.

Für den Test wird das Produkt an einen repräsentativen Ausschnitt des späteren Marktsegments beworben. Für ein objektives und hochrechenbares Testergebnis benötigen Sie mindestens 50 Bestellungen. Somit muss ein entsprechender Umfang an Werbung geschaltet werden. Ihre Wettbewerber werden diesen Test in einem Teilmarkt meist nicht bemerken.

Getestet werden können die Bestellquoten eines Produkts, verschiedene Produktvarianten oder auch verschiedene Preise. Bei einem Variantentest werden die ausgewählten Marktsegmente in homogene Teile getrennt. Jedem Untersegment wird nur eine Variante angeboten. Die Bestellquoten werden anschließend miteinander verglichen. Dabei ist je Testserie nur jeweils eine Variable zu testen. Werden mehrere Variablen (zum Beispiel zwei unterschiedliche Preise bei zwei Produktvarianten) getestet, ist nicht zu erkennen, welche Variable zum Unterschied geführt hat.

Als Werbewege für den Test eignen sich beispielsweise Testangebote im Internet: Das Produkt wird im Internet in Shops und Foren angeboten. Die Interessenten werden dabei so lange durch den Bestellvorgang geführt, bis sie die Bestellung abgeschlossen haben. Sie können so die Kaufrate testen. Weitere Werbewege sind Briefwerbung und Telefonmarketing. Das Telefonmarketing und die Briefwerbung haben den Vorteil, dass Sie hier das Produkt nicht real zeigen müssen. Die Briefwerbung liefert die härteren Daten, da beim Telefonmarketing die Rückgabequote deutlich höher und unkalkulierbarer ist. Sind diese beiden Werbewege ausgeschlossen beziehungsweise stellen diese zum späteren Zeitpunkt nicht die Hauptwege dar, sondern zum Beispiel der persönliche Verkauf, wird die Simulation schon schwieriger. Je nach technischen Möglichkeiten werden Produktdummies oder Testexemplare hergestellt und vorgeführt. Wichtig ist in allen Fällen, dass der Kunde davon ausgeht, dass das Produkt lieferbar ist, er das Produkt umgehend erhält und den Preis dafür umgehend zahlen muss. Bei dem Vertrieb über den Handel ist auch ein Test per Werbung möglich: Wie viele Kunden, die den Prospekt erhalten haben, fragen im Handel nach dem Produkt? Oder die Produkte werden im kleinen geografisch begrenzten Testmarkt angeboten (ein Laden oder mehrere in einer festgelegten Region).

Ein Werbetest ist durch keine Form der Marktgespräche zu ersetzen. Die vorgelagerten Marktgespräche benötigen Sie, um beim Werbetest überhaupt eine Chance auf eine positive Resonanz zu haben. Erst mit dem Werbetest können Sie Ihren später zu erwartenden Abverkauf hochrechnen und somit entscheiden, ob und wie viel Sie produzieren. Der Test sollte jedoch nur eine Absicherung der Erkenntnisse aus den Marktgesprächen und der daraus resultierenden Produktentwicklung sein. Entwickeln Sie das Produkt punktgenau und testen Sie abschließend die Kundenakzeptanz des Produkts.

Preistest

Auch durch noch so sorgfältige Marktgespräche ist es nur selten möglich, vorauszusagen, welcher Preis den größten Umsatz beziehungsweise – noch wichtiger – den größten Gewinn erwirtschaftet. Entscheidend ist, was Ihre Kunden mit Ihrem Produkt verbinden und welchen Nutzen sie von dem Produkt erwarten. Schon ein höherer Preis von 2 Prozent bei gleicher Abverkaufsmenge kann bei einer Gewinnspanne von zum Beispiel 10 Prozent Ihren Gewinn um 20 Prozent steigern. Schränken Sie Ihre Gewinne nicht durch zu niedrige oder zu hohe Preise ein. An 2 Prozent scheitert die Kaufentscheidung zugunsten Ihres Produkts nur selten. Es sei denn, Ihr Produkt ist mit denen des Wettbewerbs vom Nutzen her austauschbar. Dann zählt der Preis und Sie sind im Hamsterrad des Preiskampfs gefangen.

Das Interessante an einem Preistest ist: Was Sie für den besten Preis halten, entspricht meist nicht den tatsächlichen Kundenreaktionen. Und ausschließlich diese zählen. Versuchen Sie bitte nicht mit Fragebögen den vom Kunden akzeptierten Preis herauszubekommen. Fragen wie »Wie viel würden Sie für das Produkt bezahlen?«, »Wie bewerten Sie den Preis: zu teuer – angemessen – zu niedrig?« bringen Sie nicht weiter. Real und repräsentativ sind nur die Reaktionen der Kunden, wenn diese wirklich ihr Geld in die Hand nehmen müssen. Erst dann zeigt sich, welche Preise sie akzeptieren.

Testen Sie Preise in verschiedenen – jedoch von der Kundschaft vergleichbaren – Filialen. Oder in Coupon-Anzeigen, bei Vertreterbesuchen, per Brief-/Prospektsendung. Ihr Kunde darf jedoch von dem Test nichts erfahren, sondern muss davon ausgehen, dass der ihm angebotene Preis der reale ist.

Werbetests mit unterschiedlichen Preisen können nicht über den Vertretervertrieb getestet werden, da hier die Vergleichbarkeit nicht gegeben ist. Führt eine Person das Angebot für unterschiedliche Preise durch, wird sie das Produkt, auch wenn nur unbewusst, je nach Preis und eigener Überzeugung anders anbieten. Um diese Verzerrung auszuschließen, eignen sich für Preistests insbesondere Werbewege wie Coupon-Anzeigen und Briefwerbung.

Eine andere Variante ist, nur eine geringe Stückzahl zu produzieren und diese über eBay anzubieten (insbesondere, sofern eBay auch später ein Vertriebsweg sein soll). Bei eBay muss leider zum Zeitpunkt des Angebots die Ware auch vorliegen, somit ist diese Variante eher ein nachgeschalteter Test. Jedoch kann auch hier das Interesse und die Bestellquote eingeschätzt werden. Sofern die Auktionsvariante gewählt wird, erfahren Sie, wie viel die Kunden bereit sind zu zahlen.

Welche Produkte testen?

Alle! Sowohl Neuprodukte als auch Produktoptimierungen. Manch ein Produktentwickler wird behaupten, ein Test sei bei seinem Produkt nicht notwendig beziehungsweise nicht möglich. Sei es aus Überzeugung für sein Produkt oder aus Skepsis, dass der Test so schlecht ausfällt. Gehen Sie nie darauf ein. Jedes Produkt wird getestet. Die besten Marktgespräche und das beste Konzept ersetzen keinen Test. Und wenn Sie erst einmal mit einer Ausnahme anfangen, dann gibt es nur noch Gründe, um fast immer auf den Test zu verzichten. Es bleibt dabei: Machen Sie immer einen Test!

Die Auswertung der Testergebnisse

Nachdem die Testergebnisse vorliegen, rechnen Sie bitte die Bestellquoten auf Ihr gesamtes Kundensegment hoch. Da auch der Test noch eine kleine Ungenauigkeit hat, rechnen Sie bitte mit drei Werten: Testergebnis, Best Case, Worst Case. Sie erhalten somit aus drei Berechnungen die Ergebnisse, die dem Rahmen der späteren Ergebnisse entsprechen. So haben Sie sich auf die möglichen Eventualitäten vorbereitet.

Rechnen Sie bitte jedes Testergebnis mit Ihren Vollkosten. Das Produkt muss sich komplett für Sie lohnen. Wenn der Test so ausgeht, dass sich das Produkt nur bis zu einem bestimmten Deckungsbeitrag rechnet, dann lassen Sie es bitte. Quersubventionen lohnen sich nicht! Wie gut müssten dann erst die nächsten Tests ausgehen, damit das abgefangen wird und in der Vollkostenrechnung am Ende noch ein Gewinn für das Unternehmen bleibt? Auch die häufige Begründung »Es rechnet sich nicht, fördert jedoch den Kauf der anderen Produkte«, ist an den Haaren herbeigezogen. Wenn ein Produkt in der Vollkostenkalkulation keinen Gewinn abwirft, besteht entweder bei den Kunden kein Bedarf oder die Herstellungskosten sind zu hoch. Im zuletzt genannten Fall können Sie meist noch etwas optimieren, im erstgenannten nicht. Es bringt meist keine signifikant besseren Werte, das Produkt nach einem schlechten Testergebnis noch zu optimieren, zumal die Frage zu stellen ist, aus welchen Gründen nicht schon vorab optimiert wurde. Sind keine Optimierungen möglich und der Gewinn immer noch negativ, dann wird so ein Produkt nicht hergestellt. Keine Aussicht auf Gewinn bedeutet keine Produktion. Auch der Satz »Wir müssen hier investieren« sollte Sie stutzig machen. Eine Investition ist dann eine Investition, wenn diese sich später mehr als rentiert. Alles andere sind Subventionen. Und diese sind zu vermeiden.

Kalkulieren Sie das Produkt nach dem Test für die nächsten drei Jahre so genau wie möglich. Berechnen Sie Umsatz und Kosten. Beziehen Sie alle Kosten mit ein, auch die versteckten. Nach diesen drei Jahren muss das Produkt ein – je nach Unternehmensleitlinien – festgelegtes Ergebnis erwirtschaften. Diese drei Jahre lassen sich planen. Längerfristige Planungen sind heutzutage Kaffeesatzleserei.

Die nächsten Schritte

War der Test positiv und das Produkt wird hergestellt, dann bitten Sie den Kunden, der auf den Test hin bestellt hat, schriftlich (per Post oder E-Mail) um etwas Geduld: »Vielen Dank für Ihre Bestellung. Mit Ihrer Bestellung von X haben Sie eine gute Wahl getroffen (anschließend den Nutzen des Produkts hervorheben). Um X weiter zu optimieren und Ihren aktuellen Bedürfnissen anzupassen, verzögert sich die Auslieferung um X Tage/Wochen. Sie erhalten X sofort nach Eingang in unserem Lager«.

Die Zeit zwischen dem Test und der Fertigstellung des Produkts sollte so kurz wie möglich sein, damit die Testdaten auch noch repräsentativ für die nachfolgende Produkteinführung herangezogen werden können. In der Zwischenzeit könnten sich – insbesondere bei kurzlebigen Produkten – die Bedürfnisse Ihrer potenziellen Kunden geändert haben. Auch wird ein Bedürfnis der Kunden Ihren Mitbewerbern nicht verborgen bleiben – sofern diese eine »anständige« Marktforschung betreiben. Das sind alles Faktoren, die eine Vergleichbarkeit zwischen Test und Produkteinführung beeinflussen.

Gerade wenn Sie für Ihre Marktgespräche ein Panel aufgebaut und mehrere Gespräche mit den Personen geführt haben, sollten Sie diese über ein positives Testergebnis informieren und ihnen für die Mitwirkung und Einbringung der Informationen danken. Ebenfalls ist eine Information zu senden, wenn das Produkt fertiggestellt wurde. Nennen Sie konkrete Anregungen, die von vielen Gesprächsteilnehmern genannt wurden und die in das Produkt eingeflossen sind. Jeder wird glauben, durch seinen Input (was in Summe ja auch stimmt) entscheidend am Produkt mitgewirkt zu haben. Er fühlt sich dann am Unternehmen beteiligt. Das schafft neben der Nutzeninformation auch noch eine Bindung. Je mehr Kunden einbezogen werden, desto mehr fühlen sie sich vom späteren Endprodukt auch angezogen.

Und wenn ein Test negativ verläuft?

Dann sollten alle Mitarbeiter im Unternehmen die Ursache intern suchen. Bitte nicht den »blöden« Kunden und den Wettbewerbern die Schuld geben. Die Ursache liegt beim eigenen Produktangebot. Somit sollten Sie eher konstruktiv prüfen, aus welchen Gründen nicht ausreichend Kunden das Produkt bestellt haben. Gegebenenfalls können Sie einige Adressaten anrufen und fragen, was sie in der Werbung angesprochen hat und was nicht. Es lohnt sich definitiv nicht, kleine Veränderungen vorzunehmen und dann zu hoffen, dass ein nächster Test anders verläuft. Wenn ein zweiter Test folgen soll, dann muss die Produktidee komplett überarbeitet werden.

Weil die Kunden meist noch nicht bezahlt haben, müssen Sie kein Geld zurück überweisen, wenn der Test zu einer negativen Produktentscheidung führt. Sie sollten jedoch eine Information an die Besteller versenden.

Kapitel 28

Der Beta-Test

Jetzt ist es fast schon zu spät zum Testen. Die Entwicklung ist abgeschlossen, die ersten Prototypen sind fertig. Jetzt wird das neue Produkt greifbar und kann genutzt werden. Zum Abrunden – und nur dazu – kann ein Beta-Test durchgeführt werden.

Der Beta-Test dient nicht als Ideenquelle zur Produktentwicklung. Die Marktgespräche mit der anschließend bedürfnisorientierten Produktentwicklung haben vorher zu erfolgen. Bitte das Produkt nicht erst nach eigenen Vorstellungen herstellen und dann den ersten Kontakt zu den Kunden suchen. Das ist zu teuer, da der Erfolg fast ausgeschlossen ist. Trotzdem ist das Produkt zur Bestätigung der Marktgespräche und dem Ergebnis aus dem Werbetest vor dem Flächenversand einem letzten Test zu unterziehen. Diese Abrundung ist meist mit einem sehr geringen Aufwand und wenig Kosten verbunden. Ist die Produktentwicklung vorher systematisch nach Kundenbedürfnissen erfolgt, dürfte sich aus dem Beta-Test nur noch ein marginaler Änderungsbedarf ergeben. Diesen umzusetzen, ist häufig noch möglich.

Beim Beta-Test wird das Produkt ausgewählten Testpersonen (zum Beispiel Besteller aus dem Werbetest) geliefert und die kaufentscheidenden Parameter mittels anschließendem persönlichen Gespräch oder Fragebogen bewertet. Eventuelle Schwächen bei der Nutzung fallen auf und können bei der Serienproduktion berücksichtigt werden. Die Testperson soll das Produkt unter Realbedingungen testen. Deshalb eignet sich der spätere Anwendungsort Ihrer Kunden, weil eine vollständige Bewertung erfolgen kann. Ein »Labortest« in Ihrem Besprechungsraum ist ungeeignet, da Ihre Kunden das Produkt auch nicht in diesem Umfeld nutzen werden.

Stellen Sie auch hier nicht die Standardfrage: »Würden Sie das Produkt kaufen?«. Die Antworten bringen Sie nicht weiter. Geeignete Fragen hingegen sind beispielsweise »Was erwarten Sie von dem Produkt?« (legen Sie dem Gesprächspartner das Werbematerial vor, jedoch noch nicht das Produkt) und »Was ist gut?«, »Was gefällt Ihnen an X?« sowie »Was ist weniger gut?«, »Wie sollte das Produkt verbessert werden?« (dem Gesprächspartner liegt das Produkt vor und er hat es ausgiebig genutzt).

Kapitel 29

Nach dem Verkauf

Nach dem Kauf kommen bei den Kunden immer Zweifel, ob sie sich richtig entschieden haben. Sie suchen nach Bestätigungen (vor sich und vor anderen) für ihre Kaufentscheidung. Diese Bestätigungen sollten Sie ihnen gleich mit dem Kauf und kurz danach geben. Das heißt als Erstes beglückwünschen Sie Ihren Kunden zum Kauf Ihres Produkts, zum Beispiel in einem Beiblatt zum Produkt, das der Kunde sieht, wenn er die Verpackung öffnet. Hier sind die wichtigsten Argumente für den Kauf noch einmal aufgelistet. Nach einigen Wochen der Nutzung erhält der Kunde erneut eine Nachricht von Ihnen, in der Sie den Nutzen noch einmal hervorheben und ihm Ihre Unterstützung anbieten. Sie reduzieren so häufig die Wahrscheinlichkeit, dass der Kunde von seinem Rückgaberecht Gebrauch macht, und verstärken, dass der Kunde das Produkt nutzt und offen für weitere Angebote aus Ihrem Unternehmen ist.

Ein Standardinhalt fast jeder Verkaufsliteratur ist der Verkauf nach dem Abschluss. Wenn der Kunde sich für ein Angebot entschieden hat, folgen die Zusatzverkäufe. In einigen Branchen, zum Beispiel in der Automobilindustrie, wird heute der Großteil an Gewinnen über diese Zusatzverkäufe erzielt. Zusätzlich wird immer wieder darauf hingewiesen, nach dem Kauf den Kunden zu betreuen, um ihn langfristig auf den nächsten Deal vorzubereiten. Gibt es denn keinen anderen Grund, sich nach Abschluss noch mit dem Kunden auseinander zu setzen? Doch! Halten Sie, nachdem Sie Ihr Produkt geliefert oder Ihre Dienstleistung verrichtet haben, weiterhin Kontakt zu Ihren Kunden (bei sogenannten Massengütern zumindest zu einem Teil Ihrer Kunden). Und das bitte ohne Verkaufsabsicht. Rechnen Sie ausnahmsweise mal nicht in Euro oder Dollar. Bleiben Sie einfach mit ihm in Kontakt. So erfahren Sie, wie, wann und wo Ihr Kunde das Produkt einsetzt. Erfüllt es wirklich die Erwartungen, die Ihren Kunden zum Kauf veranlasst haben? Welche Verbesserungen hätte Ihr Kunde gern? Das ist für Sie die Basis der Produktoptimierung. Zusätzlich erhalten Sie Ideen zur Erweiterung Ihres Angebots. Beides sind Ansätze, um Ihren Umsatz zu steigern.

Nachdem nun ein Produkt erfolgreich auf den Markt gebracht wurde, stellt sich zwangsläufig die Frage für einen weiteren Ausbau des Sortiments. Hier gibt es die Möglichkeit einer vertikalen und einer horizontalen Sortimentserweiterung. Bei der vertikalen Erweiterung kommen ergänzende Produkte hinzu, die im selben Problemfeld das gleiche Bedürfnis befriedigen wie das erste Produkt. So könnte zum Beispiel auf eine fluoridhaltige Zahnpasta ein fluoridhaltiges Mundwasser folgen, das ebenfalls vor Karies schützen soll. Bei der horizontalen Erweiterung wird das bestehende Produkt um weitere Eigenschaften ergänzt. So wird beispielsweise die fluoridhaltige Zahnpasta um Bestandteile für weißere Zähne ergänzt. Zusätzlich können auch noch ergänzende Produkte wie Zahnbürsten, Zahnseide et cetera entwickelt werden. Mit direkten Informationen von Ihren Kunden gehen Ihnen nie die Ideen aus.

Nach dem Verkauf ist vor dem nächsten Verkauf. Prüfen Sie bereits vor der Herstellung Ihres Hauptprodukts, welche Produkte die Kunden zusätzlich verlangen, um die Bedürfnisbefriedigung mit dem ersten Produkt abzurunden. Häufig entstehen auch neue Probleme mit der Bedürfnisbefriedigung durch das erste Produkt. Zum Beispiel wird eine Zusatzsoftware für den PC benötigt, eine Schutzlinse für den Fotoapparat, eine Schutzhülle für das Handy, eine Versicherung nach dem Autokauf, nach dem Kaminbau muss das Brennholz beschafft werden und der Schornsteinfeger regelmäßig kommen. Ein Ofenbauer konnte seinen Marktanteil ausbauen, da er gleich das aus dem Ofenkauf resultierende Problem mitlöste: Die Kunden erhielten automatisch lebenslang Holz zum Nulltarif. Bieten Sie selbst auch die Lösungen zu den Problemen nach dem Problem, oder konzentrieren Sie sich nur auf Letzteres. Sofern das Problem nach dem Problem nicht zu Ihrem Kerngeschäft gehört, prüfen Sie die Möglichkeit der Kooperation mit anderen Anbietern.

Kapitel 30

Weitere Verwendungsmöglichkeiten für tuwun®

Neben der Umsatzstagnation werden die Unternehmen in Zukunft eine weitere Herausforderung meistern müssen: ausreichend qualifizierte Mitarbeiter für das Unternehmen zu gewinnen. Sehen Sie Ihre Mitarbeiter als interne Kunden. Es ist auch ein Tauschgeschäft wie zwischen Ihnen und den Kunden – nur dass Sie Geld zahlen und Ihre Mitarbeiter im Gegenzug ihre Zeit und Fähigkeiten investieren.

Um Ihre Mitarbeiter zufrieden zu stellen, wenden Sie tuwun® auch für sie an: Fragen Sie nach den Tätigkeiten/Aufgaben/Problemen/Erfolgsfaktoren Ihrer Mitarbeiter. Sie glauben gar nicht, wie viele Chefs die Aufgaben der Mitarbeiter gar nicht kennen, geschweige denn ihre Probleme.

Und anschließend entwickeln Sie das Produkt: den Arbeitsplatz, den Ihre Mitarbeiter gern hätten. Ich meine damit nicht ein hohes Gehalt und eine möglichst geringe Arbeitszeit. Es geht hier darum, die wahren Bedürfnisse Ihrer Mitarbeiter zu befriedigen und da kommt das Gehalt bei den meisten Mitarbeitern an untergeordneter Stelle. Es sind häufig die Softfacts (Anerkennung et cetera), flexible Arbeitszeit, herausfordernde interessante Aufgaben und so weiter, die Ihre Mitarbeiter zufrieden machen. Das sind alles Dinge, die einem Unternehmen nicht wehtun, aber dafür sorgen, dass die besten Mitarbeiter im Unternehmen bleiben und noch bessere Ergebnisse liefern.

Machen Sie, um Ihren Unternehmenserfolg langfristig zu sichern, aus tuwun® ein Mitarbeiterkonzept. Und zwar bitte so individuell wie möglich!

Danksagung

Der größte Dank gilt meiner Frau Ulrike, ohne die dieses Buch nicht erschienen wäre. Sie hat mich in den letzten Jahren unterstützt, damit ich mich intensiv mit dem Thema der nutzwertorientierten Produktentwicklung beschäftigen und gleichzeitig die Aufzeichnungen für dieses Buch erstellen konnte. Außerdem hat sie an der Erstellung und der Durchsicht des Manuskripts mitgewirkt.

Ich danke Herrn Rolf H. Ruhleder für sein Vorwort in diesem Buch sowie für die vielen Hinweise über die letzten Jahre.

Mein Dank gilt ebenfalls dem Campus Verlag für die Veröffentlichung dieses umfangreichen Werkes sowie Frau Selina Hartmann und Herrn Dr. Rainer Linnemann vom Verlag für die gute Zusammenarbeit und ihre kritischen, jedoch immer konstruktiven Anmerkungen.

Arno Langbehn

Register